Kontaktadresse nach EU-Produktsicherheitsverordnung:
produktsicherheit@droemer-knaur.de

Über den Autor:
PD Dr. med. Bert te Wildt leitet als Oberarzt die Ambulanz der Klinik für Psychosomatik und Psychotherapie des LWL-Universitätsklinikums der Ruhr-Universität Bochum, im Rahmen derer er Internet- und Computerspielabhängige behandelt. Er hat sich zum Thema Internetabhängigkeit habilitiert und ist Mitbegründer des Fachverbands Medienabhängigkeit e.V. 2012 erschien sein Buch *Medialisation: Von der Medienabhängigkeit des Menschen*.

BERT TE WILDT
DIGITAL JUNKIES

Internetabhängigkeit und ihre Folgen
für uns und unsere Kinder

Für Spencer, Sydney und Caspar

Besuchen Sie uns im Internet:
www.droemer.de

Vollständige Taschenbuchausgabe September 2016
Droemer Taschenbuch
© 2015 Droemer Verlag
Ein Imprint der Verlagsgruppe
Droemer Knaur GmbH & Co. KG, München
Alle Rechte vorbehalten. Das Werk darf – auch teilweise –
nur mit Genehmigung des Verlags wiedergegeben werden.
Die Nutzung unserer Werke für Text- und Data-Mining
im Sinne von § 44b UrhG behalten wir uns explizit vor.
Covergestaltung: ZERO Werbeagentur, München
Coverabbildung: FinePic®, München
Satz: Adobe InDesign im Verlag
Printed in Germany
ISBN 978-3-426-30067-1

Inhalt

Vorwort ... 9
Einleitung: Vernetzt, verspielt, verloren ... 13

1 Vom Missbrauch bis zur Sucht. Diagnose ... 23
Die Entdeckung der Internetabhängigkeit ... 25
Suchtverhalten: von gedanklicher Einengung
bis zur Überdosis ... 33
Folgen: aus der Welt gefallen ... 46

2 Spiele, Sehnsucht, Sex. Varianten ... 57
Helden (nur) im Cyberspace – Online-Spiele ... 60
Ungestillte Sehnsucht nach dem Anderen –
soziale Netzwerke ... 63
Vergebliche Suche nach dem ultimativen
Kick – Cybersex ... 68
Suchtverschiebung ins Netz ... 72
Prinzip der Internetabhängigkeit ... 84

3 Medial, sozial, individuell. Ursachen ... 89
Medien als Suchtmittel? ... 91
Was bei digitalen Medien anders ist ... 107
Soziale Risikofaktoren ... 138
Individuelle Risikofaktoren ... 147

4 Wege aus der Sucht. Behandlung ... 160
Herr M. ... 163
Allgemeine Prinzipien und Ziele ... 178
Krisenmanagement: Entzugserscheinungen,
Suchtverschiebung und Rückfälle ... 203
Erste Hilfe ... 211

Spezifische Behandlungsmöglichkeiten
und Einrichtungen 217

5 Wir können etwas tun! Prävention **250**
Verortung: Medien haben eine Zeit, einen
Raum und einen Inhalt 254
Erziehung: Was Eltern und Großeltern
tun können 288
Politik: Versorgung und Vorbeugung
sicherstellen 298
Pädagogik: im Spannungsfeld von
Medienabstinenz und Medienkompetenz 303
Im Beruf: Wer dient hier wem? 310
Privat: Achtsamkeit in der Mediennutzung 320

**6 Der Kult ums Netz. Wie uns digitale Heilsversprechen
in eine kollektive Abhängigkeit führen.** **339**

Dank 364
Anmerkungen..................................... 367
Weiterführende Literatur und Webseiten............. 378
Register 380

»Wir sollten zum Nutzen zukünftiger Generationen über die digitalen Schichten nachdenken, die wir jetzt legen.«

Jaron Lanier, 2010

Vorwort

Den Ausgangspunkt für meine Beschäftigung mit Medien bildeten heftige Auseinandersetzungen mit meinem Vater. Die Geburtsstunde des Internets war im Jahr 1969, in dem auch ich zur Welt kam. Als ich mich Ende der 80er Jahre regelmäßig mit meinem Vater über die fragwürdige Qualität der Medien stritt, hatten wir noch nicht einmal davon gehört. Er empörte sich vor allem über das damals wichtigste Medium, das Fernsehen. Es hatte schon über 30 Jahre auf dem Buckel, war aber noch auf drei Sender beschränkt.

Mein Vater war der Meinung, dass die Medien die Menschen vor allem dumm machen und manipulieren würden. Ich dagegen vertrat die Ansicht, dass die Medien einfach nur das abbilden, was in uns Menschen längst vorhanden ist.

Hätte ich damals schon etwas von Psychologie verstanden, hätte ich sagen können, dass die Medien einfach nur das beinhalten, was wir in sie hineinprojizieren. Sicherlich geht alles, was wir in den Medien finden, irgendwie auf den Menschen zurück. Aber indem wir Menschen unser Innerstes in Medien auslagern, bekommt es eine Eigendynamik. Mit dem Internet erreicht diese mediale Eigendynamik eine Dimension, die mein Vater und ich uns damals in unseren kühnsten (Alp-)Träumen nicht hätten ausmalen können.

Vor Abschluss meines Studiums begann ich mich Ende der 90er Jahre wissenschaftlich mit den Wechselwirkungen zwischen Mensch und Medien zu beschäftigen. Medizin hatte ich mit dem Ziel studiert, ärztlicher Psychotherapeut zu werden. Und mit der Wahl meines Forschungsthemas bot sich die Möglichkeit, mich noch dazu mit Medien beschäftigen zu können. Zu dieser Zeit hatte ich es zwar noch nicht für möglich gehalten, dass Medien eine so starke

Rückwirkung auf den Menschen entfalten könnten, dass man von ihnen abhängig werden kann. Durch die rapide Zunahme von privaten Internetanschlüssen und die Verschiebung eines Großteils der privaten wie beruflichen Kommunikation ins Netz wurde mir allerdings schnell klar, dass sich auch unser Seelenleben nach und nach ins Internet verlagern würde und mit ihm psychische Krankheitsphänomene und psychotherapeutische Verfahren. Ich ging davon aus, dass die digitalen Medien nicht nur im positiven, sondern auch im negativen Sinne auf unser Fühlen, Denken und Handeln zurückwirken.

Deshalb gründete ich im Jahre 2002 an der Medizinischen Hochschule Hannover eine »Sprechstunde für Menschen mit medienassoziierten psychischen Erkrankungen«. Dieses Wortungetüm war der Vorannahme geschuldet, dass sich eine exzessive Internetnutzung auf vielfältige Art und Weise zeigen könnte, aber eher als Symptom bekannter psychischer Erkrankungen zu verstehen sei. Zu meiner Überraschung kamen aber ausschließlich Menschen in die Sprechstunde, die im Hinblick auf ihre Mediennutzung allesamt die Symptome einer einzigen psychischen Störung aufwiesen: der Abhängigkeit vom Internet.

Das gilt nun genauso für die Medienambulanz, die ich 2012 in der Klinik für Psychosomatische Medizin und Psychotherapie am LWL-Universitätsklinikum der Ruhr-Universität Bochum begründet habe. Seit insgesamt zwölf Jahren beschäftige ich mich nun in Wissenschaft und Praxis mit Menschen, die unter einer exzessiven Internetnutzung leiden. Mittlerweile setzt sich in nationalen und internationalen Fachkreisen die Erkenntnis durch, dass wir es bei der Internetabhängigkeit tatsächlich mit einem eigenständigen Krankheitsbild im Sinne einer Suchterkrankung zu tun haben. Dass ich mich selbst eingehend davon überzeugen konnte, verdanke ich den internetabhängigen Patienten und

Patientinnen, die sich mir über die Jahre hinweg in Klinik und Forschung anvertraut haben, und vor allem auch den Kolleginnen und Kollegen, mit denen ich in Klinik und Wissenschaft zusammenarbeiten darf.

Bis vor wenigen Jahren wurden wir auf medizinischen Kongressen noch aufgrund unserer Arbeit belächelt und kritisiert. Heute findet Internetabhängigkeit in Fachkreisen zunehmend Interesse und erstmals auch offizielle Anerkennung. Im Jahre 2013 wurde die Online-Computerspiel-Abhängigkeit als häufigste Variante der Internetabhängigkeit von einem führenden internatiolen Gremium von Ärzten und Psychologen der Status einer Forschungsdiagnose zuerkannt. Bis zu einer vollständigen Anerkennung ist es jedoch noch ein Stück Weg. Für viele Betroffene und deren Angehörige ist es nach wie vor schwierig, fachkompetente Hilfe zu erhalten. Derweil fragen sich allerdings immer mehr Menschen, wann bei der exzessiven Nutzung von Internet und Computerspielen die Grenze zu einer therapiebedürftigen psychischen Erkrankung überschritten ist und wie sie sich davor schützen können.

Dieses Buch richtet sich an diejenigen, die wissen möchten, wie man eine Internetabhängigkeit erkennen und behandeln kann. Zudem geht es mir darum, ein Verständnis für die Entstehungsbedingungen zu vermitteln, um Präventionsmöglichkeiten für diese neue Suchterkrankung aufzeigen zu können. Es ist mir jedoch wichtig zu betonen, dass es nicht in meinem Interesse liegt, das Internet zu verdammen. Ich möchte selbst nicht darauf verzichten. Es geht mir vielmehr um eine im besten Sinne kritische Begleitung und achtsame Gestaltung der digitalen Revolution und nicht um eine Fundamentalkritik am Internet. Wenn Sie mich aber fragen, ob sich unsere Gesellschaft momentan zu viel oder zu wenig Gedanken über die Folgen der digitalen Entwicklung macht, dann ist meine Antwort eindeutig. Sie macht sich vor allem im Hinblick auf die Zukunft unserer Kinder zu wenig Sorgen. Wenn ich in meinem Buch vor allem auf die negativen Seiten des Internets eingehe, erklärt sich das aus meinen Erfahrungen als Arzt und Psychotherapeut mit Menschen, die von Internetabhängigkeit betroffen sind.

Mit meiner Arbeit möchte ich einen Beitrag dazu leisten, dass sich mehr Menschen mit den Gefahren dieser neuartigen Erkrankung auseinandersetzen, um ihr konstruktiv entgegenzuwirken. Dies geschieht in der Hoffnung, dass die überschießende digitale Entwicklung irgendwann eine Gegenbewegung provoziert, dass wir uns stärker auf unsere analoge Lebenswelt zurückbesinnen, auf unmittelbare Begegnungen von Mensch zu Mensch, in Natur und Kultur. In diesem Sinne würde es mich freuen, wenn dieses Buch auch als Plädoyer für ein gemeinsames Leben im Hier und Jetzt der wirklichen Welt[1] verstanden würde.

Dortmund, November 2014

Einleitung: Vernetzt, verspielt, verloren

Den Digital Natives gehört die Welt! Dieser Slogan ist in aller Munde. Ihm zufolge hängen die digitalen Eingeborenen die Generation der Digital Immigrants kurzerhand ab. Der Stamm der digitalen Einwanderer – das heißt jener, die noch nicht mit dem Internet groß geworden sind und zu denen immer noch die meisten von uns gehören – käme beim Umzug in den Cyberspace zwangsläufig nicht mit. Die Politik und die Konzerne, die digitale Medien für ihre Zwecke missbrauchen, mag man kritisieren. Aber für die Digital Natives ist die Güte ihres Lebensraums über jeden Zweifel erhaben.

Diese Haltung ist in meinen Augen nicht nur falsch, sondern auch gefährlich. Denn sie führt zu einer einseitigen Verklärung der digitalen Medien und ist der Grund dafür, warum wir Erwachsenen Kinder viel zu früh und viel zu lange vor digitalen Bildschirmmedien sitzen lassen, während wichtige Entwicklungsaufgaben in der analogen Welt unbewältigt bleiben.

Mit dem Hinweis auf die glorreiche Zukunft der Digital Natives ziehen wir uns allzu bequem aus der Verantwortung. Der unkritische Umgang mit der schönen neuen Welt des Internets hat mittlerweile atemberaubende Ausmaße angenommen. Warum ist das so? – Haben wir Angst davor, den Anschluss an das digitale Zeitalter zu verpassen? Ist es ein Mangel an Information darüber, welche Gefahren vom Internet ausgehen? Oder sind wir einfach zu bequem, um etwas dagegen zu unternehmen?

Das Gefühl, dass hier etwas grundsätzlich im Argen liegt, beschleicht mittlerweile jeden, der aufmerksam durch die Welt geht. Wer kennt nicht die digitale Katerstimmung, viel zu viel mit anderen digital kommuniziert zu haben und sich danach zu sehnen, einfach ganz in Ruhe mit einem nahestehenden Menschen Zeit zu verbringen? Wer hat es noch nicht erlebt, mit welcher archaischen Wut Kinder manchmal darauf reagieren, wenn man ihnen ihr Computerspiel wegnimmt? Und wer ist noch nicht auf der Straße mit einem Jugendlichen zusammengestoßen, der in selbstgefährdender Weise laufend mit seinem Smartphone beschäftigt ist? – Im Grunde ist die Allgegenwart unserer Abhängigkeit vom Internet doch nicht mehr zu übersehen.

Mit diesem Buch verbindet sich die Hoffnung, dass immer mehr von uns von ihren digitalen Bildschirmen aufblicken, sich in der analogen Welt umsehen und den Handlungsbedarf erkennen. Kurz gesagt, es geht um die erschreckende Aussicht, dass immer mehr *digitale Eingeborene* von heute die *digitalen Junkies* von morgen sein werden. Im Zweifelsfall sind *sie* es – und nicht die *digitalen Einwanderer* –, die von der Entwicklung abgehängt werden. Die Internetabhängigen sind die Verlierer der digitalen Revolution.

Vernetzt! – Wie wir die Abhängigkeitsgefahr ausblenden

Der entscheidende Grund, warum wir einen blinden Fleck für die Abhängigkeitsgefahren haben, die vom Internet ausgehen, ist ganz einfach der, dass sich unsere Gesellschaft kollektiv längst derart abhängig von den digitalen Medien gemacht hat, dass uns die Einzelschicksale kaum auffallen.

Es ist wie mit dem Alkohol. Gegen diesen Vergleich habe ich mich lange gesträubt. Aber die Parallelen sind zu offensichtlich geworden. Einerseits gehört der Alkohol zu unserer Kultur. Andererseits ist die Alkoholabhängigkeit – abgesehen von der Nikotinabhängigkeit – in den deutschsprachigen Ländern nicht nur die am meisten verbreitete Suchterkrankung, sie gehört zu den häufigsten psychischen Erkrankungen überhaupt. Das wird gerne verdrängt. Gerade weil die meisten Menschen alkoholische Getränke als ein Kulturgut empfinden, haben sie bezüglich *ihrer* Gefahren einen blinden Fleck. Seien wir ehrlich: Auf einem sommerlichen Volksfest freuen sich die meisten über ein kühles Bier. Wenn es etwas zu feiern gibt, dann stoßen wir gerne mit einem Glas Sekt an. Zu einem festlichen Essen in netter Runde gehört ein gutes Glas Wein. Und für die Verdauung gibt es danach einen Schnaps. Nur wenige sagen dazu nein. Das Risiko, vom Alkohol abhängig zu werden, blenden wir aus. Ganz darauf zu verzichten kommt im Grunde nur denen wirklich in den Sinn, die Alkoholismus am eigenen Leib oder als Angehörige erlebt haben oder die Alkohol aus religiösen Motiven gänzlich ablehnen. Bei der allgemeinen Bierseligkeit und Weinkultur nicht mitzumachen ist jedoch gar nicht so einfach. Wer weiß kein Lied davon zu singen, wie schwer es ist, sich dem Gruppendruck einer trinkfreudigen Gesellschaft zu entziehen.

Mit dem Internet ist es kaum anders. Ihnen hat sicherlich schon jemand vorgeworfen, dass Sie nicht schnell genug auf ihre oder seine E-Mails reagieren. Oder Sie kennen das Gefühl, bei einer Gruppe von Menschen völlig abgemeldet zu sein, weil Sie nicht in einem bestimmten sozialen Netzwerk wie z. B. Facebook angemeldet sind. Vielleicht haben Ihnen Ihre Kinder schon einmal gesagt, dass sie ins soziale Abseits gedrängt werden, wenn Sie ihnen keinen permanenten Internetzugang verschaffen, sowohl im Kinderzimmer als auch per Smartphone, versteht sich[1] Dieser digitale Gruppenzwang trifft längst auch die Älteren in unserer Gesellschaft. Wenn man Computer und Internet nicht nutzen kann oder will, fühlt man sich heute ziemlich aufgeschmissen und von vielem ausgeschlossen.

Viele Dienstleistungen und Produkte sind kaum noch vor Ort zu haben. Wenn wir heute an allem, was in unserer Gesellschaft passiert, teilhaben wollen, müssen wir uns dem digitalen Netz wohl oder übel anschließen. Der Gruppendruck hat gesiegt. So ist es kein Wunder, dass in den deutschsprachigen Ländern heute bereits weit mehr als 90 % der Menschen einen Internetzugang haben. Ganz ohne Netz geht's nicht mehr, für nichts und niemanden.

An dieser Stelle hinkt allerdings der Vergleich zwischen der Abhängigkeit von Alkohol und Internet etwas. Das Internet ist nicht nur ein Genussmittel zu unserem Vergnügen, sondern auch ein Werkzeug, mit dem wir die Welt gestalten. Das Funktionieren von Politik und Wirtschaft, unser Bildungs- und Arbeitswesen sind kaum mehr ohne das Internet denkbar. Gäbe es von heute auf morgen keinen Alkohol mehr, würde zwar ein riesiger Wirtschaftszweig kollabieren, das gesellschaftliche und politische Leben wäre davon aber im Kern nicht berührt, zumindest nicht lahmgelegt. Dagegen wäre der Zusammenbruch des Internets heute schon gleichbedeutend mit einem Kollaps unserer Gesellschaft. Wir haben so viele Prozesse auf digitale Füße gestellt und dabei so viele analoge Standbeine verloren, dass wir in vielerlei Hinsicht hilflos dastehen würden. Dass wir uns dadurch immer weiter in eine allgemeine Abhängigkeit hineinbewegt haben, ist kaum jemandem bewusst.

Da wir dem Internet regelrecht verfallen sind, sehen wir hauptsächlich die vermeintlichen Gewinne, die die digitale Zukunft für uns bereithält. Dabei übersehen wir, was wir aufgeben und vielleicht unwiederbringlich verlieren. Oder sollte es besser heißen, was wir bereits aufgegeben und verloren haben? Da wir uns dies nicht eingestehen wollen, übersehen wir auch, dass einzelne Menschen völlig die Kontrolle über ihre Mediennutzung verlieren und einer Abhängigkeit im engeren Sinne zum Opfer fallen. So wie unsere trinkfeste Gesellschaft gerne die Kollateralschäden des Alkoholismus ausblendet, verliert die Netzgesellschaft diejenigen aus dem Blick, die im Internet ihr zumeist noch junges

Leben digital vor die Wand fahren. Um unser eigenes Verhalten nicht in Frage stellen zu müssen, verdrängen wir die Abhängigkeitsgefahren aus unserem Blickfeld. Von den Opfern der Auswüchse unserer Trink- und Internetkultur wollen wir uns den Spaß doch nicht verderben lassen.

Dies gilt bedauerlicherweise auch für Eltern. Wenn im Wohnzimmer ununterbrochen der Fernseher läuft, werden Eltern ihre Kinder kaum davon überzeugen können, nicht jeden Abend und das ganze Wochenende vor Computern und Konsolen in ihren Zimmern zu hocken. Wenn die Erwachsenen bei jeder Gelegenheit auf die Bildschirme ihrer Smartphones starren und tippen, haben sie schlechte Karten, ihrem Nachwuchs ein gesundes Maß und Manieren im Umgang mit elektronischen Medien beizubringen. Warum sollten sich die Heranwachsenden mit einem Verzicht zufriedengeben, wenn die Erwachsenen selbst immer mehr hinter Bildschirmmedien verschwinden, anstatt sich mit ihren Kindern unmittelbar zu beschäftigen und auszutauschen? Wenn es aber um unseren Nachwuchs geht, müsste der Spaß doch eigentlich aufhören oder zumindest ab und zu seine Grenzen haben.

Verspielt! – Wie wir die Zukunft unserer Kinder aufs Spiel setzen

Nichts geht über eine gute Unterhaltung. Allerdings ist mit *guter Unterhaltung* heute und nicht erst seit gestern vor allem das gemeint, was uns Bildschirmmedien bieten. Unterhaltung hat immer auch etwas Spielerisches. Und Verspieltheit gehört zum Menschsein dazu. Das gilt nicht nur für Kinder, sondern auch für Erwachsene.

Dass der Mensch quasi von Natur aus ein Spielender sei, auf Lateinisch der sprichwörtliche *Homo ludens,* wird gerne von der Computerspielindustrie besonders betont. Mit diesem Argument verteidigt sie ihre enorme Erfolgsgeschichte gegen Kritik. Deutschland beispielsweise hat mit einem Jahresumsatz von 2,65 Milliarden Euro im Jahr 2013 europaweit den größten Markt für Computerspiele. Wenn es um die Lobby der Hersteller von Computerspielen geht, wird es ernst. Genauso offensiv wie die Vertreter der Glücksspielbranche vertreten sie ihre Interessen gegenüber den politischen Entscheidungsträgern in Berlin und Brüssel. Das Bedürfnis der Menschen, Spiele zu spielen und zu verkaufen, wird also auch politisch sehr ernst genommen.

Die Menschheitsgeschichte ist voll von Beispielen, wie Menschen mit Spielen in Abhängigkeit gehalten werden können. Das Begriffspaar *Brot und Spiele,* das noch aus der Zeit der Gladiatorenkämpfe stammt, illustriert diesen Zusammenhang sehr treffend. Damit ist gemeint, dass man ein Volk klein und gefügig halten kann, wenn man für seinen Unterhalt und seine Unterhaltung mit Essen und Spielen sorgt. Gestern wie heute sind es Diktatoren, die ihre Untertanen zum Beispiel mit Olympischen Spielen bei Laune und Fahne halten. Derzeit besteht wenig Hoffnung, dass das Erkaufen von Zustimmung und Gehorsam bald Geschichte sein wird. Derweil unterhalten wir uns mit modernen Varianten der Gladiatorenkämpfe in den Medien, sei es mit Castingshows wie *Deutschland sucht den Superstar* und *Germany's Next Topmodel*, mit Romanen und Filmen wie *Die Tribute von Panem*, Fernsehserien wie *Spartacus* und Computerspielen wie *Rome*.

In Zukunft dürfte die Vereinnahmung des Menschen über die Befriedigung seines Spieltriebs immer raffinierter ausfallen. In seinem Zukunftsroman *Schöne neue Welt* prophezeite Aldous Huxley 1932, dass der Mensch der Zukunft in Abhängigkeit *gehalten* werde, indem man ihn permanent *unterhält*. Dieses Szenario folgt einem kapitalistischen Prinzip. Mit dem vorläufigen Sieg des Kapitalismus leben noch mehr Menschen mit dem Anspruch, dass alle Bedürfnisse unmittelbar zu befriedigen seien.

Da wir in unserer Gesellschaft so leben, als gäbe es keinen Hunger, hat das Bedürfnis nach unbeschwerter Unterhaltung und damit auch unser Spieltrieb an Macht gewonnen. Gleichzeitig arbeiten wir in Zeiten der Globalisierung länger und härter als noch vor einigen Jahren. Umso mehr sollte es uns also zustehen, unsere Freizeit so spielerisch wie möglich zu gestalten, oder? Und sind wir nicht sogar dazu verpflichtet, uns am Abend und am Wochenende besonders gut abzulenken und zu unterhalten, um am Montag wieder mit voller Kraft der Marktwirtschaft zur Verfügung zu stehen? – Insofern dürfte es wohl kein Zufall sein, dass gerade in Ländern wie Südkorea und China, wo der wirtschaftliche Erfolgsdruck enorme Ausmaße angenommen hat, die Computerspielabhängigkeit besonders verbreitet ist.

Tatsächlich ist die Abhängigkeit von Online-Computerspielen die weltweit mit Abstand häufigste Form der Internetabhängigkeit. Und kaum ein Wirtschaftszweig verzeichnet weltweit ähnlich hohes Wachstum und schnellen Wandel wie die Computerspielindustrie. Es bedarf wenig Phantasie zu erkennen, dass es hierbei unrühmliche Zusammenhänge gibt, die so manche Wirtschaftsverbände, Lobbyisten und Politiker gerne übersehen, um nicht zu sagen vertuschen. Wir wissen, mit welcher Macht die Genussmittelindustrie und die von ihr abhängige Werbebranche der Politik entgegenwirken, wenn es um Beschränkungen des Alkohol-, Zigaretten- und Glücksspielmarkts geht. Es ist davon auszugehen, dass es mit den Genussmitteln des Internetzeitalters genauso läuft, auch wenn wir es uns anders wünschen mögen.

Naivität können wir uns jedoch in diesem Zusammenhang nicht leisten. Dies gilt insbesondere im Hinblick auf die heranwachsenden Generationen. Denn es ist wissenschaftlich erwiesen, dass sich die Suchtgefährdung eines Menschen erhöht, je früher er mit einem Suchtmittel in Kontakt kommt.[2] Dies gilt ganz besonders auch für Computerspiele, insbesondere wenn sie im Internet gespielt werden. Es besteht kein Zweifel: Wir haben es hier mit Genussmitteln zu tun, die ebenso zu Suchtmitteln werden können. Und so sollten wir auch mit ihnen umgehen.

Vielleicht sind die Computerspielabhängigen nicht genügend vorbereitet auf ein Leben in der Erwachsenenwelt, weil sie immer schon zu viel im Internet gespielt haben. Eventuell ist es ihnen aber einfach zuwider, in unsere Gesellschaft hineinzuwachsen, deren Ansprüche sie nicht erfüllen können oder wollen. Das eine schließt das andere nicht aus. Wir haben es hier nicht mit einem Widerspruch zu tun, sondern mit zwei Kehrseiten ein und derselben Medaille. Wir setzen unsere Kinder einerseits zu großem Leistungsdruck aus und lassen sie andererseits ihre Zukunft verspielen.

Verloren! – Wie viele von uns bereits einer Internetabhängigkeit verfallen sind

Wenn wir uns also um die digitale Revolution Gedanken machen sollten, dann vor allem deshalb, weil uns die Zukunft der kommenden Generationen am Herzen liegt. Wir sind dabei, einen Fehler zu wiederholen. Wären wir im Zuge der industriellen Revolution klüger gewesen, hätten wir nicht die massiven Umweltprobleme, die jetzt unseren Planeten bedrohen. Sicherlich ist es gut, sich vor Augen zu führen, wie die elektronischen Medien unser Leben in Zukunft positiv verändern können. Aber es ist ebenso notwendig, darüber nachzudenken, an welchen Stellen wir dabei negative Konsequenzen zu erwarten haben. Nur so können wir wirklich kluge Entscheidungen über unsere digitale Zukunft treffen. Selbstverständlich können wir nicht jedes Risiko ausschließen, das das Internet mit sich bringt. Wir können aber gegen die größte Gefahr, die für unsere Gesundheit vom Internet ausgeht, etwas tun: die Abhängigkeit.

Die Zahlen sind tatsächlich alarmierend, wobei zwischen »eindeutig internetabhängigen Menschen« und »Menschen mit problematischer Internetnutzung« unterschieden wird. In einer aufwendigen Erhebung aus dem Jahr 2011 wurden an der Universität Lübeck von einem Team um Hans-Jürgen Rumpf im Rahmen einer repräsentativen Stichprobe über 15 000 Menschen im Alter von 14 bis 64 Jahren per Telefoninterview befragt. Aus dieser vom Bundesministerium für Gesundheit finanzierten PINTA-Studie[3] ergab sich, dass ungefähr 1% der Deutschen an einer Internetabhängigkeit leiden.[4] Bei einer Einwohnerzahl von etwa 80 Millionen ist dementsprechend in Deutschland heute von 800 000 Internetabhängigen auszugehen. Überträgt man die Zahlen auf die anderen deutschsprachigen Länder, kommt man jeweils auf etwa 80 000 Betroffene in Österreich und der Schweiz. Da gerade auch bei Heranwachsenden unter 14 Jahren zunehmend häufiger eine Internetabhängigkeit auftritt, diese aber in der Studie nicht berücksichtig wurden, ist davon auszugehen, dass wir es allein in den deutschsprachigen Ländern mit mindestens einer Million Internetabhängigen zu tun haben.

Auch wenn es hierzu bislang keine Langzeitstudien gibt, sprechen die bisherigen Zahlen dafür, dass die Krankheitsfälle weiter steigen werden. Dies liegt vor allem daran, dass die Kinder und Jugendlichen heute noch früher und noch viel mehr Zeit mit digitalen Medien verbringen. Die Kriterien für eine Internetabhängigkeit erfüllten in der PINTA-Studie 2,4% der 14- bis 24-Jährigen und 4% der 14- bis 16-Jährigen. Und dies sind nur die Zahlen für eine manifeste Abhängigkeit.

Wie beim Alkohol unterscheidet man auch hier zwischen Abhängigkeit (pathologischer Internetgebrauch) und Missbrauch (problematischer Internetgebrauch), wobei anzumerken ist, dass bei den anerkannten stoffgebundenen Abhängigkeitserkrankungen schon der Missbrauch als Diagnose gestellt wird und somit einen Krankheitswert hat.

Menschen, die einen Internetmissbrauch betreiben, weisen zwar schon ein typisches Suchtverhalten auf, haben sich aber durch ihre exzessive Internetnutzung noch nicht nachhaltig geschädigt. Sie leben allerdings permanent in der Gefahr, eine Abhängigkeit im engeren Sinne zu entwickeln. An einem solchen Internetmissbrauch leiden gemäß der PINTA-Studie weitere 4,6 % der Deutschen im Alter zwischen 14 und 64 Jahren. Das entspricht einer Zahl von etwa 3,6 Millionen Menschen. Wenn man von diesen Zahlen ausgeht, kommt man auch bei vorsichtiger Schätzung auf erschreckende Summen. Demnach sind in den deutschsprachigen Ländern über fünf Millionen Menschen von einer problematischen oder pathologischen Internetnutzung betroffen.

1 Vom Missbrauch bis zur Sucht. Diagnose

Eine Frau Anfang 20 zog ihrem Partner zuliebe in eine weit entfernte Stadt, weil er dort eine Arbeitsstelle gefunden hatte. Wenig später wurde sie schwanger, verlor aber das Kind. Daraufhin zerbrach ihre Beziehung. In ihr Elternhaus wollte die junge Frau nicht zurück. Sie entschied sich, in einer weiteren, ihr fremden Stadt einen Neuanfang zu suchen. Dort fand sie jedoch keinen Anschluss, weder eine Arbeitsstelle noch neue Freunde. Vereinsamt und traurig zog sie sich in ihre Wohnung und immer weiter ins Internet zurück.

In einem Online-Rollenspiel baute sie sich mit Gleichgesinnten eine Scheinwelt auf. Auf diese Weise versuchte sie sich über ihre deprimierende reale Situation hinwegzutrösten, dies oft mehr als zwölf Stunden am Tag. In ihr Therapie-Tagebuch, das sie mir überließ, schrieb sie: »Dann lernte ich das Internet kennen, baute mir einen Schutzraum auf, und plötzlich war ich in dem Kasten wieder wer. – Maske aufgesetzt, und los geht's. Rollenspiel gefunden, aufgelebt nur dort, aber auch da zerbrach meine Maske durch die Unlösbarkeit meines Alltags. Da ich mit mir und niemandem mehr klarkam, schlief ich nicht mehr, aß nicht mehr, war nur noch für die Kiste da, weil mich eh keiner verstand und liebte.«

In dem Spiel ging es darum, ein Unternehmen im mittelalterlichen Holland aufzubauen. Die junge Frau trat darin in verschiedenen Charakteren, vor allem in männlichen Rollen, auf. Eine ganze Weile war sie dort sogar der Chef. Die Rollen ergriffen jedoch allmählich Besitz von ihr. Wenn sie den Computer einmal kurzzeitig verließ, um zum Kühlschrank oder zum Kiosk zu gehen, blieb sie immer häufiger innerlich in einer ihrer Rollen hängen. Da sie Tag und Nacht hinter den Masken ihrer Spielfiguren verschwand, verlor sie den Kontakt zu sich selbst und zur Außenwelt. Irgendwann wusste sie kaum noch, wer sie war. Um ihr wirkliches Dasein, ihre körperlichen Bedürfnisse und ihre wirtschaftlichen Lebensbedingungen kümmerte sie sich kaum noch. Sie stand kurz davor, wegen einer Räumungsklage auf die Straße gesetzt zu werden, als sie den entscheidenden Hilferuf aussandte: »Mit letzter Kraft rief ich meine Eltern an, um mich dort und aus meiner inneren Hölle rauszuholen. Halt doch bitte einer den Film an!« Die Eltern befreiten sie schließlich aus dem Internet, der verwahrlosten Wohnung und der ihr fremd gebliebenen Stadt.

Sie brachten sie zur Aufnahme in unsere Klinik. Nachdem sie sich auf einer psychiatrischen Station auch mit Hilfe von Psychopharmaka von der akuten Krise ein wenig erholt hatte, wurde sie auf eine Psychotherapiestation verlegt. Im Kontakt fiel dort auf, dass sich die Patientin gegenüber den Mitarbeitern und Mitpatienten sehr unterschiedlich verhielt, so als hätte man es mit unterschiedlichen Persönlichkeiten in ein und derselben Person zu tun. Tatsächlich zeigte die Patientin die Symptome einer dissoziativen Identitätsstörung, auch »multiple Persönlichkeitsstörung« genannt. Die von ihrer Umwelt wahrgenommenen Identitätssplitter ähnelten den Rollen, die sie im Online-Spiel gespielt hatte.

Im Verlauf der zwölfwöchigen Behandlung stellte sich allerdings heraus, dass die Patientin schon vor ihrer Rollenspiel-Abhängigkeit fragile Identitätsgrenzen hatte. Je länger sie im Laufe der stationären Behandlung Abstand vom Internet gewann und je häufiger unmittelbare Kontakte mit realen Menschen zustande kamen, umso mehr fielen die Masken. So stellte sie sich als erste Patientin in der »Sprechstunde für Menschen mit medienassoziierten psychischen Störungen« vor. Hier überließ sie mir auch das Tagebuch, das sie während der Therapie geschrieben hatte und aus dem sie mir zu zitieren erlaubte.[1]

Das Besondere an dieser Krankengeschichte war, dass es bei der jungen Frau um die Abhängigkeit von einem Computerspiel ging, das nicht auf einer kommerziellen Software basierte, sondern völlig frei von mehreren hundert Personen im Internet und über sprachliche Kommunikation entwickelt und gespielt wurde. Das heißt, dass die Spielwelt ausschließlich den Phantasien der Mitspieler entsprungen war, die durch Textnachrichten über Internetforen, Chats und E-Mails miteinander geteilt wurden. Dass ein solches Spiel, das nur auf textbasierter Kommunikation beruht, so abhängig machen kann, fasziniert mich noch immer.

Heute haben wir es in den Sprechstunden für Internetabhängige vor allem mit den deutlich komplexeren, bunteren und schnelleren Online-Spielen zu tun, die mit Bild und Ton viel stärker die Sinne ansprechen und hinter denen eine riesige Industrie steht. Kein Wunder also, dass immer mehr Menschen an Internetabhängigkeit erkranken.

1.1 Die Entdeckung der Internetabhängigkeit

Bahnbrechende Entdeckungen kommen oft nicht auf geradem Wege zustande. Die Entdeckung der Internetabhängigkeit ist eine besonders ungewöhnliche Geschichte. Sie ereignete sich ebenso zufällig wie unfreiwillig.

Mit seinem grauen Bart und seiner dicken Hornbrille sah der heute über 80 Jahre alte Arzt Ivan Goldberg schon im Jahre 1987 so aus, wie man sich einen klassischen Psychiater vorstellt. Der Mann war seiner Zeit weit voraus, ohne sich dessen bewusst zu sein. 1986 hatte er ein beliebtes Internetforum für Psychiater und Psychotherapeuten gegründet, in dem sie sich miteinander über ihre Arbeit austauschen konnten. Die Resonanz war groß. Zum Spaß präsentierte Dr. Goldberg seinen Kollegen ein Jahr später die Liste von Symptomen eines neuartigen Krankheitsbildes. Er bezeichnete es als »Internet Addiction Disorder«, zu Deutsch »Internetabhängigkeitsstörung«.

Zu diesem Zeitpunkt hatte die digitale Revolution in den USA zwar längst an Fahrt aufgenommen. Und doch war Goldbergs Überraschung groß, als sich etliche Kollegen bei dem Psychiater meldeten, weil sie meinten, tatsächlich unter einer solchen Internetabhängigkeit zu leiden und Hilfe zu benötigen. Da er dies nicht glauben konnte, ging er mit seinem ursprünglich scherzhaft gemeinten Experiment noch einen Schritt weiter. Er gründete eine Online-Selbsthilfegruppe für Internetabhängige, für die sich bald Hunderte von Betroffenen anmeldeten.

Soweit bekannt, ist Ivan Goldberg bis heute skeptisch geblieben, ob Internetabhängigkeit überhaupt als eine ernstzunehmende Erkrankung zu verstehen ist. Die Geister, die er rief, ist er allerdings nicht mehr losgeworden. Sein Name und das Jahr 1987 sind untrennbar mit der Entdeckung der Internetabhängigkeit verbunden. In jedem Fall hat Goldberg damals einen Nerv getroffen, und mehr als ein Vierteljahrhundert später sind die negativen Folgen individueller und kollektiver Internetabhängigkeit nicht nur in den USA, sondern rund um den Globus unübersehbar.

Die wissenschaftliche Pionierin auf dem Gebiet der Internetabhängigkeit ist ebenfalls US-Amerikanerin. Kimberly Young etablierte zunächst die Bezeichnung »Pathologische Internetnutzung« (Pathological Internet Use), weil man sich anfangs noch nicht sicher sein konnte, ob es sich wirklich um eine Abhängigkeitserkrankung handelte.

Kimberly Young war es auch, die 1995 das weltweit erste

Zentrum zur Behandlung von Internetabhängigkeit gründete, das »Internet Addiction Treatment and Recovery Center« am Bradford Regional Medical Center in Pennsylvania.[2] Mit viel Engagement, Erfahrung und eigener Forschungstätigkeit wurde sie mit ihren Publikationen zur Wegbereiterin dafür, dass sich die Experten heute weltweit weitgehend darüber einig sind, es mit einem eigenständigen Krankheitsbild im Sinne einer Sucht zu tun zu haben.

Wenn Ärzte und klinische Psychologen die Diagnose einer Abhängigkeitserkrankung stellen, richten sie sich weniger danach, wie viel von dem betreffenden Suchtmittel konsumiert wird, sondern vielmehr nach Kriterien, die von internationalen Expertenteams und nach wissenschaftlichen Gesichtspunkten ausgearbeitet worden sind. In der Regel muss dabei eine bestimmte Anzahl von Symptomen vorliegen, um eine Diagnose stellen zu können.[3]

Kimberly Young war es, die 1996 die ersten fundierten Kriterien zur Diagnosestellung von Internetabhängigkeit formulierte. Sie orientierte sich dabei an den Kriterien für Glücksspielsucht, die wiederum auf diejenigen für Alkoholsucht zurückgehen.[4]

Kriterien für Internetabhängigkeit gemäß Kimberly Young, 1996

Zur Diagnose einer Internetabhängigkeit müssen mindestens fünf der acht folgenden Kriterien erfüllt sein:

1. Ständige gedankliche Beschäftigung mit dem Internet (Gedanken an vorherige Online-Aktivitäten oder Antizipation zukünftiger Online-Aktivitäten).
2. Zwangsläufige Ausdehnung der im Internet verbrachten Zeiträume, um noch eine Befriedigung zu erlangen.
3. Erfolglose Versuche, den Internetgebrauch zu kontrollieren, einzuschränken oder zu stoppen.
4. Ruhelosigkeit, Launenhaftigkeit, Depressivität oder Reizbarkeit, wenn versucht wird, den Internetgebrauch zu reduzieren oder zu stoppen.
5. Längere Aufenthaltszeiten im Internet als ursprünglich intendiert.
6. Aufs-Spiel-Setzen oder Riskieren einer engen Beziehung, einer Arbeitsstelle oder eines beruflichen Angebots wegen des Internets.
7. Belügen von Familienmitgliedern, Therapeuten oder anderen, um das Ausmaß und die Verstrickung mit dem Internet zu verbergen.
8. Internetgebrauch als ein Weg, Problemen auszuweichen oder dysphorische Stimmungen zu erleichtern (z.B. Hilflosigkeit, Schuld, Angst, Depression).

Die Young-Kriterien haben sich in der Diagnostik von Internetabhängigkeit weltweit etabliert. Sie bildeten den Ausgangspunkt für viele weitere Versuche, das Krankheitsbild möglichst treffend zu charakterisieren und damit eine relativ große Sicherheit für die Diagnosestellung zu liefern. Für Menschen, die ausschließlich von einer Abhängigkeit von Computerspielen betroffen sind, bietet das Diagnostische Statistische Manual (DSM-V) neue Kriterien, die sich in einigen wenigen Punkten von denen der allgemeinen Young-Kriterien unterscheiden.

Das US-amerikanische Diagnostische Statistische Manual, das 2013 in der fünften Auflage erschienen ist (DSM-V),[5] ist einer der einflussreichsten Kriterienkataloge für psychische Erkrankungen überhaupt. Darin werden erstmals Verhaltenssüchte wie das pathologische Glücksspiel gemeinsam mit der Alkoholsucht als Abhängigkeitserkrankungen erfasst. Internetabhängigkeit ist in diesem Kapitel jedoch noch nicht als offizielle Diagnose aufgeführt. Als Forschungsdiagnose ist die spezifische Abhängigkeit von Online-Spielen, im Englischen »Internet Gaming Disorder«, allerdings im Anhang aufgenommen worden.

Bislang ist lediglich diese Variante der Internetabhängigkeit als Forschungsdiagnose berücksichtigt, weil sie am häufigsten auftritt und am besten erforscht ist. Von einer Abhängigkeit von Online-Spielen kann dann ausgegangen werden, wenn mindestens fünf der neun beschriebenen Symptome vorliegen.[6]

Kriterien für die Abhängigkeit von Online-Spielen gemäß dem DSM-V, 2013

Für eine Diagnose müssen mindestens fünf der folgenden Fragen mit »Ja« beantwortet werden:

1. Sind Sie so in Ihre Online-Spielnutzung vertieft, dass Sie über frühere Internet-Aktivitäten nachdenken, Ihre nächsten kaum erwarten können und sie zur dominanten Aktivität des täglichen Lebens werden?
2. Leiden Sie unter Entzugssymptomen, wenn Sie nicht zum Spielen ins Internet gehen können?
3. Ist der Bedarf gestiegen, die Zeiträume der Online-Spielaktivität zunehmend auszudehnen?
4. Haben Sie schon erfolglos versucht, Ihre Online-Spielnutzung zu kontrollieren?
5. Besteht wegen Ihrer Nutzung von Online-Spielen ein Interessenverlust an früheren Hobbys und Aktivitäten?
6. Setzen Sie Ihr exzessives Online-Spielen fort, obwohl Ihnen die daraus resultierenden psychischen und sozialen Probleme bewusst sind?
7. Haben Sie schon Familienmitglieder, Therapeuten oder andere Menschen in Ihrem Umfeld über das Ausmaß Ihrer Online-Spielnutzung getäuscht?
8. Gebrauchen Sie Online-Spiele, um negativen Stimmungen – z.B. Gefühlen von Hilflosigkeit, Schuld oder Angst – zu entkommen oder sie zu lindern?
9. Haben Sie wegen Ihrer exzessiven Online-Spielnutzung schon einmal eine bedeutsame Beziehung, eine Arbeitsstelle, eine Bildungs- oder Karrierechance gefährdet oder verloren?

Die neun Fragen decken die entscheidenden Symptombereiche dieser häufigen Variante von Internetabhängigkeit ab. Der DSM-V sieht vor, dass eine Diagnose nur für exzessive Nutzer von Online-Spielen gestellt werden kann, und dies nur dann, wenn fünf oder mehr Symptome vorliegen.[7]

Die ersten vier Fragen zielen auf das eigentliche Suchtverhalten ab. Die letzten fünf Fragen gehen auf die negativen Folgen ein. So ist gesichert, dass eine Internetabhängigkeit nur dann festgestellt werden kann, wenn mindestens ein Lebensbereich von den Folgen der Erkrankung in Mitleidenschaft gezogen ist. Dies entspricht dem Vorgehen bei der Abhängigkeit von Suchtstoffen wie Alkohol oder Kokain.

Werden weniger als fünf Fragen bejaht, kann zumindest ein Internetmissbrauch vorliegen. Eine Behandlung kann dann wichtig sein, insbesondere, wenn die Betroffenen noch unter anderen psychischen Erkrankungen leiden.

In einem solchen Fall kann der Einsatz ausführlicher psychologischer Tests hilfreich sein, mit denen das Ausmaß der Abhängigkeit ermitteln kann. Anhand von Grenzwerten bekommt man einen Eindruck, ob die Testergebnisse der Untersuchten im Bereich eines Missbrauchs oder einer Abhängigkeit liegen.

Auch hierbei war es Kimberly Young, die den ersten Fragebogen vorlegte, den sogenannten Internet-Addiction-Test (IAT). Matthias Brand, Psychologie-Professor an der Universität Duisburg-Essen, der sich ebenfalls mit der Erforschung von Internetabhängigkeit einen Namen gemacht hat, entwickelte gemeinsam mit Kimberly Young anhand einer großen allgemeinen Stichprobe von Probanden eine Kurzversion des Fragebogens, eine deutsche *Short Version* namens sIAT.[8]

In Kooperation mit Prof. Brand und seinem Team wird dieses Testinstrument gerade in unserer Klinik an einer Gruppe von internetabhängigen Patienten einer Validierung unterzogen. Es gibt mittlerweile eine handvoll gut validierter Fragebögen, die zum Teil unterschiedliche Varianten der Internetabhängigkeit und Altersgruppen berücksichtigen. Die Entwicklung und Erprobung solcher psychologischer *Instrumente* ist für Forschung und Praxis gleichermaßen wichtig, um die Qualität der Diagnosestellung weiter zu verbessern. Bis zu einer umfassenden Anerkennung der Internetabhängigkeit als eigenständiges Störungsbild ist noch viel zu klären.[9]

Wenig Einigkeit herrscht beispielsweise noch im Hinblick auf die Frage, wie lange die Symptomatik schon bestanden haben muss, bevor eine sichere Diagnose gestellt werden kann. Der DSM-V sieht dafür einen ausgesprochen langen Zeitraum von mindestens 12 Monaten vor. Der Fachverband Medienabhängigkeit dagegen empfiehlt, bereits ab einem Zeitraum von drei Monaten kontinuierlich bestehender Symptomatik eine Diagnose zu stellen.[10]

Wenngleich sich bislang die meisten Internetabhängigen bedauerlicherweise häufig erst nach einer sehr langen Leidenszeit bei uns vorstellen, kann in Einzelfällen aber schon deutlich früher von einer Internetabhängigkeit ausgegangen werden. Im Grunde kann sie sich auch innerhalb von wenigen Wochen in einem Ausmaß entwickeln, dass an ihrem Vorliegen aus klinischer Sicht kein Zweifel besteht. Das Problem ist momentan ja auch nicht, dass sich die Betroffenen zu früh vorstellen, sondern dass sie es viel zu spät oder gar nicht tun. Je früher sich die Betroffenen aber behandeln lassen, desto besser ist die Prognose. In jedem Fall ist eine sorgfältige Diagnosestellung der Ausgangspunkt für eine gute Behandlung. Und ohne Diagnose gibt es keine Therapie.

Damit die Anzeichen einer Abhängigkeitsentwicklung frühzeitig erkannt werden können, werden im Folgenden die charakteristischen Symptome einer Abhängigkeit anhand von Beispielen ausführlich erläutert. Man unterscheidet sinnvollerweise zwischen den Symptomen des eigentlichen Suchtverhaltens und den typischen Folgen der Internetabhängigkeit.

1.2 Suchtverhalten: von gedanklicher Einengung bis zur Überdosis

Einmal stellte sich ein verzweifeltes Elternpaar in unserer Sprechstunde vor. Sie fühlten sich völlig hilflos, weil ihr erwachsener Sohn ins Internet abgeglitten war. Der 20-Jährige lebte noch in der elterlichen Wohnung, nachdem er zwei Jahre zuvor die Schule abgebrochen hatte. Nun verließ er kaum mehr das Zimmer und war auch nicht bereit, sich in unserer Ambulanz vorzustellen. Wir berieten die Eltern im Sinne einer systemischen Familientherapie. Dadurch waren sie wieder in der Lage, im Umgang mit dem Sohn an einem Strang zu ziehen und ihm Grenzen aufzuzeigen. Schließlich erklärte er sich dazu bereit, sich bei uns selbst vorzustellen.
In den ersten Gesprächen stellte sich heraus, dass der junge Mann seit etwa zwei Jahren dem Online-Rollenspiel »World of Warcraft« verfallen war. Er berichtete, dass er von dem Spiel derart fasziniert gewesen sei, dass er innerhalb weniger Wochen voll und ganz darin aufgegangen war. Nach dem Schulabbruch und einem gescheiterten Arbeitsversuch habe er nichts anderes zu tun gehabt. Außerdem habe er darin die Anerkennung gefunden, die er in der realen Welt nicht erhalten habe. In seinem Spielrausch habe er völlig die Kontrolle über sein Leben verloren. Meist habe er von zwei Uhr mittags bis sechs Uhr morgens durchgespielt, sodass sich sein Tag-Nacht-Rhythmus völlig umgekehrt habe. Bald habe er an nichts anderes mehr denken können und das Zimmer nur verlas-

sen, um sich in der Küche etwas zu essen zu holen oder um auf die Toilette zu gehen. Zu dem Zeitpunkt, als er sich bei mir vorstellte, hatte er noch niemals versucht, seinen Internetkonsum zu reduzieren oder das Spiel ganz aufzugeben. Deshalb hatte er auch noch keinerlei Erfahrung mit dem Entzug und wusste folglich nicht, wie sich Entzugserscheinungen zeigen.
Es brauchte mehrere Monate, um ihn davon zu überzeugen, sich stationär in unserer Klinik behandeln zu lassen. Dies hielt er jedoch nur eine Nacht lang aus. Als er die Station am nächsten Morgen fluchtartig verließ, begegnete ich ihm auf dem Flur. Den Anblick seiner angsterfüllten Augen werde ich nicht vergessen. Ich sah die typische Panik eines Menschen, der auf Entzug ist. Es brauchte dann noch mehr als ein Jahr an ambulanter Einzeltherapie, bis er sich erneut dazu entschließen konnte, dem Spiel voll und ganz den Rücken zu kehren und sich von seiner Fixierung auf das Internet zu lösen.

Menschen, die schon einmal von Nikotin oder Alkohol abhängig waren, kennen den unwiderstehlichen Drang nach dem Suchtmittel. Der abhängige Raucher hat zum Beispiel gedanklich stets im Kopf, wann die nächste Zigarettenpause eingelegt werden kann. Auch der Alkoholabhängige richtet seinen Tagesablauf danach aus, dass die Konzentration des Suchtmittels im Blut nicht unter einen bestimmten Spiegel sinkt.
Der Süchtige ist in Gedanken und in der konkreten Wirklichkeit immer möglichst nah bei seinem Stoff, um nicht *auf Entzug* zu kommen. Aus der Perspektive der Abhängigkeit folgt das einer zwingenden Logik. Die Sucht ist wie ein gefräßiges Tier, das regelmäßig gefüttert werden muss, um nicht gefährlich zu werden. Das ist bei den Internetabhängigen nicht anders. Einem Außenstehenden mag das wie eine

fixe Idee vorkommen. Die ständige gedankliche Beschäftigung mit dem Internet, auch und gerade wenn man *nicht* online ist, ist in der Tat ein charakteristisches Symptom, wenn es darum geht, eine Diagnose zu stellen.

Wenn Internetabhängige zu uns kommen, um sich auf eine Internetabhängigkeit untersuchen zu lassen, fragen wir, ob sie im Wartezimmer über das Internet nachgedacht haben. Meist denken sie über das nach, was sie dort zuletzt getan haben oder was sie als Nächstes im Internet tun werden. Sie empfinden es als eine Art innerliche Nach- und Vorbereitung ihrer digitalen Lieblingsbeschäftigungen.

Aus der medizinischen Perspektive sind dies die typischen Zeichen eines Suchtverhaltens. Das Denken ist in Beschlag genommen von der Sucht und steht im Dienste der kontinuierlichen und regelmäßigen Beschaffung des Suchtmittels. Der Internetabhängige hat sklavisch stets im Blick, wann, wo und wie er möglichst ohne Unterbrechungen mit dem Internet verbunden bleiben kann. Deswegen fällt es ihm oder ihr im fortgeschrittenen Stadium so schwer, überhaupt das Haus zu verlassen.

Das hat Folgen für den Alltag der Betroffenen. Dies gilt auch für Cybersexsüchtige, die es ständig nach neuen pornografischen Kicks verlangt. Die permanente Beschäftigung mit dem Suchtmittel kann einem gelingenden Alltagsleben massiv im Wege stehen. Wie soll man sich in einem Zustand permanenter körperlicher Erregung auf etwas konzentrieren können? Wenn man wie besessen ständig darüber nachdenkt, wie, wann und wo man wieder eine Situation herstellen kann, in der man allein vor einem Computer sitzt? Gerade die Heimlichtuerei, die unbedingte Notwendigkeit, das Suchtverhalten vor Arbeitgeber und Ehefrau zu verstecken, kann für die Betroffenen zu enormem Stress führen. Die gedankliche Einengung auf das Suchtmittel kann dann in einem nächsten Schritt eine grobe Vernachlässigung der beruflichen und zwischenmenschlichen Verpflichtungen nach sich ziehen. Der Internetabhängige ist in Gedanken immer woanders. Dies gilt für Cybersex genauso wie für Online-Spiele und soziale Netzwerke.

Die Steigerung der Dosis und der Verlust der Kontrolle über das Suchtmittel gehören zu jeder Abhängigkeitserkrankung dazu. Ohne sich dem widersetzen zu können, braucht der Abhängige immer mehr von dem, was ihn kurzfristig beruhigt und langfristig kaputtmacht. Dies gilt ebenso für digitale Medien.

In geringerem Ausmaß kann das eigentlich jeder nachempfinden. Wer hat noch nicht einmal völlig den Überblick über die im Internet verbrachte Zeit verloren? Man will eigentlich nur eben seine E-Mails bearbeiten oder etwas im Internet recherchieren, lässt sich aber immer wieder auf andere Internetseiten locken. Man nimmt sich noch vor, dass um zehn Uhr abends endgültig Schluss sei, und sitzt um Mitternacht immer noch vor dem Rechner.

Ein solcher Exzess kann natürlich etwas mit einem ureigenen Interesse zu tun haben, das uns ursprünglich an den Rechner gezogen hat, und muss nicht unbedingt rauschhaft, sondern kann auch einfach nur schön und spannend sein. Aber eine Ahnung davon, wie einen das Internet über die Maßen in seinen Bann schlagen kann, hat wohl jeder.

Ein Suchtpotenzial bergen in erster Linie Internetseiten, auf denen es um Computerspiele, Sex und soziale Netzwerke geht. Dies sind die Seiten, die auch in der Allgemeinbevölkerung besonders erfolgreich sind und dafür sorgen, dass sich die durchschnittliche Tagesdosis Internet pro Kopf Jahr für Jahr steigert.

Die Dosissteigerung ist ein wichtiges Symptom, mit dessen Hilfe man eine Internetabhängigkeit diagnostizieren kann. Die Internetabhängigen verbringen immer mehr Zeit im Internet, um noch eine Befriedigung zu erlangen. Die digitalen Suchtmittel sprechen das Belohnungssystem auf unterschiedliche Weise an (siehe Kapitel 2). Die Suche nach noch mehr Erfolg im Spiel, nach einem noch größeren sexuellen Kick oder nach noch mehr virtuellen Freunden wird in der Suchtentwicklung zum Selbstzweck. Das Tragische an der Sucht ist stets, dass diese Suche nie wirklich zu einem Ziel führt. Die unendlichen Weiten des Cyberspace verführen uns mit dem Versprechen einer grenzenlosen Befriedigung unserer Bedürfnisse, ohne dieses Versprechen wirklich je einzulösen.

Die Dosissteigerung hat allerdings ihre zeitlichen Grenzen. Wenngleich der Tag-Nacht-Rhythmus bei ihnen häufig aufgehoben ist, hat auch bei Internetabhängigen der Tag nur 24 Stunden. Wenn sie aber durch ihre Abhängigkeit schon keiner geregelten Tätigkeit in Schule, Ausbildung oder Beruf mehr nachgehen, liegt die Grenze ungefähr bei 16 Stunden Internetnutzungszeit. Manche Patienten berichten auch davon, dass sie ähnlich wie beim »Komasaufen« bisweilen mit dem Leben kaum noch vereinbare Internetexzesse ausleben. Da wir langfristig aber nicht auf Schlaf verzichten und uns bei der Überschreitung dieser Grenze sogar in Lebensgefahr bringen können, sind 16 Stunden in der Regel die Höchstdosis. Es kommt nicht selten vor, dass diese von Patienten in unseren Spezialambulanzen tatsächlich erreicht wird.

Der Kontrollverlust ist ein weiteres wichtiges Symptom zur Diagnosestellung einer Abhängigkeitserkrankung. Selbst wenn sie es sich vornehmen würden, können Internetabhängige ihre Online-Zeiten nicht auf ein gesundes Maß reduzieren. Nicht selten versuchen sie ihr Umfeld glauben zu lassen, dass sie es könnten, wenn sie es wollten. Sie glauben es manchmal sogar selbst. In Wirklichkeit ist dies aber eine Schutzbehauptung. Sie dient einzig und allein dazu, die eigene Sucht nicht erkennen und einräumen zu müssen.

Die Angst des Abhängigen davor, sein Suchtmittel zu verlieren, ist immer groß. Sie führt nicht selten dazu, dass der Süchtige sich selbst und sein Umfeld belügt. Dies ist in aller Regel ein weiteres Zeichen für den so typischen Verlust der Kontrolle über die Internetnutzung. Das Symptom des Kontrollverlusts könnte man aber genauso gut auf das Leben in der konkret-realen Welt beziehen. Wer die meiste Zeit in der virtuellen Welt verbringt, hat in der Regel jegliche Kontrolle über sein wirkliches Leben verloren.

Manche Menschen, die ihre gesamte Wachzeit im Cyberspace verbringen, erklären, dass dies genau das sei, was sie tun wollen und wie sie leben möchten. Wenn es kaum Druck von ihrer Umwelt gibt, zum Beispiel von Arbeitsämtern, Eltern, Partnerinnen oder Partnern, dann besteht für sie unter Umständen gar keine Notwendigkeit, etwas an ihrer Situation zu ändern. Sie geben auch an, dass sich die Zeiträume, die sie im Internet verbracht haben, nach relativ kurzer Zeit so weit ausgedehnt haben, dass gar keine Steigerung mehr möglich sei. Wenn sie aber selbst überhaupt kein Problembewusstsein für ihre Sucht haben und dementsprechend keinen Versuch unternommen haben, ihren Internetkonsum zu begrenzen, sind es nicht selten die Angehörigen, die den Kontrollverlust schmerzhaft zu spüren bekommen. Vergeblich versuchen sie, die betroffenen Kinder, Partner oder Freunde von ihren Rechnern wegzulocken. Ihre Beobachtungen sind in solchen Fällen für eine realistische diagnostische Einschätzung wichtig und hilfreich.

Jeder kennt das: Man hat morgens sein Mobiltelefon zu Hause vergessen und ist den ganzen Tag über nervös. Wir verhalten uns gegenüber unseren elektronischen Spielzeugen so, als wären sie überlebensnotwendig. Nicht ständig über die Hosen- oder Handtasche mit dem Internet verbunden zu sein könnte befreiend sein, für die meisten von uns ist es aber kaum auszuhalten. Man könnte ja schließlich etwas verpassen und fühlt sich wie abgeschnitten von der Welt.

Dabei kann es so erleichternd sein, einmal versehentlich ohne jegliches elektronisches Spielzeug aus dem Haus zu gehen, ganz *unabhängig* zu sein von all den digitalen Kommunikationsmöglichkeiten. Eine solche Situation liefert die ideale Vorlage dafür, einmal für einen Moment innezuhalten.

Ruhe aber scheint immer mehr Menschen zu *beunruhigen*. Viele werden schon nervös, wenn sie nicht ununterbrochen auf einem Gerät herumtippen können, wenn sie in einem Wartezimmer einer Arztpraxis, auf dem Beifahrersitz eines Autos oder in einem öffentlichen Verkehrsmittel sitzen. Einfach mal abschalten und hierfür alle Geräte ausschalten, wer kann das überhaupt noch? Insofern können wir alle zumindest ansatzweise nachvollziehen, was es heißt, auf Medienentzug zu sein.

Für Menschen, die unter einer Internetabhängigkeit im engeren Sinne leiden, kann ein Entzug allerdings mit weitaus heftigeren Entzugserscheinungen als Nervosität und schlechter Laune einhergehen. Allein der Gedanke an eine Internetabstinenz kann die Betroffenen in blanke Panik versetzen. Tatsächlich ist bei einem *kalten Entzug* vom Internet mit ausgeprägten emotionalen Krisen zu rechnen. Auf die eine oder andere Art und Weise spielen dann bei den meisten die Gefühle verrückt. Neben der Angst können vor allem Gefühle von tiefer Traurigkeit und unbändiger Wut Anlass zur Sorge geben. Die einen reagieren eher depressiv, die anderen eher aggressiv. Panik oder zumindest eine ausgeprägte Nervosität erleben im Grunde alle. Eine solche Ängstlichkeit kann auch mit körperlichen Symptomen wie beschleunigter Atmung, Herzrasen, Bluthochdruck und Schwitzen einhergehen. Diese Symptome kommen denen eines körperlichen Entzugs von einem Suchtstoff doch recht nahe.

Manche Patienten laufen in dieser Phase auch Gefahr, besonders viele Zigaretten zu rauchen oder Alkohol im Übermaß zu trinken, weil sie keine andere Möglichkeit finden, sich zu beruhigen.

Wenn die Betroffenen mit dem Verlust des digitalen Suchtmittels völlig den seelischen Halt verlieren und ins Bodenlose zu fallen drohen, kann es gefährlich werden. Dann sind die Entzugserscheinungen so intensiv, dass es zu existenziell bedrohlichen Impulsdurchbrüchen kommen kann.

Akute Zuspitzungen im Entzug erleben wir in den Spezialambulanzen nicht selten. Beispielsweise mussten wir einmal einen jungen Internetabhängigen auf eine psychiatrische Station aufnehmen, weil er im Entzug in suizidaler Absicht versucht hatte, vor ein Auto zu laufen. Nur mit Mühe konnte er von Passanten davon abgehalten werden. Ebenso freiwillig, wie er gemeinsam mit seinem Vater den Computer aus seinem Zimmer entfernt hatte, um nicht mehr spielen zu können, begab er sich notfallmäßig zu seinem eigenen Schutz und aus freien Stücken in stationäre Behandlung.

Einen anderen jungen Mann nahm ich per Betreuungsbeschluss gegen seinen Willen auf eine geschlossene psychiatrische Station auf. Er hatte seine Mutter angegriffen und bedroht, nachdem sie ihm den Internetzugang gesperrt hatte. Als damaliger Leiter des Sozialpsychiatrischen Dienstes musste ich mir vor Ort über die Gefahrensituation selbst ein Bild machen, um für das Amtsgericht eine ärztliche Stellungnahme formulieren zu können.

Dramatisch war auch der Fall eines Jugendlichen, der mit einem Gerichtsbeschluss notfallmäßig zur Zwangsbehandlung in die Kinder- und Jugendpsychiatrie gebracht wurde, weil er seinen Stiefvater angegriffen hatte. Aus

Verzweiflung und Wut darüber, dass sich der 17-Jährige nicht behandeln lassen wollte, hatte er die Kabel seines Rechners durchgeschnitten. Daraufhin hatte ihn der Jugendliche gewürgt.

Gerade in einem unfreiwilligen Entzug können Internetabhängige für sich und andere zur Gefahr werden.[11] Im schlimmsten Fall kann dies fatal ausgehen. Dass es sogar zum Totschlag und zur Selbsttötung kommen kann, zeigen zwei Beispiele, die weltweit für Aufsehen gesorgt haben.

> Daniel P. aus Ohio war 16 Jahre alt, als er mit einem Jetski verunglückte.[12] Aufgrund von Komplikationen verzögerte sich die Heilung seiner Verletzungen, so dass er lange Zeit nicht zur Schule gehen konnte und zu Hause bleiben musste. Hier spielte er stundenlang »Halo«, ein damals in den USA enorm erfolgreiches Shooter-Spiel, was seine Eltern aber aus religiösen Gründen ablehnten. Trotzdem gelang es ihm, heimlich bis zu 18 Stunden ununterbrochen zu spielen. Er war davon abhängig geworden.
> Als ihn seine Eltern dabei erwischten, nahmen sie ihm das Spiel weg. Wenig später, am 20. Oktober 2009, trat Daniel von hinten an seine Eltern heran und sagte: »Würdet ihr die Augen schließen, ich habe eine Überraschung für euch.« Mit der Handfeuerwaffe seines Vaters schoss er erst diesem und dann der Mutter in den Kopf. Die Mutter starb, der Vater überlebte schwerverletzt. In einem aufsehenerregenden Prozess erhielt der mittlerweile 17-Jährige eine lebenslange Haftstrafe.

> Der 13-jährige Xiao Y. aus der chinesischen Provinz Tianjin war ein guter Schüler, bis er damit begann, exzessiv Online-Rollenspiele zu spielen.[13] Seine Eltern fühlten und verhielten sich hilflos gegenüber seiner Internetab-

hängigkeit. Der Vater sagte: »Seine Mutter und ich machten uns Sorgen um ihn. Aber wir wussten nur wenig über das Internet und wussten nicht, wie wir ihn hätten retten sollen.« Manchmal sei der Junge über Nacht verschwunden, um stundenlang in Internetcafés zu spielen. Als ihn der Vater im Mai 2005 das letzte Mal aus einer solchen Spielhölle abholte, habe der Junge unter Tränen zugegeben, dass er von den Spielen »vergiftet« worden sei und sich nicht mehr unter Kontrolle habe. Wenig später sprang Xiao von einem 24-stöckigen Hochhaus in den Tod. In seinem Abschiedsbrief äußerte er die Hoffnung, dass er das Spiel im Paradies mit seinen drei Freunden weiterspielen könne.

Derartig extreme Krankheitsverläufe sind keine Einzelfälle, aber erfreulicherweise bislang noch selten. Wirklich wundern dürften sie uns nicht mehr, zumal auch bei stoffgebundenen Suchterkrankungen die Eigen- und Fremdgefährdung im Entzug deutlich erhöht ist. Ähnlich wie ein Alkoholentzug körperlich lebensbedrohlich sein kann, kann ein Internetentzug Menschen aufgrund seelischer Not in Lebensgefahr bringen.

Tödliche Überdosis aufgrund seelischer Not

Dass Internetabhängigkeit eine ernstzunehmende Suchterkrankung darstellt, zeigt sich an einer weiteren lebensgefährlichen Komplikation. Ich konnte es zunächst selbst kaum fassen, dass es wie bei einer Überdosis von Suchtmitteln wie Alkohol oder Heroin tatsächlich zu Todesfällen kommen kann. Es ist traurig, aber wahr: Den *goldenen Schuss* gibt es auch bei der Internetabhängigkeit. Allein in Südkorea, dem Land, in dem Internetabhängigkeit als Erstes zu einem gravierenden Massenphänomen wurde, sind mindestens zehn Personen an den körperlichen Folgen einer Internetabhängigkeit verstorben (siehe hierzu Kapitel 2). – Wie ist das zu verstehen?

Manche Menschen werden so abhängig vom Internet – und hier geht es bislang ausschließlich um Online-Spiele –, dass sie überhaupt nicht mehr damit aufhören können. Manche vernachlässigen dabei so lange ihre lebensnotwendigen körperlichen Bedürfnisse, bis sie vor dem Rechner zusammenbrechen. Harmlos – wenn auch ziemlich abstoßend – ist es, wenn sich besonders schwer Betroffene einen Eimer unter den Schreibtisch stellen oder einen Katheter legen, um das Spiel für einen Toilettengang nicht unterbrechen zu müssen.

Gefährlich wird es, wenn Internetabhängige nicht mehr essen, trinken und schlafen. Manche putschen sich mit Kaffee, Cola oder Energydrinks und zum Teil auch mit Medikamenten und synthetischen Drogen auf, um stundenlang wach bleiben zu können. Dies geht bisweilen mehr als 24 Stunden, manchmal sogar mehr als 48 Stunden so. In diesem Zusammenhang spricht man in Analogie zu den sich mehrenden Alkoholexzessen von Jugendlichen auch von »Binge-Gaming« (Komaspielen).

Im Jahr 2005 beispielsweise brach in Südkorea ein 28-Jähriger tot zusammen, nachdem er in einem Internetcafé 50 Stunden am Stück ohne Essen, Trinken und Schlafen gespielt hatte.[14] Nach einem solchen Zeitraum ist es kein Wunder, dass der Kreislauf irgendwann zusammenbricht.

Da Todesfälle im Zusammenhang mit exzessiver Internetnutzung bislang noch selten sind, gibt es hierzu keine Forschungsergebnisse. Was man aber weiß, ist, dass der Mensch in der Regel nach mehr als drei Wochen ohne Nahrung, nach etwa zehn Tagen ohne Schlaf und nach drei Tagen ohne Flüssigkeit an einem Herz-Kreislauf-Versagen stirbt. Wenn Nahrung, Schlaf und Flüssigkeit gleichzeitig fehlen, können sich die Zeiträume bis zu einem lebensgefährlichen Zustand deutlich verkürzen. Die Verläufe sind dann sehr individuell.

Bei den dokumentierten Todesfällen unter Internetabhängigen dürfte es sich zumeist um einen Kreislaufstillstand aufgrund von Flüssigkeitsmangel gehandelt haben. Die übermäßige Zufuhr von koffeinhaltigen Getränken und der dadurch künstlich hervorgerufene Schlafmangel können lebensgefährliche Herzrhythmusstörungen hervorrufen. Zudem gab es Todesfälle, bei denen es wegen des Bewegungsmangels zu Thrombosen in den Beinvenen gekommen war, die wiederum zu tödlichen Lungenembolien führten.

Während die Todesopfer von Internetabhängigkeit in ihren Online-Aktivitäten psychisch ständig in Bewegung waren, kam ihre körperliche Existenz zum ultimativen Stillstand: keine Bewegung, kein Herzschlag, kein Blutfluss, bis nur noch der Tod festgestellt werden konnte. Ihre Körper dienten dazu, über Augen, Ohren und Hände eine Verbindung zum Computer und damit zum Internet herzustellen. Der Rest des Körpers wurde nur noch als Ballast wahrgenommen und vollkommen vernachlässigt.

Es mag wie eine Binsenweisheit klingen, aber wir Menschen können eben nicht ohne unseren Körper leben. Er ist und bleibt unsere physische Basisstation. Internetabhängige, die ihren Körper völlig vernachlässigen, betreiben eine Extremvariante von Weltflucht.

Wenn in den asiatischen Internetcafés wieder einmal ein Mensch vor einem Computer zusammenbricht, läuft der Betrieb in der Regel erst einmal ungestört weiter. Vor dem Computer einzuschlafen ist dort nichts Ungewöhnliches. Nur so lässt sich erklären, warum der Tod eines 23-jährigen exzessiven Online-Rollenspielers in einem taiwanesischen Internetcafé ungefähr neun Stunden lang unbemerkt blieb.[15] Neben der Internetabhängigkeit litt er unter einer Herzerkrankung, die mitentscheidend für seinen frühen Tod gewesen sein dürfte. Allein daran wäre er aber wohl kaum verstorben. Vermutlich weil ihm das Spielen wichtiger war, hatte er nicht für seine Behandlung Sorge getragen. Nach einer durchspielten Nacht war er in seinem Sessel zusammengesunken, während seine Hände auf der Tastatur liegen geblieben waren. Die Totenstarre war bereits eingetreten, als man ihn mit ausgestreckten Armen vom Computer abrückte. Erschreckend daran ist nicht zuletzt die Untätigkeit der anderen Nutzer um ihn herum. Selbst als die Polizei eintraf, um den Leichnam abzutransportieren, sollen viele nicht mit dem Spielen aufgehört haben. Die eigene Abhängigkeit machte sie blind für das Drama, das sich in ihrer unmittelbaren Nähe real abspielte.

Lebensbedrohliche Gefahren und tatsächliche Todesfälle auszublenden ist für Abhängige aller Art ein recht typisches Merkmal. Der Nikotinabhängige verdrängt die tödlichen Langzeitfolgen des Rauchens. Und während wir mehrheitlich unserer *Trinkkultur* frönen, übersehen wir gerne, wie viele von uns in eine lebensgefährliche Alkoholsucht geraten. Die derzeitige Häufigkeit von Todesfällen im Zusammenhang mit Internetabhängigkeit einzuschätzen ist schwierig. Bislang wurden diese vor allem aus fernen asiatischen Internetcafés gemeldet, vermutlich, weil hier der Zusammenhang mehr oder weniger offensichtlich ist.

Die Dunkelziffer der häuslichen Todesfälle im Zusammenhang mit exzessiver Internetnutzung dürfte allerdings einigermaßen hoch sein – und uns in Europa auch schon betreffen.

1.3 Folgen: aus der Welt gefallen

Ein alleinstehender Mann von Anfang 40 stellte sich in unserer Sprechstunde wegen einer Abhängigkeit von einem Online-Rollenspiel vor, das sein Leben verändert hatte. Es war ihm entglitten. Als examinierter Altenpfleger hatte er sehr unregelmäßige Arbeitszeiten, sodass es ihm zunächst selbst kaum auffiel, dass er manchmal ganze Nächte durchspielte. Bald jedoch war jeder Zeitraum, in dem er nicht zum Arbeiten in die Klinik oder zum Schlafen ins Bett musste, von dem Online-Spiel ausgefüllt. Diesem Prozess fielen zuerst seine Freundschaften zum Opfer. Eine Partnerschaft hatte er nach einer tief enttäuschten Liebe ohnehin schon lange nicht mehr geführt. Durch die vielen Kontakte zu Mitspielern im Netz aber kompensierte er die zunehmende Einsamkeit in seinem realen Umfeld. Nur zu Mutter und Schwester hatte er noch Kontakt.
Weil er auch immer mehr Schlafzeit dem Spiel opferte, war er in der Arbeit zunehmend unkonzentriert und gereizt. Er fehlte immer häufiger. Schließlich ging er mit seinem Arbeitgeber im Streit auseinander. Nun folgten mehrere Jahre eines völligen Rückzugs in seine Wohnung beziehungsweise in die Welt seines Spiels. Im Zuge dessen wurde der Patient immer depressiver und ängstlicher, wenn es darum ging, überhaupt das Haus zu verlassen und anderen Menschen zu begegnen. Er bewegte sich kaum noch und kümmerte sich nicht mehr ausreichend um seine körperlichen Bedürfnisse. Er hatte fast alles verloren: den Bezug zum eigenen Körper, seine Freunde und die Arbeitsstelle. Er begann lebensmüde Gedanken zu entwickeln, sein Vater hatte sich das Leben genommen, als er noch ein Junge war. So aber wollte er nicht enden. Schließlich tat er das einzig Richtige: Er ließ sich in eine

Klinik einweisen. Diese Entscheidung markierte einen Neuanfang, von wo aus er sich sein Leben mit jahrelanger professioneller Hilfe Schritt für Schritt zurückeroberte.

Am Beispiel dieses Patienten verdeutlichen sich die dramatischen Folgen, die von einer Internetabhängigkeit ausgehen können. Diese schlagen sich in drei Lebensbereichen nieder:[16] im Umgang mit dem eigenen Körper, mit sozialen Beziehungen und mit der eigenen Leistungsfähigkeit.

Von der Vernachlässigung bis zur Verwahrlosung

Jede Sucht führt dazu, dass der Körper auf die ein oder andere Weise vernachlässigt und geschädigt wird. Beim Alkoholiker wird besonders die Leber in Mitleidenschaft gezogen. Beim Raucher ist es die Lunge. Auch bei einer Abhängigkeit vom Internet kann es zu schwerwiegenden körperlichen Folgeschäden kommen.

Internetabhängige sitzen die meiste Zeit des Tages oder der Nacht fast reglos vor einem oder mehreren Rechnern. In aller Regel betreiben sie überhaupt keinen Sport mehr. Mehr noch, sie bewegen sich fast überhaupt nicht mehr aus dem Haus oder aus dem Zimmer. Menschen, die kaum laufen und nur sitzen, entwickeln häufig Haltungsschäden. Langfristig können schmerzhafte Rückenleiden die Folge sein. Ein dauerhafter Bewegungsmangel führt auch zu einem Erschlaffen des Muskelapparats. Da die Internetabhängigen vor allem in abgedunkelten Räumen und nachts im Netz unterwegs sind, kann es aufgrund von anhaltendem Lichtmangel außerdem zu einer Unterproduktion von Vitamin D kommen, was zu einem Abbau von Knochensubstanz führt. So kann langfristig der gesamte Bewegungsapparat irreversibel geschädigt werden.

Auch wenn es hierzu noch keine Langzeitstudien gibt, die

die Gefahren verdeutlichen könnten, ist die Vermutung naheliegend, dass solche Folgeerscheinungen besonders für Kinder und Jugendliche verheerend sind. Der sich im Wachstum befindliche Körper braucht möglichst viele und vielfältige Erfahrungen mit Bewegung und Sinnesreizen, um voll und ganz heranzureifen. Wer als Heranwachsender nicht die physische Welt erkundet und darin den eigenen Körper erobert, dem fehlt es später an Handlungsspielräumen und Haltung, um als Erwachsener aufrecht durchs Leben zu gehen – auch im übertragenen Sinne.

Ganz bewegungslos sind die Internetabhängigen allerdings nicht. Bei der Sucht nach Online-Spielen und beim Cybersex werden einzelne Körperteile besonders stark beansprucht.

Für die Computerspiele wird gerne geltend gemacht, dass sie die Auge-Hand-Interaktion förderten. Dem mag so sein. Allerdings ist hier kritisch anzumerken, dass es sehr viele andere wichtige körperliche Funktionen und Interaktionen gibt, die mit Computerspielen nicht trainiert werden können. Mehr noch, die permanenten Auge-Hand-Interaktionen führen zunehmend häufiger zu einer übermäßigen Beanspruchung eben genau dieser Körperteile.

Gerade bei Heranwachsenden werden immer öfter Augenerkrankungen im Zusammenhang mit einer exzessiven Nutzung von Bildschirmmedien diagnostiziert.[17] Und durch die übermäßige Nutzung von Tastatur, Maus und Controller zur Bedienung von Computerspielen kann es zu schmerzhaften Sehnenscheidenentzündungen (Tendonitis) kommen, die man auch als »Nintendonitis« bezeichnet.[18]

Die körpereigenen Bedienungselemente, die bei Cybersexsüchtigen zum Einsatz kommen, sehen etwas anders aus. Tatsächlich kann eine stundenlange Selbstbefriedigung bei ihnen zu einer schmerzhaften Überbeanspruchung der entsprechenden Körperteile führen, die geradezu ein selbstverletzendes Ausmaß annehmen kann.

Der Schlaf ist ein weiteres lebenswichtiges Grundbedürfnis des Menschen. Gerade die Online-Computerspiel-Abhängigen haben häufig einen umgekehrten oder auch völlig aufgehobenen Schlaf-wach-Rhythmus.

Dies liegt nicht zuletzt daran, dass sie im Netz mit Menschen spielen, die in anderen Zeitzonen leben oder auch nichts Besseres zu tun haben. Ein weiterer Grund ist, dass sie tagsüber lieber schlafen, um nicht daran erinnert zu werden, dass andere Menschen zur Schule oder zur Arbeit gehen. Manche verlieren allerdings nur deshalb das Gefühl für Zeitspannen und Tagesrhythmen, weil sie immer so lange vor dem Rechner bleiben, bis der Schlaf sie überfällt.

Wie bereits beschrieben, kann im Extremfall ein Mangel an Schlaf zu lebensgefährlichen Komplikationen führen. In der Regel geht es aber um mittelfristige Schäden. Ein chronischer Schlafmangel kann beispielsweise zu einer Schwächung des Immunsystems, aber auch zu gravierenden psychischen Erkrankungen wie zum Beispiel Psychosen führen. Wir brauchen die »Reset-Funktion« des Schlafs, um uns körperlich und seelisch zu regenerieren.

Essen und Trinken werden von den Internetabhängigen ebenfalls häufig vernachlässigt. Ein Flüssigkeitsmangel kann relativ schnell zu einer Gefahrensituation führen. Die Fehlernährung bei Internetabhängigen führt in der Regel zu weniger akuten, aber bisweilen umso nachhaltigeren Schädigungen. Es finden sich ebenso Mangel- wie Überernährung.

In die Sprechstunden für Medienabhängige kommen bisweilen Patienten, die so dünn sind wie Magersüchtige. Mindestens genauso häufig stellen sich aber Menschen mit Übergewicht vor. Neben der Fehlernährung durch Fastfood spielt auch hier der Bewegungsmangel eine Rolle. Nicht wenige Betroffene müssen sich nicht einmal in die Küche oder ins Esszimmer bewegen, weil ihnen die Angehörigen alle Mahlzeiten am Computer servieren. Und dazwischen gibt es Chips und Süßigkeiten.

Wenn diese Entwicklung schon in der Kindheit einsetzt, ist zu befürchten, dass die Fettleibigkeit kaum mehr rückgängig zu machen ist und mit den typischen Folgeerkrankungen wie Diabetes mellitus und Bluthochdruck einhergeht. Bei der *Fettsucht* ist es wie bei allen Abhängigkeitserkrankungen: Je früher die Verhaltensweise außer Kontrolle gerät, desto größer die Gefahr einer langanhaltenden Abhängigkeit mit all ihren Folgen, im Zweifelsfall ein Leben lang. Festzuhalten ist an dieser Stelle, dass jede Art von Fehlernährung bei Heranwachsenden, ob Mangel- oder Überernährung, zu irreversiblen Entwicklungsschäden führen kann. Letztlich sind sie ein Zeichen von Vernachlässigung.

Gerade wenn Internetabhängige allein leben, kann aber auch eine regelrechte körperliche Verwahrlosung drohen. Dann können alle körperlichen Bedürfnisse und Funktionen in extreme Mitleidenschaft gezogen werden. Diese Menschen leben wie Obdachlose in der eigenen Wohnung. Spätestens dann ist eine Internetabhängigkeit mit dem Leben kaum noch vereinbar.

Soziale Folgen: Und raus bist du!

Nehmen wir das Schlimmste gleich vorweg. Nicht nur die Vernachlässigung des eigenen Körpers kann dramatische Konsequenzen haben. Wenn wir uns im Internet verirren, drohen wir auch die Bedürfnisse derjenigen aus den Augen zu verlieren, die auf uns angewiesen sind. Eine Internetabhängigkeit bei Eltern kann für kleine Kinder zu einer ernsthaften Gefahr werden. Beispiele hierfür sind ebenso erschreckend wie traurig.

Im US-amerikanischen Bundesstaat New Mexico wurde im Jahr 2011 eine Frau verurteilt, die ihr dreijähriges Kind hatte verdursten und verhungern lassen.[19] Das Gericht sah es als erwiesen an, dass die Vernachlässigung ihrer Tochter mit ihrem exzessiven Spielen von *World of Warcraft* zusammenhing. Nach Angaben des FBI spielte sie das Online-Rollenspiel bis zu 15 Stunden täglich.

Es gibt nicht nur Beispiele für Einzelpersonen, die ihre Nachkommen lebensbedrohlich vernachlässigen. Auch Elternpaare können eine Gefahr für Leib und Leben ihrer Kinder darstellen, wenn beide von Computerspielabhängigkeit betroffen sind und diese vielleicht sogar gemeinsam ausleben.

Ein südkoreanisches Paar, das sich bezeichnenderweise in einem Internet-Chatroom kennengelernt hatte, verfiel gemeinsam dem Online-Rollenspiel *Prius*.[20] Obwohl die beiden eine Tochter in die Welt gesetzt hatten, verloren sie sich in der virtuellen Parallelwelt des Spiels, in der ihre jeweiligen Spielfiguren ebenfalls als ein Paar zusammenlebten. Sie ließen sogar ihre beiden virtuellen Alter Egos zu Eltern einer virtuellen Tochter werden. Um das computergenerierte Mädchen kümmerten sie sich bald mehr als um ihr leibliches Baby. Nach Angaben der südkoreanischen Polizei kam das Paar im September 2009 nach einer 12-stündigen Spielsession aus einem Internetcafé nach Hause, um ihre Tochter verdurstet und verhungert vorzufinden. Ihr Leben hatte lediglich drei Monate gedauert.

Wenn man im Netz gezielt nach Fällen sucht, stößt man auf nicht wenige Beispiele, und es ist von einer Dunkelziffer auszugehen. Aber es muss auch betont werden, dass Todesfälle dieser Art – zumindest bislang noch – Ausnahmefälle darstellen. Diese Extremfälle sollten uns aber in jedem Fall wachrütteln. Und sie zeigen uns deutlich, dass wir es hier wirklich mit einem Suchtphänomen zu tun haben. Die Vernachlässigung von Kindern mit Todesfolge kann ebenso die Folge einer schwerwiegenden Alkohol- oder Heroinabhängigkeit sein. Die völlige gedankliche Einengung auf das Suchtmittel ist manchmal mit einem verantwortungsvollen Sozialleben nicht mehr vereinbar. Dies gilt nicht nur für Eltern, sondern auch für andere zwischenmenschliche Zusammenhänge wie Familie, Partnerschaft und Freundschaft.

Die familiären Folgen bei den zumeist noch jungen Online-Spiel-Abhängigen liegen bislang vor allem darin, dass sie sich vom Familienleben abwenden und diesbezüglichen Verpflichtungen nicht mehr nachkommen. Dies führt oft zu heftigem Streit mit dem Rest der Familie, insbesondere mit den eigenen Eltern. Viel schwerer zu ertragen als ein handfester Streit ist es für Eltern jedoch, wenn sie das Gefühl haben, dass man völlig aneinander vorbei lebt. Das Familienleben kommt zum Erliegen, wenn es kaum noch gemeinsame Schnittmengen im Alltag gibt, wenn Mahlzeiten nicht mehr zusammen eingenommen werden, gemeinsame Unternehmungen nicht mehr stattfinden, man sich nur noch auf dem Flur begegnet. Manche Eltern haben dann das Gefühl, mit einem Geist zusammenzuleben.

Ähnlich geht es den Partnerinnen von cybersexsüchtigen Männern. Meist sind sie es, die Alarm schlagen, wenn sie die Abhängigkeit entdecken. Zumeist sehen sie die Partnerschaft in Frage gestellt, weil sie sich betrogen fühlen. Nicht selten ist es jedoch schon zu einer schmerzhaften Entfremdung zwischen den Ehepartnern gekommen, bevor die Cybersexsucht des Mannes auffliegt. Dies liegt nicht zuletzt daran, dass der Abhängige immer darauf bedacht ist, möglichst viel Zeit mit sich und seinem Rechner alleine zu verbringen, um heimlich seiner digitalen Selbstbefriedigung nachzugehen.

Den Angehörigen gegenüber das Ausmaß seiner Verstrickung in die Sucht zu kaschieren und immer wieder auch Lügen aufzutischen ist bei allen Varianten der Internetabhängigkeit ein charakteristisches Symptom. Dies gilt für die Abhängigkeit von Internetpornografie und anderen digitalen Sexangeboten umso mehr, da Scham- und Schuldgefühle hinzukommen. Insofern kann Cybersexsucht eine Partnerschaft zweifach in eine tiefe Vertrauenskrise versetzen. Wenn eine gemeinsame Sexualität nicht schon vor oder während der Abhängigkeit von Cybersex eingeschlafen ist, dann passiert es in der Regel in diesem Moment. Bevor man sich wieder um das gemeinsame Intimleben kümmern kann, geht es allerdings erst einmal um versiegte und verletzte Gefühle, denen sich beide stellen müssen.

Aber auch unabhängig von Cybersexangeboten können Partnerschaften – ebenso wie Freundschaften – durch eine Internetabhängigkeit belastet und aufs Spiel gesetzt werden.[21] Ob mit den vielen Mitspielern bei Online-Computerspielen oder den vielen virtuellen Freunden in sozialen Netzwerken, wenn es zu einer Abhängigkeit kommt, werden in aller Regel die vormals wichtigen menschlichen Beziehungen, die von der unmittelbaren Begegnung leben, vernachlässigt. Die meisten Internetabhängigen haben außerhalb des Cyberspace häufig gar keine Freunde mehr, mit denen sie sich noch im echten Leben treffen. Mit dem Verlust dieser Freundschaften werfen die Betroffenen in der Regel auch wichtige Hobbys wie Sport und andere Freizeitaktivitäten über Bord. Im schlimmsten Fall wird dann alles, was sich nicht im Netz abspielt, geopfert. Das soziale Umfeld muss häufig hilflos mit ansehen, wie sich ein Angehöriger aus Freundeskreis und Sportverein still und heimlich verabschiedet, um mit vielen zumeist fremden Menschen seinen virtuellen Leidenschaften nachzugehen. Diese werden kurzerhand zum Hobby erklärt, um das Leiden an der Sucht herunterzuspielen.

Leistungsabfall

Die meisten Menschen in unserer Gesellschaft streben danach, Leistungen in Schule, Ausbildung, Studium und Beruf zu erbringen, um zumindest für sich selbst sorgen zu können. Wenn wir uns nicht von anderen abhängig machen wollen, sind wir auf unsere Arbeit angewiesen. In Ländern, in denen eigentlich niemand mehr hungern müsste, geht es dabei natürlich immer auch um Anerkennung. Gerade für junge Menschen ist es wichtig, sich vom Elternhaus zu lösen und zu verselbständigen, indem sie zeigen, wer sie sind und was sie können. Menschen mit einer Internetabhängigkeit haben gerade damit Probleme. Im Zuge einer Abhängigkeitsentwicklung lassen oft die Leistungen der Betroffenen nach oder versiegen ganz.

Bei Schülern fängt es häufig damit an, dass es aufgrund von Schlafmangel durch nächtliches Computerspielen zu Übermüdungen und Konzentrationsstörungen kommt. Die Betroffenen verlieren das Interesse am Unterricht und beteiligen sich nicht mehr. In der Folge rutschen sie in ihren Noten ab. Bald ist die Versetzung gefährdet. Im Rahmen von Längsschnittuntersuchungen des Kriminologischen Forschungsinstituts Niedersachsen wiesen Thomas Mößle und sein Team nach, dass eine exzessive Bildschirmmediennutzung insbesondere bei Jungen ein wichtiger Faktor für schulische Leistungsdefizite darstellt.[22] Viele Computerspielabhängige haben schon mindestens ein Schuljahr wiederholt, bevor zum ersten Mal der Verdacht aufkommt, dass der Leistungsabfall die Folge einer Sucht sein könnte. Es ist aber wichtig, dass Eltern und Lehrer diese Zeichen möglichst frühzeitig erkennen und darauf reagieren. Richtig problematisch wird es spätestens dann, wenn die Kinder immer häufiger zu spät zur Schule kommen oder ganz wegbleiben. Dann droht ein Schulverweis. Manchen Jugendlichen kommt das gerade recht. Wenn sie gar nicht mehr zur Schule gehen, können sie noch mehr zu Hause spielen, im Zweifelsfall rund um die Uhr.

Die Probleme im Zusammenhang mit der Ausbildung sind ähnlich gelagert. Manche internetabhängige Jugendliche schaffen noch einen Schulabschluss, scheitern aber an den höheren Anforderungen einer Ausbildung. Hier wird in der Regel noch mehr von ihnen gefordert. Sie müssen eventuell noch früher aufstehen und den ganzen Tag arbeiten. In einer Lehre muss man sich in der Regel engagieren und Verantwortung übernehmen. Ohne eine gewisse Lust darauf, Leistung zu zeigen und dafür Opfer zu bringen, also von der Verspieltheit der Kindheit und Jugend etwas abzulassen, kann das nicht gelingen. Mit einer Lehre beginnt eben auch der Ernst des Lebens. Wer häufig zu spät kommt oder fehlt, wer keine Leistungen erbringt, verliert seinen Ausbildungsplatz wesentlich schneller als einen Platz in der Schule.

Ein Studium lässt mehr zeitliche Spielräume. Und genau das ist das Problem für viele Studenten, die ihren Internetkonsum nicht unter Kontrolle haben. Auch wenn viele Studiengänge immer verschulter sind, bedarf es in der Regel viel an Eigenmotivation und Organisationswille, um die zum Lernen frei zur Verfügung stehenden Zeiträume sinnvoll einzuteilen und zu nutzen. Manch einer ist über mehrere Semester eingeschrieben, ohne im Studium wirklich voranzukommen. Gerade dann stellt ein exzessiver Internetkonsum eine nicht unerhebliche Beeinträchtigung dar. Alles Wichtige wird aufgeschoben, wenn im Internet alles Spannende immer nur ein paar Klicks weit entfernt ist. Manche kommen mit den Freiheiten des Studentenlebens nicht zurecht und geraten in eine Internetabhängigkeit. Gerade bei Studenten kann dies von der Außenwelt unbemerkt bisweilen jahrelang so gehen. Eine solche Fehlentwicklung zurückzudrehen braucht dann in der Regel viel Zeit und Therapie, zumal es bei steigendem Alter immer schwieriger wird, noch einen Ausbildungsplatz zu finden, auch wenn das für die Betroffenen eventuell viel passender wäre.

Aber auch Menschen, die in der Berufswelt angekommen sind, können von einer Internetabhängigkeit in ihren Leistungen stark beeinträchtigt sein. In der Gruppe der Männer mittleren Alters sind Computerspiele oder Cybersex die Auslöser. Hier kann es zu Müdigkeit und Konzentrationsstörungen, Zuspätkommen und Krankfeiern kommen, weil das Suchtverhalten überhandnimmt. Häufig tritt das Problem sogar direkt bei der Arbeit auf. Die Betroffenen surfen selbst dort heimlich auf pornografischen Seiten. Wenn diese vom Arbeitgeber gesperrt werden, bringen sie ihre eigenen Geräte, Notebooks und Tablets mit, um damit weiterzumachen. Häufig fliegen sie auf. Manchmal sind es dann die Vorgesetzten – und nicht immer nur die Ehefrauen –, die den Abhängigen ein Ultimatum stellen: »Wenn Sie sich nicht behandeln lassen, verlieren Sie Ihre Arbeitsstelle.« Über solche Chefs und Chefinnen kann man sich freuen, weil sie Verantwortung übernehmen und nicht gleich alles daransetzen, den betroffenen Mitarbeiter loszuwerden.

Unabhängig davon, ob ein Internetabhängiger von der Schule fliegt, seinen Ausbildungsplatz verliert, sein Studium schmeißen muss oder vom Arbeitgeber auf die Straße gesetzt wird, führen Kränkung und Untätigkeit in der Regel erst einmal dazu, sich umso mehr als potenter Held im Internet Bestätigung zu holen. So kommt es zu dem typischen Teufelskreis der Sucht, in der nur noch das Internet Erfolge verspricht und über die Verluste in der realen Welt hinwegtrösten kann.

2 Spiele, Sehnsucht, Sex. Varianten

Dass das Internet eine Suchtgefahr birgt, ist eine von vielen herben Enttäuschungen der digitalen Revolution. Sie dämpft die Euphorie, mit der wir jahrelang kopflos jedem Online-Trend hinterherliefen.

Die gute Nachricht aber dabei ist, dass nicht alles im Internet abhängig macht. Das Internet an und für sich ist für viele Menschen in den verschiedensten Lebensbereichen ein Segen. Wenn uns jemand davon überzeugen will, warum das Internet eine wunderbare Erfindung ist, dann kann mit Fug und Recht gesagt werden: Im besten Fall ist das Internet dazu da, uns Menschen das Leben leichter zu machen. Dass Informationen viel einfacher zugänglich sind, ist für alle Menschen – gerade auch für Schüler, Auszubildende und Studenten – ein großer Gewinn. Und mit Hilfe des Internets können wir unser Leben, gerade auch unsere privaten und beruflichen Beziehungen, viel einfacher organisieren und gestalten. Im besten Fall wird das schier unendliche digitale Netz von Informationen und Kontakten zu einem Diener unseres Lebens. Immer dann, wenn eine Internetanwendung am Ende gezielt einem Zweck dient, der unser Leben in der wirklichen Welt erleichtert, weil wir sie besser verstehen oder einander in ihr leibhaftig begegnen, dann besteht wenig Gefahr, dass wir uns darin verlieren. Bislang wird deshalb davon ausgegangen, dass alle Anwendungen im Netz, die die Menschen vor allem in ihrem Leben im Hier und Jetzt unterstützen, eher *nicht* abhängig machen.

In der Regel macht also nicht das Netz als Ganzes abhängig, sondern nur bestimmte Internetangebote. Dies ist unter Wissenschaftlern allerdings noch umstritten. Wir können heute noch nicht sicher sagen, ob es neben einer sogenannten spezifischen Internetabhängigkeit auch so etwas wie eine allgemeine Internetabhängigkeit gibt, wie es der Wissenschaftler Thomas Davis von der Ohio University im Jahr 2001 konstatierte. Im Rahmen einer allgemeinen Internetabhängigkeit würden die Betroffenen vom Internet als Ganzes und dadurch von vielen verschiedenen Online-Angeboten abhängig.[1] Allein, weil wir noch ganz am Anfang der digitalen Revolution stehen, muss diese wichtige Frage wohl noch eine Weile ungeklärt bleiben. Das Problem der allgemeinen Internetabhängigkeit ist noch lange nicht vom Tisch und wird uns auch hier noch weiter beschäftigen.

Bislang stellen sich in den Spezialambulanzen und Beratungsstellen allerdings hauptsächlich Menschen vor, die von einer spezifischen Art der Internetnutzung abhängig geworden sind. Dies bedeutet selbstverständlich nicht, dass die Betroffenen das Internet für gar keine anderen Aktivitäten nutzen. Bei ihnen ist aber eine besondere Art der Internetnutzung derart ausgeufert, dass sie zum Selbstzweck geworden ist und alle anderen analogen und digitalen Lebensbereiche weitgehend verdrängt. Wie anfangs bereits angedeutet, kristallisieren sich dabei bislang drei Varianten der Internetabhängigkeit als besonders charakteristisch heraus: die Abhängigkeit von Online-Spielen, von Cybersex und von sozialen Netzwerken.

Varianten der Internetabhängigkeit

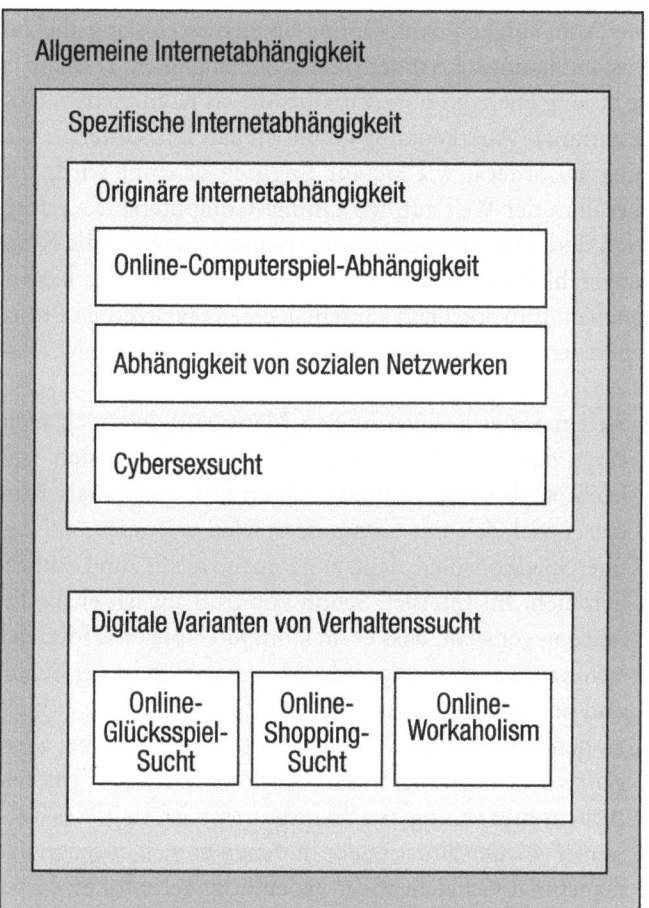

2.1 Helden (nur) im Cyberspace – Online-Spiele

Die Abhängigkeit von Online-Spielen ist bislang die mit Abstand häufigste Art der Internetabhängigkeit. Deshalb ist sie bislang auch die erste Variante, die als Krankheitsbild internationale Anerkennung gefunden hat. Die »Internet Gaming Disorder«, wie sie auf Englisch genannt wird, tritt überall in der Welt auf, wo Online-Computerspiele erfolgreich sind. Und es ist überaus erstaunlich, wie sich die Krankengeschichten der Patienten über die Kontinente hinweg gleichen. Entsprechend kann man einen regelrechten Prototypen der Online-Spiel-Abhängigkeit beschreiben.

Stellen Sie sich einen jungen Mann vor, der noch nicht lange das Erwachsenenalter erreicht hat und sich vielleicht auch noch kaum erwachsen fühlt. Schon als Kind hat er viel Zeit mit Computerspielen verbracht, anfangs über Spielkonsolen, dann zunehmend am PC und schließlich mehr im Internet. Schon von früh auf hat er die Erfahrung gemacht, dass er im Computerspielen erfolgreich sein kann, auch und gerade dann, wenn es in der Schule und im Sport nicht gut für ihn lief. Dort gehörte er nicht zu denjenigen, die im Mittelpunkt standen und bei allem ganz vorne mit dabei waren. Auch wenn er vielleicht kein Außenseiter im engeren Sinne gewesen ist, so gab es doch immer wieder Situationen, in denen er sich ausgegrenzt, manchmal vielleicht sogar gedemütigt gefühlt hat. In der Schule und in der Öffentlichkeit erlebte er sich als unsicher und schüchtern. In den Computerspielen aber, da ist er schon immer wer gewesen. Darin fühlte er sich selbstbewusst und stark. Da war er kaum zu schlagen. So fand er in den unendlichen Weiten der virtuellen Phantasiewelten stets jemanden, der mit ihm spielen wollte, jemanden, mit dem er Drachen töten und Burgen erobern konnte.

Schon damals in der Schulzeit hätte er dort am liebsten den ganzen Tag den Helden gespielt. Ohnehin galt das zumindest unter seinen Freunden als *die* Lieblingsbeschäftigung überhaupt. Da er eigentlich ein schlaues Kerlchen war, hat er die Schule ohne viel Aufwand lange Zeit noch einigermaßen hinbekommen.

Gegen Ende der Schulzeit war allerdings einmal die Versetzung gefährdet, weil er zu viel gefehlt hatte. Und sein Abitur hat er nur mit Ach und Krach geschafft. Der Notendurchschnitt war entsprechend schlecht. Für die Fächer, die er am liebsten studiert hätte, hat er nicht gereicht. Um die Wartezeit sinnvoll zu nutzen, begann er eine Ausbildung. Acht Stunden am Tag einer geregelten, anstrengenden und manchmal ziemlich monotonen Arbeit nachzugehen fiel ihm von Anfang an ziemlich schwer. Er hatte das Gefühl, sich mit der Ausbildung unter Wert zu verkaufen. Seine Abneigung dagegen wurde immer schlimmer, sein Spielkonsum nahm zu. Um sich nach der Arbeit abzureagieren und eine Bestätigung zu erhalten, begann er über immer längere Zeiträume zu spielen. Die paar Freunde, die ihm geblieben waren, sah er kaum noch. Den Sport hatte er schon längst an den Nagel gehängt. Die ersehnte längere Beziehung zu einem Mädchen oder einer Frau hatte er ohnehin noch nicht erlebt.

Schließlich entdeckte er ein Online-Rollenspiel für sich, das ihm im Guten wie im Schlechten den ultimativen Kick gab. Darin spielte er einen erfolgreichen Kämpfer. Das Spiel fesselte ihn derart, dass sich die Zeiträume im Internet noch weiter ausdehnten, oft bis tief in die Nacht hinein. So wurde das morgendliche Aufstehen zunehmend zu einem Problem. Immer häufiger kam er zu spät, müde und unkonzentriert zur Arbeit und Berufsschule, wenn er denn überhaupt kam. Schließlich fehlte er immer häufiger, erst noch mit Krankschreibungen, später dann unentschuldigt. Am Ende verlor er seinen Ausbildungsplatz und damit eine Zukunftsperspektive.

Süchtig wie er war, tröstete er sich über die Niederlage mit Online-Spielen hinweg. Er machte sich vor, dass die Entlassung ja auch ihr Gutes habe. Jetzt konnte er so viel spielen, wie er wollte, und damit in der Rangliste der Spieler noch weiter nach oben klettern. Derweil redete er sich ein, dass er sich schon irgendwann um einen Studienplatz kümmern würde. Viele Monate verstrichen, in denen er täglich mehr als 12 Stunden vor dem Computer verbrachte. Im Grunde hatte er so gut wie gar keinen Kontakt mehr zu echten Menschen. Freunde hatte er nur noch im Online-Spiel. Und seine Eltern, bei denen er noch wohnte, sah er kaum noch, weil er immer dann spielte, wenn diese schliefen oder arbeiten waren. Sie waren es, die am Ende die Reißleine zogen. Sie konnten und wollten nicht länger mit ansehen, wie der Sohn zum wiederholten Male Termine beim Jobcenter und zur Immatrikulation verstreichen ließ. Sie setzten ihm ein Ultimatum. Wenn er sich nicht wegen seiner Sucht in Behandlung begebe, so teilten sie ihm mit, würden sie sich gezwungen sehen, ihn vor die Tür zu setzen. Widerwillig stellte sich der junge Mann schließlich in einer Suchtberatungsstelle vor.

Auf diese oder ähnliche Weise kommen viele Internetabhängige in unsere Spezialsprechstunden. Betroffen sind also vor allem junge Männer, die schon immer viel Zeit mit Computerspielen verbracht haben und die sich auf der Schwelle zum Erwachsenwerden in Online-Spielwelten verlieren.

Ausgangspunkt sind in aller Regel negative Erfahrungen mit der realen Welt, aus der sie sich gekränkt und verletzt zurückziehen. Häufig haben sie als Schüler, Auszubildende, Studenten oder Berufsanfänger Ausgrenzungserfahrungen und Misserfolge erlitten. Sie sind zumeist in ihrer Selbstsicherheit getroffen und in ihrem Selbstwertgefühl verletzt. Im Internet aber können sie den tapferen und starken Helden spielen, den sie in ihrem wirklichen Leben nicht darstellen.

Je mehr die reale Lebenswelt der Betroffenen in die Brüche geht, desto mehr trösten sie sich in der virtuellen Welt darüber hinweg. Auf diese Weise sind sie dem Teufelskreis der Sucht in die Falle gegangen. Irgendwann ist das Internet der einzige verbliebene Ort, an dem sie überhaupt noch etwas Positives erleben können. Während sich die Handlungsspielräume in der realen Welt auf ein kleines verdunkeltes Jugendzimmer im Hause der Eltern verengt haben, ist das Spiel zum eigentlichen Lebensinhalt geworden.

Auch wenn es auffallend häufig männliche Jugendliche beziehungsweise junge Männer sind, die von einer Abhängigkeit von Online-Spielen betroffen sind, kann es prinzipiell jede(n) treffen. Für den Nachwuchs ist jedenfalls gesorgt, wenn man sich vor Augen führt, dass es für die heranwachsenden Generationen beiderlei Geschlechts völlig normal geworden ist, täglich mehrere Stunden Computerspiele zu spielen. Deshalb ist es auch nicht verwunderlich, dass wir eine Online-Computerspiel-Abhängigkeit zunehmend häufiger auch bei jungen Frauen diagnostizieren.

2.2 Ungestillte Sehnsucht nach dem Anderen – soziale Netzwerke

Stellen Sie sich vor, Sie steigen in einen Bus, in dem ausschließlich 16-jährige Mädchen sitzen. Die meisten werden ein Smartphone in der Hand haben und unablässig darauf herumtippen. Über das mobile Internet und seine sozialen Dienste, Foren und Chats sind sie alle miteinander vernetzt. Vielleicht sprechen sie sich gegenseitig auch mal an und zeigen einander Nachrichten und Bilder auf

ihren Smartphones. Sie sind vielleicht aufgeregt und kichern, aber im Grunde sitzen sie die meiste Zeit schweigend und still da, ohne ihre Umgebung wahrzunehmen. Denn das, was sie wirklich interessiert, spielt sich in der digitalen Welt ab. Dort wird ihnen suggeriert, dass sie mit allen Freunden permanent im Kontakt seien und nicht nur mit den wenigen, die wirklich neben ihnen sitzen. Für die lebendige Welt jenseits der Fensterscheibe oder in Gestalt ihrer Nachbarin interessieren sie sich kaum. Auf die Idee, sich einfach direkt mit ihren Nachbarinnen zu unterhalten, kommen sie immer seltener. Zu groß ist die Angst, etwas zu verpassen, das digital geschieht.
Eine solche Szenerie ist schon seltsam. Während sie auf ihre Geräte starren, sind sie zwar miteinander in Kontakt und dabei doch seltsam vereinzelt. Wenn Sie dann in den Bus hineinrufen würden: »Seid ihr alle Facebook-Junkies?«, dann würden sie vermutlich laut »Jaaa!« jubeln, ohne dabei auch nur einmal aufzuschauen. – Aber sind sie dann wirklich im Sinne einer krankhaften Sucht davon abhängig? Sind sie alle ein Fall für die Psychotherapie?

Die Abhängigkeit von sozialen Netzwerken ist momentan die umstrittenste und auch die seltenste der drei bislang bekannten spezifischen Varianten der Internetabhängigkeit. Die Sucht nach Online-Spielen betrifft vor allem Jungen und junge Männer. Dass Frauen seltener internetabhängig werden, erklärte man sich bislang damit, dass ihnen im Vergleich zu Männern unmittelbare Begegnungen mit Freunden und Bekannten wichtiger sind. Ihr stärkeres Interesse an sozialen Kontakten und ihre durchschnittlich höhere soziale Kompetenz wurden sogar als ein Schutzfaktor für Internetabhängigkeit angesehen. Mit der unglaublichen Erfolgsgeschichte der sozialen Netzwerke wie Facebook oder Whatsapp ist allerdings zu befürchten, dass dieser vermeintliche Schutzfaktor zum Suchtfaktor geworden ist. Hierfür sprechen die Ergebnisse einer Studie, die das Bundesministerium für Gesundheit in Auftrag gegeben hat.

Das Lübecker Forscherteam um Hans-Jürgen Rumpf hat in einer weiteren Studie von 2012 unter Verwendung von psychologischen Telefoninterviews herausgefunden, dass etwa ein Drittel derjenigen, die die Kriterien für eine Internetabhängigkeit erfüllen, hauptsächlich soziale Netzwerke nutzen.[2] Die Abhängigkeit von Chats, Foren und Netzwerken im Internet betrifft vor allem Mädchen und junge Frauen. Die Ergebnisse dieser Studie haben viele andere Forscher überrascht, vor allem diejenigen, die Untersuchungen mit Patienten durchführen, die sich in Spezialambulanzen vorstellen.

Hier stellen sich Abhängige von sozialen Netzwerken bislang eher selten vor. Diejenigen, die kommen, sind allerdings tatsächlich eher weiblich. Die beschriebene Diskrepanz zwischen Forschung und Praxis bleibt bislang nicht zuletzt auch deshalb ein Rätsel, weil sich gezeigt hat, dass Frauen im Vergleich zu Männern und unabhängig von der Art ihrer psychischen Erkrankung eher dazu bereit sind, psychotherapeutische Hilfe in Anspruch zu nehmen. Dafür bedarf es allerdings einer Krankheitsansicht. Vielleicht ist der Siegeszug der sozialen Netzwerke einfach noch zu jung, um die Kollateralschäden und Opfer dieser Entwicklung gut genug erkennen und zählen zu können.

Für die Frage nach der Abhängigkeit von sozialen Netzwerken gibt es aber eventuell noch eine andere Lösung. Im Grunde kann man das Internet auch als ein einziges großes soziales Netzwerk verstehen. Dass wir dort alle interaktiv miteinander kommunizieren, macht ja gerade seine soziale Dimension aus. Auch Informationsforen wie Wikipedia leben vom Austausch. Und letztlich haben auch Online-Rollenspiele und erotische Kontaktbörsen einen Netzwerk-charakter. Insofern ist das Internet nicht nur *interaktiv,* sondern auch per se *sozial.* Deshalb fallen vielleicht die Antworten auf die zwei bereits aufgeworfenen Fragen: »Gibt es eine Abhängigkeit von sozialen Netzwerken?« und »Gibt es eine allgemeine Internetabhängigkeit?« zusammen.

Vieles spricht dafür, dass wir beide Fragen in Zukunft mit »Ja« beantworten werden. Worüber wir noch kein Wissen haben, darüber müssen wir aber zumindest nachdenken, um für die benötigte weitere Forschung die entscheidenden Fragestellungen zu liefern.

Auch für die Wissenschaft gilt, dass sie der digitalen Revolution und deren Auswirkungen immer etwas hinterherjagt. Gerade was den rasanten Erfolg des Web 2.0 und der sozialen Netzwerke angeht, stehen wir neben den zunehmenden politischen Problemen aber eben auch vor psychologischen Schwierigkeiten. Diese sind handfest und nicht nur akademischer Natur. Das heißt, wir müssen uns mit der Behandlung und Vorbeugung der Abhängigkeit von sozialen Netzwerken schon heute intensiv beschäftigen, auch wenn diese gerade erst im Hilfesystem ankommt.

Wie also können wir uns eine solche Abhängigkeit von Facebook und Co. vorstellen? Wenn Internetabhängigkeit stets im Dienste einer bestimmten Art von Weltflucht steht, dann könnte man annehmen, dass die Sucht nach sozialen Netzwerken einer Vermeidung von direkten Begegnungen mit anderen Menschen dient. Zugegeben, das klingt paradox. Denn sind die Netzwerke nicht gerade dafür gemacht, dass wir uns mit ihrer Hilfe für leibhaftige Begegnungen mit Freunden und Bekannten verabreden? Sind sie nicht wie geschaffen dafür, dass wir in ihnen genau diese Treffen und Partys auf Bildern und Videos präsentieren?

Eine Gefahr der Abhängigkeit vom Internet besteht für diejenigen, die kaum oder keine Freunde und Partner haben. Es sind vor allem Menschen, die sich ausgegrenzt und einsam fühlen. Häufig haben sie aufgrund von negativen Erfahrungen sogar Angst vor unmittelbaren sozialen Kontakten. Zumindest in Chats und Foren Kontakt zu anderen Menschen zu haben bietet den Betroffenen die Möglichkeit, sich trotz ihrer Hemmungen mit anderen auszutauschen und als Teil einer Gruppe zu fühlen. Die virtuelle Gemeinschaft funktioniert dann mehr oder weniger als Ersatz für die nicht gelingenden unmittelbaren Kontakte. Wenn aber die virtuellen Begegnungen zum Selbstzweck werden, dann droht eine echte Abhängigkeit. Immer neue und mehr Kontakte müssen her, um das eigentliche Defizit auszugleichen, dass es eben nie zu einer umfassenden Begegnung in Echtzeit an Ort und Stelle kommt. Insofern können die sozialen Netzwerke auf Dauer nur ein schwacher Trost für die schmerzhafte Einsamkeit sein, die sie umgibt.

Der Mensch lebt nicht vom Wort allein. Nicht nur innerhalb der Partnerschaft, sondern auch innerhalb unserer Freundschaften brauchen wir es, dass wir einander in die Augen schauen und einander berühren oder streicheln. Wir bedürfen einer unverstellten Intimität. Wenn wir vor Traurigkeit, Rührung oder Lachen weinen müssen, wer trocknet dann unsere Tränen? Wer nimmt uns einfach mal schweigend fest in die Arme, wenn Worte versagen? Wenn unsere Gefühle nicht auch einen Ausdruck in Blicken und Berührungen, beim Riechen und Schmecken in der unmittelbaren Nähe eines anderen finden, bleiben sie schwach und unerfüllt. Hier muss das Internet passen.

Die vielen schwachen Bindungen zu den vielen *Freunden* in den Netzwerken können die Sehnsucht nach wenigen starken menschlichen Bindungen nicht kompensieren. Ein sozialer Rückzug aus der analogen in die digitale Welt der sozialen Netzwerke ist insofern eine gefährliche Kompromisslösung. Denn je mehr wir uns der unmittelbaren Begegnung mit anderen Menschen entziehen, desto schwieriger wird es, irgendwann einmal unsere Ängste zu überwinden. Und wer im Cyberspace kein *Real Life* vorweisen kann, läuft Gefahr, auch dort irgendwann zum Außenseiter zu werden. Auf diese Weise kann eine exzessive Nutzung der sozialen Netzwerke in einen Teufelskreis der Sucht münden. Wer dagegen noch ein echtes Sozialleben mit Face-to-Face-Kontakten hat, das er online organisieren und herzeigen kann, ist kaum in Gefahr, im engeren Sinne süchtig zu werden.

2.3 Vergebliche Suche nach dem ultimativen Kick – Cybersex

Der typische Cybersex-Abhängige ist männlich, Anfang 40 und hat sich ein geordnetes Leben in stabilen Verhältnissen aufgebaut. Vielleicht ist es zu stabil und zu eng, so dass es kaum noch Spielräume zulässt. Er hat mit seiner Frau eine Familie gegründet, ein Haus gebaut und geht einer Arbeit nach, die ihm Spaß macht. Eigentlich könnte es ihm gutgehen. Eigentlich ist er zufrieden. Eigentlich liebt er seine Frau. – Das Wort »eigentlich« benutzt er zu häufig, um nicht jeden Psychotherapeuten hellhörig zu machen. Denn irgendetwas fehlt. Es mangelt an Spannung in seinem Leben. Es fehlt der erregende Kick.
Als junger Mann hat er sich nur bedingt sexuell ausgelebt. Geheiratet hat er sehr früh, *zu früh*, denkt er manchmal. Der Sex mit seiner Frau war eine Zeitlang gut, nach der Geburt der Kinder wurde er aber immer weniger. Heute ist er fast ganz eingeschlafen. Seine Frau hat eine Zeitlang kaum noch Interesse daran gezeigt. Und er fühlt sich von ihr in seinen sexuellen Bedürfnissen, gerade auch in seinen vielleicht etwas spezielleren Phantasien und Vorstellungen, nicht verstanden, ja sogar abgelehnt. Allerdings ist er selbst auch kein Meister darin, ihre ero-

tischen Bedürfnisse zu erkennen und zu befriedigen. Darüber zu sprechen fällt ihm schwer. Ihm fehlten schon immer die Worte bei diesem Thema; nach einigen enttäuschenden Abweisungen fehlt nun auch der Mut. Er weiß nicht mehr, wie er ihr überhaupt noch sexuell begegnen soll.

Anstelle dessen wird ihm Selbstbefriedigung zur Gewohnheit. Immer häufiger dient sie dem Spannungsabbau, wenn er sich mal wieder über seinen Chef oder seine Frau geärgert hat. Immer häufiger schaut er sich dabei heimlich pornografische Bilder und Filme an. Besonders interessiert zeigt er sich an Darstellungen sexueller Handlungen, die er weder mit seiner Frau noch mit einer anderen Frau je erlebt hat. Seinem starken Bedürfnis, auch andere sexuelle Praktiken auszuprobieren und mit anderen Frauen zu schlafen, hat er zeit seiner Ehe widerstanden, auch wenn die Versuchung groß war. Die Pornografie – so denkt er – ist da das kleinere Übel, wenngleich er sich auch dafür schämt. In aller Heimlichkeit gerät er immer stärker in ihren Bann, immer auf der Suche nach der schärfsten Szene, der heißesten Stellung, dem ultimativen Höhepunkt.

Seinen eigenen Orgasmus zögert er dabei immer weiter hinaus. Er onaniert bis zur Schmerzgrenze. Und mittlerweile ist er es, der nicht mehr auf die sexuellen Avancen seiner Frau reagiert. Er erfindet immer neue Gründe dafür, ihr auszuweichen. Jetzt ist sie tief gekränkt. So wächst in ihr der Verdacht, dass er sie betrügt. Irgendwann findet sie schließlich heraus, warum er auch in der Freizeit immer öfter in seinem Arbeitszimmer verschwindet. Tief gekränkt, weil sie sich von seinen virtuellen Eskapaden tatsächlich betrogen fühlt, zieht sie sich schließlich körperlich völlig aus der Beziehung zurück und verlangt von ihm, dass er jeglicher Pornografie entsagte.

Er ist aber längst süchtig. Er verspricht ihr hoch und heilig, damit aufzuhören, kauft sich aber ein neues Notebook, um heimlich bei der Arbeit nach den neuesten Videos Ausschau halten zu können. Irgendwann wird er dabei von seinem Chef erwischt. Ihm beichtet er seine Abhängigkeit. Der Chef setzt ihm schließlich ein Ultimatum. Entweder er lässt sich behandeln oder er muss die Firma verlassen. Fremdbestimmt, beschämt und ratlos zieht er seinen Hausarzt ins Vertrauen, der ihn schließlich an eine Spezialambulanz verweist.

Wenn sich Männer mittleren Alters bei uns vorstellen, dann geht es bislang in der überwiegenden Zahl der Fälle um sexuelle Internetangebote, vor allem um Pornografie. Zumeist sind es die Ehefrauen oder der Arbeitgeber, die die Betroffenen in Behandlung schicken. Wenn sie einmal da sind, wird aber schnell deutlich, wie hoch der Leidensdruck bei den Abhängigen selbst ist. Mit dem unwiderstehlichen Drang nach immer mehr pornografischem Material drohen sie alles, was ihnen lieb und teuer ist, in Gefahr zu bringen.

Die Energie, die die Cybersexsucht entfesselt, hat selbstverständlich mit der Art dem und Ausmaß der sexuellen Bedürfnisse zu tun, die bislang unbefriedigt blieben. Bei der Diagnostik braucht es in der Regel viel Zeit und mehrere Gespräche, bis genug Vertrauen aufgebaut ist, um über die wirklichen sexuellen Bedürfnisse und Phantasien sprechen zu können. Dabei geht es fast immer um Bedürfnisse, die die Internetabhängigen in der Realität nicht ausleben können. Der häufigste Grund ist der, dass sie nicht mit der aktuellen Partnerschaft oder Ehe in Einklang zu bringen sind, weil die Partnerin diese sexuelle Spielart nicht mitmachen kann oder will. Dies können zum Beispiel sadomasochistische Praktiken oder Gruppensex sein. Es kann aber auch einfach nur daran liegen, dass der Betroffene deutlich mehr sexuelle Betätigung braucht, als es in der Partnerschaft möglich ist.

Oder es liegt daran, dass sich der Betroffene aus kulturellen oder religiösen Gründen eine bestimmte Spielart der Sexualität verbietet. Dann liegt das Problem nicht allein in der Partnerschaft. Dies kann zum Beispiel vorkommen, wenn in einer heterosexuellen Ehe einer der beiden Partner homo- oder bisexuelle Neigungen hat.

Ein dritter Grund kann sein, dass es schlicht und ergreifend um eine ethisch beziehungsweise juristisch inakzeptable Form von Sexualität geht, im Rahmen deren eine Gefahr für andere besteht, wie zum Beispiel bei der Pädophilie und Zoophilie. Hier ist allerdings schon die pornografische Umsetzung unmoralisch und illegal. Auch wenn solche sogenannten paraphilen Neigungen – früher hätte man von »Perversionen« gesprochen – manchmal eine Rolle spielen, so geht es bei den meisten Cybersexabhängigen um herkömmliche pornografische Darstellungen.

Die von digitaler Sexsucht Betroffenen wollen in der Regel Schaden von der Beziehung, von sich selbst und bisweilen auch von Dritten abhalten, indem sie ihre Neigungen *nur* im Internet ausleben. Neben ihren sexuell vielleicht ausufernden Bedürfnissen hegen sie in der Regel auch den tiefen Wunsch danach, die Partnerin oder den Partner nicht zu verletzen. Sie wollen ihre Beziehung, die Nähe und Wärme, die sie darin erleben, nicht aufs Spiel setzen. Die Nutzung von Pornografie und anderen Cybersexangeboten steht im Dienst einer Gefahrenabwehr. Dieses Abwehren ihrer Leidenschaften entgleist aber angesichts der Vehemenz ihres körperlichen Drängens. So wird die Suche nach einer Alternative zu einer quälenden Sucht. Diese Betroffenen können vielleicht noch froh sein, dass es eine Partnerschaft gibt, die sie reguliert. Dass wir in der Ambulanz hauptsächlich Cybersexsüchtige sehen, die in Partnerschaften leben, liegt sicherlich daran, dass die Alleinlebenden niemanden haben, der ihnen Druck macht, die Scham zu überwinden und sich helfen zu lassen. Cybersexsucht kommt sicherlich wesentlich häufiger vor, als wir denken.

2.4 Suchtverschiebung ins Netz

Schon heute gilt die Abhängigkeit vom Internet als die am häufigsten verbreitete Form von Verhaltenssucht. Die bislang einzige im DSM-V anerkannte Verhaltenssucht ist die Glücksspielsucht. Die Sucht nach körperlichen Verhaltensweisen, von denen wir uns einen Kick versprechen, die Sexsucht und Sportsucht, sind noch nicht als solche definiert. Dies gilt ebenso für suchtartige Verhaltensweisen mit monetärem Hintergrund wie das pathologische Einkaufen (Shopping-Sucht) und der Workaholism (Arbeitssucht). Dass man auch von Sex und Sport, von Glücksspielen, Einkaufen und Arbeit abhängig werden kann, wird schon länger beobachtet, wenngleich eine Anerkennung als eigenständige psychische Krankheitsbilder noch aussteht.

Die auch als »nicht-substanzgebundene Abhängigkeitserkrankungen« titulierten Verhaltenssüchte verlagern sich allerdings gerade selbst immer stärker in den Cyberspace. Man kann im Internet einkaufen, arbeiten, Glücksspiele spielen und dort auch auf gewisse Weise seine Sexualität ausleben. Und all dies zu jeder Tages- und Nachtzeit. Das Internet ist eine 24-Stunden-Shopping-Mall, ein unendlicher Freizeitpark, ein Arbeitsplatz ohne Feierabend. Alles steht jedem jederzeit zur Verfügung. Und diese Tatsache potenziert die Suchtgefahr um ein Vielfaches.

Unabhängig davon, ob sich die Verhaltenssüchte in der analogen oder in der digitalen Welt abspielen, im Suchtverhalten und in seinen Folgen unterscheiden sie sich kaum von den substanzgebundenen Abhängigkeitserkrankungen. Die

Hirnforschung konnte für die Glücksspielsucht und die Internetabhängigkeit Nachweise dafür liefern, dass sich im Gehirn ähnliche Prozesse abspielen wie bei einer Alkoholsucht, auch wenn hierbei keine von außen zugeführten Suchtstoffe direkt an Rezeptoren im Gehirn wirksam werden.

Verhaltenssüchte mit körperlicher Beteiligung: Sexsucht und Sportsucht

Wie Alkohol und Heroin im Gehirn eine Abhängigkeit erzeugen können, verstehen wir mittlerweile recht gut. Hierfür spielen ebenso körperliche wie psychische Mechanismen eine Rolle. Suchtstoffe sprechen vor allem das Belohnungssystem unseres Gehirns an. Dabei werden körpereigene Stoffe ausgeschüttet, die für den ersehnten *Kick* sorgen.

Eine besondere Rolle spielen dabei neben Dopamin und Adrenalin auch die Endorphine, die wie das Morphin eine starke Ähnlichkeit zum Heroin aufweisen. Wir Menschen verfügen also quasi über körpereigene Stoffe, die uns in auf- und anregenden Situationen in einen Rauschzustand versetzen können. Im Adrenalinrausch können wir uns zu Hochleistungen aufputschen. Das Dopamin versetzt uns in einen erwartungsfrohen Erregungszustand, wenn wir eine Belohnung zu erwarten haben. Und wenn wir in einem Glücksgefühl schweben, sorgen die ausgeschütteten Endorphine für körperliches Wohlbefinden, und das frei von Schmerz. Das Belohnungssystem und seine Botenstoffe kommen gerade auch bei positiver körperlicher Verausgabung ins Spiel. Kein Wunder also, dass wir auch von Sport und Sex abhängig werden können.

Die bereits beschriebene Cybersexsucht muss man allerdings von der Sucht nach Sex mit leibhaftigen Menschen unterscheiden. Wer nicht *digital,* sondern *analog* sexsüchtig ist, will in der Regel vor allem echten Sex mit echten Menschen erleben. Die Nutzung von Pornografie und die Suche nach Sexpartnern im Netz mögen auch dazugehören, aber das entscheidende Ziel des Sexsüchtigen ist eindeutig aus Fleisch und Blut. Mag der Cybersexsüchtige auch noch so viel onanieren, die exzessive Nutzung von Internetpornografie und Cybersexangeboten dient dagegen zumeist eher der Abwehr realer Sexualität. Aus dieser Perspektive ist Online-Sex quasi das kleinere Übel. In dieser Unterscheidung begründet sich der Trend, Cybersexsucht als eine Variante der Internetabhängigkeit zu sehen und nicht einfach als eine Verlagerung der Sexsucht auf eine virtuelle Ebene. Die meisten Cybersexsüchtigen haben nie zuvor unter einer analogen Sexsucht gelitten.

Wer Ausdauersport macht, kennt das Glücksgefühl, das einem die Ausschüttung von Hormonen bereitet, wenn man sich nur lang genug, also mindestens 20 Minuten, verausgabt. Nun kann man körperliche Ertüchtigung schwerlich direkt ins Internet verlagern. Allerdings gibt es immer mehr Internetangebote für PCs und vernetzte Spielkonsolen, die Menschen dazu bringen, direkt vor dem Bildschirm und interaktiv Sport zu treiben. Unsere Bewegungen werden dabei aufgezeichnet und auf dem Bildschirm in der einen oder anderen Form umgesetzt. Auch Laufbänder und Heimtrainer werden an die Geräte und das Netz angeschlossen. So kann man zu Hause einen Marathon mitlaufen oder die Tour de France mitfahren. Es kann sogar so aussehen, als würden wir es *wirklich* vor Ort tun. Und die neueste Software macht es möglich, dass wir dies in digitaler Gemeinschaft tun können. Bislang sind jedoch noch keine Fälle von Cybersportsucht bekannt, zumal Sportsucht ohnehin eine der seltensten Arten von Verhaltenssucht ist.

Verhaltenssüchte mit finanziellem Bezug: Glücksspielsucht, Kaufsucht und Arbeitssucht

Deutlich häufiger lassen sich die digitalen Varianten anderer bekannter Formen von Verhaltenssucht finden: Glücksspielsucht, Kaufsucht und Arbeitssucht. Alle drei haben miteinander gemein, dass bei ihnen, abgesehen vom Gehirn, der Körper kaum eine Rolle spielt und dass es im weitesten Sinne um geldwerte Belohnungen geht. Da in den Medienwissenschaften auch das Geld als eine Art Medium verstanden wird und es im Netz um wirtschaftliche Interessen geht, ist es nicht verwunderlich, dass sich gerade diese Verhaltensweisen besonders leicht ins Netz verlagern und dadurch eine krankhafte Eigendynamik bekommen.

Das »pathologische Glücksspiel« ist die bislang einzige anerkannte Verhaltenssucht. In der fünften Auflage des Diagnostischen Manuals für psychische Erkrankungen (DSM-V) ist die Glücksspielsucht erstmals in den Rang einer Abhängigkeitserkrankung erhoben worden. Erst seit 2013 wird diese Diagnose mit den anderen Suchterkrankungen, also der Abhängigkeit von Suchtstoffen, in einem Kapitel aufgeführt. In Fachkreisen ist das eine Sensation, zumal sich bereits andeutet, dass andere Verhaltenssüchte folgen werden.

Für die Neufassungen anderer Klassifikationssysteme deutet sich bereits eine ähnliche Entwicklung an. Die Weltgesundheitsorganisation (WHO) bereitet schon seit langem die elfte Neuauflage der Internationalen Klassifikation für Krankheiten vor (ICD-11) und Psychotherapie. Ein Gremium der Deutschen Gesellschaft für Psychiatrie und Psychotherapie, Psychosomatik und Nervenheilkunde, die Taskforce für Verhaltenssüchte, setzt sich gerade dafür ein, dass neben der Glücksspielabhängigkeit auch andere nicht-substanzgebundene Abhängigkeitsformen in diesen einflussreichen Katalog mit aufgenommen werden.³

Um die Glücksspielsuchtforschung verdient gemacht hat sich vor allem der Brite Mark Griffiths. Er erkannte frühzeitig, dass Glücksspiele verstärkt im Internet gespielt werden und von hier aus eine Abhängigkeitsentwicklung befördern können. Dies gilt für alle möglichen Formen von Glücksspielen, wobei Online-Kartenspiele wie Poker im Netz offensichtlich einen besonderen Reiz und ein großes Abhängigkeitspotenzial entfalten.

Tatsächlich werden in den Suchtberatungsstellen und Fachambulanzen immer häufiger Patienten behandelt, die außerhalb des Internets nie oder kaum Glücksspiele gespielt haben und erst dort davon abhängig geworden sind. Wie bei allen Verlagerungen von Verhaltenssüchten auf die virtuelle Ebene stellt die ständige Verfügbarkeit der Glücksspielangebote im Netz eine besondere Gefahr dar. Die Experten sind sich jedoch einig darüber, dass eine Abhängigkeit von Online-Glücksspielen zuallererst eine Glücksspielsucht ist und keine Internetabhängigkeit.

Bei der Kaufsucht ist es ähnlich. Im Gegensatz zur Glücksspielsucht sind von ihr mehr Frauen betroffen. Charakteristisch ist, dass der Kaufakt selbst den entscheidenden Kick gibt, die Gegenstände aber kaum gebraucht, manchmal nicht einmal ausgepackt werden. Häufig sind die Betroffenen hinterher beschämt darüber, dass sie wieder etwas gekauft haben, was sie sich eigentlich gar nicht leisten können. Das Anhäufen von nutzlosen Waren und Schulden ist die Folge.

Die führende deutsche Expertin auf dem Gebiet der Kaufsucht, Astrid Müller, macht die Beobachtung, dass sich auch diese Verhaltenssucht zunehmend ins Netz verlagert.⁴ Bislang war davon auszugehen, dass gerade die Inszenierung des Einkaufs in einem Geschäft für die Abhängigkeitsentwicklung eine besondere Rolle spielt. Dazu gehört, dass die Betroffenen in den entsprechenden Läden einen Auftritt haben, vielleicht erst mal einen Cappuccino gereicht und nach erfolgtem Kauf ein Glas Prosecco in die Hand gedrückt bekommen.

Mittlerweile gelingt es, auch den Online-Kaufakt groß in Szene zu setzen. Zumindest in der Werbung inszeniert zum Beispiel der enorm erfolgreiche Internetversand Zalando die Lieferung der ersehnten Schuhe und Kleidungsstücke als einen orgiastischen Akt. Längst finden sich in Videoportalen wie Youtube Tausende von Filmen, in denen Online-Shopper das Auspacken ihrer Ware festhalten. Während sie die Pakete öffnen, die gelieferten Kleider anprobieren oder ein Möbelstück zusammenbauen, beschreiben sie, was sie tun. Diese »Unpacking«-Videos sind ein riesiger Erfolg. Die dabei sichtbar werdende Verzückung macht nachvollziehbar, wie man vom Online-Shopping süchtig werden kann.

Damit man viel shoppen gehen kann, muss in der Regel hart gearbeitet werden. Die bislang umstrittenste Form der Verhaltenssucht ist die Arbeitssucht. Sie ist ebenfalls nicht als eigenständiges Störungsbild im Sinne einer Erkrankung anerkannt. Wenngleich sich heute viele Menschen als *Workaholics* bezeichnen würden, wird die Diagnose ziemlich selten gestellt. Hier bedarf es in jedem Fall weiterer Forschung, zumal sich unser Arbeitsleben im Zuge der digitalen Revolution dramatisch verändert hat. Die Kommunikationswege haben sich enorm verkürzt und vervielfältigt. Immer mehr Arbeitsprozesse verlagern sich auf die digitale Ebene. Alle paar Jahre gibt es Systemwechsel, im Zuge deren sich die Beschäftigten umstellen und anpassen müssen, was besonders für ältere Mitarbeiter und Mitarbeiterinnen ein Problem darstellen kann.

Vor allem sind wir immer und überall erreichbar. Es kann zwar sehr sinnvoll sein, flexible Arbeitszeiten und -orte zu haben; mit Hilfe von mobilen Endgeräten wie Notebooks, Tablet-Computern und Smartphones sind wir praktisch immer online. Aber das bedeutet in letzter Konsequenz auch, dass wir unser *Homeoffice* stets mit uns herumtragen. Wenn wir aber quasi immer im Dienst sind, fehlen uns die zeitlichen und örtlichen Rückzugsräume, in denen wir Abstand und Ruhe vom professionellen Getöse haben. Insofern stellt sich die Frage, inwieweit sich vielleicht gerade die digitale Variante der Arbeitssucht heute mehr denn je in Form einer anderen psychischen Erkrankung präsentiert.

Der sogenannte Techno-Stress führt geradewegs in eine Erschöpfungsdepression, auch bekannt als »Burn-out-Syndrom«.[5] Aus diesem Grund müssen wir uns nicht darüber wundern, dass immer mehr Menschen an psychischen Erkrankungen im Zusammenhang mit beruflicher Überlastung leiden. Die sich digital manifestierende Arbeitssucht wird uns in Zukunft noch weiter beschäftigen, denn auch diese Entwicklung steht noch ganz am Anfang.

Weitere Verhaltenssüchte

Wenn sich unser ganzes Leben Schritt für Schritt auf eine virtuelle Ebene verlagert, dann gilt das selbstverständlich auch für die Symptomatik bekannter psychischer Erkrankungen. Weil wir im Internet Gefühle und Gedanken zum Ausdruck bringen können, zeigen sich dort selbstverständlich auch Depression und Aggression, Ängste und Wahnvorstellungen. Die Internetnutzung kann dann qualitativ, also inhaltlich krankhaft sein, ist es aber nicht notwendigerweise auch quantitativ.

Digitale Messies und Pro-Anorexie-Foren

Im Hinblick auf die Menge an Zeit findet man eine exzessive Internetnutzung manchmal bei Menschen mit Manien oder Zwangserkrankungen. Menschen in manischen Phasen, die also übersteigert euphorisch sind, können dann völlig enthemmt Tage und Nächte im Internet verbringen. Zwangserkrankte leiden darunter, dass sie bestimmte Handlungen wiederholen müssen, obwohl sie wissen, dass es sinnlos ist. Zwangspatienten neigen bisweilen dazu, unaufhörlich nach bestimmten Informationen oder Dateien im Internet zu suchen, die sie dann sammeln und horten. Manch einer wird dabei zu einem »digitalen Messie«. Wenn eine exzessive Internetnutzung im Zuge einer Manie oder einer Zwangserkrankung auftritt, sprechen wir aber per Definition nicht von einer Internetabhängigkeit, sondern wir verstehen sie vielmehr als ein Symptom der Grunderkrankung. Die jeweiligen Krankheitserscheinungen – ein manischer digitaler Rausch oder das zwanghafte Sammeln von Daten – können sich im Internet allerdings bedenklich verstärken.

Auch die Symptomatik anderer psychischer Erkrankungen kann sich ins Internet verlagern und dadurch eine neue Dynamik bekommen. Das kann sogar hilfreich sein. Wenn es den Betroffenen vor allem darum geht, im Internet die Köpfe zusammenzustecken und sich gegenseitig zu unterstützen, können sich auch positive Effekte ergeben. Wie bei einer Gruppentherapie kann es sehr tröstlich und informativ sein, wenn man hört, wie es anderen mit derselben Erkrankung geht und wie sie damit umgehen. Zudem können Leidensgenossen manchmal am besten beantworten, wie und wo man professionelle Hilfe bekommen kann. Leider geht es in manchen Foren aber weniger darum, die jeweilige Krankheit zu heilen, sondern sie vielmehr zu kultivieren.

Besonders in Verruf geraten sind stattdessen nur die sogenannten Pro-Anorexie-Foren, in denen sich Magersüchtige austauschen. Zur Magersucht gehört dazu, dass die Betroffenen heimlich Strategien entwickeln, trotz der Bemühungen von Angehörigen und Therapeuten weiter abzunehmen, sei es durch Hungern, Sport oder durch die Einnahme von Medikamenten. In den Pro-Ana-Foren werden dementsprechend Tipps ausgetauscht, wie man seine Umwelt am besten austricksen kann. Magersüchtige machen es sich dort sogar zum Sport, gegeneinander anzutreten und sich in ihrem Gewicht gegenseitig zu unterbieten. Per Tabellen, Grafiken und Bildern wird der Gewichtsverlauf akribisch festgehalten und dokumentiert. So lassen sich im Netz zum Teil schreckliche Verläufe bis hin zum Tod der Betroffenen verfolgen. Und die ganze Welt kann dabei zuschauen.

Selbstverletzungs- und Suizidforen

Ähnliches ist auch in Selbstverletzungsforen zu beobachten. Beispielsweise neigen Menschen mit Borderline-Syndrom dazu, sich selbst zu verletzen. Besonders häufig fügen sie sich Ritz- oder Schnittwunden mit scharfen Gegenständen zu. Sie machen dies in erster Linie, um Spannungen abzubauen und sich damit zu entlasten. Manchmal geht es aber auch darum, anderen die eigenen Wunden zu zeigen, um sie auf seelische Verletzungen aufmerksam zu machen. Dies ist häufig darauf zurückzuführen, dass die meisten Menschen mit Borderline-Syndrom in Kindheit und Jugend traumatische Erfahrungen mit körperlicher Gewalt, sexuellem Missbrauch oder Vernachlässigung gemacht haben.

Eines der Selbstverletzungsforen für Borderliner heißt bezeichnenderweise »Rote Tränen«. In solche Foren werden häufig Texte und Zeichnungen eingestellt. Nicht selten werden aber auch Fotografien der Selbstverletzungen gezeigt. Dann sieht man mehr oder weniger kunstvoll geritzte Schnittmuster. Die blutigen Spuren stellen oft sogar Wörter oder Symbole dar, ähnlich wie man es von Tattoos kennt. Auch bei solchen Foren ist davon auszugehen, dass das digitale Ausstellen und Vergleichen von Verletzungsmustern dazu führt, dass das krankhafte Verhalten dort nicht abgemildert, sondern eher noch verstärkt wird.

Richtig bedrohlich wird es allerdings, wenn sich schwer depressive Menschen in Suizidforen treffen und sich in ihrer Suizidalität gegenseitig bestärken. Hier geht es in der Regel um zwei Dinge: Erstens wollen sich lebensmüde Menschen dort über Suizidmethoden informieren. Und zweitens wollen sie sich eventuell mit anderen verabreden, um sich gemeinsam das Leben zu nehmen. In Suizidforen sind Menschen ernsthaft auf der Suche nach einem »Suizidpartner«, mit dem sie einen Suizidpakt eingehen können. Tatsächlich gibt es weltweit bereits etliche dokumentierte gemeinschaftliche Selbsttötungen, die im Internet verabredet wurden. Manche kündigen ihren Suizid sogar an, um ihn dann per Webcam live im Internet zu übertragen. Auch hierzu gibt es bereits einige dokumentierte Fälle.[6]

So erschreckend diese Berichte vom Umgang mit Selbstverletzungen und Selbsttötungen im Internet sein mögen, so wichtig ist es aber auch, Folgendes hervorzuheben: Es gibt bisher keinen wissenschaftlichen Grund zur Annahme, dass durch diese Internetforen psychische Erkrankungen wie die Magersucht oder das Borderline-Syndrom häufiger aufträten. Auch Selbstverletzungen oder Suizide scheinen dadurch nicht zuzunehmen. In den allgemeinen Statistiken lassen sich zumindest keine Zuwachsraten dieser Syndrome und Symptome verzeichnen. Wahrscheinlich liegt das daran, dass die Betroffenen in solchen Foren ebenso Unterstützung und Hilfe finden.

Dies kann auf zweierlei Wegen erfolgen. Einerseits finden sich auf solchen Seiten bisweilen Links zu Praxen und Einrichtungen, die professionelle Hilfe leisten. Andererseits treffen Menschen mit einer psychischen Erkrankung im Netz auf Gleichgesinnte, von denen sie sich erstmals in ihrer Not verstanden und angenommen fühlen. Gerade Menschen, die eigentlich schon mit dem Leben abgeschlossen haben, können am Rande des Abgrunds eines Suizidforums ganz neue zwischenmenschliche Erfahrungen machen, die sie schließlich am Leben halten. Zur Frage, unter welchen Bedingungen die Nutzung solcher Foren einen Krankheitsverlauf negativ beeinflusst, gibt es bislang kaum wissenschaftliche Arbeiten. Die einen kultivieren ihr Leiden bis hin zur Selbstgefährdung, die anderen suchen nach einer lebensbejahenden Lösung, mit der sie ihr Leiden lindern oder beenden können.

Für junge Menschen, die seelisch labil sind, können solche Internetseiten im Einzelfall allerdings eine echte Gefahr darstellen. Im schlimmsten Fall treffen sie dort auf Menschen, die auf eine andere Art und Weise psychisch krank sind. Denn es gibt Kranke, die aufgrund eigener negativer Beziehungserfahrungen in der Kindheit dazu neigen, andere zu manipulieren oder zu verletzen.

Cyberstalking und Cybermobbing

Wenn jemand im Netz anderen Menschen nachstellt, sich vielleicht sogar in ihre Computer einhackt und sie bedroht, spricht man von »Cyberstalking«. Jemand, der so etwas aus persönlichen und nicht aus kriminellen Motiven macht, leidet in der Regel unter einer Persönlichkeitsstörung. Die Opfer fühlen sich dadurch bedroht, insbesondere, wenn eine Frau von einem Mann verfolgt wird. Dann besteht die Angst, dass das digitale Stalking zu einer realen Bedrohung wird, im schlimmsten Fall sogar zu einer tödlichen Gefahr.

Während sich das Cyberstalking in der Regel im Verborgenen zwischen einem Opfer und einem Täter abspielt, werden die Opfer von »Cybermobbing« – im Englischen spricht man von »cyber bullying« – von mehreren Internetnutzern bedrängt.[7]

Beim Cybermobbing werden Menschen im Netz, gerade auch in den sozialen Netzwerken, öffentlich beschimpft und bloßgestellt, gedemütigt und diffamiert. Hierbei werden in der Regel vermeintliche Schwächen oder Fehler eines Menschen zum Anlass genommen, ihn oder sie im Netz an den virtuellen Pranger zu stellen. Dies erfolgt häufig über Wortmeldungen in Facebook, Twitter und Whatsapp. Nicht selten werden aber auch entblößende und verletzende Fotos und Videos der Netzöffentlichkeit preisgegeben, die die Würde des Opfers antasten.

Manchmal wird ein peinlicher Moment auf einer Party ausgenutzt oder heimlich ein Nacktfoto von jemandem gemacht und ins Netz gestellt. Es können auch manipulierte Fotos und Filmmontagen sein, die jeder Laie längst mit einfachen Software-Programmen herstellen kann. Beispielsweise kann man mit Foto- und Filmbearbeitungsprogrammen pornografisches Material verändern, indem man die Köpfe der Darsteller austauscht. Dann kann es so aussehen, als würden die Opfer selbst nackt posieren oder bei einem Porno mitspielen. So können Feinde im privaten oder beruflichen Bereich empfindlich getroffen werden.

Ist ein Bild oder ein Video einmal im Netz gelandet, kann es kaum wieder gelöscht werden. Gerade für junge Menschen sind solche Demütigungen schwer zu verschmerzen. Wie schon mehrfach geschehen, halten einige die immerwährende Beschämung nicht aus und nehmen sich das Leben.

An dieser Stelle ist es wichtig zu betonen, dass sich grundsätzlich alle Arten krankhaften Verhaltens auf die virtuelle Ebene verlagern können. Wer in der wirklichen Welt ein psychisch kranker Straftäter ist, wird das Internet auf ähnliche Art und Weise nutzen. Und wer in der wirklichen Welt, in der Schule oder bei der Arbeit, immer wieder in eine Opferrolle gerät, dem wird das aller Wahrscheinlichkeit nach auch im Internet passieren. Im Internet sind wir auch nur Menschen. Das Internet verleiht auch unseren Bösartigkeiten und Schwächen einen neuen Spielraum und eine manchmal beängstigende Dynamik. Das Krankhafte liegt bei diesen Betroffenen dann aber weniger im Umfang, sondern vielmehr in der Art der Internetnutzung. Internetabhängige sind zumeist ausgesprochen friedfertige Menschen.

2.5 Prinzip der Internetabhängigkeit

Die drei Hauptvarianten, in denen uns Internetabhängigkeit heute begegnet, scheinen zunächst sehr unterschiedlich zu sein. Was sollen Computerspielabhängigkeit, Cybersexsucht und die Abhängigkeit von sozialen Netzwerken miteinander gemein haben?

Wenn man sich diese Spielarten der Internetabhängigkeit, zu denen im Laufe der digitalen Revolution vermutlich weitere hinzukommen werden, genauer anschaut, findet man aber durchaus Ähnlichkeiten. Und diese lassen darauf schließen, dass die Entwicklung von Internetabhängigkeit einem gemeinsamen Prinzip folgt. Es geht bei allen Varianten darum, dass sich bestimmte Wünsche, Bedürfnisse, Sehnsüchte und Ziele in der wirklichen Welt nicht umsetzen lassen.

Computerspielabhängigkeit betrifft fast immer Jugendliche und junge Erwachsene, die sich den Traum von einem selbstbestimmten Erwachsenenleben nicht erfüllen können, die mit ihren persönlichen und beruflichen Vorstellungen keinen Platz in unserer Gesellschaft finden.

Bei den Cybersexsüchtigen geht es in der Regel darum, dass eine bestimmte Art der Sexualität nicht ausgelebt werden kann, weil sie mit einer bestehenden Partnerschaft, moralischen Prinzipien oder juristischen Gesetzen nicht vereinbar ist.

Von digitalen sozialen Netzwerken werden in der Regel diejenigen abhängig, die ein Problem mit echter Nähe zu Menschen haben und denen zwischenmenschliche Beziehungen nicht gelingen.

Die sozialen Netzwerke ersetzen reale Kontakte. Der Cybersex ersetzt den realen Sex. Und die Erfolge im Computerspiel ersetzen die Anerkennung in Schule, Ausbildung und Beruf. Für einen gewissen Zeitraum kann dies sogar befriedigend sein und darüber hinwegtrösten, was im realen Leben fehlt.

Langfristig täuscht die virtuelle Flucht aber nicht darüber hinweg, wenn die Internetabhängigen in der realen Welt alles verloren oder nie erreicht haben. Wenn sie erst einmal in den Kreislauf der Sucht eingetreten sind, mehren sich die Enttäuschungen und Verluste weiter. Das wahre Leben verarmt. Es fehlt an Erfolg, Leidenschaft und Glücksgefühlen. Wenn die Internetnutzung ohne zeitliche Begrenzung zum Selbstzweck geworden ist, rücken eine neue Arbeitsstelle, eine gelingende Beziehung oder eine innige Freundschaft in weite Ferne. Das Internet ist dann der einzige Ort, wo man noch etwas Schönes erleben kann, um sich über das verlorene echte Leben hinwegzutrösten.

»Es gibt kein richtiges Leben im falschen«, hat der Philosoph Theodor Adorno geschrieben.[8] Natürlich ist unser neuer virtueller Lebensraum, unser Zweitwohnsitz namens Internet, nicht grundsätzlich falsch. *Falsch* im Sinne von

»unwahrhaftig« wird das Internet aber dann, wenn es uns vorgaukelt, dass es alle Lebensräume und Lebensweisen ersetzen könne. Das Heilsversprechen, dass wir im Cyberspace *leben* können, ist tatsächlich falsch. Ganz ohne unseren Körper können wir nicht existieren. Wenn wir mit Menschen zusammenarbeiten, wenn wir mit einem Partner Sex haben und wenn wir einen Freund am Krankenbett besuchen, gerade also im Hinblick auf die verschiedensten Arten menschlicher Beziehungen, bedarf es immer wieder unserer körperlichen Präsenz. Insofern stimmt es, dass es kein richtiges Leben im Internet gibt.

Um zu verstehen, was Internetabhängigkeit im Kern ausmacht, ist es sinnvoll, sich die Abhängigkeit von sozialen Netzwerken und von Online-Spielen noch einmal genauer anzuschauen. Von diesen sind vor allem Kinder, Jugendliche und junge Erwachsene betroffen, diejenigen also, die schon quasi im Internet groß geworden sind und deswegen auch als Digital Natives, als *digitale Eingeborene*, bezeichnet werden.

Die Cybersexsucht klammern wir für einen Moment aus, denn sie betrifft eher Digital Immigrants, Männer mittleren Alters, die noch nicht von Kindheit an ins Netz hineingewachsen sind und die eventuell auch ohne das Internet ein sexuelles und partnerschaftliches Problem hätten. Außerdem gibt es anders als bei der Abhängigkeit von Spielen und Netzwerken neben der digitalen Sexsucht auch eine analoge Variante als reale Sexsucht. Und schließlich gibt es Pornografie schon seit Menschengedenken. Online-Spiele und soziale Netzwerke im Internet sind dagegen originär digital und haben deshalb auch mehr miteinander gemein, als man auf den ersten Blick denken würde.

Die Online-Spiele kann man nämlich auch als soziale Netzwerke verstehen. Denn es geht darin nicht nur um den spielerischen Wettkampf. Die Nutzer sind in der Regel in Gemeinschaften organisiert, in denen Kameradschaft, Freundschaft und manchmal sogar Romantik im Spiel sind. Die intensiven Kontakte und gegenseitigen Verpflichtungen spielen für die Abhängigkeitsentwicklung eine große Rolle. Die Spieler kommunizieren tatsächlich viel miteinander, dies sowohl zwischen den Spielen als auch währenddessen. Sie schreiben sich gegenseitig Nachrichten, chatten oder reden direkt via Mikrofon und Lautsprecher miteinander. Über die in die Computer eingebauten Kameras können sie sich sogar gegenseitig sehen. Diese sozialen Beziehungen sind den Internetabhängigen enorm wichtig, weil sie häufig in der konkret-realen Welt kaum noch Kontakte haben.

Umgekehrt finden sich in den sozialen Netzwerken auch viele spielerische Elemente. Ganz konkret haben beispielsweise die Betreiber von Facebook erkannt, dass man Nutzer stärker an sich binden kann, indem man ihnen Spiele anbietet, die sie allein oder mit anderen Facebook-Freunden spielen können. Außerdem kann man ein soziales Netzwerk auch generell als Gesellschaftsspiel verstehen. Der Umgang mit dem eigenen Profil und wie man mit den Profilen anderer interagiert, hat durchaus etwas Spielerisches, während der Ernst des Lebens dann meist doch woanders stattfindet.

Diese beiden Merkmale, der Spieltrieb und das Kontaktbedürfnis, sind vermutlich sogar die entscheidenden Faktoren, wenn es um das Suchtpotenzial des Internets geht, wobei die Gewichtung geschlechtsspezifisch etwas unterschiedlich ausfallen mag. Um das zu deuten, kommen wir nicht an gewissen Rollenklischees vorbei. Jungen und Männer neigen eher zu technischen Spielereien und Wettkämpfen, Frauen eher zum Kommunizieren und Netzwerken. In beidem stecken spielerische und soziale Momente. Wenngleich das natürlich geschlechtsübergreifend individuell sehr unterschiedlich gewichtet sein kann, so könnte man sich fragen, ob die Abhängigkeit von sozialen Netzwerken eher eine weibliche und die von Online-Spielen eher eine männliche Variante der Internetabhängigkeit ist.

Ein weiterer Punkt ist, dass sich die Angebote in Zukunft immer stärker annähern. Vermutlich geschieht das bereits. Die sozialen Netzwerke werden immer verspielter, und die Online-Rollenspiele bekommen immer mehr den Charakter von sozialen Netzwerken. Irgendwann wird sich das soziale Spiel mit Avataren und Accounts angleichen. Mal spielen wir mit einer virtuellen Spielfigur, hinter der wir uns verstecken können. Mal spielen wir mit unserem Web-Profil, im Rahmen dessen wir nur einen gewünschten Teil von uns zeigen.

Irgendwann wird das Spiel mit sozialen Rollen, also mit austauschbaren Identitäts- und Beziehungsentwürfen, voraussichtlich das gesamte Internet beherrschen. Insofern werden wir es vielleicht doch noch erleben, dass es auch eine allgemeine Internetabhängigkeit gibt. Sei es, dass Einzelne im pathologischen Sinne vom Internet an sich und nicht nur von spezifischen Angeboten abhängig werden. Oder sei es, dass wir uns alle in eine Internetabhängigkeit hineinmanövrieren, im Rahmen deren uns unsere Accounts und Avatare wichtiger sind als die Menschen aus Fleisch und Blut, die zum Vorschein kommen, wenn alle Computer abgestürzt und alle Netze zusammengebrochen sind.

3 Medial, sozial, individuell. Ursachen

Die Gründe dafür, warum Menschen an einer Internetabhängigkeit erkranken, sind vielfältig. Das gilt für alle Suchterkrankungen gleichermaßen. Für die Ursachenforschung ist es hilfreich, sich am sogenannten Suchtdreieck zu orientieren. Dementsprechend geht die Suche nach den Risiken in drei Richtungen.

Erstens wird danach geschaut, von was genau und auf welche Weise die Betroffenen abhängig sind. In diesem Sinne ist es für die Internetabhängigkeit wichtig, herauszufinden, welche Medien und Medieninhalte die Suchtentwicklung ausgelöst und befördert haben. Zweitens spielen bei der Entstehung einer Abhängigkeit immer auch die sozialen Lebensbedingungen eine Rolle. Internetabhängigkeit entsteht nicht im luftleeren Raum, sondern ist in aller Regel auch als Folge negativer zwischenmenschlicher Erfahrungen zu sehen, sei es mit dem unmittelbaren Umfeld oder der Gesellschaft im großen Ganzen. Und drittens achten Suchttherapeuten und -forscher selbstverständlich darauf, welche psychologischen und biologischen Risikofaktoren der Patient selbst mitbringt. Es wurden bereits einige typische Persönlichkeitszüge, Vorerkrankungen sowie neurobiologische und genetische Merkmale ermittelt, welche die Gefahr erhöhen, eine Internetabhängigkeit zu entwickeln.

Wir Menschen verändern uns im Leben mit den Erfahrungen, die wir mit der realen und der virtuellen Welt machen. Die drei Risikobereiche bedingen sich oft gegenseitig und können so in den typischen Teufelskreis der Sucht münden. Insofern lassen sich die individuellen, sozialen und medialen Risikofaktoren für die Abhängigkeit vom Internet nicht so leicht auseinanderhalten.

Das Suchtdreieck
Ursachen der Internetabhängigkeit

- Sozialer Zusammenhalt
- Spielerische Elemente
- Sexuelle Anregung
- Belohnungsreize
- Unendlichkeitserleben
- Spiel mit Identitäten und Beziehungsformen in Avataren & Accounts

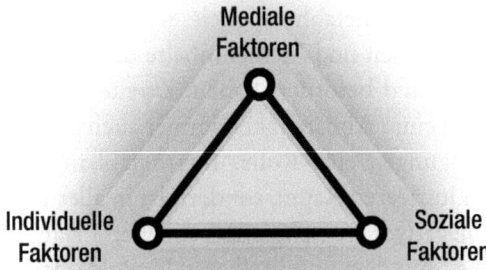

Mediale Faktoren

Individuelle Faktoren

Soziale Faktoren

- Impulsivität
- Prokrastination
- Unaufmerksamkeit
- Depression
- Angst
- Autismus
- Selbstwertproblematik
- Einsamkeit

- Familiäre Probleme
- Schwierigkeiten in Freundschaften & Partnerschaft
- Ausgrenzungserfahrungen
- Probleme in Ausbildung, Schule und Beruf
- Hoher Leistungsdruck
- Unkritischer Gesellschaftlicher Umgang mit Medien

3.1 Medien als Suchtmittel?

Die Frage, was die elektronischen Medien so verführerisch macht und sie zu Suchtmitteln werden lässt, wird in Fachkreisen bis heute kontrovers diskutiert. Immer wenn im Zuge der digitalen Revolution eine neue Generation von Computern auf den Markt kam, wurde die Hardware –, also die Geräte selbst – verdächtigt, ein Abhängigkeitspotenzial zu bergen. Während man anfangs eher von Computersucht sprach, ist heute immer häufiger von Smartphone-Sucht die Rede.

Der Blick auf diejenige Hardware, die gerade besonders erfolgreich ist, greift allerdings zu kurz. Wenn man sich die internationale wissenschaftliche Studienlage anschaut, wird deutlich, dass die Abhängigkeit von elektronischen Geräten, die nicht onlinefähig sind, klinisch kaum eine Rolle spielt. Erst seit Computer, Spielkonsolen und Mobiltelefone einen Internetzugang haben, verzeichnen wir weltweit eine Lawine von Abhängigen. Es ist nicht die Hardware, sondern das Internet, das erstmals eine Sucht nach Medien auslöst, die wirklich die Dimension einer psychischen Erkrankung hat.

Das Internet ist ein künstlicher Raum, der zwar letztlich von Hardware aufgespannt wird, aber ein riesiges Konglomerat von Software-Programmen darstellt. Die Programme, mit Hilfe deren wir beispielsweise komplexe Computerspiele und soziale Netzwerke bespielen, sind mittlerweile derart miteinander vernetzt, dass sie quasi überall gleichzeitig sind. Die Hardware ist für uns nur noch ein Fenster und ein verlängerter Arm in die digitale Welt. Darin kann sich der Mensch, der in diesem Zusammenhang sinnigerweise als »Wetware« bezeichnet wird, verlieren.

Aber verweilen wir noch etwas bei der Hardware und nähern uns der Geburt des Internets schrittweise an. Jedem neuen Medium ist der Mensch erst einmal mit Argwohn begegnet.

Das Buch

Heute ist das kaum mehr vorstellbar, aber beim Buch – auch eine Hardware – war es zunächst nicht viel anders. Der Pädagoge Joachim Heinrich Campe schrieb im Jahre 1789 über das exzessive Lesen:

> »*Das unmäßige und zwecklose Lesen macht zuvörderst fremd und gleichgültig gegen alles, was keine Beziehung auf Litteratur und Bücherideen hat; also auch gegen die gewöhnlichen Gegenstände und Auftritte des häuslichen Lebens; also auch gegen das frohe Gewühl der Kleinen um uns her. [...] Hierzu gesellt sich nicht selten träge Unlust zu jedem andern hausväterlichen und hausmütterlichen Geschäfte [...] Hat man [...] durch einseitige Beschäftigung der Seelenkräfte bei unnatürlicher Körperruhe, erst vollends seine Säfte verdickt, seine Nerven geschwächt und zur Ungebühr reizbar gemacht: dann fahre wohl, häusliche Glückseligkeit.*«

Campe bezog sich vor allem auf die damals ungeheuer erfolgreichen Groschenromane. Mittlerweile empfinden wir Bücher als das Nonplusultra des Medialen. Aber wenn wir ehrlich sind, dient ein Großteil der Bücher auch heute allein der Zerstreuung und Unterhaltung und eben nicht in erster Linie der Bildung und Erbauung. Bücher per se als kostbares Gut zu deklarieren ist insofern ein Fehler, auch wenn das vonseiten des sogenannten Bildungsbürgertums gerne postuliert wird.

Nicht dass wir uns missverstehen, ich finde, dass das Buch

eine großartige Erfindung ist. Ich schreibe hier ja gerade selbst eins. Und Sie lesen es hoffentlich zu Ihrem Erkenntnisgewinn. Aber es ist mir wichtig zu betonen, dass es wenig sinnvoll ist, das Buch einseitig als den Kulturgegenstand schlechthin zu verehren und das Internet schlichtweg zu verdammen. Das Medium Buch mag nicht zu einer ernsthaften Abhängigkeit mit echten Symptomen einer psychischen Erkrankung führen, aber es hat in seiner Geschichte in Einzelfällen durchaus eine unglaubliche Macht auf Menschen, Länder und sogar ganze Kontinente entfaltet. Wir trauen uns in Deutschland vermutlich aus gutem Grund immer noch nicht, Adolf Hitlers *Mein Kampf* zu veröffentlichen, weil wir seine zerstörerische Macht fürchten. An diesem eindeutig negativen Beispiel dokumentiert sich, wie eine Gesellschaft auf fatale Weise auch der negativen Kraft eines Buches verfallen kann.

Bei zwei ganz anderen Büchern ist der Einfluss seit ihrem Entstehen ungebrochen, und es wird sich in Zukunft wohl kaum etwas daran ändern, auch wenn jeweils ein großer Teil der Menschheit mit mehr als gemischten Gefühlen auf sie blickt: die Bibel und der Koran. Ich will niemanden in seinem Glauben beleidigen, aber ich bin der Meinung, dass die Bibel und der Koran uns bislang die Antwort auf die Frage schuldig geblieben sind, ob sie mehr Heil oder mehr Leid unter die Menschen gebracht haben. Was sich an ihnen zeigen lässt, ist, dass Medien schon immer einen enormen Einfluss auf die Weltgeschichte und das Schicksal der Menschen hatten und dass es darauf ankommt, wie man sie nutzt. Das Medium Buch ist erst einmal weder gut noch schlecht. Und das gilt für das Internet ganz genauso.

Wenn nun auf den folgenden Seiten diejenigen Internetanwendungen beschrieben werden, die ein besonderes Abhängigkeitspotenzial haben, dann wird hoffentlich deutlich, dass keinesfalls alles im Internet mit diesem Risiko behaftet und schon gar nicht alles am und im Internet *schlecht* oder gar *böse* ist. Aber auch das, was eben abhängig machen kann, soll hier nicht in Gänze verteufelt werden. Beispielsweise sind aus meiner Sicht Shooter-Spiele und Cybersexangebote ebenso wenig grundsätzlich abzulehnen oder gar zu verbieten wie ein Kriminalroman und erotische Literatur. Was ein guter Umgang mit solchen Medieninhalten ist, ist vor allem eine Frage des Maßes, also eine Frage der Zeiträume und der Altersgruppe, in denen sie konsumiert werden.

Wenn wir uns hier mit der Frage nach der Abhängigkeit von Medien beschäftigen, dann geht es vor allem um die Quantität der Internetnutzung, auch wenn man qualitative Aspekte dabei nicht gänzlich außer Acht lassen kann. Bevor wir uns nach dem kleinen Exkurs in die Welt der Bücher den digitalen Medien zuwenden, kommen wir aber nun noch auf ein Medium zu sprechen, bei dem die Bedenken hinsichtlich der niedrigen Qualität des Inhalts und der hohen Quantität der Nutzung nie abgerissen sind: das Fernsehen.

Das Fernsehen

Das Fernsehen ist weltweit immer noch das erfolgreichste Medium. In den 80er und 90er Jahren, in denen das Privatfernsehen seinen Siegeszug auch in den deutschsprachigen Ländern antrat, beschäftigten sich die Medienforscher fast ausschließlich mit ihm als wissenschaftlichem Objekt. Ähnlich wie die Gutenberg-Revolution veränderte auch das Fernsehen die Welt. Sehr schnell war es nicht mehr ungewöhnlich, täglich mehrere Stunden fernzuschauen. Je mehr Kanäle zur Verfügung standen, desto länger lief der Fernseher. Im letzten Jahrzehnt des 20. Jahrhunderts kam unweigerlich die Frage auf, ob das Fernsehen nicht auch abhängig machen könne.

Die Frage nach dem Abhängigkeitspotenzial vom Fernsehen beschäftigte vor allem amerikanische Medienforscher. 1998 untersuchte Robert McIlwraith von der Universität Manitoba eine Gruppe von Menschen, die sich für fernsehsüchtig hielten.[1] Diese waren gegenüber einer dahingehend unauffälligen Vergleichsgruppe schneller gelangweilt und leichter abzulenken. Das Fernsehen war für sie dazu da, Zeit totzuschlagen und sich von belastenden Gedanken und Gefühlen abzulenken. In anderen Studien zeigte sich, dass exzessive Fernsehzuschauer dazu neigen, unsportlich und übergewichtig zu sein und gemeinschaftliche Aktivitäten zu vermeiden.

All diese Anzeichen lassen durchaus an eine milde Form dessen denken, was wir jetzt bei den Internetabhängigen beobachten. Auch das Fernsehen kann von negativen Lebenssituationen ablenken und diese im Falle einer exzessiven Nutzung weiter verschlechtern. Auch hier besteht ein Zusammenhang mit Depressionen und Ängsten.

In einer britischen Studie von Mark Hamer vom University College in London zeigte sich 2010, dass Menschen, die mehr als zwei Stunden pro Tag fernsehen, durchschnittlich depressiver und ängstlicher sind.[2] Das kann heißen, dass Menschen, die sich wegen dieser psychischen Leiden mehr als andere in ihre vier Wände zurückziehen, dazu neigen, besonders viel fernzusehen. Es kann aber ebenso bedeuten, dass eine exzessive Fernsehnutzung dazu führt, dass sich Menschen von ihrer Umwelt entfremden und dadurch psychisch krank werden. Insofern ist davon auszugehen, dass sich exzessive Fernsehnutzung und Depressivität gegenseitig bedingen, verstärken und aufrechterhalten.

Allerdings ist der Suchtcharakter einer exzessiven Fernsehnutzung vergleichsweise gering ausgeprägt. In der Hannoveraner Ambulanz für Menschen mit medienassoziierten Störungen haben wir nicht einen einzigen Fernsehabhängigen gesehen. Es gibt auch so gut wie keine Studien mit vermeintlich fernsehabhängigen Probanden, die die strengen Kriterien für eine Abhängigkeitserkrankung erfüllen würden. Außerdem hat es meiner Kenntnis nach nie eine Ambulanz oder Klinik gegeben, die sich nachhaltig auf eine solche Sucht spezialisiert hätte. All das spricht dafür, dass eine klinisch relevante Fernsehabhängigkeit nicht existiert. Das Fernsehen mag unsere Welt und den Blick auf diese Welt nachhaltig verändert haben. Seine Dominanz mag uns »krank« erscheinen, aber eine individuelle TV-Abhängigkeit ist nicht von medizinischer Bedeutung.

Ohnehin ist der Abgesang auf das Medium Fernsehen längst angestimmt. Das Fernsehen in seiner bisherigen Form verliert an Bedeutung. Wenngleich die Zahl der Kanäle auch über die Jahrtausendwende weiter angestiegen ist, kämpft es längst um sein Überleben. Die Generation der Digital Natives interessiert sich zunehmend weniger für das, was im Fernsehen läuft. Sie will nicht mehr einfach nur passiv zuschauen, sondern (inter)aktiv mitmachen und mitgestalten, bei allem was medial abgeht. Das Interaktive, das wir heute im Netz erleben, hat im Fernsehen schon seinen Ausgang genommen. Beispielsweise wurde den Zuschauern immer häufiger angeboten, sich an Sendungen über das Telefon zu beteiligen oder als Teilnehmer von Casting-Shows selbst darin aufzutreten. Und das Fernsehen kommt schon lange zu den Menschen nach Hause, um sie in Reality-Shows mitmachen zu lassen. Das ist längst billig produzierter Fernsehalltag geworden.

Heute werden immer mehr Fernsehshows und Nachrichtensendungen aus dem Internet gespeist. Es ist völlig normal, dass Moderatoren für das Publikum vor der Kamera Twitter-Meldungen von einem Tablet-Computer ablesen. Das wirkt, wenn man es genauer betrachtet, völlig absurd und bringt vor allem die Verzweiflung der Programmmacher zum Ausdruck. Das Fernsehen hat allen Grund dazu. Das Internet ist gerade dabei, das Fernsehen zu schlucken. Die Fernseher, die mittlerweile in so gut wie jedem Haushalt und in fast jedem Raum anzutreffen sind, werden immer häufiger zu internetfähigen Computern umgerüstet, sodass man mit ihnen all das tun kann, was man sonst nur auf dem PC gemacht hat, inklusive des Sehens von Filmen und Serien. Diese werden nur dann angeschaut, wenn es die individuelle Tagesgestaltung gestattet, und nicht zu einer von dem Fernsehsender vorgegebenen Uhrzeit.

Serien

Überhaupt ist der unglaubliche Erfolg von Serien ein neues Phänomen, obwohl es sie schon seit der Frühzeit des Fernsehens gibt. »Das Gesetz der Serie« erfasst momentan verschiedene Medienformate, seien es die Blockbuster-Filme in Serie, Romane, die drei und mehr Teile haben, oder eben Fernsehserien selbst. Letztere könnte man noch als eine echte Spezialität des Fernsehens verstehen. Aber auch das hat ein Ende. Längst werden die ersten Serien exklusiv für das Internet produziert. Erstes und bestes Beispiel hierfür ist *House of Cards* mit Kevin Spacey. Serien sind in letzter Zeit zu so etwas wie einer neu entdeckten beziehungsweise wieder aufgelebten Kunstform geworden. Auch renommierten Filmregisseuren und Schauspielern bieten sie die Möglichkeiten, längere Geschichten zu erzählen, als dies im Film möglich ist.

David Lynch war hier mit seiner Serie *Twin Peaks* stilbildend. Später versuchten sich auch Regisseure wie Lars von Trier mit *Kingdom* erfolgreich daran. Heute werden mit Serien wie *Game of Thrones* oder *Downton Abbey* in immer aufwendigeren Produktionen von immer mehr Serienstaffeln ganz andere Summen angelegt und umgesetzt, wobei selbstverständlich nicht notwendigerweise immer etwas künstlerisch Wertvolles dabei herauskommt. Erst seit es DVDs und das Internet gibt, kann man sich diese Serien auch an einem Stück anschauen, ohne lästige Werbe- oder andere von außen auferlegte Pausen. Das führt zu einer Intensivierung des Erlebnisses. Längst spricht man von *Serienjunkies*. Und von *Binge Watching*, also *Komaschauen*. Der exzessive Serienkonsum mag zwar befremdlich anmuten, große Besorgnis hat er in Fachkreisen jedoch bislang noch nicht ausgelöst. Denn auch hier muss man sagen, dass Serienjunkies bisher keine bis kaum eine Rolle in den Ambulanzen für Medienabhängige spielen.

Aber das könnte sich ändern. Die Internetabhängigen, die sich mit unserer Hilfe in einen Entzug begeben, neigen nämlich auffällig häufig dazu, besonders viel Serien zu schauen, und dies auch zum Teil unzählige Stunden lang hintereinander weg. Hier zeichnet sich eine Suchtverschiebung ab, über deren Gefahren noch wenig bekannt ist. Für uns Behandler ist klar, dass mit einer solchen Suchtverlagerung therapeutisch noch nicht viel gewonnen ist. Längst ist der Pool an guten und ausgedehnten Serien, die im Netz legal oder illegal heruntergeladen werden können, riesig groß und vielfältig. Wir können nicht ausschließen, dass es längst digitale Serienjunkies gibt, die sich aber bislang noch nicht in unseren Spezialsprechstunden einfinden. Vermutlich ist das eine neue Variante der Internetabhängigkeit, die wir im Auge behalten müssen. Wenn wir allerdings die Internetabhängigen, so wie wir ihnen heute begegnen, auf das gute alte Fernsehen ansprechen, dann sagen sie häufig, dass das, wenn überhaupt, nur so nebenbei laufe. Für sie ist das Rauschen des Fernsehens nicht viel mehr als eine Art Hintergrundberieselung geworden, während am Computerbildschirm das vermeintlich pralle Leben in interaktiven Online-Welten tobt.

Computer und Spielkonsolen

Computer und Spielkonsolen sind schon sehr viel länger auch privat genutzt worden, bevor das Internet hinzukam und alles und jeden miteinander vernetzt hat.

Mein Bruder und ich durften uns Anfang der 80er Jahre glücklich schätzen, das erste kommerziell vertriebene Videospiel zu besitzen, das zunächst als ein Gerät mit einem einzigen Spiel auf den Markt kam. Es funktionierte nur zum Teil digital und zum anderen Teil mit einem analogen Schaltkreis. Es hieß *Pong* und war zu der Zeit in Deutschland auch als *Teletennis* bekannt. Dabei ging es darum, einen kleinen weißen Punkt, der sich auf dem Fernsehbildschirm von rechts nach links hin und her bewegte, mit zwei beweglichen weißen Strichen zu treffen und ihn damit so lange wie möglich im Spiel zu halten. Mein Bruder und ich waren fasziniert davon. Abhängig wurden wir davon nicht. Dafür war es viel zu einfach gestrickt und am Ende schlicht und ergreifend zu langweilig.

Als ich meinen ersten Computer zur Konfirmation bekam, war ich 12 Jahre alt. Meine Eltern hatte ich mit den Argumenten von der Notwendigkeit der Anschaffung überzeugt, dass man damit natürlich ganz sinnvolle Dinge machen könne und dass Computer als *die* Zukunft schlechthin gelte. Hausaufgaben habe ich damit jedoch selten gemacht. In der Schule nahm ich allerdings an einer Informatik-AG teil und lernte die Programmiersprache Basic. So konnte ich zumindest ein wenig nachvollziehen, wie Computer funktionieren. Am Ende spielte ich dann auf meinem »Commodore 64« meistens doch nur Computerspiele, zum Beispiel am virtuellen Flipperautomaten oder indem ich in *Frogger* Frösche über eine stark befahrene Straße bugsierte. Mein Commodore hatte namensgemäß einen Arbeitsspeicher von 64 Kilobyte. Heute hat ein iPhone bereits einen Arbeitsspeicher von einem Gigabyte, also eine Million Kilobytes. Von meinem Smartphone bin ich heute wesentlich abhängiger, als ich es von meinem ersten Computer je war. An ihm verlor ich schon nach einigen Jahren das Interesse.

Die Computer und Spielkonsolen von heute sind nicht nur wesentlich schneller und haben eine viel höhere Speicherkapazität – sie sind vor allem untereinander vernetzt. In den Ambulanzen für Menschen mit Medienabhängigkeit haben sich nur ganz selten Patienten vorgestellt, die an einer Abhängigkeit von Computermedien litten, die *nicht* vernetzt waren. Das war an der Medizinischen Hochschule Hannover schon vor 12 Jahren so, und das ist heute in der Medienambulanz in der Universitätsklinik für Psychosomatische Medizin in Bochum nicht anders. Erst die Vernetzung der Computer und Konsolen macht das Abhängigkeitspotenzial der digitalen Medien aus. Hierfür gibt es zwei entscheidende Gründe.

Erstens wird erst durch das Internet jedes computerisierte Gerät zur Eintrittspforte zum Cyberspace. Dadurch bekommen wir Zugang zu einem riesigen virtuellen Raum, in dem die Möglichkeiten, nach spielerischen oder erotischen Abenteuern zu suchen, schier unendlich sind. Auch Menschen, die nicht vom Internet abhängig sind, wissen, wie leicht man im Internet die Zeit und den Überblick verliert, weil sich immer wieder etwas Neues auftut. Die Möglichkeiten auf einem nicht vernetzten Computer sind dagegen sehr begrenzt. Das kann seine Vorteile haben, wenn man nicht abgelenkt und abhängig werden möchte.

Der zweite Grund, warum erst internetfähige Geräte den Weg in eine Medienabhängigkeit bahnen, liegt in der Interaktivität, der das Internet seinen Namen mit verdankt. Der damit gemeinte aktive Austausch beschreibt eine Beziehungsfunktion. Das Internet ist ja aus der Telekommunikation heraus entstanden. Es geht im Internet nicht zuletzt darum, unendlich viele Menschen miteinander zu verbinden.

Der Mensch ist ein Beziehungswesen. Er ist auf menschliche Beziehungen angewiesen, also im engeren Sinne abhängig von anderen Menschen. Das ist nicht nur für die ganz Jungen und die ganz Alten so. Das Internet fasziniert gerade dadurch, dass potenziell jeder Mensch, der sich dem Internet angeschlossen hat, nur ein paar Mausklicks entfernt ist. Im Zweifelsfall können wir immer jemand Neuen finden, der unser Freund, unser Date oder unser Partner sein könnte. Der enorme Erfolg der sozialen Netzwerke, Kontaktbörsen und Partneragenturen spricht hier Bände. Aber auch darin können wir uns in einer unendlichen Suche selbst verlieren, ohne wirklich jemanden zu finden, dem wir auch *in echt* begegnen.

Hinter dem allgegenwärtigen und täglich wachsenden Cyberspace, mit dem wir über das Internet verbunden sind, treten die Endgeräte, die Computer und Konsolen, zurück. Bald ist ohnehin jedes Gerät computerisiert und vernetzt. Das gilt beispielsweise schon für Autos und auch für immer mehr Haushaltsgeräte. Letztendlich bedeutet es, dass die Tür zur digitalen Welt ständig offen steht. Für Internetabhängige ist es ein großes Problem, wenn sie abstinent sein wollen, die Verführung, online zu gehen, aber allgegenwärtig ist. Dazu tragen heute erheblich die mobilen Endgeräte wie Smartphone und Tablet-Computer bei.

Smartphones und andere mobile Endgeräte

Wenn man mit offenen Augen durch die Welt geht und sich fragt, was es mit der Medienabhängigkeit auf sich hat, dann ist man schnell dabei, Smartphones als die größten Suchtmittel zu identifizieren. Seit Apples iPhone den Globus erobert hat, lösen diese tragbaren Minicomputer die einfachen

Mobiltelefone ab. 2013 hatten bereits 72% aller Deutschen im Alter zwischen 12 und 19 Jahren ein eigenes Smartphone.[3] Neu hinzugekommen sind die Tablet-Computer, die digitalen Varianten der Schiefertafeln des Urzeitmenschen, die es mittlerweile in allen Größen gibt.

All diese mobilen Endgeräte haben Mikrofone und Lautsprecher, Kameras und Bildschirme, so dass sie im Grunde jede Art der Kommunikation ermöglichen, die die schöne neue Welt der digitalen Medien hervorgebracht hat. So können wir quasi immer überall gleichzeitig sein. Das Problem ist aber im Zweifelsfall, dass wir nirgendwo richtig da sind.

Auf diese Weise kommt es zu geradezu absurden Situationen. Früher trafen sich erwachsene Menschen vor allem mit ihren Freunden, um bei gutem Essen miteinander Gespräche zu führen oder um miteinander einem gemeinsamen Hobby nachzugehen, zum Beispiel Fußball spielen. Heute gilt schon Public Viewing als Event größter Geselligkeit. Beim öffentlichen Anschauen eines Fußballspiels, bei dem andere für uns spielen, schauen wir parallel auf eine möglichst große Leinwand und meinen ein besonderes Gruppenereignis zu erleben. Diese mediale Schmalspurbegegnung ist aber dadurch zusätzlich digital unterlaufen, dass heute immer mehr Zuschauer gleichzeitig permanent mit ihrem Smartphone beschäftigt sind.

Sie meinen dieses Gruppenerlebnis auch noch per Facebook, Whatsapp und Twitter mit möglichst vielen anderen Menschen teilen zu müssen. Das heißt, dass sie ständig über diese Dienste mitbekommen wollen, wie es gerade anderen Freunden beim Public Viewing an einem anderen Ort ergeht. Die Verdopplung des medialen Erlebens mögen viele als besonders intensiv erleben. Ob diese Praxis für zwischenmenschliche Begegnungen wirklich ein Gewinn ist, ist aus psychologischer Sicht aber zu bezweifeln. Die vielen Bildschirmmedien, die sich vor und zwischen uns Menschen drängen, drohen uns eher voneinander zu entfremden. Sie schaffen keine Nähe, sondern Abstand in Situationen, in denen wir früher einem Menschen gegenübergesessen, ihm oder ihr in die Augen geschaut und über persönliche Dinge gesprochen hätten.

Nun könnte man einwenden, dass man ja mit Smartphones verrückterweise auch noch telefonieren könne. Per Telefon kann man auf Distanz durchaus auch ein intensives Gespräch mit jemandem führen. Junge Menschen haben aber immer seltener einen Festnetzanschluss und auch Smartphones werden immer weniger zum Telefonieren genutzt.

Der Informatik-Professor Alexander Markowetz und sein Team an der Universität Bonn haben eine App entwickelt, mit der Smartphone-Nutzer ihr Nutzungsverhalten analysieren können.[4] Innerhalb weniger Monate hatten mehr als 100 000 Menschen diese kostenlose App namens »Menthal« heruntergeladen. Die Nutzer willigten dabei ein, dass die Daten in anonymisierter Form von den Wissenschaftlern ausgewertet werden dürfen. Dabei kam heraus, dass junge Smartphone-Nutzer im Schnitt mehr als 120 Mal pro Tag auf ihr Smartphone schauen, dass die Nutzung von sozialen Netzwerken wie Whatsapp und Facebook die absolute Hauptbeschäftigung ist und dass sie kaum noch SMS verschicken und E-Mails schreiben, geschweige denn telefonieren. Durchschnittlich knapp zwei Minuten am Tag wird von den untersuchten jungen Smartphone-Nutzern noch über die Geräte telefoniert. Telefonieren wird mittlerweile oft als lästig empfunden, was mir – zu meiner eigenen Besorgnis – mittlerweile auch schon so geht. – Oder freuen Sie sich in der Regel noch über einen Anruf?

Diese Ergebnisse sprechen also dafür, dass sich im Zuge der digitalen Revolution der unmittelbare verbale Austausch immer weiter reduziert. Akronyme (Abkürzungen wie LOL und 4U) sowie Symbole (Emoticons) sind *in*,

F2F-Gespräche sind *out*. Bilder und Videos sind die wichtigste kommunikative Währung im Zeitalter der Smartphones geworden. Entwicklungspsychologisch könnte man die Befürchtung haben, dass der Mensch sich hier kulturell zurückentwickelte.

Bevor der Mensch das Sprechen in Worten hervorgebracht hat, hatte er die Bildsprache entwickelt, wie wir sie von der steinzeitlichen Höhlenmalerei her kennen. Auch die Schriftsprache geht auf Symbole zurück. Kulturpessimisten könnten hier mit einiger Berechtigung befürchten, dass der technologische Fortschritt einen menschlichen Rückschritt hervorbringe.

Der einflussreiche kanadische Medienwissenschaftler Marshall McLuhan hat mediale Zukunftsvisionen entworfen, die er selbst unterm Strich vor allem als faszinierend und schön empfand.[5] Wenn er heute noch leben würde, könnte er stolz darauf sein, wie viele Entwicklungen er richtig vorhergesagt hat. Ob er sich darüber aber heute noch freuen würde, wage ich zu bezweifeln. In einem berühmt gewordenen Interview mit dem *Playboy* – der zumindest damals, in meinem Geburtsjahr 1969, noch richtig gute Texte veröffentlichte – bezeichnete er Medien als *seelische Prothesen* des Menschen.[6]

Wenn man sich heute unser Verhältnis zu den mobilen Endgeräten anschaut, kann man schnell nachvollziehen, was er damit meinte. Die heranwachsenden Generationen sind geradezu verwachsen mit ihren Smartphones. Sie können nicht mehr ohne sie leben, wie ein Mensch ohne Beine nicht ohne Prothesen laufen kann. Sie haben geradezu ein zärtliches, um nicht zu sagen ein erotisches Verhältnis zu ihren Geräten. Treffenderweise sprach McLuhan in diesem Zusammenhang auch davon, dass der Mensch sich irgendwann zum Sexualorgan der Maschinen und Medien hin entwickeln würde. Er meinte damit, dass wir uns in letzter Konsequenz so abhängig von den Maschinen machen, dass nicht *wir* es sind, die mit ihrer Hilfe untereinander kommunizieren, sondern dass *sie* sich mit Hilfe der Menschen untereinander austauschen. Das ist keine schöne alte Zukunftsvision, sondern ein ziemlich aktuelles und realistisches Horrorszenario.

Cyborgs

Im Internet kommunizieren längst mehr Computer und Programme miteinander als Menschen. Dabei werden vor allem die Datenspuren verwendet, die wir täglich im Netz hinterlassen. Dies geschieht in der Regel, um uns aus ökonomischen oder politischen Gründen auszuspionieren, um uns zu noch fügsameren Konsumenten und Bürgern zu machen. Derweil dringen die mobilen Endgeräte aber tatsächlich noch tiefer in unser Leben ein. Google hat längst eine Brille herausgebracht, mit der wir ständig die Welt durch einen Bildschirm sehen und über eine Kamera filmen können. Der nächste Schritt ist auch schon in der Entwicklung: Kontaktlinsen, die als Bildschirme und auch als Kameras funktionieren sollen.

Alles, was Smartphones können, soll bald direkt an oder im Körper des Menschen ablaufen. Mit den neuesten digitalen Geräten, die am Handgelenk getragen werden und eigentlich wie eine digitale Fußfessel funktionieren, geht die Entwicklung schon jetzt weiter in diese Richtung. Digitale Schrittzähler in Uhren, die kaum noch Uhren sind, sind der neueste Renner. So sind uns Konzerne und Regierungen auf Schritt und Tritt auf den Fersen. Und es werden schon erste Versuche unternommen, Computerchips unter die Haut zu implantieren. Damit werden wir langsam, aber sicher zu Cyborgs, zu Hybridwesen, die halb Mensch und halb Maschine sind. Sind wir dann aber noch Herr im eigenen Haus, also über unseren eigenen Körper, oder begeben wir uns auf diesem Weg in Abhängigkeiten, die wir uns heute noch gar nicht vorstellen können? Werden wir auf diesem Weg nicht zu Marionetten von Maschinen, hinter denen sich Interessen verbergen, die längst nicht mehr unsere eigenen sind?

Marshall McLuhan war mit seiner Prognose, dass Medien zu seelischen Prothesen des Menschen werden, nah dran an einer Zukunft, die schon Realität wird. Nun also sind wir es, die zu Prothesen der Medienmaschinen werden. Die Smartphones und Tablets, die wir ständig mit uns herumtragen, sind also nur die Vorboten einer viel dramatischeren Entwicklung. Die mobilen Endgeräte, die schon jetzt ständig etwas von uns wollen, kriechen in uns hinein, um uns verstärkt zu beherrschen. Damit könnte das Problem der Internetabhängigkeit eine ganz neue Dimension bekommen.

Aus dieser beunruhigenden Perspektive müssen wir uns vor allem Sorgen um Kinder und Jugendliche machen, die immer früher und immer mehr Gebrauch von Smartphones und anderen mobilen Endgeräten machen und die aufgrund ihrer neurobiologischen Entwicklung leichter manipulierbar sind. Der Aufstieg und Siegeszug dieser Kleinstcomputer ist eng verbunden mit dem rasanten Erfolg der sozialen Netzwerke. Hierüber kann sich genau diejenige soziale-Netzwerk-Abhängigkeit entwickeln, die uns in unseren Medienambulanzen bislang noch so zögerlich über den Weg läuft, die aber längst in einigen internationalen Studien ihr Gesicht zeigt. Und über Smartphones können ja auch Computerspiele gespielt und Pornografie angeschaut werden. Insofern steht zu befürchten, dass für alle drei charakteristischen Arten der abhängigen Internetnutzung Smartphones auch als *Einstiegsdroge* zu verstehen sind.

3.2 Was bei digitalen Medien anders ist

Die frühesten und meisten Beweise für die Existenz von Internetabhängigkeit hat die Wissenschaft bislang im Hinblick auf Online-Computerspiele liefern können, was zu der bereits beschriebenen Teilanerkennung geführt hat. Überblickt man den internationalen Forschungsstand, so wird deutlich, dass mehr als die Hälfte der Internetabhängigen von Online-Spielen abhängig ist. Und wir verstehen mittlerweile immer besser, warum das so ist. Die Medienwirkungsforschung arbeitet intensiv daran herauszufinden, welche Spielbestandteile und Spielarten – man spricht auch von Spielgenres – abhängig machen und warum.[7] Um sich dieser Frage zu nähern, bedarf es der Klärung, was Computerspiele gegenüber anderen Unterhaltungsmedien, vor allem gegenüber Buch, Film und Fernsehen, so besonders macht.

Online-Computerspiele

Besonders an Computerspielen ist zum einen, dass man in ihnen nicht einfach nur passiver Zuschauer einer Handlung ist, sondern im Spiel selbst zum Handelnden wird. Meistens geht es darum, eine Spielfigur *aktiv* durch eine Spielwelt zu steuern. Dabei versetzt man sich in seine virtuelle Figur viel stärker hinein, als das beim Lesen eines Romans oder beim Anschauen eines Films der Fall ist. Je länger und intensiver diese Identifikation einwirkt, desto größer ist die Gefahr einer Abhängigkeitsentwicklung.

Zum anderen brauchen Identifikationsprozesse psychologisch betrachtet stets die Begegnung mit einem anderen Menschen. Die Menschen entwickeln ihre Identität und die Rollen, die sie im Leben einnehmen, im Zuge mitmenschlicher Erfahrungen. Die Stärke der Identifikation eines Spielenden mit seiner Spielfigur – und damit auch die Abhängigkeit von einem bestimmten Spiel – hängt entscheidend von den Begegnungen mit anderen Figuren ab. Letztlich agieren ja hinter den Mitspielern und Gegnern auch Menschen. Erst mit dem Internet sind die Computerspiele im engeren Sinne *interaktiv* geworden. Um es psychologisch auszudrücken, sie sind *interpersonal* geworden. Die Beziehungsdimension ist also ein zweiter entscheidender Grund dafür, warum Computerspiele im Zuge ihrer Verlagerung ins Netz erstmals eine Abhängigkeit auslösen können.

Im Folgenden werden die Spielgenres und deren Suchtpotenziale einzeln beschrieben. An dieser Stelle ist es aber wichtig zu bemerken, dass es erstens eine mittlerweile unüberschaubare Zahl an verschiedenen Spielarten gibt und dass diese zweitens zunehmend weniger einfach einem bestimmten Spielgenre zuzuordnen sind. Die folgenden Ausführungen orientieren sich an einer von vielen möglichen Einteilungen in Abenteuerspiele, Strategiespiele, Actionspiele, Simulationen und sonstige Spiele. Die bislang für die Internetabhängigkeit wichtigste Kategorie sind die zu den Abenteuerspielen zählenden Online-Rollenspiele wie ihr berühmtester Vertreter *World of Warcraft*. Strategiespiele wie *League of Legends* haben ebenfalls ein Suchtpotenzial. Zu den Actionspielen gehören die Ego- bzw. First-Person-Shooter wie zum Beispiel *Call of Duty*. Simulationen von Sportspielen können ebenfalls süchtig machen, seitdem sie gepaart mit Sportwetten um Geld in die Nähe von Glücksspielen gerückt sind. Und schließlich gibt es eine wachsende Zahl sonstiger Spielgenres, wozu auch die Casual Games und Social Games zählen, die zunehmend von Mädchen und jungen Frauen gespielt werden und deren Abhängigkeitspotenzial wir heute noch gar nicht abschätzen können, aber durchaus im Visier behalten müssen.

Online-Rollenspiele

Das stärkste Suchtmittel sind die Online-Rollenspiele. Seit über 20 Jahren verbuchen sie einen enormen Erfolg im Netz. In Rollenspielen geht es darum, dass man in die Rolle einer oder mehrerer virtueller Spielfiguren schlüpft, um, allein oder gemeinsam mit anderen, Abenteuer zu bestehen. In der Regel geht es dabei um Kämpfe, sei es, dass man gegen ein gegnerisches Team, eine »Gilde« oder ein »Clan« antritt oder gemeinsam gegen einen Gegner kämpft, der von der Software des Spieleherstellers generiert wird, was häufiger der Fall ist. Dies kann zum Beispiel das Töten eines Drachen oder die Eroberung eines Planeten sein. Zumeist sind die Spielwelten phantastischer Natur, das heißt, sie spielen in der fernen Zukunft der Science-Fiction oder in einer bisweilen mittelalterlich anmutenden Fantasy-Welt. Mit der heutigen Welt, die uns umgibt, haben die Rollenspielwelten zumeist herzlich wenig zu tun. Aber genau darum geht es ja: um Weltflucht. Insofern sind die Online-Rollenspiele so etwas wie moderne Mythen und Märchen. Das Archaische an ihnen macht ihren besonderen Reiz aus. Die Spieler versetzen sich in die Rollen von Heldenfiguren, die nicht zufällig an archetypische Heldensagen und Legenden von Gottheiten erinnern. Dass die virtuellen Spielfiguren auch »Avatare« genannt werden, kommt nicht von ungefähr. Der Begriff kommt aus dem Hinduismus und bedeutet im Sanskrit ursprünglich »Inkarnation des Göttlichen«. Wenn man diese sprachliche Herleitung psychologisch ernst nimmt, dann geht es hier nicht nur um ein Heldendasein, sondern sogar darum, sich gleich Herkules zu einem Halbgott aufzuschwingen. Kein Wunder also, dass hierbei gerade Menschen mit einem ausgeprägten Selbstwertproblem in besonderem Maße verführbar sind.

In den Anfängen unserer Ambulanz für Menschen mit

medienassoziierten psychischen Erkrankungen an der Medizinischen Hochschule Hannover waren mehr als die Hälfte der sich vorstellenden Patienten vom erfolgreichsten Online-Rollenspiel der Welt abhängig. *World of Warcraft*, kurz *WOW* genannt, kann man getrost als die *Mutter aller Online-Rollenspiele* bezeichnen, auch wenn es bereits seinen Zenit überschritten hat. Es zählt zu den »Massively Multiplayer Online Role-playing Games« – abgekürzt MMORPGs. Seine virtuelle Spielwelt ist mit jeder neuen Software-Erweiterung immer größer geworden und nunmehr von schier unendlicher Größe. Im Jahre 2010 spielten weltweit mehr als 12 Millionen Menschen *WOW*. Seitdem sind die Spielerzahlen zurückgegangen, was vor allem daran liegt, dass das Erfolgsmodell vielfach nachgeahmt wird. Ähnliche Spiele, die ebenfalls häufig von Internetabhängigen gespielt werden, haben alte und neue Marktanteile erobert. Im Jahre 2013 wurde mit *WOW* weltweit immerhin noch ein Gewinn von 1041 Millionen Dollar erzielt. Damit hatte es unter den Massive-Multiplayer-Online-Spielen (MMOs), die mit einem Abonnenten-Bezahlsystem arbeiten, einen Marktanteil von 36%, weit vor ähnlichen Titeln wie *Lineage*, *Tera Online*, *Herr der Ringe Online* und *EVE Online*, die ebenfalls bei Internetabhängigen eine Rolle spielen. Dementsprechend stellen sich in unserer Ambulanz nach wie vor regelmäßig Patienten vor, die unter einer Abhängigkeit von *WOW* leiden.

Es wird also Eintritt erhoben, um die *Welt des Kriegshandwerks* betreten zu dürfen. Das Spiel kann an jedem internetfähigen Computer gespielt werden, der über ein Mindestmaß an Speicherkapazität und Schnelligkeit verfügt. Die Basissoftware kann für einen Betrag zwischen 10 und 15 Euro als DVD gekauft oder einfach im Netz heruntergeladen werden. Um dauerhaft mitspielen zu dürfen, muss man darüber hinaus eine monatliche Abo-Gebühr von ungefähr 13 Euro bezahlen und kann dann so lange spielen, wie man möchte. Die WOW-Abhängigen tun dies bis zu 16 Stunden am Tag und spielen dabei oft mehrere Avatare nebeneinander.

Für das Spiel wurde sogar eigens eine Musik komponiert und von einem Orchester eingespielt; die dramatische Musik klassischer Machart soll die Spieler in eine heroische Atmosphäre versetzen. Am Anfang des Spiels durchläuft man erst einmal einige Initiationsriten. Zunächst lernt man mit seinem Avatar umzugehen und ihn oder sie durch die bunt animierte Spielwelt zu manövrieren. Am Anfang ist im wahrsten Sinne des Wortes alles noch spielend einfach. Man sammelt Punkte, indem man simple Aufgaben löst. Dabei geht es zum Beispiel darum, eine bestimmte Anzahl von Fabelwesen zu erlegen oder bestimmte Gegenstände zu sammeln. In diesem Stadium des Spiels sind die Belohnungsmechanismen noch sehr einfach. Als Spieler weiß ich genau, was mir an Gewinn winkt, wenn ich ein vorgegebenes Ziel erreiche. Recht schnell bekomme ich so das Gefühl, im Spiel erfolgreich zu sein. Belohnungen können in Form von Erfahrungspunkten erfolgen, womit ich mir dann neue Fertigkeiten für meinen Avatar erwerben kann. Es wird aber auch auf vielfältige andere Arten und Weisen belohnt. Man kann zum Beispiel auch direkt bestimmte Waffen oder Zauberkräfte gewinnen, die den eigenen Avatar aufwerten.

Langfristig geht es darum, die eigene Spielfigur in den Hierarchien des Spiels immer weiter aufsteigen zu lassen. Sich auf die höchstmögliche Stufe zu spielen nennt man »hochleveln«. Indem es die Selbstwertregulation anspricht, entfaltet das Spiel einen enormen Sog. Das kann man mit einem gesellschaftlichen Klassen- oder Kastensystem vergleichen, in dem man durch Erfolge und das Ansammeln von Geld immer weiter aufsteigt. Die Firma Blizzard denkt sich allerdings stets neue Spielzusätze und Level aus, das heißt, dass auch diejenigen, die schon zu den erfolgreichsten Spielern gehören, immer wieder einen neuen Ansporn bekommen weiterzuspielen.

Der Spielehersteller betreibt damit eine Art Willkürherrschaft, denn auch die besten Spieler werden dadurch immer wieder degradiert, klein gehalten und im schlimmsten Fall abhängig gemacht. Es ist wie bei einem Hund, der einer Wurst nachjagt, die er nie erreichen kann, weil sie an einem Gestell vor seiner Schnauze hängt, das er selbst mit sich herumträgt. Es ist immer wieder erschreckend zu erleben, wie sehr sich manche Online-Rollenspiel-Abhängige auf diese Weise an der Nase herumführen lassen. Indem man ihnen immer wieder neue Aufstiegschancen in eine virtuelle Oberliga suggeriert, die man immer wieder neu künstlich für sie herstellt.

Im Hinblick auf die Abhängigkeitsgefahr ist es zudem problematisch, dass das Spiel indirekt lange Aufenthaltszeiten im Spiel belohnt. Nur wer lange genug spielt, kann überhaupt den Aufstieg auf die höchsten Level schaffen. Es überrascht mich immer wieder, mit welchem Eifer Internetabhängige über Jahre hinweg mehr als 70 Stunden pro Woche MMORPGs spielen. Hier ist mehr als lediglich sportlicher Ehrgeiz am Werk. Viele Betroffene betreiben diese Spiele so, als wären sie eine professionelle Lebensaufgabe. Allerdings arbeiten sie nicht für Geld, sondern bezahlen noch dafür, nicht nur mit den Gebühren, sondern vor allem mit ihrer kostbaren Lebenszeit.

Dies hat viel mit dem spielimmanenten Belohnungssystem zu tun, das im Verlauf immer komplexer wird. Es spricht das neurobiologische Belohnungssystem seiner Nutzer offensichtlich auf eine besonders raffinierte Weise an, was erklärt, warum es von so vielen Menschen und so häufig von Internetabhängigen gespielt wird. Komplizierter werden die Belohnungsweisen vor allem dadurch, dass sie in fortgeschrittenen Spielstadien zumeist nicht mehr eins zu eins erfolgen. Das heißt, dass ich manchmal eine Aufgabe mehrfach erledigen muss, bis ich das Glück habe, den in Aussicht gestellten Lohn zu erhalten. Dann werden Belohnungen ausgesetzt, wobei ein Zufallsgenerator darüber entscheidet, ob der ersehnte Lohn wirklich ausgeschüttet wird oder nicht. Durch Experimente der Lern- und Verhaltenspsychologie ist seit langem bekannt, dass eine solche Art der unregelmäßigen, dem Zufall geschuldeten Belohnung besonders dazu geeignet ist, jemanden dazu zu bringen, etwas immer wieder zu tun. In der Lerntheorie spricht man auch von »intermittierender Verstärkung« eines gewünschten Verhaltens, die auch bei Glücksspielen den entscheidenden Suchtfaktor darstellt. Im Falle von *WOW* und ähnlichen Spielen dient dies dem ökonomischen Ziel, dass möglichst viele Spieler für möglichst lange Zeit in ihren Spielen hängen bleiben, im Zweifelsfall eben auch bis zur Sucht.

Richtig erfolgreich kann aber nur derjenige sein, der in höheren Levels in sogenannte Gilden aufgenommen wird. In diesen virtuellen Sportvereinen übernimmt jeder Spieler bestimmte Funktionen, so wie jede Fußballmannschaft Stürmer, Verteidiger und einen Torhüter braucht. Die Internetabhängigen spielen in der Regel in sehr guten Gilden, was sie so ernst nehmen, wie ein Profisportler sein Training und seine Wettkämpfe ernst nimmt. Die Spieler genießen es in der Regel, in der Gilde, in der sie manchmal auch virtuelle Kameraden und Freunde, selten sogar Partner finden, gemeinsam etwas zu erleben. Man muss sich zu bestimmten Zeiten verabreden, um die nächsten Spielzüge in voller Konzentration vorzubereiten, durchzuführen und nachzubereiten. Dies kann mehrere Stunden in Anspruch nehmen. Dabei wird vorher, währenddessen und nachher erstaunlich viel miteinander kommuniziert. Die Kommunikation untereinander ist enorm wichtig, um sich taktisch abstimmen zu können, wenn gemeinsam eine verwinkelte Burg erobert oder ein riesiges Monster erlegt werden muss.

Man kann getrost sagen, dass gerade die Online-Rollenspiele durch das Spielen in Mannschaften und die permanente Kommunikation untereinander den Charakter eines sozialen Netzwerks bekommen. Die sozialen Gefüge im Spiel schaffen einen großen Zusammenhalt, aber bisweilen auch einen enormen sozialen Druck. Patienten haben mir schon gesagt, dass sie zu einem bestimmten Zeitpunkt nicht zu mir in die Ambulanz kommen können, weil dann ihre Gilde einen wichtigen Kampf zu bestehen hat. Sie könnten ihr Team dabei nicht im Stich lassen. Sie wollten verlässlich sein und nicht den Ausschluss aus der Gilde riskieren. So viel Gemeinschaftssinn mag man sympathisch finden. Als Suchttherapeut denkt man aber unweigerlich an einen Gruppenzwang, den man als *peer pressure* auch von anderen Suchterkrankungen her kennt.

Ein Alkoholiker, ein Kiffer oder ein Heroinjunkie muss sich in der Regel von einer ganzen Gruppe von Menschen verabschieden, seiner konsumierenden *peer group* eben, wenn er wirklich von seiner Sucht loskommen will. Dies fällt häufig dann besonders schwer, wenn der Suchtkranke gar keine anderen Kontakte mehr hat. Die MMORPG-Abhängigen haben in aller Regel jeden Kontakt zu ihren Freunden außerhalb des Netzes verloren und nur noch Freunde im Spiel. Diese sind bei manchen Spielen nicht nur in ganz Deutschland, sondern auf dem ganzen Globus verteilt, sodass es einer zeitlichen Flexibilität bedarf, welche den Tag-Nacht-Rhythmus bisweilen völlig auf den Kopf stellt. Das heißt, weil die Mitspieler in einer Gilde in weit entlegenen Zeitzonen leben, muss man eventuell dann parat stehen, wenn alle anderen Menschen schlafen. Ein *WOW*-Junkie hat dementsprechend gar keine Zeit für seine alten Freunde, geschweige denn zu arbeiten. Absurderweise gibt es sogar

Gilden, die nur Menschen aufnehmen, die nachweisen können, keiner geregelten Arbeit nachgehen zu müssen, weil diese im Hinblick auf das Spiel am verlässlichsten sind. Eine seltsame Verkehrung der Verhältnisse ist das.

Es gibt aber auch Menschen, die *World of Warcraft* wirklich professionell betreiben. Damit sind nicht diejenigen Mitarbeiterinnen und Mitarbeiter von Blizzard gemeint, die als virtuelle Animateure ganz besonders mächtige Großfeinde, sogenannte Endbosse, steuern. Es handelt sich auch nicht um die wenigen Profispieler, die damit ihren Lebensunterhalt bestreiten können. Nein, es geht hier um Menschen in Schwellenländern, die den ganzen Tag nichts anderes tun, als in *WOW* Avatare hochzuleveln, um sie dann in illegalen Online-Auktionen gewinnbringend zu verkaufen. Da es auch um das Erspielen von virtuellem Gold geht, eine spielimmanente Währung, die für echtes Geld im Netz gehandelt wird, werden diese Menschen auch »Goldfarmer« genannt.

In China und anderen Ländern werden Goldfarmer im Rahmen mafiöser Strukturen zum Teil in sklavenähnlichen Zuständen gehalten. Das Gold und die hochgezüchteten Avatare werden dann für viel Geld an Menschen in reichen Ländern verkauft. Denn diese haben einfach keine Lust, sich durch die etwas langweiligen Spielanfänge durchzukämpfen. Wer Geld hat, kann sich auf dem illegalen Markt also gleich einen Premiumavatar kaufen, um von Anfang an in der obersten Liga mitzuspielen. Die Firma Blizzard hat lange versucht, diese illegalen und absurden Geschäfte zu unterbinden – ohne Erfolg.

Für das Suchtpotenzial spielt allerdings der Marktwert, den ich im Zweifelsfalle mit meinem Avatar erspielen kann, eine wichtige Rolle. Die Ernsthaftigkeit, mit der *WOW*-Abhängige das Spielen wie eine Arbeit betreiben, speist sich nicht zuletzt auch aus diesem monetären Potenzial. Es gab Zeiten, da konnte man für einen Avatar auf oberstem Level mehr als 1000 Euro bei Ebay erzielen. Mit unschuldiger Verspieltheit hat das nicht mehr viel zu tun. Hier wird letztendlich wieder um Geld gespielt – und es dokumentiert sich damit eine weitere bedenkliche Parallele zum Glücksspiel.

Am Beispiel von *World of Warcraft* kann man also recht gut erläutern, wie und warum Online-Rollenspiele abhängig machen. Fassen wir noch einmal zusammen. Es geht dabei um die intensive Identifikation mit einer virtuellen Heldenfigur, in die man sich nicht für einen definierten Zeitraum wie in einen Roman- oder Filmhelden hineinversetzt, sondern die man über Stunden, Wochen, Monate und Jahre schier endlos spielen kann.

Die Unendlichkeit der zeitlichen und räumlichen Spielwelten, ihre phantastische und damit letztlich eskapistische Dimension geben den Spielern das Gefühl, in ein Land der unbegrenzten Möglichkeiten zu reisen, in dem alles einfach und erreichbar erscheint, auch das höchste Level des Erfolgs. Als Avatar können diejenigen, die in ihrer Abhängigkeit unbegrenzt spielen, quasi bis zur Stufe eines Halbgottes aufsteigen und ihr in der Regel angegriffenes Selbstwertgefühl kompensieren. Das erst einfache und dann immer komplexer werdende Belohnungssystem des Spiels schafft es, die Betroffenen derart anzufixen, dass ihr neurobiologisches Belohnungssystem im Kopf darauf konditioniert wird. Die intermittierende Verstärkung und die im Hintergrund stehenden potenziellen monetären Belohnungen sind hierbei von erheblicher Bedeutung. Und schließlich ist es vor allem auch der gemeinschaftliche Charakter, der soziale Druck mit- und der Wettkampf gegeneinander, weshalb sich die Abhängigen an das Spiel binden.

Gemäß einer Untersuchung der Medienpädagogin Magdalena Plöger-Werner ist das soziale Miteinander in Spielen wie *WOW* oder *Metin 2* sogar das zentrale Motiv für ihr Suchtpotenzial.[8] Diese Mechanismen gelten für alle Online-Rollenspiele, die abhängig machen, und auf ähnliche Art und Weise auch für Strategiespiele, Shooter, Sportspiele und Social Games.

Strategiespiele

Bei Strategiespielen kommt es vor allem auf taktisches Geschick an. Auch hier geht es meist darum, als Einzelfigur oder im Team gegen computergenerierte oder von anderen Nutzern gespielte Gegner zu kämpfen und Eroberungen zu machen.

Besonders komplex und beliebt sind die sogenannten »Multiplayer Online Battle Arena«-Spiele (MOBAs), zu denen *League of Legends* (*LOL*) gehört, das häufig von Internetabhängigen gespielt wird. LOL wird in Runden gespielt, die einen Anfang und ein Ende haben. Dabei geht es darum, dass zwei drei- bis fünfköpfige Teams gegeneinander antreten. Ziel ist es, die feindliche Bastion, die nicht nur von den Gegnern selbst, sondern auch von computergenerierten Monstern verteidigt wird, zu erobern. Jeder Spieler steuert dabei eine ganze Einheit und nicht einfach nur eine einzelne Spielfigur. Man blickt meistens von oben auf das Spielgeschehen, auf dem es nur so von eigenen und gegnerischen Figuren wimmelt. Insofern sind die Identifikationsmomente mit den gespielten Avataren deutlich geringer ausgeprägt als bei den Online-Rollenspielen.

Auch das Bezahlmodell von *League of Legends* unterscheidet sich von dem von *World of Warcraft*. Wir haben es hier mit einem sogenannten Free-to-play-Geschäftsmodell zu tun. Dies ist sicherlich das Bezahlmodell der Zukunft. Das bedeutet, dass man sich die Software kostenlos im Internet auf seinen Rechner herunterladen oder gleich auf dem Browser des Anbieters losspielen kann. Um im Spiel weiterzukommen und gut aufgestellt zu sein, muss dann aber später doch Geld eingesetzt werden. Die Spieler werden erst mit kostenlosem Anspielen angelockt, angefixt oder zum Teil schon abhängig gemacht, bis sie dann dazu bereit sind, für besser ausgerüstete Avatare und Armeen Geld auszugeben, um schneller Erfolge feiern zu können.

Für Menschen, die keine Computerspiele spielen, ist es schwer vorstellbar, warum Spieler Geld für virtuelle Waffen und Zauberkräfte ausgeben. Für die 70 Millionen Spieler, die *League of Legends* weltweit im Jahre 2012 zählte, gilt das nicht. 2013 brachte das Spiel der Produktionsfirma 624 Millionen US-Dollar ein. *League of Legends* ist allerdings nur eines von vielen Strategiespielen, die bei Internetabhängigkeit eine Rolle spielen. Strategiespiele gehören zu den erfolgreichsten Spielgenres überhaupt. Hierzu gehören unter anderem auch *Dota 2*, *Starcraft* und *Command & Conquer*.

Im Ganzen hat die Computerspielindustrie alle anderen Sparten der Unterhaltungsindustrie, inklusive der Filmindustrie, längst im Umsatz überholt. Selbstverständlich werden die meisten Spieler nicht abhängig davon. Auch die meisten Menschen, die Alkohol trinken, werden nicht davon abhängig. Die Attraktivität und damit auch der ökonomische Erfolg dieser legalen Genussmittel sind aber nicht zu trennen von der Tatsache, dass sie nicht zuletzt *auch* Suchtmittel sind. Im Gegensatz zu vielen Politikern ist das den Lobbyisten, die die Computerspielindustrie vertreten, schon seit langem klar. Diese weisen gerne darauf hin, dass Computerspielen als eine Art elektronischer Sport zu sehen sei (e-Sport). Tatsächlich gibt es insbesondere für Strategiespiele Computerspiel-Ligen, die von der Industrie unterstützt werden und ganz besonders in Asien großen Zuspruch finden. Manch ein erfolgreicher Computerspieler wird bereits wie ein Sportheld verehrt und bezahlt. Das sind allerdings nicht diejenigen, die eine Internetabhängigkeit entwickeln und sich bei uns in Behandlung begeben.

Shooter-Spiele

Noch vor zehn Jahren spielten Shooter-Spiele eine untergeordnete Rolle bei denjenigen Internetabhängigen, die sich in unseren Spezialambulanzen vorstellten. Dies lag aller Wahrscheinlichkeit nach daran, dass zu dieser Zeit die sogenannten Ego-Shooter zumeist noch offline auf Spielkonsolen und PCs gespielt wurden. Lediglich das bislang erfolgreichste Spiel dieser Art, *Counterstrike*, wurde von einzelnen Betroffenen manchmal als Suchtmittel benannt. Dies lag daran, dass dieser Shooter schon frühzeitig in Netzwerken gespielt werden konnte, zunächst offline auf LAN-Partys und später auch immer mehr online im Netz. Heute werden Shooter verstärkt online gespielt. Dies hat den Vorteil, dass man gemeinsam mit Online-Mitspielern gegen Online-Gegner antreten kann. Auch hier spielt offensichtlich der zunehmende Soziales-Netzwerk-Charakter – wenn man dies auch bei Kriegsspielen so nennen mag – eine Rolle für den enormen Erfolg. Das gilt aber eben auch für ihr Abhängigkeitspotenzial. Seit quasi alle wichtigen Shooter onlinefähig sind, werden sie von den Internetabhängigen deutlich häufiger als Hauptbeschäftigung im Netz angegeben.

Es gibt viele verschiedene Shooter-Arten. Am häufigsten handelt es sich um sogenannte First-Person-Shooter. Das sind Spiele, in denen man aus der Ich-Perspektive eine Waffe bedient, die zentral auf dem Bildschirm erscheint und mit der die Gegner erschossen werden. Hierbei geht es viel um technisches und taktisches Geschick im Umgang mit den virtuellen Waffen, aber es geht eben auch um das Töten von virtuellen Gegnern, die zumeist Soldaten oder Terroristen, manchmal aber auch Zivilisten sind. Die Spielehersteller machen sich zumeist die Mühe, den Spielern Rahmenhandlungen zu bieten, in die dann die Kampfszenen eingebettet sind. Diese sind aber in aller Regel nur schmückendes Beiwerk, es geht einzig und allein darum, aus möglichst vielen Kämpfen als Sieger hervorzugehen.

Neben *Counterstrike* gibt es viele weitere erfolgreiche Shooter, die auch online gespielt werden. Hierzu gehören beispielsweise das in Deutschland produzierte *Crysis* und das besonders in den USA erfolgreiche *Halo*, beides Kriegssimulationen, die in der Zukunft spielen. Besonders hervorzuheben ist in diesem Zusammenhang auch der Erfolg der *Call of Duty*-Spielserie, mit der weltweit bereits mehrere Milliarden US-Dollar umgesetzt wurden. Dabei geht es vor allem um die Simulation von geschichtsträchtigen Schlachten der letzten 100 Jahre. Mit jedem Teil von *Call of Duty* wird die Grafik immer beeindruckender und realistischer. Sie kommt einem filmreifen Realismus schon sehr nahe, so dass die dargestellten Figuren mittlerweile so aussehen und sich bewegen wie reale Personen, zumal hierfür immer häufiger auch bekannte Schauspieler gefilmt und ins Spiel eingespeist werden – für den neuesten Teil ist es der Brite Kevin Spacey. Dass die Shooter in ihren grafischen Darstellungen immer realistischer und damit auch immer dramatischer und drastischer wirken, ist neben ihrer Onlinefähigkeit ein weiterer Grund dafür, warum von ihnen ein zunehmender Sog ausgeht. Bedenklich ist vor allem, dass *Call of Duty*, das eine USK-Altersfreigabe ab 18 Jahren hat, das zweitbeliebteste Computerspiel unter den 14- bis 17-Jährigen ist (siehe JIM-Studie 2013[9]). 16% von ihnen räumen ein, das Spiel zu spielen. In Wahrheit dürften es deutlich mehr sein.

An der Medizinischen Hochschule Hannover (MHH) und am nahe gelegenen International Neuroscience Institute (INI) haben wir eine Gruppe von jungen Männern untersucht, die exzessiv Gewaltspiele konsumierten. Voraussetzzung war, dass sie nicht an einer psychischen Erkrankung litten und dass sie in den vorangegangenen zwei Jahren täglich mindestens vier Stunden lang First-Person-Shooter spielten. Eine von verschiedenen Fragestellungen der bislang unveröffentlichten Untersuchung war, ob sie die Kriterien für eine Abhängigkeit erfüllten. Zu unserer eigenen Überraschung war dies bei knapp der Hälfte der Fall. Mir macht es durchaus Sorgen, wenn wir nun damit rechnen müssen, dass auch Shooter im Zuge der Entwicklung ihrer Onlinefähigkeit immer häufiger zu einem Suchtmittel werden.

Eine Abhängigkeit von einer Software, in der es fast ausschließlich um virtuelle Gewaltausübung geht, dürfte auch ihre Rückwirkungen haben. Dass diese Spiele so enorm erfolgreich bei Jungen und jungen Männern sind, hat viel damit zu tun, dass sie allgemein ein großes Interesse an Wettkämpfen aller Art haben. Einen Kontrahenten zu schlagen, um sich selbst zu beweisen, dass man besser oder gar der Beste ist, das spielt auch bei sportlichen Wettkämpfen eine Rolle, in denen es selten ohne ein gesundes Maß an Aggressivität abgeht. Aber es spricht auch vieles dafür, dass in den Shooter-Spielen durchaus auch Aggressionen ausgelebt werden. Im besten Fall werden sie kanalisiert. Im schlechtesten Fall[10] werden sie aber kultiviert. Gerade bei Kindern und Jugendlichen, deren Gehirn noch sehr formbar ist, sollte besonders darauf Acht gegeben werden, dass sich keine Abhängigkeit von Shooter-Spielen entwickelt, zumal die Folgen momentan noch unabsehbar sind.

Sport- und Glücksspiele

Die Sportvereine kämpfen ums Überleben, weil ihnen der Nachwuchs fehlt. Gleichzeitig werden die Wettkämpfe, die in Computerspielen durchaus auch mit sportlichem Ehrgeiz betrieben werden, immer beliebter. Sportspiele erscheinen uns bislang immer noch als eher sympathische Computerspiele. Für viele ist die Sportausrüstung manch einer Sportart nicht erschwinglich. Ein Surf- oder Skiurlaub ist teuer. Und kaum eine Durchschnittsfamilie kann es sich leisten, einem Tennis- oder Golfclub beizutreten. Virtuelle Varianten dieser Sportarten bieten vielen Menschen die Möglichkeit, zumindest digital zu erleben, was ihnen im wahren Leben verwehrt ist. Dagegen ist nichts zu sagen. Im Gegenteil, manch einer probiert viele Sportarten digital aus, um für die eine ein besonderes Interesse und eine große Leidenschaft zu entwickeln. Dies kann schließlich auch den Ansporn dazu geben, diese in der Wirklichkeit zu erleben.

Fußball kann jeder spielen und sei es nur auf der Wiese um die Ecke. Dass in einem so sympathisch fußballverrückten Land wie Deutschland das mit Abstand erfolgreichste Sportspiel ein digitales Fußballspiel ist, braucht wirklich niemanden zu wundern. Ob es hier einen Zusammenhang damit gibt, dass derzeit gerade auch die Fußballvereine ihr Nachsehen haben, ist kaum zu belegen, aber naheliegend. Der Deutsche Fußballbund ist jedenfalls schon dabei, gegenzusteuern und das Vereinswesen jenseits der Bundesliga zu fördern. Bei den Internetabhängigen spielen Fußballsimulationen bislang kaum eine Rolle. Dies könnte sich allerdings ändern, was sich anhand von zwei Entwicklungen verdeutlichen lässt.

Erstens werden auch die digitalen Sportspiele zunehmend im Internet gespielt. Wenn man mit und gegen eine fast unendlich große Zahl von Spielern im Netz spielen und virtuelle Sportvereine gründen kann, dann ist die Ähnlichkeit zu den so abhängig machenden Online-Rollenspielen groß. Zweitens treiben die Anbieter von Online-Sportspielen eine Entwicklung voran, die noch für ein weiteres Abhängigkeitspotenzial sorgt, nämlich die Etablierung von Sportwetten auf Online-Sportspiele. Ja, sie haben richtig gelesen. Es gibt Menschen, die mit Geld auf den Ablauf und Ausgang von Sportspielen wetten. Die Anbieter solcher Sportspiele sind zum Teil mit Webseiten vernetzt, auf denen für virtuelle Sportwetten geworben wird. Die eigentlichen Anbieter dieser digitalen Wettbüros sind selbstverständlich in Ländern angesiedelt, in denen das Glücksspiel im Internet nicht verboten ist, wie in Deutschland, auch wenn das damit ergaunerte Geld genau dort wieder landet.

Eine komplexe Sportsimulation, die im Internet gespielt wird und für die ich Geld einsetzen kann, stellt im Hinblick auf eine Abhängigkeitsentwicklung eine gefährliche Kombination dar. Der Fachverband Medienabhängigkeit hat sich mit einem Positionspapier bei der Bundesdrogenbeauftragten dafür eingesetzt, dass die Verbindungen zwischen den Anbietern der Spiele und der Wettseiten transparent gemacht und aufgehoben werden. Dies ist gerade im Hinblick auf Heranwachsende wichtig, da sie im schlimmsten Fall in Gefahr geraten, eine kombinierte Verhaltenssucht zu entwickeln, eine Mischung aus Internetabhängigkeit und Glücksspielsucht. Bislang ist nichts geschehen, was dieser Entwicklung den Riegel vorschiebt. Es ist wirklich bedauerlich, dass hierdurch gerade jene Spiele in Verruf geraten, die man noch am ehesten und am liebsten als harmlos und nett einstufen würde. Solange die Politik nicht reagiert, bleibt es den Eltern überlassen, besonders auch die Sportspiele zu beobachten, die im Netz gespielt werden. Im Zweifelsfall wäre es keine abwegige Alternative, die Kinder für echten Sport oder gar für einen Sportverein zu gewinnen.

Der Vollständigkeit halber seien in diesem Zusammenhang auch noch Online-Glücksspiele im engeren Sinne erwähnt, die in den deutschsprachigen Ländern eigentlich per Gesetz verboten sind. In vielen Ländern der Erde sind sie sogar gänzlich illegal, wenngleich es sie seit Menschengedenken gibt. In Deutschland gilt ein verbrieftes Recht auf

Glücksspiel in begrenztem Maße. Es wird davon ausgegangen, dass der Mensch quasi ein natürliches Bedürfnis hat, um Geld zu spielen. Da man sich damit in der Sucht aber nicht nur um Hab und Gut, sondern auch um den Verstand bringen kann, hat sich der Gesetzgeber nachvollziehbarerweise das Glücksspielmonopol unter den Nagel gerissen. Erstens kann er damit den Rahmen, in dem Glücksspiele stattfinden, besser unter Kontrolle und in Grenzen halten. Zweitens kann er die verspielten Gelder wieder der Gemeinschaft zugutekommen lassen. So fließen die Einnahmen von öffentlichen Lotteriegesellschaften und Spielcasinos in die öffentliche Hand der Kommunen und darüber auch in gemeinnützige Einrichtungen. Mittlerweile hat die Sache aber zwei Haken. Erstens fällt die Spielautomatenindustrie nur bedingt unter diese Order und kann heute freier denn je in Kneipen und Spielhallen ihre Automaten aufstellen, obwohl sie für die häufigste Art der Glücksspielsucht verantwortlich ist. Das zweite Problem sind die Glücksspiele, die im Internet angeboten werden. Diese lassen sich nämlich kaum kontrollieren. Dies liegt daran, dass auch deutschsprachige Glücksspielangebote im Internet vorgehalten werden, weil sie in Ländern, in denen dies erlaubt ist, ins Netz gestellt werden.

Aus der Glücksspielsuchtforschung aber wissen wir, dass das Abhängigkeitspotenzial von Glücksspielen dann steigt, wenn diese besonders leicht zugänglich sind, wenn die möglichen Einsätze besonders hoch sind und die Zeit zwischen Einsatz und Gewinn besonders kurz ist. All das macht das Internet auf fatale Weise möglich. Es ist mittlerweile permanent überall verfügbar. Und durch die ausländischen Seiten gibt es kaum eine Möglichkeit, die Höhe der Spieleinsätze und die Zeitspannen zwischen Einsatz und Gewinn zu reglementieren. So werden immer mehr Menschen von Online-Glücksspielen abhängig.

Auch das Spekulieren mit Aktien, Gold und Geld kann man als eine Art Glücksspiel verstehen. Geld- und Aktiengeschäfte sind ja ohnehin schon ziemlich abstrakt, was sich im Internet noch weiter verstärkt. In kürzester Zeit können über den Online-Handel riesige Summen gewonnen oder verzockt werden. Die Nähe zur Glücksspielsucht ist nicht zu übersehen. Wem das Wissen über den Handel mit Wertpapieren oder das nötige Kleingeld fehlt, der kann den damit verbundenen Kick bei der Nutzung von Online-Auktionen erfahren. Manch eine(r) kennt den Rausch, in den man verfallen kann, wenn man auf vermeintlich spielerische Art und Weise Gegenstände im Netz ersteigert. Für die dazugehörige Sucht gibt es auch schon einen Namen: Ebayism beziehungsweise Ebayismus!

Den größten Suchtcharakter haben jedoch auch im Netz diejenigen Angebote, die im engeren Sinne als Glücksspiele verstanden werden. Die Vielfalt der Angebote ist enorm – Las Vegas lässt grüßen. Hierzu gehören virtuelle Simulationen von Automatenspielen. Besonders beliebt sind aber vor allem Spiele, in denen die Nutzer den Eindruck vermittelt bekommen, dass sie das Spiel und damit ihre Gewinnchancen strategisch beeinflussen können. Dies erklärt, warum gerade Kartenspiele wie Poker und Blackjack im Netz besonders erfolgreich sind. Wie bei den anderen Formen der Internetabhängigkeit spielt es vermutlich auch eine Rolle, dass hier gemeinsam mit anderen gespielt wird, ohne dass man diesen erst irgendwo vor Ort konkret begegnen muss. Man kann einfach bequem von zu Hause aus das tun, was bislang nur in Casinos möglich war. Längst gibt es aber auch schon Online-Casinos mit virtuellen Roulettetischen. Zunehmender Beliebtheit erfreuen sich zudem Sportwetten im Netz. Hier kann man auf alles Mögliche Geldbeträge setzen und das eben auch auf Online-Sportspiele.

Eine Suchtstation stellte mir einmal eine Frau von Anfang fünfzig vor. Sie war dort zu einer Alkoholentgiftung aufgenommen worden und hatte schon die schlimmste Phase des körperlichen Entzugs hinter sich. Die psychische Abhängigkeit war aber weiterhin stark ausgeprägt. Auf der Station war sie dadurch aufgefallen, dass sie exzessiv ein ganz einfaches Spiel namens *Jewels* am Computer spielte. Bei diesem Spiel geht es darum, durch das Verschieben von Edelsteinen, die in Reihen nebeneinander angeordnet sind, immer wieder Dreierketten mit Edelsteinen gleicher Farbe und Form zu bilden und damit zum Verschwinden zu bringen. Je mehr und je schneller man das bewerkstelligt, desto mehr Punkte bekommt man. Das Spiel kann man endlos fortsetzen. Seine Einfachheit kann man wahlweise als faszinierend oder als langweilig empfinden. Es ist ein wenig so, als würde man *Vier Gewinnt* mit sich selbst spielen. Dieses Spiel war und ist aber weltweit ein enormer Erfolg. Für die Frau war es eher ein Alptraum, weil sie kaum noch davon loskam. Ihr Belohnungssystem, dem nach Alkohol dürstete, bekam so eine Ersatzdroge. Die Patientin erfüllte ungewöhnlicherweise die Kriterien für eine Computerspielabhängigkeit. Sie war von einer stofflichen Sucht in eine Verhaltenssucht geraten, vom Regen in die Traufe also.

Simpel gestrickte Spiele, die gerade auch auf Handys, Smartphones und Tablet-Computern gut funktionieren, nennt man auch »Casual Games«. Mit »casual« ist in diesem Kontext gemeint, dass man sie *zwanglos* und *beiläufig* spielen kann, eben einfach mal so. Nicht wenige dieser Spiele sind angelehnt an einfache Brett- oder Kartenspiele wie zum Beispiel *Memory* oder *Solitaire*. Mal sind sie sehr einfach, mal intelligent, manchmal auch witzig und phantasievoll. Aber sie sind eigentlich nur dafür gemacht, um sich zwischendurch die Zeit zu vertreiben. Es kommt nur selten vor, dass Menschen davon abhängig werden. Unserer Erfahrung nach betrifft dies dann eher Frauen.

Dies gilt auch für die etwas raffinierteren »Social Games«, die häufig von den Plattformen sozialer Netzwerke aus angeboten werden. Auch diese sprechen vor allem Frauen an. Mit dem Siegeszug der Smartphones haben diese Spiele enorm an Zuspruch gewonnen. Wie es der Name schon sagt, wird in diesen sozialen Spielen mit anderen Nutzern gespielt. Zum Beispiel pflegt man gemeinsam einen virtuellen Garten oder bewirtschaftet eine digitale Farm. Oder man spielt einen Gangster, der mit anderen eine eigene Mafia-Organisation aufbaut, die dann gegen andere Gangs antritt. Die Nutzer sind unter anderem deshalb an die Spiele gefesselt, weil sie sich gegenüber anderen Nutzern verpflichtet fühlen oder weil sonst ihre virtuellen Pflanzen und Tiere eingehen. Sie müssen regelmäßig, das heißt mehrmals am Tag, in die Spiele hineingehen, damit dort nichts *anbrennt*. So seltsam diese virtuellen Verpflichtungen anmuten mögen, sie haben offensichtlich ein Abhängigkeitspotenzial. Und genau das macht sie für die Hersteller so lukrativ. Anfangs kosten diese Spiele in der Regel wenig bis gar nichts. Wer aber von den Spielen angefixt ist, erklärt sich irgendwann auch dazu bereit, für bestimmte Spielitems echtes Geld zu bezahlen. Für eine virtuelle Farm kann man beispielsweise Tiere oder Samen kaufen, damit man diese besser bewirtschaften kann. Der meiste Gewinn wird aber bislang vor allem mit Werbung innerhalb der Spiele gemacht. Der Marktführer auf diesem Gebiet, die Firma Zynga, hatte beispielsweise im Jahr 2011 240 Millionen aktive Nutzer, womit sie einen Jahresumsatz von mehr als einer Milliarde US-Dollar machte. Allein mit einer Bauernhofsimulation hat Zynga im Jahr 2013 eine Milliarde US-Dollar umgesetzt.

Auch wenn die Casual Games und Social Games bislang für die Internetabhängigkeit lediglich eine geringe Rolle spielen, lassen einen diese unglaublichen Zahlen aufhorchen. Gerade die Casual Games finden viele Erwachsene für ihre Kinder völlig unbedenklich, weil sie so harmlos, bunt und einfach daherkommen. Sie können aber, wenn sie unkritisch genutzt werden, so etwas wie eine Einstiegsdroge sein. Und im Hinblick auf die Social Games steht zu befürchten, dass gerade die Kombination aus sozialem Netzwerk und Computerspiel ein besonderes Abhängigkeitspotential birgt, zumal die darin angebotenen Spiele immer komplexer und interaktiver werden. Die Computerspielindustrie, die so lange verzweifelt darüber war, Mädchen und Frauen weniger gut und lange für Computerspiele begeistern zu können, erringt hier einen traurigen Sieg. Es sieht ganz danach aus, dass weibliche Nutzer im Zuge dieser Entwicklungen tatsächlich den Männern in puncto Online-Computerspiel-Abhängigkeit nachfolgen.

Cybersex

Pornografie gibt es, seit der Mensch Bilder von sich und der Welt macht. Mit der Erfindung des Buchdrucks gingen erotische Romane in Serie und sind bis heute erfolgreich. In den letzten Jahrzehnten haben sich bildende Kunst und Kunstfilm der Pornografie angenommen. Wo es Medien gibt, da kommt es auch zu Darstellungen von Sexualität. Das mag manch einer aus verschiedenen Gründen bedauerlich, abstoßend oder unmoralisch finden, aber es ist eine menschheitsgeschichtliche und globale Realität. Problematisch ist von unserer Warte aus, dass Pornografie abhängig machen kann. Dies gilt zumindest, seitdem die Pornografie online gegangen ist. Sie war bezeichnenderweise sozusagen eine der ersten im Netz.

Es ist bemerkenswert, dass die meisten Cybersexsüchtigen, die sich bei uns vorgestellt haben, von Pornografie-Seiten abhängig sind, die in erster Linie Bilder und Videos anbieten, wenn man so will, von einer ganz einfachen Art von Pornografie also, die es schon vor den digitalen Medien in analoger Form gegeben hat. Warum aber kann man erst jetzt klinisch und epidemiologisch eine Abhängigkeit beobachten? – Erstens sind die Bilder und Filme direkt von überall aus und häufig kostenlos einsehbar. Auch hier ist die leichte Verfügbarkeit von Suchtmitteln ein wichtiger Faktor für das Abhängigkeitspotenzial. Zweitens – und das spielt vermutlich die größte Rolle – ist die schier unendliche Anzahl und Vielfalt pornografischer Darstellungen ein wichtiger Suchtfaktor. Die Betroffenen leben mit dem Gefühl, dass irgendwo da draußen im Netz noch ein schärferes Bild und noch ein heißeres Video darauf wartet, von ihnen entdeckt zu werden. Und drittens spielt vermutlich auch bei der Cybersexsucht der Netzwerkgedanke eine Rolle. Dort werden Bilder und Filme gegenseitig bewertet und ausgetauscht. Menschen mit ähnlichen Bedürfnissen können sich darin anonym über bestimmte Spielarten der Sexualität verständigen. Und auch hier ist der Gedanke von Bedeutung, im Netz mit seinen unter Umständen sehr speziellen Neigungen, aber eben auch mit seinen Hemmungen nicht allein zu sein.

Darüber hinaus spielen digitale sexuelle Kontakte bei den Patienten, die sich in unserer Ambulanz vorstellen, eventuell eine wesentlich größere Rolle, als wir mitbekommen. Der Konsum von Pornografie lässt sich gegenüber einer Partnerin vielleicht noch vertreten, aber wie ist es, wenn ich erotisch mit jemand anderem im Netz chatte? So ein Sex-Talk kann auf unterschiedliche Art und Weise ablaufen: über

E-Mail, über soziale Netzwerke, über Kontaktbörsen oder auch über ein Programm wie Skype, mit dem man sich via Webcam nicht nur sprechen, sondern auch sehen kann. Aus dieser losen Reihenfolge ergibt sich eine Steigerung hin zu einer immer größeren Nähe zu realem Sex. Wie steht es also damit, wenn zwei Menschen miteinander per Skype kommunizieren, sich vor laufender Kamera voreinander ausziehen und sich vor den Augen des anderen selbst befriedigen? Das würden wohl die meisten Menschen, die in einer erklärtermaßen monogamen Beziehung leben, als Fremdgehen empfinden, zumal der Schritt hin zu einer Verabredung im konkret-realen Setting dann nicht mehr weit ist.

Die große Verführung der Sexangebote im Internet hängt damit zusammen, dass sie Menschen miteinander zusammenbringen können, die genau dieselben oder komplementäre Bedürfnisse haben. Dies gilt für ganz bodenständige und einfache sexuelle Spielarten ebenso wie für sehr spezielle und komplexe Varianten. Ohne das Internet würde beispielsweise kaum ein Kannibale willige Opfer finden, die auf eine bestimmte Art und Weise sexuell missbraucht, gefoltert, getötet und verspeist werden wollen. Der Kannibale von Rotenburg war im Jahr 2001 so ein Fall. Er selbst schrieb, dass er überrascht war, wie viele Meldungen er auf seine Suchanfragen bekam. Irgendwann hatte er ein Opfer gefunden, dessen Phantasien einigermaßen perfekt komplementär zu den seinen passten. Man könnte dies als einen Einzelfall abtun, wenn es denn einer geblieben wäre. 2013 geschah im Erzgebirge ein ähnlicher Mord auf Verlangen.

Das Internet ermöglicht weltweit ultimative Passungen zwischen Menschen, die im Hinblick auf Partnerschaft und Freundschaft ein Segen sein können. Wenn es um Sex und Crime geht, können die Verbindungen aber ziemlich abgründig sein oder eben auch zu einer Abhängigkeit führen. So schön es sein mag, seine Sexualität bis in alle Untiefen auszuloten, so problematisch kann es werden. Wenn bei einer Abhängigkeitsentwicklung der Sex immer schneller, härter und schmutziger sein muss, um noch einen Kick auszulösen, kann es auch sein, dass eine sexuelle Spielart, die bei uns erst nur eine gewisse Erregung erzeugt, plötzlich ganz groß und wichtig erscheint und immer mehr Raum einnimmt. Die sexuelle Befreiung und das Kennenlernen der eigenen Sexualität ist gut und wichtig, sie kann im Internet beflügelt, aber auch im Sinne einer Sucht zum Selbstläufer werden.

Ein cybersexsüchtiger Patient stellte sich in unserer Ambulanz vor, weil er im Internet nicht nur Pornografie konsumierte, sondern auch Bezahldienste in Anspruch nahm. Genauer gesagt, traf er sich auf entsprechenden Seiten mit Frauen, die er dafür bezahlte, an sich bestimmte Handlungen vor laufender Webcam vorzunehmen. Diese enorm erfolgreichen Dienste, bei denen sich Einzelpersonen und Paare, seien es die unscheinbaren Nachbarn von nebenan oder jemand irgendwo auf der Welt, anbieten, sind eine Art private Peepshow, die sich am Rande der Prostitution bewegt. Das Problem unseres Patienten war es, dass er immer wieder (zu) denselben Damen ins Netz ging und mit ihnen auch viel redete. Insbesondere eine hatte es ihm angetan. Von ihr fühlte er sich besonders verstanden und wertgeschätzt, bisweilen mehr als von seiner Ehefrau. Und das war das Problem. Seine Frau fühlte sich immer vernachlässigter, entdeckte irgendwann den Betrug und den vierstelligen Geldbetrag, den er im Netz gelassen hatte. Sie war es auch, die ihn schließlich dazu brachte, sich überhaupt in Behandlung zu begeben.

Es ist zu befürchten, dass uns das Thema Cybersexsucht noch viel stärker beschäftigen wird, wenn einige Technologien weiter ausgereift sind. Erstens gibt es immer mehr pornografische Computerspiele, bei denen in Trickfilmoptik immer abwegigere sexuelle Spielarten, die in der Realität zum Teil auch gar nicht möglich sind, zum Zuge kommen. Solche Spiele sind vor allem in einigen asiatischen Ländern sehr erfolgreich, während sie in Deutschland zum Teil noch verboten sind, weil es häufig um deviante Spielarten geht, im Rahmen deren Gewalt und Sexualität eine schreckliche Allianz eingehen. Zweitens wird auch animierte beziehungsweise virtuelle Pornografie zunehmend realitätsgetreuer. Das heißt, wir können in digitalen Sexspielen Avatare steuern, die wie echte Menschen aussehen und die Sex mit anderen Spielfiguren haben, hinter denen sich auch wiederum andere Menschen verbergen. Eine weitere Abhängigkeitsgefahr ist drittens noch aus einer anderen Ecke zu befürchten, nämlich aus dem, was man eher mit der zum Teil kuriosen Frühzeit des Internets verbindet.

Als das Internet aufkam, wurden die ersten Geschäfte vor allem mit Pornografie gemacht. Dies entfesselte frühzeitig die Phantasien der Industrie über das, was man damals als Cybersex im engeren Sinne verstand. Man begann mit der Entwicklung von Ganzkörperanzügen, die mit Sensoren und Massageelementen bestückt waren, die wiederum mit Computern verdrahtet waren. Ziel war es, dass Menschen über diese Apparaturen auch auf Distanz über das Internet miteinander Sex haben, der sich wie richtiger Sex anfühlt. Diese ursprüngliche Art von Cybersex war eine Zeitlang in der Versenkung verschwunden. Jetzt wird wieder daran gearbeitet. Wie so viele Suchtmittel im Netz steht auch diese Technologisierung von Sexualität offensichtlich im Dienste der Vermeidung von echter Nähe. Bevor diese Apparaturen aber wirklich ausgereift sind, werden vermutlich auch Robotik und Biotechnologie so weit sein, dass wir mit Androiden Sex haben können, die passgenauer auf unsere Bedürfnisse programmiert sind, als es irgendein Mensch sein könnte.

Dass Cybersexsucht bis auf weiteres vor allem in Form von einfachem Pornografie-Konsum ausgelebt wird, dafür gibt es allerdings wohl einen ganz banalen Grund. Zum Suchtverhalten des Cybersexsüchtigen gehört in der Regel die permanente Selbstbefriedigung, wofür aber mindestens eine Hand frei sein muss. Komplexere Formen von Cybersex, bei denen komplizierte Abläufe gesteuert werden müssen, brauchen bis auf weiteres zwei Hände. Solange wir nicht mit dem ganzen Körper in ein Gerät eingepasst sind, stößt die Technisierung des Sexuellen an der Körperlichkeit des Menschen an ihre Grenzen. Gerade was die zukünftigen Produktionen der Sexindustrie angeht, möchte man sich gar nicht vorstellen müssen, was da noch alles auf uns zukommt.

Als Psychotherapeut muss und darf ich von Berufs wegen manchmal ein wenig voyeuristisch sein. Die Vielfalt und bisweilen auch die Abgründigkeit der menschlichen Psyche sind immer wieder faszinierend. Dies gilt gerade für das Thema Sexualität. Aber es gibt auch Situationen, in denen ich an meine Grenzen komme. Manchmal bekomme ich sexuelle Spielarten geschildert, welche im Netz zur Schau gestellt und von einigen Patienten voyeuristisch angeschaut werden, die jenseits meiner Scham- und Schmerzgrenzen liegen. Wenn dies passiert, dann denke ich, dass es auch ein Zuviel an Information gibt. Dann muss ich die Patienten manchmal in ihren Ausführungen stoppen. Ihr Voyeurismus wird dann unter Umständen zu einem Exhibitionismus.

Zusammengefasst lässt sich sagen, dass es grundsätzlich zwei Dynamiken bei der Cybersexsucht gibt, die zu einer suchtartigen Verselbständigung digitaler Sexangebote führen, die aber auch durchaus gemeinsam auftreten können. Erstens wehren viele Sexsüchtige eine konkret-reale Sexualität ab, indem sie sie virtuell ausleben. Dabei kann es um deviante Variationen von Sexualität gehen oder einfach nur um Phantasien, die mit der Partnerin oder dem Partner nicht ausgelebt werden können. Zweitens kann eine Sexsucht eine Dynamik bekommen, die zu immer abwegigeren Sexualpraktiken führt. Jeder noch so entlegene Winkel unserer Triebe wird dadurch ausgeleuchtet und kann darüber eine Bedeutung bekommen, die er gar nicht hat. Das heißt ganz konkret, dass der Cybersexsüchtige immer auf der Suche nach noch radikalerem pornografischem Material ist, weil er entweder nach einem immer größeren sexuellen Kick lechzt oder weil ihn gängige Hardcore-Pornografie überhaupt nicht mehr zu stimulieren vermag. Aus dieser Abstumpfung heraus verirrt sich manch einer dann in Bereiche, die ihn zuvor vielleicht gar nicht angesprochen hätten.

Wir alle gelten nach Sigmund Freud[11] von Natur aus als »polymorph-pervers«, was so viel bedeutet, dass wir potenziell für alle Spielarten von Sexualität empfänglich, um nicht zu sagen »begabt«, sind. Eine gesunde psychosexuelle Entwicklung führt aber in der Regel dazu, dass wir einer Sexualität zugeneigt sind, die sich in einem zwar breiten Spektrum, aber auch in gewissen Grenzen von Kultur und Moral bewegt. Der Cybersexsüchtige kommt bei seiner endlosen Suche nach dem ultimativen Kick zwangsläufig in Bereiche, in denen diese Grenzen überschritten werden. Manche bleiben in einem oder mehreren Bereichen der Paraphilie – früher hätte man von »Perversion« gesprochen – hängen. Nicht selten werden juristische Grenzen überschritten. Manchmal führen erst richterliche Verfügungen dazu, dass Betroffene Hilfe suchen und sich einem Therapeuten anvertrauen. In der Therapie kommt es dann auch darauf an, herauszuarbeiten, was die wahren sexuellen Bedürfnisse der Betroffenen sind. Welche sind wirklich unbefriedigt und müssen besonders ernst genommen werden? Und welche dienen der Kompensation unerfüllter emotionaler Wünsche? Hier ist die Psychotherapie ganz in ihrem Element.

Soziale Netzwerke

Sätze wie »Ich twittere, also bin ich« oder »Ohne Facebook habe ich das Gefühl, nicht zu existieren« sprechen eine deutliche Sprache, wenn es um die Frage nach der Abhängigkeit von sozialen Netzwerken geht. Diese Variante ist momentan die umstrittenste, vielleicht auch die seltenste von den drei bislang bekannten spezifischen Varianten der Internetabhängigkeit. Mit der unglaublichen Erfolgsgeschichte der sozialen Netzwerke, die im deutschsprachigen Raum mit Schüler- und Studi-VZ begann und nun mit Facebook und Whatsapp auf einen Höhepunkt zusteuert, ist jedoch zu befürchten, dass uns diese Form der Internetabhängigkeit bald noch wesentlich intensiver zu beschäftigen hat. Bis eine Gesellschaft eine neue Suchtgefahr wahrnimmt und angemessen darauf reagiert, braucht es immer eine gewisse Zeit. Was Computerspiele und Pornografie angeht, blicken wir da schon auf eine längere Geschichte zurück. Der Erfolg von Computerspielen begann schon lange vor der eigentlichen digitalen Revolution, und die ersten kommerziellen Interneterfolge wurden von der Pornoindustrie eingefahren. Insofern haben wir deren Abhängigkeitspotenziale vielleicht einfach schon länger und damit stärker im Bewusstsein. Dementsprechend sind wir besser vorbereitet auf den Ansturm von digitalen Spiel- und Sexsüchtigen. Das Suchtpotenzial der sozialen Netzwerke müssen wir aber unbedingt weiter im Auge behalten.

Was aber kann man denn überhaupt konkret zu der Frage sagen, welche Eigenschaften der sozialen Netzwerke zu ihrem Abhängigkeitspotenzial beitragen? Da es hierzu bislang kaum Forschungsergebnisse gibt, müssen wir vor allem auf wissenschaftlich hergeleitete Hypothesen zurückgreifen. Zwei Wissenschaftler aus Singapur, Haifeng Xu und Bernard Tan, haben aus dem bisherigen Forschungsstand ein interessantes Modell der »Social Networking Addiction« herausdestilliert.[12] Der Übergang von einer normalen zu einer krankhaften Verwendung werde immer dann wahrscheinlich, wenn soziale Netzwerke hauptsächlich oder ausschließlich dazu dienen, Stress und negative Stimmungen abzubauen und Einsamkeit zu überwinden. Wenn soziale Netzwerke diese drei Funktionen übernehmen, dann besteht eine Abhängigkeitsgefahr.

Den Abbau von Stress können soziale Netzwerke auf zweierlei Weise begünstigen. In ihnen kann man sich negativer Stimmungen entledigen und positive Stimmungen erzeugen. Unter seinesgleichen kann man dort so richtig vom Leder ziehen und Dampf ablassen – zum Beispiel über unliebsame Chefs und Arbeitskollegen. Im Zweifelsfall findet man dort immer jemanden, der Verständnis für die eigene Position hat, sei sie auch noch so abwegig oder radikal. Irgendjemand wird mir schon ein positives Feedback geben, damit ich mich in meiner Wut verstanden fühle. Wenn ich Stress abbauen muss, kann ich mir aber auch umgekehrt in den sozialen Netzwerken ein positives Umfeld suchen, dass mich ablenkt und im Zweifelsfall auf einer rosa Wolke trägt, wo ich mir sicher sein kann, dass ausschließlich Nettigkeiten ausgetauscht werden und alles Negative ausgeblendet wird. – So oder so kann ich mir eine digitale Community suchen, die meiner Art, Stress abzubauen, entgegenkommt. In dieser fühle ich mich dann wie ein Fisch im Wasser und komme im besten Falle in einen Flow-Zustand. Das ist gut und schön, solange es nicht überhandnimmt. Wenn sich diese Art von Stressabbau aber verselbständigt, dann können die realen Probleme, die ursprünglich zum Stress geführt haben, noch schlimmer werden.

Soziale Netzwerke können also auch als Stimmungsaufheller verwendet werden. Sie verabreichen in der Regel aber immer nur kleine Portionen und taugen nicht als nachhaltige Antidepressiva. Dabei sprechen sie auf verschiedene Art und Weise immer wieder kurz das Belohnungssystem an. Jede neue Nachricht, jeder neue »Freund«, jeder positive Kommentar, und sei es nur die Betätigung des »Like-Buttons«, soll uns für einen Moment lang bei Laune und möglichst lange bei Facebook halten. Wenn man schlechter Dinge ist, kann man sich dadurch jederzeit via Smartphone eine digitale Streicheleinheit abholen. Wenn der Alltag in der Arbeit oder zu Hause vor allem frustrierend ist, neigen manche dazu, in einer Art Übersprungshandlung immer wieder oder gar permanent mit sozialen Netzwerken verbunden zu sein, um etwas Positives zu erleben. Dies kann aber dazu führen, dass die Wahrscheinlichkeit, dass man im Hier und Jetzt etwas zustande bringt, das einen mit einem guten Gefühl belohnt, immer geringer wird.

Dass soziale Netzwerke dabei helfen, das Gefühl von Einsamkeit zu lindern, glaubt man sofort. Das liegt quasi in der Natur der Sache. Ob man mit ihrer Hilfe die Einsamkeit selbst überwinden kann, steht auf einem anderen Blatt. Auch Menschen, die in ihrem realen Leben häufig allein sind, können dort relativ einfach Kontakte knüpfen. Die Auswahl an potenziellen Freunden und Partnern ist groß.

Facebook zählt im Jahr 2014 über 1,3 Milliarden Nutzer weltweit. Wir finden dort immer Menschen, mit denen wir unsere ganz besonderen Gedanken und Interessen teilen können, auch dann, wenn wir im sozialen Kontakt schüchtern, ungestüm oder holprig sind. Je spezieller die Kontakte sind, desto unwahrscheinlicher ist es, dass man diese »Freunde« regelmäßig leibhaftig zu Gesicht bekommt, da sie meistens nicht vor Ort leben. Menschen, die zugunsten solcher digitaler Communitys ihre Einsamkeit in ihrem eigentlichen Lebensumfeld immer weniger zu überwinden versuchen, drohen ihr eigentliches Dasein verstärkt allein (vor dem Computer) zu fristen, was im Zweifelsfalle zu einer steigenden Internetnutzung führt. Virtuelle Freundschaften und Partnerschaften beeinträchtigen und verdrängen immer häufiger reale Beziehungen. Die Abhängigkeit von sozialen Netzwerken ist am Ende ein fauler Kompromiss zwischen der Sehnsucht nach dem Anderen und der Angst vor echter zwischenmenschlicher Nähe.

Auch die Nutzung sozialer Netzwerke kann also problematisch sein, wenn sie dazu verführt, bei Gefühlen von Stress, Stimmungstiefs und Einsamkeit regelhaft auf sie zurückzugreifen. Wenn die Probleme, die zu diesen negativen Gefühlen geführt haben, deshalb nicht angegangen werden, können die Schwierigkeiten immer gravierender werden und zum typischen Teufelskreis der Sucht führen. Selbstverständlich spielen nicht nur für die Entwicklung einer Abhängigkeit von sozialen Netzwerken, sondern auch für die anderen Varianten der Internetabhängigkeit soziale Umgebungsfaktoren außerhalb des Netzes eine Rolle.

3.3 Soziale Risikofaktoren

Die Erfahrungen, die wir mit den Menschen in unserem Umfeld machen, prägen uns nachhaltig. Je jünger wir sind, desto größer sind die sozialen Auswirkungen auf unsere seelische Gesundheit. Die erste Umgebung, die Familie, in die wir hineingeboren werden, prägt uns deshalb am nachhaltigsten. Auch die Erlebnisse, die wir in Kindergarten und Schule, in Ausbildung und Studium machen, wirken noch nachhaltig ein auf unser Leben. In dieser Zeit machen wir auch die ersten Erfahrungen mit Freundschaften und Partnerschaften, die unsere Persönlichkeit weiter prägen. Und schließlich sind es auch die kulturellen und politischen Bedingungen der Gesellschaft, in der wir als Erwachsene leben und arbeiten, die einen Einfluss darauf haben, ob wir uns in dieser Welt wohl fühlen. Wenn sich Menschen so weit wie möglich aus der konkret-realen Welt zurückziehen, um lieber in der digitalen Welt ihr Glück zu suchen, dann hat das immer auch etwas mit negativen sozialen Erfahrungen in diesen Lebensphasen zu tun.

Familiäres Umfeld

Häufig sind es besorgte Eltern, die sich in unserer Ambulanz melden, weil sie befürchten, dass ihr Sohn oder ihre Tochter an einer Internetabhängigkeit erkrankt ist. Meistens haben sie recht damit. Ihre Sorge wächst, da sie ihre Kinder nicht dazu bewegen können, sich behandeln zu lassen. Sie sind manchmal völlig verzweifelt und wissen nicht mehr weiter. Sie wollen einen Rat, was sie tun können, damit sich die Betroffenen selbst in Bewegung setzen. Das Letzte, was Eltern dann gebrauchen können, sind Vorwürfe. Die Frage, wie sich eine solche Abhängigkeit inmitten ihrer Familie überhaupt entwickeln konnte, quält sie schon selbst genug. Insofern muss man sehr vorsichtig sein, wenn man familiäre Risikofaktoren für die Entstehung einer Internetabhängigkeit ins Feld führt, ganz abgesehen davon, dass es bisher nur sehr wenige Forschungsergebnisse hierzu gibt.

In den letzten Jahren haben sich vor allem asiatische Forscherteams aus Südkorea, Taiwan und China mit neuen Studienergebnissen zu vielen Aspekten der Internetabhängigkeit hervorgetan. Aus kulturellen Gründen sind die Ergebnisse allerdings nicht immer eins zu eins auf uns übertragbar. In einer Studie des chinesischen Forscherteams um Xiuqin Huang beispielsweise ging es unter anderem um elterliche Erziehungsstile als Risikofaktoren für Internetabhängigkeit.[13] In der Untersuchung mit über 200 Internetabhängigen zeigte sich, dass chinesische Eltern von Internetabhängigen im Durchschnitt einerseits in der Erziehung übermäßig involviert sind, andererseits aber vergleichsweise wenig emotionale Wärme zeigen, wenn sie sich nicht sogar ablehnend ihnen gegenüber verhalten. Man muss bei der Interpretation einer einzelnen Studie zwar sehr vorsichtig sein. Aber die Ergebnisse könnten darauf hindeuten, dass sich viele Internetabhängige schon in der Familie emotional nicht richtig angenommen gefühlt haben, obwohl die erzieherische Zuwendung der Eltern eventuell recht ausgeprägt war. Im Grunde geht es dabei um eine frühe Nähe-Distanz-Problematik. Hierin werden zwei potenzielle Gründe dafür erkennbar, warum sich Heranwachsende ins Internet flüchten. Sie entziehen sich damit erstens einem übermäßig fordernden Erziehungsstil und suchen zweitens nach entbehrten positiven emotionalen Erfahrungen. Wenngleich dieses Muster auf der Beziehungsebene keinesfalls in allen betroffenen Familien anzutreffen ist, findet es sich auf der Verhaltensebene der Patienten häufig wieder. Die zumeist jungen Internetabhängigen entziehen sich oft den Erwartungen der Erwachsenenwelt – sei es in der Ausbildung, im Beruf oder in der Partnerschaft. Und sie suchen im Netz nach Bestätigung und Befriedigung ihrer ungestillten emotionalen oder sexuellen Wünsche. Dies sind natürlich ziemlich vereinfachte und verkürzte Erklärungen. Insofern kann man auch gar nicht deutlich genug machen, wie wichtig weitere Forschung ist, dies insbesondere auch im Hinblick auf die Frage, was Eltern tun können, um einer Internetabhängigkeit vorzubeugen.

Stets zu vermeiden ist jegliche Stigmatisierung der Eltern von Internetabhängigen. Die beschriebenen Prozesse laufen – wenn sie denn charakteristisch sein sollten – unbewusst ab. In der Regel lieben alle Eltern ihre Kinder und tun alles, was sie können, damit es ihnen gutgeht. Aber auch die besten Eltern sind nur Menschen, haben ihre Grenzen und machen Fehler. Diese haben oft etwas damit zu tun, was sie selbst als Kinder mit ihren eigenen Eltern erlebt haben.

Wenngleich sie für den Ablösungsprozess vom Elternhaus zu einer gesunden Autonomiebewegung eines jeden Heranwachsenden dazugehören, ist mit Schuldzuweisungen gar nichts gewonnen. In unserer Ambulanz sind wir froh darüber, wenn Eltern den Weg zu uns finden, weil sie im Hier und Jetzt etwas für ihre Kinder und ihre Familie tun wollen. Das ist es, was zählt. Mehr Sorgen müssen wir uns um diejenigen Familien machen, in denen niemand ein Problem in einer exzessiven Internetnutzung der Kinder sieht und rechtzeitig die Notbremse zieht.

Umgekehrt kann man das Ganze auch positiv formulieren. Wenn wir auf die Welt kommen, brauchen wir eine Familie, die uns körperlich und seelisch wärmt, in der wir uns geborgen fühlen, in der wir wir selbst sein können. Wenn das nicht der Fall ist, dann läuft schon unsere erste Begegnung mit der Welt schief. Dann ist es kein Wunder, wenn wir der realen Welt immer wieder mit Skepsis begegnen und immer auf der Suche nach einer alternativen Welt sind, die wir dann im Cyberspace zu finden glauben.

Schule und Ausbildung

Wenn wir heranwachsen, stoßen wir spätestens in Kindertagesstätten und Kindergärten, später dann in Schule, Ausbildung und Studium auf Menschen außerhalb der familiären Sphäre. Manchmal machen wir dort dieselben Erfahrungen wie in unserer Ursprungsfamilie, manchmal sind die Erfahrungen aber auch von ganz anderer Art. Wenn für Kinder der Einstieg ins Leben schon in ihrer Familie auf die ein oder andere Art und Weise schwer war, passiert ihnen das in den pädagogischen Einrichtungen nicht selten auch. Wenn sie dagegen eher überbehütet und verwöhnt sind, was nicht notwendigerweise gleichbedeutend ist mit dem Erhalt ausreichend liebevoller Zuwendung, dann sind sie eventuell nicht genug vorbereitet auf schwierige Situationen, wenn es dort einmal nicht gut läuft, sei es mit Gleichaltrigen oder den Pädagogen. Aber auch unabhängig davon, welche Erfahrungen sie ganz am Anfang ihres Lebens gemacht haben, negative Erlebnisse in Kindergarten und Schule können dazu führen, dass sie die Welt außerhalb der Familie als unfreundlich erleben und die Neigung entwickeln, sich von ihr abzuwenden.

Internetabhängige berichten sehr häufig davon, dass sie es in der Vergangenheit immer wieder erlebt haben, von Gleichaltrigen ausgegrenzt zu werden.[14] Jeder Mensch hat den Wunsch, einen Platz für sich in der Welt zu finden und dazuzugehören. Kinder möchten im Kindergarten mit anderen Kindern mitspielen dürfen. In der Schule wollen sie beim Fußball in der Pause dabei sein und im Sportunterricht nicht als Letzte in die Mannschaft gewählt werden. Sie wollen einen Platz in der Klassengemeinschaft haben und darin bleiben, ohne um eine Versetzung bangen zu müssen. Manchmal kann ein kleiner vermeintlicher Makel zu einem Ausgrenzungserleben führen, auf das Eltern oftmals kaum einen Einfluss haben. Wie wir Erwachsenen können auch Kinder manchmal ziemlich grausam sein.

Wenn aus Kindern dann Erwachsene werden, gehen die Ausgrenzungen manchmal weiter. Wer ein regelmäßiges Opfer von Gemeinheiten ist, dem kann das auch noch in der Ausbildung oder im Studium widerfahren. Die Ausgrenzungen sind dann manchmal subtiler, wenngleich nicht weniger schmerzhaft. Es ist schlimm, wenn man immer wieder gehänselt oder gedemütigt wird. Genauso verletzend aber kann es sein, wenn man einfach übersehen wird, wenn keiner einen wahrnimmt. Von seiner Umwelt ignoriert zu werden, ist eine der schlimmsten sozialen Erfahrungen.

In seinen Fähigkeiten übersehen zu werden, nicht zeigen zu können, was man zu leisten vermag, ist gerade für Jugendliche und junge Erwachsene besonders kränkend.

Wenn sie eigentlich auf dem Absprung sind, das Elternhaus zu verlassen, selbständig zu werden und im besten Falle die Welt – oder zumindest *ihren* Platz in der Welt – zu erobern, aber immer nur Niederlagen verkraften müssen, dann laufen sie Gefahr, die Lust zu verlieren, überhaupt ganz erwachsen zu werden. Das Internet bietet dann verführerische Alternativen an, sich von der Welt abzuwenden. Anstatt herauszutreten, sich in seiner Emotionalität, seiner Körperlichkeit und seinen Leistungen in der Welt zu zeigen und zu beweisen, kehren ihr die Internetabhängigen den Rücken zu. Manch einer verliert völlig das Interesse daran, in der Gesellschaft, in der er eigentlich lebt, überhaupt noch anzukommen. Dann verkehrt sich die erlittene Abwertung durch die Menschen ins Gegenteil. Als Gegenreaktion werten dann nicht wenige Abhängige ihr gesellschaftliches Umfeld ab. Sie sagen sich dann: In der Welt, so wie sie die Erwachsenen erschaffen und gestaltet haben, spiel ich nicht mit! Zu der will ich gar nicht dazugehören.

Freundschaft und Partnerschaft

Menschen, die sich unverstanden und abgelehnt fühlen, ziehen sich aus sozialen Beziehungen zurück. Aus Angst vor Enttäuschungen trauen sie sich immer weniger, auf andere zuzugehen. Gerade junge Menschen, die unter Einsamkeit leiden, laufen eher Gefahr, eine Internetabhängigkeit zu entwickeln.

Diejenigen Internetabhängigen, die sich bei uns vorstellen, haben in der realen Welt häufig gar keine Freunde mehr. Und nicht selten haben sie noch nie eine gelingende feste Partnerschaft erlebt. Allerdings ist es gar nicht so einfach auszumachen, was zuerst da war, die Einsamkeit oder die Abhängigkeit. In der Regel verstärken sie sich gegenseitig. Das heißt, dass es Menschen, die negative Erfahrungen in

Bezug auf andere Menschen machen, eher ins Netz zieht, um dort virtuelle Kontakte zu suchen, und dass sie im Zuge einer Abhängigkeitsentwicklung dann oft auch noch diejenigen Freundschaften und manchmal auch Partnerschaften verlieren, die ihnen gelungen und geblieben sind. Die virtuellen Kontakte, seien es die Freundschaften in Spielen und sozialen Netzwerken oder die Partnerschaften in Kontaktbörsen und auf Dating-Portalen, werden dann für die Internetabhängigen zum Ersatz für ein verarmtes Gemeinschaftsleben. Der inflationäre Gebrauch des Freundschaftsbegriffs, wie er sich im Netz – insbesondere im Zuge des Erfolgs von Facebook – entwickelt hat und auf unseren Sprachgebrauch und unser Empfinden zurückwirkt, trägt seinen Teil dazu bei.[15] Wenn man die echte Welt als Maßstab nimmt, steigert sich die Einsamkeit der Internetabhängigen noch weiter, auch und vielleicht gerade weil sie Hunderte von Kontakten im Netz haben. Es gibt auch ein Zuviel an Kommunikation und virtuellen Beziehungen. Wenn wir die nächste Freundschaft oder Partnerschaft immer nur ein paar Klicks weit entfernt zu wittern meinen, bleiben wir ewig auf der Suche nach dem Anderen und am Ende doch allein.

Unglücklich allein zu sein ist wahrscheinlich einer der einflussreichsten Risikofaktoren für die Abhängigkeit vom Internet. Wir Menschen sind Beziehungswesen. Ohne Zwischenmenschlichkeit mit emotionaler und körperlicher Berührung können wir langfristig nicht leben. Wenn die digitalen Kontakte eine Fortsetzung und ihr Ziel in der leibhaftigen Begegnung zweier oder mehrerer Menschen finden, kann das Internet ein Segen sein. Wenn aber die erfolglose Suche nach dem Anderen zur Sucht wird, ist es ein Fluch, weil es die Betroffenen immer weiter von ihren Mitmenschen entfremdet.

Gesellschaft

Nicht die Vereinigten Staaten, sondern Südkorea ist das Land, das am stärksten von Internetabhängigkeit betroffen ist und wo diese Krankheit als Erstes epidemische Ausmaße angenommen hat. Dort gibt es mittlerweile über hundert klinische Einrichtungen, die Hilfe für die Betroffenen anbieten. Internetabhängigkeit ist zu einer Staatsangelegenheit geworden. Dies liegt daran, dass der Staat frühzeitig die Zeichen der Zeit erkannt hat, als die digitale Revolution noch ganz in den Anfängen steckte. Da das Land seine Wirtschaft schon vor dem Siegeszug des Internets stark auf die neuesten Informationstechnologien (IT) ausgerichtet hatte, sah man es von staatlicher Seite her als sinnvoll an, für die Bürger den Netzausbau und -zugang zu subventionieren, dies offensichtlich auch ohne Rücksicht auf das Alter der Nutzer. Zu diesem Zeitpunkt dachte noch keiner daran, dass damit eine unglaubliche Krankheitswelle losgetreten werden würde.

Die Verfügbarkeit von Suchtmitteln wie Zigaretten oder Glücksspiele in einer Gesellschaft ist einer von vielen Einflussfaktoren darauf, wie häufig dort eine diesbezügliche Suchterkrankung auftritt. Vereinfacht gesagt, je höher die Dichte an Zigaretten- und Spielautomaten ist und je eher Heranwachsende hierzu einen Zugang haben, desto mehr Menschen werden von Nikotin und Glücksspielen abhängig. Am Beispiel Südkorea lässt sich zeigen, dass es sich für die Internetabhängigkeit ähnlich verhält. Das heißt, dass es sehr wohl eine Rolle spielt, wie sich die Politik gegenüber der ausfernden digitalen Revolution verhält und ob sie bereit ist, hier Grenzen zu ziehen und dies auch gegenüber wirtschaftlichen Interessen durchzusetzen. Wenn man an den aggressiven Lobbyismus der Zigaretten- und Glücksspielindustrie denkt, kann man sich vorstellen, dass das keine leichte Aufgabe ist.

Blickt man nach Südkorea, dann fällt noch ein weiterer gesellschaftlicher Aspekt auf, der vermutlich ebenfalls dazu beiträgt, dass das Land besonders stark von Internetabhängigkeit, insbesondere von der Sucht nach Online-Rollenspielen, betroffen ist. Es dreht sich dort überhaupt sehr vieles darum, wirtschaftlich immer ganz vorne dabei zu sein. Das gilt nicht nur für die IT-Branche. Schon die Schüler stehen unter enormem pädagogischem Leistungsdruck. Die Anforderungen an die »Performance« der Kinder und Jugendlichen durch Eltern, Schule und Gesellschaft sind ausgesprochen hoch. Wenn aber die Kindheit vor allem als Zeit der Vorbereitung auf ein beruflich möglichst erfolgreiches Erwachsenenleben verstanden wird, wenn es vor allem um eine Anpassung an einen ökonomischen und intellektuellen Erwartungsdruck geht, dann geht das Leichte und Spielerische verloren, das Kinder ebenfalls brauchen, um gesund heranzureifen. Dann ist es kein Wunder, wenn sie sich das Spielerische da holen, wo der Staat und die Wirtschaft sie eigentlich produktiv sein lassen wollten, im Cyberspace. Die Verspieltheit von Tausenden von erwachsenen Südkoreanern ist insofern vielleicht auch als ein Druckausgleich und als unbewusste Rebellion zu verstehen. Keine Gesellschaft kann von Leistung und Konsum allein leben.

Es gibt noch andere Völker, die Arbeit und Produktivität als höchste Güter verstehen und preisen. Der Druck, der nicht zuletzt auch in den deutschsprachigen Ländern schon in der Grundschule auf Kinder ausgeübt wird, ist enorm. Um überhaupt noch etwas beruflich werden zu können – so wird den Kindern früh suggeriert – müssten sie auf jeden Fall aufs Gymnasium. Der Unterricht wird immer häufiger auf den Nachmittag ausgedehnt, und immer mehr Schüler bekommen Nachhilfe, nicht nur um versetzt zu werden, sondern auch um bessere Noten zu bekommen. Das ist nicht mehr die Ausnahme, sondern schon fast die Regel.

Was wir den Kindern damit suggerieren und was wir ihnen ja auch in weiten Teilen vorleben, gibt angesichts des negativen Vorbilds Südkorea Grund zur Sorge. Mit unseren bisweilen arg überzogenen Leistungsansprüchen verleiden wir den Heranwachsendem offensichtlich den Einstieg in unsere Gesellschafft.

3. 4 Individuelle Risikofaktoren

Die individuellen Faktoren, die ein Risiko für die Entwicklung einer Internetabhängigkeit darstellen, sind selbstverständlich stark durch die zuvor erläuterten sozialen Einflussgrößen geprägt. Selbstverständlich spielen aber auch genetische Aspekte eine Rolle, wie bereits in einer ersten Studie zu dieser Frage an der Universität Bonn gezeigt werden konnte.[16] Wer wir sind und was wir tun, geht aber selbstverständlich auf weitaus komplexere Zusammenhänge zurück. Wir sind weder einfach nur ein Ergebnis unserer Gene noch allein ein Produkt unserer Umwelt. Die Einflussfaktoren auf unser Seelenleben, die sich gegenseitig beeinflussen und modifizieren, sind bislang nur zum Teil bekannt. Dies gilt ganz besonders für die Internetabhängigkeit, deren Erforschung ja überhaupt erst vor etwa 15 Jahren begann. Um der Komplexität des Phänomens und seiner individuellen Entstehungsbedingungen gerecht zu werden, ist es sinnvoll, sich vor allem diejenigen Charakterzüge anzuschauen, die einen Risikofaktor für Internetabhängigkeit darstellen, dies erst einmal auch ganz unabhängig davon, wie sie entstanden sind.

Impulsivität

Jeder weiß, wie schwierig es ist, bestimmten Impulsen zu widerstehen. Das gilt nicht nur für Suchtmittel, sondern auch für Genussmittel, die nicht im engeren Sinne abhängig machen. Zum Beispiel fällt es einem manchmal schwer, am Schrank vorbeizugehen, in dem die Kartoffelchips versteckt sind. An der Kasse im Supermarkt locken die Schokoriegel, die man sich noch mal eben genehmigen könnte. An einem Abend, an dem wir doch eigentlich mal in unserem Buch weiterlesen wollten, braucht es nur den kurzen Griff zur Fernbedienung, um sich schließlich dem doch so viel einfacheren Fernsehen hinzugeben. Und an unserem Computerarbeitsplatz sind wir immer nur einen Klick davon entfernt, mal eben kurz etwas im Internet nachzuschauen. Wir geben diesen Impulsen nach, um uns einfach nur abzulenken oder um etwas Unangenehmem aus dem Weg zu gehen. Diese Übersprungshandlungen können uns manches ganz schön verhageln, ein Diätziel oder ein Arbeitspensum zum Beispiel. Für Menschen mit Suchterkrankungen steht aber wesentlich mehr auf dem Spiel, wenn sie ihre Impulse nicht unter Kontrolle haben.

Menschen, die ihre Impulse nur schlecht steuern können, leben grundsätzlich mit einem erhöhten Risiko, eine Suchterkrankung zu entwickeln. Das gilt auch für die Internetabhängigkeit. Im Vergleich zu einer gesunden Vergleichsgruppe hat sich in einer unserer Studien gezeigt, dass die untersuchten Internetabhängigen eine signifikant höhere Impulsivität aufwiesen.[17] Dies galt nicht nur für die Online-Bereiche, von denen sie abhängig waren, sondern grundsätzlich in ihrem Leben. Menschen mit Abhängigkeitserkrankungen fällt es schwer, ein Bedürfnis aufzuschieben und nicht gleich zu befriedigen. Sie können kaum auf eine Belohnung warten, sei es eine anregende oder eine entspannende Belohnung. Die Impulsiven möchten von dem, wonach sie dürsten, am liebsten so viel wie möglich und vor allem sofort.

Genuss- und Suchtmitteln zu widerstehen, die einen vielleicht kurzfristig befriedigen, aber langfristig schädigen, ist insbesondere dann schwer, wenn man sie ständig vor der Nase hat. Der trockene Alkoholiker kann zu Hause und auf der Arbeit weitgehend vermeiden, überhaupt in die Nähe von Alkohol zu kommen. Für Internetabhängige wird es da immer schwieriger. Da sie daheim und unterwegs ständig auf immer mehr internetfähige Geräte Zugriff haben, sind sie der tückischen Verführung permanent ausgesetzt. Schon die Fernsehwerbung für ein neues Computerspiel kann beispielsweise einen Online-Spielsüchtigen in Bedrängnis bringen. Der muss dann nicht erst zum Kiosk gehen, um sich seinen »Stoff« zu besorgen, sondern kann gleich zu Hause vom Rechner aus loslegen.

Die starke Wirkung solcher Schlüsselreize auf die Impulskontrolle von Internetabhängigen wird bereits intensiv beforscht. Einige Expertenteams konnten in experimentellen Studien unabhängig voneinander zeigen, dass bei Internetabhängigen ähnliche Gebiete im Gehirn besonders aktiviert sind, wenn sie entsprechenden Schlüsselreizen ausgesetzt werden. Dies ist wie bei Alkoholabhängigen, wenn man ihnen Bilder von alkoholischen Getränken zeigt.[18] Gerade solche neurobiologischen Forschungsergebnisse tragen besonders dazu bei, dass Internetabhängigkeit heute international von einer immer größer werdenden Zahl der Forscher als Suchterkrankung verstanden und anerkannt wird.

Prokrastination

Menschen mit hoher Impulsivität fällt es häufig schwer, ein Bedürfnis aufzuschieben. Sie handeln gemäß ihrer jeweiligen Stimmungslage und tun dann etwas, was ihnen nicht notwendigerweise guttut, impulsiv eben. Die Frage, ob man in der Lage ist, eine unmittelbare Bedürfnisbefriedigung aufzuschieben und Belohnungen, die man von einer Tätigkeit erwartet, auszusetzen, bis man es zu Ende gebracht hat, ist von erheblicher Bedeutung, wenn es darum geht, eine mühevolle und anstrengende Aufgabe konsequent anzugehen. Wenn Menschen eine Arbeit immer wieder aufschieben und sich stattdessen leicht von etwas ablenken lassen, spricht man psychologisch auch von »Prokrastination«, im Volksmund auch »Aufschieberitis« genannt. Das ist sicherlich kein eigenständiges Krankheitsbild, aber es ist eine menschliche Schwäche, die in ausgeprägter Form zu großen Problemen führen kann.

Jeder kennt die Situation, wenn eine eigentlich unliebsame Tätigkeit wie Putzen oder Bügeln plötzlich leicht von der Hand geht, weil es immer noch besser ist, als eine so unliebsame Aufgabe zu Ende zu bringen wie Hausaufgaben, eine Masterarbeit oder die Steuererklärung. Man spricht dann auch von Übersprungshandlungen.

Das Internet ist der perfekte Ort für Übersprungshandlungen. Dort kann man eben noch etwas nachschauen, um dann stundenlang darin hängen zu bleiben. Menschen mit einer Neigung zur Prokrastination kommen ganz besonders dann in Schwierigkeiten, wenn für die Erreichung eines Ziels besonders viel Eigenleistung hinsichtlich Organisation und Zeitmanagement erforderlich ist. Hiervon sind vor allem Studenten betroffen, deren Studium viele Freiräume lässt und dessen Meriten lange auf sich warten lassen. Wenn es Monate dauert, bis eine Abgabe oder eine Prüfung fällig wird, braucht es nicht zuletzt deshalb mehr an Disziplin, weil die Belohnung, das erhoffte Bestehen und eine gute Note, lange auf sich warten lässt. Die schnelle Bedürfnisbefriedigung im Netz, der man sich impulsiv immer wieder ergeben kann, steht dem im Wege. Impulsivität und Prokrastination können insofern zwei Kehrseiten desselben Problems und damit gemeinsame Risikofaktoren für die Entstehung von Internetabhängigkeit sein.

Unaufmerksamkeit

Aufmerksamkeitsstörungen sind bei Kindern und Jugendlichen in den letzten Jahrzehnten zunehmend häufiger diagnostiziert worden. Die davon betroffenen Heranwachsenden haben Schwierigkeiten damit, sich länger auf eine Sache zu konzentrieren, und neigen dazu, ihre Aufmerksamkeit in schneller Folge immer wieder etwas anderem zuzuwenden. Gerade bei Kindern geht dies zumeist auch mit einer körperlichen Hyperaktivität, also einer großen Unruhe einher, die auch für das Umfeld eine Belastung sein kann. Man spricht dann von einer Aufmerksamkeitsdefizit- und Hyperaktivitätsstörung (ADHS).

Einerseits gehen die Experten davon aus, dass diese Erkrankung immer schon existiert hat und erst heute als solche erkannt wird. Andererseits spricht vieles dafür, dass Umweltfaktoren eine Rolle spielen, zu denen die elektronischen Medien gehören, die die Kinderzimmer gerade in den letzten Jahrzehnten immer früher erobern. Auch wenn es hierfür noch keine stichhaltigen wissenschaftlichen Beweise gibt, so liegt doch die Vermutung nahe, dass hier durchaus ein ursächlicher Zusammenhang besteht. Wenn die immer rasanteren digitalen Medien, insbesondere die Computerspiele, die Konzentration ihrer jungen Nutzer mit immer schnelleren Aufmerksamkeitswechseln in den Bann ziehen, dann ist es nachvollziehbar, wenn die Fähigkeit, sich für einen längeren Zeitraum auf ein Buch oder eine Unterrichtsstunde zu konzentrieren, abnimmt. Und wenn Kinder immer mehr Zeit wie hypnotisierte Kaninchen vor Bildschirmmedien verbringen, dann dürfte es auch nicht verwundern, wenn sich ihr natürlicher Bewegungsdrang an anderer Stelle als störende Hyperaktivität äußert.

In vielen Studien, die insbesondere mit Kindern und Jugendlichen durchgeführt wurden, hat sich gezeigt, dass

ADHS und Internetabhängigkeit zumindest auffallend häufig gemeinsam auftreten. Wahrscheinlich bedingen und verstärken sie sich in vielen Fällen gegenseitig. Bislang werden Aufmerksamkeitsstörungen und Hyperaktivität allerdings vor allem als Risikofaktoren für die Entwicklung einer Internetabhängigkeit gesehen. Hiervon betroffene Heranwachsende sollten im Hinblick auf die Nutzung von elektronischen Medien besonders im Auge behalten werden.

In unserer Mediensprechstunde berichten erwachsene internetabhängige ADHS-Patienten, dass das Internet für sie Spielräume bietet, in denen sie sich mit dem Tempo, mit dem sie einer Sache Aufmerksamkeit widmen, besonders wohl fühlen. Die Schnelligkeit der Computermedien, insbesondere der Online-Spiele komme ihnen geradezu entgegen. Mit ADHS könne man sich im Internet quasi wie ein Fisch im Wasser fühlen. Die Unruhe und Ungeduld, mit der sie in ihrer realen Umwelt bisweilen anecken, sei hier kein Problem, sondern gehe vielmehr völlig im interaktiven Handeln auf. Die virtuellen Handlungen im Cyberspace können die Unruhe allerdings langfristig nicht lindern und die körperliche Aktivität nicht ersetzen. Außerhalb der digitalen Welt fallen dann zumindest die jungen Betroffenen mit körperlicher Hyperaktivität unangenehm auf. Dies führt nicht selten dazu, dass sie immer wieder die kränkende Erfahrung machen, von ihrer Umwelt als störend empfunden und abgelehnt zu werden. Es ist also kein Wunder, dass ADHS-Patienten besonders Gefahr laufen, auch zu Internetabhängigen zu werden. In zwei Studien an der Medizinischen Hochschule Hannover haben wir festgestellt, dass es zwischen den beiden Patientengruppen eine beachtliche Schnittmenge gibt.[19]

Dass seit geraumer Zeit als therapeutisch wirksam angepriesene Computerspiele bei der Behandlung von ADHS bei Kindern und Jugendlichen eingesetzt werden, klingt in diesem Zusammenhang ziemlich paradox. Bei diesen Spielen wird gezielt versucht, die Aufmerksamkeitsfähigkeit zu trainieren, beispielsweise indem der Spieler Aufgaben löst, während ihn immer wieder etwas abzulenken versucht. Problematisch dabei ist weniger, dass die jungen Patienten von diesen Spielen abhängig werden könnten, dazu sind sie viel zu langweilig. Vielmehr ist aus meiner Sicht daran zu kritisieren, dass man mit den Kindern therapeutisch genauso gut in der realen Welt arbeiten könnte. Dies hätte den Vorteil, dass man hierbei mit vollem Körpereinsatz und mit allen Sinnen vorgehen würde, um damit vermutlich besser auch das Problem der Hyperaktivität anzugehen als mit einem Computerspiel. Hierfür müsste allerdings ein Therapeut oder ein Pädagoge bemüht werden, während man ein Kind mit seinem vermeintlich therapeutischen Computerspiel allein lassen kann. Wie sich immer wieder in Studien gezeigt hat, ist aber nichts so wichtig für das Gelingen einer Psychotherapie wie das Vorhandensein und die Güte der therapeutischen Beziehung zwischen Patient und Behandelndem. Das aber kostet Zeit und Geld. Computerprogramme sind billiger. Das gilt für die Erziehung ebenso wie für die Psychotherapie.

Vermutlich liegt das Problem bei diesen Krankheitserscheinungen auch noch ganz woanders. Vielleicht fehlt es den Kindern an Aufmerksamkeit von und Ruhe vor der Erwachsenenwelt jenseits einer Pädagogik, die Funktionalität und Effizienz in den Mittelpunkt gerückt hat. Exzessives Spielen erscheint in diesem Licht als eine vergleichsweise gesunde Form von Rebellion.

Depression

Auch wenn wir traurig sind, neigen wir dazu, uns zurückzuziehen. Dann brauchen wir eine vertraute Umgebung und geben uns unserem Schmerz hin. Depression ist nicht einfach als Steigerung von Traurigkeit zu verstehen. Wer Traurigkeit und Trauer nicht gut ertragen kann, versucht diese Gefühle beiseitezuschieben. Wenn wir aber auf Dauer unsere Gefühle verdrängen, dann fühlen wir irgendwann überhaupt nichts mehr. Ohne Traurigkeit können wir auch keine Freude mehr empfinden. Der wirklich Depressive leidet in der Regel unter dem Gefühl der Gefühllosigkeit. Depression ist die Verzweiflung über die Empfindung innerer Leere.

Depressive Menschen laufen besonders Gefahr, an einer Internetabhängigkeit zu erkranken. Sie ziehen sich in die virtuelle Welt zurück, in der es kurzfristig einfacher erscheint, noch etwas Positives zu erleben. Eine kurze unverfängliche Begegnung, schneller Sex oder ein Spiel, das einen einfachen Kick verspricht. Da Depressionen stets mit einem niedrigen Selbstwertgefühl einhergehen, suchen die Betroffenen nach Belohnungen, die das Internet ihnen verspricht. Wenn depressive Internetabhängige einmal nicht online sind, schlägt die Realität aber oft hart zurück. Dann wird ihnen bewusst, wie arm ihr Alltag in der wahren Welt geworden ist. Sie fallen in das Loch ihrer inneren Leere. Kein Wunder, dass sie dann Gefahr laufen, sogar des Lebens müde zu werden. Es erscheint ihnen dann oft als sinnlos. Im schlimmsten Fall fühlen sie sich wertlos, obwohl sie liebenswert sind, viel leisten und geleistet haben. Das Problem bei der Depression und eben auch bei vielen Internetabhängigen ist das Leiden an der Diskrepanz zwischen Anspruch und Wirklichkeit.

Nicht selten leiden sie auch unter einem Perfektionismus, der nicht zu befriedigen ist. Es gibt nur den ganz großen Erfolg und sonst gar nichts. Eine Nummer kleiner geht es nicht. Auch eine kleine Niederlage wird dann schnell zum Grund dafür, die Brocken lieber gleich ganz hinzuschmeißen. Depressive Internetabhängige haben nicht selten überzogene Erwartungen an sich selbst und ihre Leistungen. Drastisch formuliert, ist es für viele kurzfristig leichter, auf ganzer Linie grandios zu scheitern, als sich mit dem Mittelmaß zufriedengeben zu müssen. Das mag erklären, warum nicht selten überdurchschnittlich begabte und intelligente Menschen in unserer Medienambulanz anzutreffen sind. Sie haben sich deprimiert ins Netz zurückgezogen, weil sie keinen Weg für sich gefunden haben, der Welt und sich selbst zu zeigen, was sie eigentlich draufhaben. Wenn aber gerade jungen Leuten das Gefühl gegeben wird, sich selbst und ihre Fähigkeiten nicht erfolgreich in der Welt unter Beweis stellen zu können, dann neigen sie dazu, sich zu entziehen. Dann heißt es, lieber gar nichts mehr zu machen, als sich noch eine Enttäuschung abzuholen. Dann setzen sie doch lieber auf sichere Erfolge im Internet, zum Beispiel als Helden in einem Computerspiel.

Angst

Viele Menschen leiden unter Ängsten: der Angst vor zu engen oder zu weiten Räumen und Plätzen, der Angst vor Tieren oder der Angst vor anderen Menschen. Wenn wir Menschen Angst haben, neigen wir dazu, uns zurückzuziehen und im schlimmsten Fall in Schreckstarre still an einem sicheren Ort auszuharren, am besten dort, wo wir uns sicher fühlen, idealerweise zu Hause. Wenn wir nun von dort aus über das Internet trotzdem am gesellschaftlichen Leben teilnehmen oder uns in virtuellen Parallelwelten ablenken, dann wird es immer verführerischer, einfach ganz zu Hause zu bleiben. Wir müssen ja nicht einmal zum Einkaufen das Haus verlassen, um uns mit dem Notwendigsten zu versorgen. Im Internet können wir alle Handlungen und Begegnungen so einrichten, dass wir unsere Angst gar nicht mehr spüren. Was oder wer uns dort Angst macht, wird einfach weggeklickt. Hier haben wir scheinbar alles unter Kontrolle.

Das ist der Grund, warum gerade Menschen mit Ängsten besonders gefährdet sind, internetabhängig zu werden. Abgesehen von der Suchtentwicklung liegt das Problem besonders darin, dass die Ängste immer stärker zunehmen, wenn die Betroffenen es vermeiden, sich den Situationen zu stellen, die sie in Panik versetzen. Je länger man sich in seinen vier Wänden und ins Netz verkriecht, desto mehr gewöhnt man sich an diese Vermeidungstaktik. Und umso größer wird dann irgendwann die Hemmschwelle, das Haus überhaupt noch zu verlassen. So wird die Angst ein ganz entscheidender Faktor im Teufelskreis der Sucht. Wenn das Internet eines Tages der einzige Ort ist, an dem man überhaupt noch angstfrei leben kann, dann ist man in die digitale Falle gegangen.

Begleiterkrankungen

Eine Internetabhängigkeit kommt selten allein. Die Aufmerksamkeitsdefizit- und Hyperaktivitätsstörung (ADHS), Angsterkrankungen und Depressionen können nicht nur als Begleit- und Folgeerkrankungen auftreten, sie treten manchmal auch schon im Vorfeld einer Internetabhängigkeit auf[20]. Ganz besonders für junge Menschen gilt: Wer unter diesen psychischen Störungen leidet, hat ein höheres Risiko, von digitalen Medien abhängig zu werden.

Das Risiko ist eventuell noch größer, wenn eine Persönlichkeitsstörung vorliegt. Persönlichkeitsstörungen sind tiefgehende, um nicht zu sagen tiefsitzende psychische Störungen, die schon im frühen Kindesalter ihren Ausgang nehmen. Hierbei sind ein oder mehrere Bereiche der Persönlichkeit betroffen. Das Leid der Betroffenen zeigt sich vor allem darin, dass sie aufgrund der auffälligen Persönlichkeitsmerkmale immer wieder Probleme mit ihren Mitmenschen haben. Im Rahmen einer eigenen bislang unveröffentlichten Studie hat der klinische Psychologe Andrija Vukicevic herausgefunden, dass etwa ein Drittel der von uns untersuchten Internetabhängigen an einer Persönlichkeitsstörung litt, wobei auch hier depressive und ängstlich-selbstunsichere Züge am häufigsten diagnostiziert wurden. Menschen mit einer depressiven Persönlichkeitsstörung verhalten sich oft so, dass ihr Umfeld immer wieder eine Enttäuschung darstellt. Und die Selbstunsicheren erleben ihre Umwelt zumeist als furchteinflößend. Beide können sich in der Regel gar nicht vorstellen, dass es auch anders sein könnte, dass sie in dieser Welt einmal eine andere Erfahrung machen und eine andere Rolle spielen könnten. Der Rückzug in den Cyberspace, in dem alles viel leichter und ungefährlicher ist, liegt nahe. Bei ihnen sitzen die Depression und die Angst also viel tiefer als bei den Patienten mit einer einfachen Depression oder Angsterkrankung, die mit Psychopharmaka oder Psychotherapie gut behandelt werden können. Um eine Persönlichkeitsstörung zu beeinflussen, bedarf es in der Regel einer langfristig angelegten mehrjährigen Psychotherapie. Dies gilt auch für andere Persönlichkeitsstörungen, die im Prinzip alle ebenso mit einer Internetabhängigkeit einhergehen können. Bevor eine Psychotherapie greifen kann, muss aber in der Regel eine solche hinzugekommene Suchterkrankung angegangen werden. Das macht die ganze Sache ziemlich kompliziert.

Und es gibt noch eine weitere eher seltene, aber immer häufiger diagnostizierte Erkrankung, die ähnlich wie eine Persönlichkeitsstörung den Nährboden für eine Internetabhängigkeit bilden kann: das Asperger-Syndrom. Diese Form des Autismus besteht von Geburt an und ist therapeutisch ebenfalls schwer zu beeinflussen, weil sie vermutlich vor allem genetisch bedingt ist. Menschen mit dieser milden Form von Autismus weisen zwei charakteristische Eigenschaften auf. Erstens haben sie häufig ganz spezielle Interessen und Fähigkeiten, zum Beispiel im Bereich der Mathematik. Und zweitens haben sie Schwierigkeiten mit und nicht selten Angst vor menschlichen Kontakten, weil sie die Gesichtsausdrücke und damit die Gefühle der anderen nicht richtig deuten können. Beides erklärt, warum das Internet für solche Menschen besonders attraktiv ist. Dort kann man ganz wunderbar ausgefallenen Interessen nachgehen. Und man kann dort den Kontakt zu Menschen gut dosieren und kontrollieren, ohne unmittelbar den Reaktionen der anderen ausgeliefert zu sein. Auch wenn diese Erkrankung ziemlich selten ist und aus meiner Sicht wie ADHS tendenziell zu häufig diagnostiziert wird, habe ich es schon einige Male erlebt, dass sich in einer unserer Sprechstunden für Internetabhängige ein Patient überhaupt zum ersten Mal im Hilfesystem für psychisch Kranke vorstellte, bei dem ich die Verdachtsdiagnose eines Asperger-Syndroms gestellt habe, was sich dann bei einer Spezialistin für Autismus bestätigte.

Manchmal lag ich aber auch mit meiner Einschätzung daneben. Dies mag daran liegen, dass nicht wenige der jungen Internetabhängigen Züge von Autismus aufweisen, weil sie seit Jahren in der Isolation des Cyberspace gelebt haben, dort durchaus sehr spezifischen Interessen – vor allem Computerspielen – nachgegangen sind und dabei nie erlebt oder es verlernt haben, soziale Kontakte in der direkten Begegnung gut auszuhalten und zu gestalten. Einen Autismus kann man hier nicht diagnostizieren, weil dieser per Definition von Geburt an bestehen muss. Insofern spricht man hier auch von *Pseudoautismus*. Dass mir manche internetabhängige Patienten sagen, echte soziale Kontakte seien ihnen viel zu kompliziert, zu anstrengend und zu beängstigend, dass sie mir wie Autisten vorkommen, obwohl sie es nicht sind, erschrickt mich immer wieder. Wenn eine langjährige

Internetabhängigkeit dazu in der Lage ist, einen Menschen in ein Krankheitsbild hineinzumanövrieren, das einer so schwerwiegenden Störung wie dem Asperger-Autismus gleicht, dann ist das schon ziemlich beängstigend.

Als Fazit bleibt festzustellen, dass die Internetabhängigkeit einer Depressivität, sozialer Ängstlichkeit und den Symptomen von ADHS und Autismus ebenso folgen als auch vorausgehen kann. Nicht selten entwickeln sich die Störungsbilder sogar parallel und einander gegenseitig verstärkend. Es liegt dann an einem Arzt oder Psychologen herauszufinden, wie das eine mit dem anderen zusammenhängt, um eine individuelle Therapieplanung zu ermöglichen.

4 Wege aus der Sucht. Behandlung

Stellen Sie sich vor, dass die Welt, in der Sie leben, eine Computersimulation sei. Die Welt, die Sie für völlig real gehalten haben, ist ein von Maschinen gesteuertes Programm. Schmerzlich wird Ihnen klar, dass Sie bislang lediglich eine Rolle in einer künstlichen Parallelwelt spielen, die von Computern produziert wird. Ihr Gehirn ist direkt mit dem Internet verbunden und nimmt nichts anderes mehr wahr. Auch keine der Personen, denen Sie dort begegnen, ist real. Sie haben es nur mit Avataren, also mit computergesteuerten Spielfiguren, zu tun. Diese werden entweder von anderen Menschen oder von Computerprogrammen gesteuert.

All dies war Ihnen Ihr Leben lang weder bekannt noch bewusst. Ihr Bewusstsein und damit auch Ihre Willensfreiheit waren in einem entscheidenden Punkt eingeschränkt. Sie konnten zwar bis zu einem gewissen Grad denken und fühlen. Ohne einen unmittelbaren Bezug zum eigenen Körper aber kann kein Mensch zu vollem Bewusstsein kommen. Ganz in der virtuellen Welt des Cyberspace zu leben bedeutet, dass Sie letztlich nicht frei und unabhängig sind.

Dieses Szenario ist dem Science-Fiction-Film *Matrix* (1999) entnommen. Dessen Held Neo wird schmerzlich bewusst, dass er in einer falschen Welt lebt. Er tritt den beschwerlichen Weg aus dem Gefängnis des Computerprogramms an, um sich und später auch andere von der Versklavung durch die Matrix zu befreien. Die Ausgangssituation des Filmhelden beschreibt aber ebenso gut die Situation von Menschen mit einer extremen Internetabhängigkeit. Hier geht es auch um Menschen, die die meiste Zeit ihres Lebens in simulierten Welten verbringen,

ohne sich ihrer selbst und ihrer Möglichkeiten in der realen Welt voll und ganz bewusst zu werden.
Auch für Neo ist der Weg aus der Matrix ein langer und leidvoller Prozess. Er entscheidet sich dafür, ein Mensch mit vollem Bewusstsein zu werden und der konkreten Realität ins Auge zu sehen. Als er aus dem Alptraum seines Schattendaseins im Cyberspace aufwacht, stellt er fest, dass sein Körper sein bisheriges Dasein in einer Nährflüssigkeit innerhalb einer künstlichen Gebärmutter gefristet hat. Wie mit einer Nabelschnur ist sein Körper mit Maschinen verbunden. Während diese ihm seine Energie abzapfen, werden über eine direkte Verbindung zu seinem Gehirn die Daten und Bilder der virtuellen Welt eingespeist, in der er bislang gelebt zu haben meinte. Unter Schmerzen zieht er die Datenverbindung aus seinem Kopf. Blass und kraftlos erwacht er. Nun findet er eine Welt vor, die von Maschinen beherrscht wird. Diese Maschinen haben sich verselbständigt und alle Menschen versklavt. Während den Menschen die für die Maschinen lebensnotwendige Energie abgezapft wird, wird ihr Geist in eine virtuelle Welt eingespeist.
Dies ist ein starkes filmisches Beispiel dafür, wie Menschen zu willenlosen Marionetten gemacht werden können, wenn man ihnen eine schöne Welt vorspielt. Setzt mich doch einfach in eine Nährlösung und lasst mich in Ruhe spielen, mehr will ich gar nicht, so könnte ein Internetabhängiger sagen. Manchmal spiele ich mit meinen Patienten das *Matrix*-Szenario in Gedanken durch und frage sie, in welcher Welt sie leben wollen: Stellen Sie sich vor, Ihnen wird für den Rest Ihres Lebens garantiert, dass Sie immer mit den besten Computern, den schnellsten Internetverbindungen und den neuesten Softwareprogrammen und Computerspielen ausgestattet werden. Für ein uneingeschränktes Leben im Cyberspace würden Sie in

einen fensterlosen Raum eingeschlossen, in dem es neben dem Computerarbeitsplatz nur ein Bett und ein Laufband geben würde, damit Sie sich bewegen und schlafen können. Das Essen würde Ihnen regelmäßig unter der Tür durchgeschoben. Wären Sie unter diesen Umständen bereit, dieses Zimmer nie verlassen zu dürfen und nie wieder das Tageslicht und einen leibhaftigen Menschen zu sehen? Könnten Sie sich hier und jetzt für immer entscheiden?
Es ist erschreckend, wie viele Patienten in unserer Ambulanz diese Frage schon mit Ja beantworteten. Sie würden aber nicht kommen, wenn sich nicht irgendetwas in ihnen danach sehnen würde, sich aus den Fängen des Netzes zu befreien. Im besten Fall machen sie sich wie Neo auf den Weg in die Realität.

Wir wissen mittlerweile recht viel darüber, wie Internetabhängigkeit entsteht, wie sie diagnostiziert werden kann und welche Folgen sie nach sich zieht. Aber es existieren so gut wie keine verlässlichen wissenschaftlichen Studienergebnisse, auf die wir uns bei der Behandlung Internetabhängiger berufen können.

Die Planung, Durchführung und Auswertung klinischer Studien, in denen Therapieverfahren erprobt werden können, brauchen in der Regel viele Jahre. Um solche Untersuchungen zu organisieren und damit sie überhaupt genehmigt werden, bedarf es aber nicht nur viel Zeit, sondern auch einer breiten Anerkennung des zu untersuchenden Krankheitsbildes. Da Internetabhängigkeit immer noch nicht vollständig anerkannt ist seitens der Fachverbände, der Politik und der Kostenträger, lassen aussagekräftige Ergebnisse von Therapiestudien noch auf sich warten.

Abgesehen von den wenigen wissenschaftlichen Daten, die uns zur Verfügung stehen, können wir uns aber auf die

Erkenntnisse und Erfahrungen der Behandlung seelischer Erkrankungen im Allgemeinen und der Suchterkrankungen im engeren Sinne berufen. Die Behandlungsverfahren der vergleichbaren Abhängigkeit von Alkohol und Glücksspielen sind gut erforscht und erprobt, ebenso die der Begleiterkrankungen Depressionen, Angststörungen und ADHS. Insofern können wir bei der Therapie von Internetabhängigkeit durchaus auf wichtige Erkenntnis- und Erfahrungswerte zurückgreifen. Vor diesem Hintergrund wagte ich mich 2003 im Sinne eines *learning by doing* an die ersten Behandlungen heran, als die ersten Internetabhängigen zu uns in die Hannoveraner Ambulanz kamen. Der erste internetabhängige Patient, den ich über einen längeren Zeitraum von mehreren Jahren behandeln durfte, hat mit mir sehr unterschiedliche Phasen der Therapie durchlaufen. Zugegebenermaßen ist mir dabei nicht immer alles gelungen, und ich musste im Verlauf selbst viel lernen.

4.1 Herr M.

Wie so viele Internetabhängige stellte sich Herr M. erst einmal ohne eigene Veränderungsmotivation in meiner Sprechstunde vor. Sein Sachbearbeiter im Jobcenter hatte in der Zeitung von unserer Ambulanz gelesen und seinen Klienten dazu aufgefordert, sich einer Diagnostik und Behandlung zu unterziehen. Ansonsten würden ihm die Sozialleistungen gekürzt. Eine solche Auflage ist erfahrungsgemäß zunächst einmal eine denkbar schlechte Ausgangssituation für die Therapie. Aber dies sollte sich im Verlauf ändern.

Als Herr M. zu uns kam, hatte er über einen Zeitraum von mehr als zwei Jahren 8 bis 12 Stunden täglich das Online-Rollenspiel *World of Warcraft* gespielt. Schon seit der frühen Kindheit hatte er einen exzessiven Computerspielkonsum betrieben, worunter stets seine Schulleistungen litten. Rückblickend sagte er mir in der Therapie, dass er »noch nie im Leben ein Ziel gehabt« habe. Die »Computerspiele haben immer die Ziele vorgegeben«. Und er fügte hinzu: »Da kann man wenigstens etwas erreichen.« Zur Schule ging der Patient immer nur, weil er es musste, nie aus eigenem Antrieb. Obschon er eine deutlich überdurchschnittliche Intelligenz besaß, zeigte er immer gerade nur so viel Einsatz wie nötig, um die Schule bis zum Abi durchzustehen. Nach dem Zivildienst startete er zwei Versuche, ein Studium zu absolvieren. Herr M. besaß einen ausgeprägten Sinn für Gerechtigkeit, weswegen zunächst das Jurastudium nahelag. Beim zweiten Versuch wollte er sein Interesse für alles, was mit Computern zusammenhängt, im Studium der Informatik bündeln. Nach seinen Angaben scheiterten beide Versuche vor allem daran, dass er nicht vom Computerspielen ablassen konnte. Schließlich nahm er einen Job am Flughafen an. Zwei Jahre lang sorgte er für seinen Lebensunterhalt, indem er am Gepäckband Koffer auf- und ablud. Diese Tätigkeit erdete ihn, war aber für seinen wachen Geist denkbar unbefriedigend. Er arbeitete vor allem abends und auch nachts, sodass es schwer war, ein Alltagsleben mit sozialen Kontakten aufzubauen. Freunde hatte er weiterhin fast ausschließlich in den Online-Spielen. Nach zwei Jahren verlor er seine Stelle am Flughafen. Er berichtete, dass sein Arbeitgeber seinen befristeten Vertrag nicht habe weiter verlängern können. Anstatt ihn fest anzustellen, habe man ihn entlassen. Dies widersprach seinem Gerechtigkeitssinn. Nach den gescheiterten Versuchen zu studieren wurde auf diese Weise auch seine erste Begegnung mit der Arbeitswelt zur Enttäuschung. Fortan lebte er von Hartz IV und zog sich zurück. Besiegelt wurde dieses Schicksal für über zwei Jahre mit der Veröffentlichung der deutschen Version von *World of Warcraft*. Als er sich schließlich bei mir vorstellte, hatte er mehr als zwei Jahre seines Lebens in dieser Spielwelt verbracht.

Die meiste Zeit mochte er in einer virtuellen Welt leben. Körperlich wohnte er allerdings in einem Zimmer im Souterrain des Hauses seiner Eltern. Obwohl er bereits Anfang 30 und seinen Eltern gegenüber kritisch eingestellt war, hatte er den Absprung von zu Hause nie geschafft. Noch immer nahm er Mahlzeiten gemeinsam mit seinen Eltern ein. Diese hatten es längst aufgegeben, ihm zu sagen, was er tun soll (arbeiten gehen) und was nicht (am Computer spielen).

Gerade der Vater hatte wohl auch schlechte Karten, wenn es um exzessive Mediennutzung ging. Herr M. berichtete, dass der Vater selbst immer sehr viel Fernsehen geschaut und wenig mit seinem Privatleben anzufangen gewusst habe. So erklärt sich wohl eine etwas absurde Rollenumkehr. Manchmal sei er zu seinen Eltern in die Wohnung hochgekommen und habe seinen Vater mit den Worten geärgert: »Na, Papa, hast du wieder nichts Besseres zu tun, als in die Glotze zu schauen?«

Die Kritik an Vater und Elternhaus hatte allerdings viel tiefer liegende Hintergründe, wie wir im Laufe der Behandlung gemeinsam herausarbeiten konnten. Herr M. war der älteste von vier Söhnen einer Familie, die zu einer christlichen Sekte gehörte. Die Eltern waren in dieser Kirche, die aus Sicht des Patienten unbedingt den Namen Sekte verdiente, sehr engagiert und sogar in führenden regionalen Positionen tätig, als der Patient noch Kind war. Solange er denken konnte, hatte er sich innerlich gegen diese Sekte aufgelehnt. In der Schule habe er sich deshalb als Außenseiter gefühlt und kaum Freunde gehabt. Interessanterweise übertrug sich die Außenseiterrolle, die er in der Familie, in der Sekte und in der Schule erlebte, auch auf das Spiel, so dass er sich immer wieder mit virtuellen Spielvereinigungen (Gilden) überwarf.

Die Rituale der Sekte, zu denen er sich gezwungen gefühlt habe, habe er als demütigend empfunden und zutiefst verabscheut.

Besonders eindrücklich beschrieb er seine Taufe, die im achten Lebensjahr erfolgt war. Bis dahin gehe die Sekte davon aus, dass die Kinder ohne Sünde seien. Dies ist insofern interessant, als aus medienpsychologischer Sicht durchschnittlich ein Kind ab dem achten Lebensjahr in der Lage ist, Realität und Fiktion sicher auseinanderzuhalten. Man könnte sagen, dass in dieser religiösen Sekte der Eintritt in das Alter voller Bewusstseinsfähigkeit – sozusagen das psychologische Alter der Aufklärung – deshalb zur Sünde erklärt wird, damit sie sich ihrer Anhänger frühzeitig bemächtigen kann. Dementsprechend empfand Herr M., der vermutlich vorzeitig zu besonderer geistiger Reife gelangt war, die Taufzeremonie, bei der er mit dem ganzen Körper unter Wasser getaucht wurde, als Gewaltakt. Damals schwor er sich, bei erster Gelegenheit aus der Sekte auszutreten, was er dann auch mit 18 Jahren tat.

Zehn Jahre lang verbrachte er aber in einem Zustand innerer Rebellion gegen seine Familie. Die den Eltern verhassten Computerspiele boten ihm einen Rückzugsraum, in dem er sich autonomer und kämpferischer gab, als er es in seinem engen, um nicht zu sagen engstirnigen Umfeld sein konnte. Bei der Betrachtung seiner Familienverhältnisse gilt als besonders bemerkenswert, dass auch die Eltern von ihrer Glaubensgemeinschaft nicht wirklich innerlich erfüllt zu sein schienen. Vielmehr machte es den Eindruck, als hätten ihre strengen Regeln und Rhythmen vor allem die Funktion gehabt, einer Familie mit einer eher depressiven und antriebsarmen Atmosphäre einen

Halt und eine Richtung zu geben. Die Rebellion des Patienten in Form von exzessivem Computerspielen führte jedoch ins Leere, denn fortan waren sie es, die ihm die Ziele vorgaben. Als sich der Patient schließlich in meiner Sprechstunde vorstellte, zeigte er sich im Rahmen der Diagnostik als ebenso internetabhängig wie depressiv.

Er erfüllte alle Kriterien für Internetabhängigkeit, wie sie Kimberly Young formuliert hat, und erzielte auf der Internetsuchtskala von Hahn und Jerusalem ausgesprochen hohe Werte. Zu diesem Zeitpunkt hatte er völlig die Kontrolle über seinen Spielkonsum verloren und letztlich aufgegeben, die Spielzeiten zu begrenzen und in einen normalen Tag-Nacht-Rhythmus zu kommen. Auch wenn er mal nicht im Internet war, dachte er daran, was er dort zuvor gemacht hatte oder baldmöglichst tun würde. Es gab keine sozialen Kontakte außerhalb des Internets, abgesehen von denen zu seiner Familie und zu seinem Sachbearbeiter, die er auf ein Minimum reduziert hatte. Ihm fehlte jede Aussicht auf die Aufnahme einer neuen Ausbildungs- oder Arbeitsstelle, einer Freundschaft oder gar einer Partnerschaft. Letzteres hatte er ohnehin noch nie erlebt. Und wenn er mal nicht ins Netz konnte, sank seine Stimmung noch weiter in den Keller, als sie angesichts seiner Kellerexistenz in der dunklen Souterrainbehausung ohnehin schon war. Dann konnte er richtig depressiv werden.

Überhaupt wurde im Verlauf der Therapie, in der er sich ein Stück weit vom Netz befreien konnte, immer deutlicher, dass er schon seit langem unter Symptomen einer Depression litt. Die Internetabhängigkeit hatte diese über einen langen Zeitraum kaschiert. Seine Stimmung war gedrückt und wenig modulierbar. Es gab kaum etwas, was ihn zum Lächeln, geschweige denn zum Lachen bringen konnte. Seine Freudlosigkeit ging mit einer deutlichen

Antriebslosigkeit einher, dies zumindest im Hinblick auf alles, was in der konkret-realen Welt zu tun war oder zu tun hätte sein können. Der fehlende Antrieb zeigte sich vor allem im Sinne eines typischen Morgentiefs am Anfang seines Tages, der allerdings wegen der Umkehrung seines Schlafrhythmus erst mittags oder gar nachmittags begann. Seine Grundhaltung war deutlich pessimistisch. Sein Misstrauen gegenüber der Gesellschaft und den Menschen war groß, ohne dass er je paranoid gewesen wäre. Als besonders berührend empfand ich es, dass er schon immer mit lebensmüden Gedanken gekämpft hatte. Er hatte aber beteuert, niemals versucht zu haben, sich das Leben zu nehmen, und dies auch nicht vorzuhaben. Er empfand einfach das Leben im Allgemeinen und sein Leben im Besonderen als nicht lebenswert. Deshalb hatte er sich ja überhaupt erst eine alternative Lebensform im Cyberspace gesucht.

Die Sprechstunde für Internetabhängige an der Medizinischen Hochschule Hannover hatte ich im Rahmen der psychiatrischen Institutsambulanz aufgebaut, deren oberärztliche Leitung ich damals innehatte. Zu diesem Zeitpunkt war ich bereits Facharzt für Psychiatrie und Psychotherapie. Am Anfang der Behandlung von Herrn M. ging es zunächst darum, die schlimmsten sozialen und psychischen Folgen seiner Abhängigkeit zu lindern. Mit der fortan kontinuierlichen Unterstützung eines Sozialarbeiters konnten die Einkünfte des Patienten dadurch auf eine sicherere Basis gestellt werden, dass ein Antrag auf Grundsicherung gestellt und genehmigt wurde. Zu diesem Zeitpunkt war abzusehen, dass es ein langer Weg bis zu einer beruflichen Wiedereingliederung werden würde. Das Arbeitsamt ließ dem Patienten eine lange Leine, vielleicht – so dachte ich bisweilen – eine zu lange Leine. Neben den sozialen Sicherungsmaßnahmen behandelte ich den Patienten psychiatrisch, das heißt psychotherapeutisch und auch psychopharmakologisch. Wegen der gravierenden Depressivität empfahl ich ihm eine antidepressive Medikation, worunter er eine gewisse Verbesserung und Stabilisierung seiner niedergedrückten Stimmung erfuhr. Nach einigen Jahren fügten wir sogar noch ein zweites Antidepressivum hinzu, das ebenfalls Wirkung zeigte. Mir war aber klar – und es war mir auch wichtig, dies dem Patienten deutlich zu vermitteln –, dass die zentrale Art der Behandlung psychotherapeutisch sein würde. Ich hatte ihn vorgesehen für eine neue Therapiegruppe für Internetabhängige in unserer Ambulanz.

Zur gleichen Zeit beendete ich die Ausbildung in Gruppenanalyse. Ursprünglich hatte ich Psychoanalytiker werden wollen, habe im Rahmen meiner Facharztweiterbildung aber nur eine Ausbildung zum tiefenpsychologischen Psychotherapeuten gemacht, da der zeitliche Aufwand einer analytischen Ausbildung kaum mit einer wissenschaftlichen Tätigkeit in Einklang zu bringen ist. Die Gruppenanalyse erschien mir als ein guter Kompromiss. Diese ist allerdings für Menschen mit einer akuten Internetabhängigkeit nicht sinnvoll, was meine Patienten und ich selbst im Laufe eines etwa sechsmonatigen Behandlungsversuchs schmerzhaft erfahren mussten.

Ich hatte mich im Vorfeld zwar ausführlich beraten und supervidieren lassen, aber diese Gruppentherapie erwies sich relativ rasch als Fehlversuch. Ebenso wie Herr M. waren fast alle der sechs Patienten, mit denen ich die Gruppe begann, wie so viele in dieser Zeit, abhängig von *World of Warcraft*. Bei einer Gruppenanalyse nimmt man sich in der Regel als Therapeut sehr zurück und lässt die Patienten intensiv miteinander interagieren. Dies taten sie auch, aber ohne meine Intervention auf eine Weise, die mir auf Dauer nicht recht sein konnte. Sie steckten näm-

lich ihre Köpfe zusammen und beamten sich gemeinsam in die Welt ihres Spiels. Ich kannte das Spiel einigermaßen gut, aber die Art und Weise, wie sich die Patienten über das Spiel unterhielten, verdeutlichte sehr anschaulich, dass es ihnen darum ging, in einer anderen Welt zu leben. Ich hatte bisweilen den Eindruck, als würde ich dem Treffen eines Volksstamms beiwohnen, dessen Sprache und Kultur mir fremd waren. Sie schien einen diebischen Spaß daran zu haben, mich außen vor zu lassen, und ich fühlte mich dabei vermutlich so wie ihre Eltern. Aber es war trotz regelmäßiger Supervision der Gruppe schwierig für mich, dies therapeutisch aufzugreifen und der Gleichförmigkeit der Gruppe etwas entgegenzusetzen. Dass die Gruppe scheiterte, lag aber vielleicht nicht allein an meiner Unerfahrenheit und dem nicht passenden Verfahren, sondern auch an der Gruppengröße. Man muss bei Suchtpatienten immer mit einer gewissen Unregelmäßigkeit und mit Rückfällen rechnen, so dass stets ein Teil der Gruppe nicht anwesend ist oder ganz abbricht. Da ich mich selbstverständlich verantwortlich fühlte für die sechs jungen Männer, half ich ihnen dabei, alternative stationäre und ambulante Behandlungsmöglichkeiten zu finden. Einigen konnte ich selbst eine Einzelbehandlung anbieten. Zu diesen zählte auch Herr M., der immer am zuverlässigsten an der Gruppe teilgenommen hatte.
Ich wollte ihn gerne ambulant weiterbehandeln, hatte aber den Eindruck, dass er einer noch tiefgreifenderen Therapie bedurfte. Angesichts der Schwere seiner Depressivität und der Eingefahrenheit seiner sozialen Situation riet ich ihm zu einer intensiven stationären Psychotherapie. Ich empfahl eine Behandlung in einer tiefenpsychologisch ausgerichteten Klinik, die auf persönlichkeitsnahe psychische Störungen spezialisiert ist. Es war keine Klinik, die auf Internetabhängigkeit spezialisiert war. Umso wichti-

ger war es, für die stationäre Aufnahme mit Herrn M. die bevorstehende komplette Abstinenz vorzubereiten.

Diese einzuhalten gelang ihm in der Klinik ausgesprochen gut. Er erzählte mir später, dass er durchaus Eingewöhnungsschwierigkeiten hatte, insbesondere in den Zeiten, in denen er allein war und es nichts zu tun gab. Aber überhaupt mit anderen Menschen in einer so wohlwollenden Atmosphäre zusammen zu sein und zu sprechen, tat ihm sichtlich gut. Anfangs habe er noch relativ stumm in der Gruppentherapie gesessen und ab und zu provozierende Bemerkungen gemacht. Irgendwann habe dann einmal einer der Gruppenteilnehmer gesagt, dass er doch eigentlich ganz okay sei und sich nicht unbedingt mit verbalen Querschlägen ins Abseits schießen müsse. Er könne doch auch einfach mitmachen und die Zeit mit ihnen positiv nutzen. Von da ab habe er sich nicht nur wohler in der Gruppe und auf der Station gefühlt, sondern auch von der Behandlung profitiert. Er freundete sich mit einem Mitpatienten und einer Mitpatientin an. Mit Letzterer gab es sogar einen Flirt, der seinem Selbstwertgefühl zuträglich war. Auch die Bewegungstherapie hatte ihm gutgetan, besonders der Kampfsport. Generell sind soziale und körperliche Erfahrungen in der Therapie für Internetabhängige besonders hilfreich.

Nach der dreimonatigen stationären Psychotherapie kam er wieder zu mir in die Ambulanz. Ich hatte ihm zugesagt, mit ihm eine ambulante Einzelpsychotherapie im engeren Sinne zu machen, wenn er aus der Klinik zurückkomme. Tatsächlich war seine Depressivität deutlich abgeklungen, und er hatte es in der Klinik geschafft, eine Computerspielabstinenz zu erzielen. Ich freute mich mit ihm über seinen Therapieerfolg. Nun hieß es, das Therapieergebnis zu halten und ihm eine Alltagsrelevanz zu verleihen. Das heißt, es ging nicht nur darum, die Abstinenz zu erhalten.

Sondern, um dies überhaupt zu ermöglichen, war nun oberstes Ziel, den Alltag wieder mit echtem Leben zu füllen. Es ging darum, eine Autonomie gegenüber dem Internet, seinem Elternhaus und seinem gesellschaftlichen Umfeld herzustellen. Es gelang ihm tatsächlich, eine eigene Wohnung zu finden und auszuziehen. Er lernte kochen und es gelang ihm, einen regelmäßigen Tagesrhythmus einzuhalten. Vor allem aber blieb er tatsächlich über Monate vollkommen abstinent von WOW und Co., wenngleich er sich weiter viel im Netz aufhielt, um dort Filme und Serien anzuschauen oder sich dort politisch zu informieren und auszutauschen.

Der Aufbau neuer sozialer Beziehungen und Betätigungen im Alltag fiel ihm wesentlich schwerer. Er versuchte die beiden neuen Freundschaften, die in der Klinik entstanden waren, trotz räumlicher Distanz aufrechtzuerhalten. Außerdem hatte sich der Patient fest vorgenommen, in einem Verein den Kampfsport Aikido zu betreiben. Um ihn in diesen Zielsetzungen zu unterstützen, arbeitete ich erstmals auch mit verhaltenstherapeutischen Interventionen. Es ging ja um eine Verhaltensänderung beziehungsweise um die Erschließung neuer Verhaltensspielräume. Vor allem ging es bei ihm auch um die Überwindung sozialer Ängste. Er hatte Angst vor der Ablehnung, die er aus der Schule schon zu gut kannte. Er hatte Angst, von den neuen Freunden aus der Klinik enttäuscht und im Sportverein gar nicht erst aufgenommen zu werden. Mir erschien sein vergebliches Ringen darum, auch dieses Therapieergebnis aufrechtzuerhalten, wie ein Kampf gegen Windmühlen. Manchmal unterschätzte ich dabei vielleicht, wie viel er im Grunde schon erreicht hatte: der Auszug, die Autonomie und die Abstinenz waren schon enorme Leistungen.

Und er kämpfte tapfer weiter um das nächste Ziel. Im

Rahmen der Arbeitstherapie der Medizinischen Hochschule Hannover (MHH) verhalf ihm der betreuende Sozialarbeiter zu einem Praktikum in der Pressestelle, die angesichts der knapp 8000 MHH-Mitarbeiterinnen und Mitarbeiter eine wichtige Funktion hat. Dort stellte er jeden Morgen einen Pressespiegel für das Direktorium zusammen, was er nach Angaben des Pressesprechers sehr gut machte.

Gegen Ende des Praktikums wurde es jedoch schwierig für den Patienten. Dafür gab es meiner Meinung nach zwei Gründe. Erstens war die berufliche Perspektive trotz des erfolgreichen Praktikums schwierig. Das Einzige, was ihm die MHH hätte anbieten können, wäre ein 1-Euro-Job gewesen. Dies aber war für den überaus gesellschaftskritischen Patienten absolut keine Option. Er hätte es nachvollziehbarerweise als eine inakzeptable Ausbeutung empfunden. Zweitens bekam er zum Schluss die Aufgabe, für das hauseigene Magazin einen Artikel über *WOW* zu schreiben. Dabei musste er über das Spiel, von dem er ja seit Monaten abstinent geblieben war, recherchieren und nachdenken. Katastrophalerweise hat ihn dies wieder dermaßen angefixt und einen derartigen Suchtdruck erzeugt, dass er schließlich rückfällig wurde.

Er tat aber alles dafür, diesen Rückfall in engen Grenzen zu halten, um nicht alles Erreichte wieder aufs Spiel zu setzen. In der Psychotherapie arbeitete er mit mir nun daran, eine kontrollierte Computerspielnutzung herbeizuführen. Das heißt, dass es nicht mehr sein Ziel war, ganz auf das Spielen zu verzichten, sondern dies in kontrollierten Zeiträumen zu tun. Durch die erneut empfundene berufliche Perspektivlosigkeit war die Leere im Alltag zurückgekehrt, die er mit Leben füllen musste, wenn auch mit virtuellem Leben. Ich konnte das gut nachvollziehen, und es erschien mir an dieser Stelle der Therapie auch wichtig, dies nicht zu bewerten, sondern seine Entscheidung zu respektieren.

In dieser Zeit war die Supervision der Therapie besonders wichtig, damit ich mir der Grenzen und Chancen der Behandlung bewusst werden konnte. Hätte ich Herrn M. die komplette Abstinenz Computerspielen und die Aufnahme einer Arbeit als oberste Therapieziele abverlangt, hätte ich ihn vermutlich als Patienten verloren. Dann wäre ich für ihn wohl in erster Linie ein Repräsentant der Leistungsgesellschaft, um nicht zu sagen der Erwachsenenwelt geblieben, mit der er so viele negative Erfahrungen gemacht hatte. Und er hätte sich in seinem seelischen Leiden nicht verstanden und angenommen gefühlt.

Anfangs hatte ich mich im Rahmen der Therapie noch komplett gegen die politischen Themen gewehrt, die der Patient regelmäßig in die Therapie einbrachte. Allmählich wurde mir klar, dass es wichtig war, sich zugunsten der therapeutischen Beziehung ein wenig darauf einzulassen, zumal ich gerne leidenschaftliche politische Diskussionen führe. Auf diese Weise – so hoffte ich – konnte ich mich für die so fundamentalen Aversionen des Patienten gegenüber der realen Gesellschaft, in der er zumindest körperlich lebt, interessieren und ihre persönlichen Hintergründe erfahren. Indem ich mich als ein Resonanzraum anbot, als jemand, der diese Gesellschaft weder verteidigen noch verteufeln musste, hoffte ich, ihm dabei zu helfen, neue Spielräume und Nischen in dieser Welt ausloten und erobern zu können.

Sobald er mich nicht mehr in erster Linie als Repräsentant dieser Welt wahrnahm, konnten wir auf andere Art und Weise über die Welt reden, in die er hineingeboren worden war, auch über die depressive und sektiererische Enge der Familie, die kaum Spielräume zuließ. In diesem Zusammenhang deutete ich die Internetabhängigkeit von

Herrn M. als einen gescheiterten Lösungsversuch, sowohl dem Elternhaus als auch der Sekte zu entkommen. Der Patient war zwar die meiste Zeit des Tages in alternativen Welten unterwegs, aber am Ende lebte er noch über das 30. Lebensjahr hinaus in der Enge seines Elternhauses. Und obwohl er mit 18 Jahren aus der Sekte ausgetreten war, hatten sich die innere Prägung durch und die Rebellion gegen sie verselbständigt und in eine Sucht verwandelt. Die tiefe Ablehnung gegenüber der Sekte, die seine ersten gemeinschaftlichen Erfahrungen geprägt hatte, mündete in eine Ablehnung nicht nur gegenüber der deutschen Gesellschaft, sondern der globalen menschlichen Gemeinschaft schlechthin. Die vermeintliche Wahl einer alternativen virtuellen Gesellschaft in einer mittelalterlichen Phantasiewelt mit vielen pseudoreligiösen Anklängen, wie sie ihm *World of Warcraft* bot, war aber leider nichts anderes als ein fauler Kompromiss. Was er der christlichen Sekte seiner Eltern vorwarf, hätte er in großen Teilen auch seinem Lieblingsspiel vorwerfen können. Er sah die Sekte vor allem als ein dubioses Unternehmen, das schwache Menschen mit Hilfe ominöser Heilsversprechen und spirituellem Brimborium in eine Abhängigkeit zwingt, um von ihnen finanziell zu profitieren.

Auch wenn die meisten Menschen nicht vom *WOW*-Spielen abhängig werden, so haben wir es hier mit einer Firma zu tun, die versucht, Menschen emotional und zeitlich so lange wie möglich an sich zu binden. Dies gelingt ihr mit dem Versprechen auf ein erfolgreiches virtuelles Heldendasein und permanenten mythologisch angehauchten Spielzutaten. Um möglichst viel Geld mit den Spielern zu machen, wird das Risiko einer Suchtentwicklung billigend in Kauf genommen. Herrn M. zu verdeutlichen, dass er das eine mit dem anderen Übel ausgetauscht hatte, fiel mir schwer. Es muss auch eine bittere Erfahrung sein, wenn man feststellt, dass einen die Rebellion genau dahin zurückführt, wogegen man rebelliert hat.

Im Zuge dieser schwierigen, aber ebenso fruchtbaren therapeutischen Beziehungsarbeit, in deren Rahmen es aus meiner Sicht für den Zeitraum von etwa einem Jahr wichtig war, von meiner Seite aus keine neuen Therapieziele einzubringen, schien Herr M. neuen Schwung aufzunehmen. Er interessierte sich für eine teilstationäre Behandlung in der Tagesklinik, deren Leitung ich in der Zwischenzeit übernommen hatte.

Zu diesem Zeitpunkt der Behandlung sahen wir das vor allem im Hinblick auf rehabilitative Ziele. Zur Tagesklinik geht man wie zur Arbeit fünf Tage die Woche von morgens bis abends, nur dass man dort eben an sich selbst arbeitet. Auf diese Weise erhielt der Patient einen Alltagsrhythmus und konnte das Erfahrene und Erlernte zu Hause und am Wochenende auf seine Alltagsrelevanz hin überprüfen und erproben.

Nach der knapp dreimonatigen tagesklinischen Behandlung sollte es im Sinne einer beruflichen Rehabilitation weitergehen. Herr M. ließ sich auf diese sich anschließende berufsbildende Maßnahme ein, die aber keine nachhaltigen Perspektiven oder Effekte auslöste. Auch hier empfand er die Erfahrungen in der Gruppentherapie als besonders hilfreich, und er selbst wurde von den Mitpatienten und Therapeuten als zugewandt und unterstützend erlebt. Und im Zuge dieser Tagesklinikbehandlung freundete sich Herr M. mit einer Mitpatientin an. Wenngleich es nicht zu einer längeren Beziehung kam, so war das gemeinsam Erlebte doch um einiges intensiver, als es noch während der stationären Psychotherapie möglich war. Im Zuge der vielen therapeutischen Phasen hatte er sich innerlich weiterentwickelt, wurde gegenüber anderen Menschen offener und bezogener. Das freute mich sehr. So entstand die Idee,

die ambulante Psychotherapie nach der Tagesklinik im Rahmen einer ambulanten Gruppentherapie fortzusetzen und dies nicht in einer störungsspezifischen Gruppenbehandlung, sondern in einer interaktionellen Gruppentherapie, die gerade davon lebt, dass sowohl Menschen mit unterschiedlichen Erkrankungen an ihr teilnehmen. Der Gedanke war, dass der Patient seine depressive Zurückgezogenheit und seine sozialen Ängste im Rahmen eines solchen Settings besser weiterbearbeiten könnte.
Zumal es für mich galt, Abschied aus Hannover und damit auch von meinen Patienten zu nehmen. Das fiel mir nicht leicht. Aber ich wollte mich beruflich verändern und noch einen zweiten Facharzt für Psychosomatische Medizin und Psychotherapie machen. Ich hatte den Eindruck, dass ich schon einen weiten Weg mit Herrn M. gegangen war und es auch für ihn gut sein könnte, mit einem neuen ambulanten Behandler in der psychiatrischen Institutsambulanz und einer neuen ambulanten Gruppentherapie weiterzumachen. Ich hoffte, dass sich hier zu seinen Gunsten ein Kreis schließen würde. Schließlich hatte sein Weg in der Institutsambulanz mit einer Gruppentherapie begonnen.
Anderthalb Jahre nach meinen Weggang bekam ich einen Anruf von seinem Therapeuten in der Ambulanz. Herr M. war wieder depressiv eingebrochen, nachdem das Arbeitsamt Druck auf ihn ausgeübt hatte. Ich war kontaktiert worden, weil er eine Bescheinigung brauchte, die sich auf die Zeit in meiner Behandlung bezog. Diesem Wunsch kam ich gerne nach. Am Telefon erzählte mir Herr M., dass er nach meinem Weggang zwar in der Ambulanzbehandlung geblieben, nicht aber in der avisierten Gruppentherapie angekommen sei. Er habe sich nicht wirklich darum gekümmert. Nun litt er wieder vermehrt unter depressiven Symptomen und lebensmüden Gedanken. Mit

seiner Erlaubnis beriet ich mich auch noch einmal mit seinem Therapeuten hinsichtlich weiterer Behandlungsmöglichkeiten. Und ich versuchte mit ihm einmal mehr wachzurufen, was er alles schon erreicht hatte und dass Rückfälle bei Internetabhängigkeit und Depressionen zum Behandlungsverlauf dazugehören. Ich war und bin fest davon überzeugt, dass Herr M. gute Chancen hat, seinen Weg weiterzugehen, wenn er weiter Hilfe annimmt, um sich weiterzuentwickeln. Wie bei allen Suchterkrankten fehlt manchmal nur ein Mosaikstein, der alles im Rahmen der Therapie Erarbeitete zu einem großen Ganzen fügt, um schließlich eine nachhaltige Besserung herbeizuführen.

Ich wünschte, ich hätte mehr für Herrn M. tun können, sowohl in den Jahren in Hannover als auch jetzt. Es klingt seltsam, aber ich habe viel von ihm und mit ihm über die Therapie von Internetabhängigkeit gelernt. Es wäre schön, wenn er mehr davon haben könnte. Umso dankbarer muss ich ihm dafür sein, dass ich seine Geschichte hier aufschreiben darf, um die Komplexität des Krankheitsbildes und die Komplexität seiner Therapie zu erläutern. Alles, was es an therapeutischen Ansätzen zur Behandlung der Internetabhängigkeit gibt, findet sich auf die eine oder andere Art und Weise in seiner Geschichte wieder.

4.2 Allgemeine Prinzipien und Ziele

Internetabhängigkeit geht nicht, wie sie gekommen ist. Fast alle Menschen, die in unsere Ambulanz kommen, erfüllen die Kriterien einer Internetabhängigkeit und bedürfen auch einer spezifischen Behandlung. Selten kommt es vor, dass überbesorgte Eltern ihre gerade erwachsen werdenden Kinder in unsere Ambulanz bringen und wir einen Internetmissbrauch, aber keine Abhängigkeit im engeren Sinne bei ihnen feststellen. In der Regel erklären wir dann, welche Gefahren das Vollbild einer Internetabhängigkeit mit sich bringt und wie man sich davor schützen kann. Aber wir geben auch zu verstehen, dass es sich hier eher um eine Krise, genauer gesagt um eine Adoleszentenkrise, handelt, in der ein exzessiver Medienkonsum die Angst und die Ruhe vor dem Sturm des Erwachsenwerdens ausfüllt. Wir warnen dann manchmal sogar vor einer übermäßigen Pathologisierung, da diese auch nach hinten losgehen kann. Es gehört zu unserem Selbstverständnis, niemanden zu behandeln, der nicht an einer Erkrankung leidet. Wenn die jungen Erwachsenen in die Welt hinaustreten, um sich in ihrer Körperlichkeit und mit ihren Talenten zu zeigen und zu beweisen, dann erledigt sich ein übermäßiger Internetkonsum nicht selten von selbst.

Ist aber erst einmal eine krankhafte Internetabhängigkeit entstanden, so wächst sich diese eben nicht von selbst aus. Dies zeigt nicht nur die Erfahrung, sondern auch die erste Längsschnittstudie, im Rahmen deren über 3000 Kinder aus Singapur im Hinblick auf Computerspielabhängigkeit untersucht wurden.[1] Federführend bei dieser Studie war Douglas Gentile, der sich seit langem mit den Auswirkungen der digitalen Medien vor allem auch auf Heranwachsende auseinandersetzt. Im Namen des Fachverbands Medienabhängigkeit luden wir den Psychologieprofessor von der Iowa State University einmal als Referenten zu einem Symposium ein. Nach seinem Vortrag erzählte er mir beim Abendessen davon, wie leidenschaftlich er selbst gerne online spiele. Dementsprechend interessierten ihn nicht nur die Risiken, sondern auch die Chancen der Computerspiele im Besonderen und der digitalen Medien im Allgemeinen. Angesichts seines differenzierten Blicks sind seine ausgezeichneten Forschungsergebnisse besonders überzeugend. Im Rahmen der zweijährigen Studie, die er mit wissenschaftlichen Kollegen in Taiwan durchführte, zeigte sich, dass sich die Abhängigkeit von Computerspielen bei Kindern nicht einfach nur als Folge oder als Symptom bekannter psychischer Erkrankungen entwickelt. Dass es sich hierbei um ein eigenständiges Störungsbild handelt, zeigte sich vor allem aber auch in der Beständigkeit des Syndroms im Verlauf der zweijährigen Studie. Ist erst einmal eine Abhängigkeit entstanden, so verflüchtigt sich diese in aller Regel nicht ohne eine therapeutische Intervention.

Und je länger eine Abhängigkeit von Internet und Computerspielen unerkannt und unbehandelt bleibt, desto schwieriger und langwieriger wird die Therapie. Wenn sich ein Patient viele Jahre im Netz verirrt und verloren hat, dann braucht es oft nicht nur Monate, sondern ebenfalls Jahre, um nachhaltig den Weg ins Leben zurückzufinden. Es ist nie zu spät für eine Behandlung. Aber es ist wichtig, mit den Patienten von Anfang an zentrale Therapieprinzipien zu vereinbaren und realistische Therapieziele zu formulieren, um sie nicht unnötig zu demotivieren, sondern möglichst ebenso konkrete wie langfristige Perspektiven zu eröffnen.

Behandlungsziele

Entwicklung von digitaler Abstinenz:
- Entwicklung einer eigenen Veränderungsmotivation
- Entwicklung eines individuellen Erklärungsmodells für das eigene Abhängigkeitsverhalten
- Erreichung einer vollständigen Abstinenz im Hinblick auf diejenige Art der Internetnutzung, die zur Abhängigkeit geführt hat
- Alternativ: Erwägung einer entsprechenden kontrollierten Internetnutzung
- Erlernen des Umgangs mit Suchtverlangen und Entzugserscheinungen
- Individuelle Rückfallprophylaxe
- Vermeidung einer Suchtverschiebung
- Erstellung eines Notfallplans für Krisensituationen und Rückfälle

Erschließung alternativer Handlungsspielräume:
- Klärung und Verbesserung der sozialen Situation im Hinblick auf Wohnsituation und finanzielle Unterstützung
- Schaffung eines neuen sozialen Umfelds
- Rückbesinnung auf ursprünglich vorhandene Interessen, Fähigkeiten und Talente
- Reaktivierung früherer Kontakte und Hobbys
- Regelmäßige sportliche Betätigung
- Etablierung von Rhythmen und Ritualen, z.B. im Hinblick auf gesunde Ernährung und Schlafhygiene
- Wiederaufnahme des Schulbesuchs, Studiums, der Ausbildung oder der Arbeit
- Verbesserung von Selbstwert und Selbstsicherheit in realen Lebenszusammenhängen

Festlegung von Therapiezielen

Kann man heute überhaupt noch ohne Internet leben? Das werde ich oft gefragt, wenn ich in Vorträgen und Workshops ärztlichen und psychologischen Psychotherapeuten zu vermitteln versuche, wie man Internetabhängigkeit behandeln kann. Sicherlich kann man ohne Internet überleben, das heißt, dass man wohl nicht notwendigerweise Hunger leiden müsste. Aber wenn man in einem Land wie Deutschland am gesellschaftlichen Leben teilnehmen will, ist es mittlerweile unvorstellbar, gänzlich auf Computer und Internet zu verzichten. In kaum einem Beruf kommt man heute ohne ein Mindestmaß an digitaler Kompetenz und Anwendungsbereitschaft aus. Auch im Privatleben geht es kaum mehr ohne, wenn man z.B. allein an E-Mail-Kommunikation und Online-Banking denkt. Das Internet ist aus unserem Alltagsleben also nicht mehr wegzudenken. Die angeführten Beispiele gehören ja auch nicht zu den Anwendungen im Netz, von denen ein Abhängigkeitspotenzial ausgeht. Dementsprechend kann es also auch nicht um eine komplette Abstinenz vom Internet gehen.

Zur Diagnostik vor jeder Therapie gehört es zwingend herauszuarbeiten, von was genau im Internet die Betroffenen abhängig sind. Die bisherige Erfahrung lehrt, dass es in aller Regel um einen der drei Bereiche geht, die die verschiedenen Varianten der Internetabhängigkeit ausmachen: Online-Spiele, soziale Netzwerke und Cybersex. Sicherlich schauen viele Online-Spieler auch schon einmal pornografische Videos im Netz an. Eine Abhängige von Sozialnetzwerken mag manchmal Computerspiele spielen. Und ein Cybersexsüchtiger auch mal mit Freunden in sozialen Netzwerken unterwegs ist. In der Regel spielen jedoch für die Abhängigkeit die jeweils anderen Arten der Internetnutzung eine zeitlich untergeordnete Rolle.

Abstinenz

Vor der Behandlung erklären wir den Patienten, dass es gemäß aller wissenschaftlicher Erkenntnis und klinischer Erfahrung mehr als ratsam ist, eine komplette Abstinenz von den abhängig machenden Internetbereichen zu erzielen. Auch wenn wir wissen, dass sich viele der Internetabhängigen dies am Anfang der Behandlung nicht vorstellen können, ist eine klare und kräftige Aussage seitens der Therapeuten enorm wichtig. Während sich die Cybersexsüchtigen oft von Anfang an auf dieses Therapieziel einlassen, dies zumeist allein schon deshalb, weil sie ihre oft noch existente Ehe nicht ruinieren wollen, können sich die Online-Spiel-Süchtigen anfangs nur selten vorstellen, ganz auf Computerspiele oder auch nur auf Online-Spiele zu verzichten.

Letztlich muss man sagen, dass es sich wie bei anderen Suchterkrankungen verhält: Je gravierender die Abhängigkeit und je höher die Tagesdosis, desto radikaler ist die Frage nach der Abstinenz zu beantworten. Diese Erkenntnis muss manchmal mühsam in der Behandlung erarbeitet werden.

Als ich zuletzt mit neun Internetabhängigen eine neue Gruppe begann, war anfangs keiner von ihnen zu einer kompletten Abstinenz bereit. Die meisten erfuhren aber schnell am eigenen Leib, dass eine kontrollierte Nutzung sehr schwer zu erreichen ist, und entschlossen sich deshalb doch dazu, eine komplette Abstinenz zu erzielen. Von den neun Patienten hatten nach einem halben Jahr vier eine komplette Abstinenz erzielt. Zweien gelang eine halbwegs stabile Abstinenz. Ein Patient schied leider schon nach wenigen Monaten aus der Gruppe aus, weil er einen Rückfall in eine uns zu diesem Zeitpunkt nicht bekannte Alkoholabhängigkeit erlitt. Und zwei Patienten gelang es, eine kontrollierte Internetnutzung zu erreichen.

Kontrollierte Internetnutzung

Eine kontrollierte Internetnutzung kann also durchaus als alternatives Therapieziel verhandelt werden. In der Regel wird dann ein festgelegter Zeitraum angepeilt, im Rahmen dessen sich ein Betroffener erlaubt, seinen riskanten Internetkonsum fortzusetzen. Ziel kann beispielsweise sein, den Computerspielkonsum auf eine oder zwei Stunden pro Tag zu minimieren. Diesem Ziel kann man sich im Rahmen der Therapie schrittweise annähern.

Für einen Online-Rollenspiel-Abhängigen, der jahrelang mehr als zehn Stunden pro Tag gespielt hat, ist eine sofortige Begrenzung auf eine Stunde pro Tag ziemlich unrealistisch. Dies liegt nicht zuletzt auch daran, dass die Spielrunden in den komplexen Spielen und auf hohem Level oft ohnehin schon länger als zwei Stunden dauern. Insbesondere für jene Spieler, die nicht arbeiten oder zur Schule gehen, für die also jeder Tag ein freier Tag ist, ist es sinnvoll, Tagesrationen von Spielstunden festzulegen. Bei diesen kann mit einer Begrenzung von acht Stunden pro Tag anfangen werden. Bei Patienten, die sich eine Berufstätigkeit haben erhalten können, kann mit einer Zieldosis von vier Stunden pro Tag angefangen werden. Mittelfristig sollte das therapeutische Endziel einer Stundenzahl von ein bis zwei Stunden pro Tag aber nicht überschritten werden. Um sowohl mehr Flexibilität als auch Selbstverantwortung hereinzubringen, kann man auch mit Wochenrationen operieren. Das heißt, dass man sich im fortgeschrittenen Therapiestadium ein Kontingent von sieben oder 14 Wochenstunden einräumt. Dies hat den Vorteil, dass man mal an einem Abend, an dem man nach der Arbeit vielleicht zum Sport geht, das Spielen ganz auslässt, um dann vielleicht an einem verregneten Wochenende mehr spielen zu dürfen.

Das mit der kontrollierten Nutzung klingt schön und gut,

erfordert aber viel Disziplin, mehr Disziplin als die komplette Abstinenz von den betreffenden Internetanwendungen. Am besten ist es, wenn man dabei ganz ehrlich zu sich selbst und nicht auf konkrete Hilfen im Alltag angewiesen ist. Allerdings kann es zumindest in den Anfangsphasen der Therapie sinnvoll sein, sich etwas Regulationshilfe von außen zu holen. Wenngleich es die Angehörigen in der Regel schon lange leid sind, die Rolle der Buhmänner und Buhfrauen zu spielen, weil sie sich seit Monaten oder gar Jahren dazu gezwungen sehen, zu kritisieren und zu kontrollieren, werden diese manchmal von den Betroffenen am Anfang der Therapie als Kontrollinstanz mit einbezogen.

Gerade cybersexsüchtige Männer lassen sich von ihren Partnerinnen oft willfährig überwachen, weil sie selbst ein Interesse daran haben, ihr Vertrauen wiederzugewinnen. Über kurz oder lang ist es aber für alle von Internetabhängigkeit Betroffenen wichtig, das Zepter selbst in die Hand zu nehmen. Wenn Partnerinnen und Partner, Mütter und Väter ganz die Kontrolle übertragen bekommen, ist das letztlich nur eine Verschiebung der Abhängigkeit auf einen anderen Menschen, ganz abgesehen davon, dass es eine schrecklich undankbare Aufgabe ist.

Externe Kontrolle der Internetnutzung

Interessanterweise liefern aber gerade die digitalen Technologien selbst Lösungen für eine externe Kontrolle der Internetnutzung. Längst gibt es qualitative und quantitative Messsysteme, die den Internetkonsum zu begrenzen helfen. Qualitativ kann mit Filtersoftware gearbeitet werden, die zum Beispiel verhindert, dass auf bestimmten Geräten überhaupt Spiele gespielt, soziale Netzwerke genutzt werden oder Pornografie angeschaut wird. Eltern und Firmen nutzen solche Software, die immer ausgefeilter ist, schon seit langem, um Kinder und Mitarbeiter vor einer Fehlnutzung von Computern und Internet abzuhalten. Der Einsatz solcher Filtersoftware kann gerade dann sinnvoll sein, wenn es um die Erreichung einer kompletten Abstinenz geht. Quantitative, also zeitliche Begrenzungen können mit Hilfe von Zeitschaltuhren eine Regelung finden. Auch diese sind als Software auf den entsprechenden Geräten (Computer, Tablets, Smartphones) zu installieren, können aber auch zentral vom Rooter des häuslichen W-LAN-Netzes gesteuert werden. Auf diese Weise können tages- und wochenweise Nutzungshöchstzeiten festgelegt werden.

Mittlerweile gibt es auch schon erste kombinierte Systeme, beispielsweise für Smartphones, im Rahmen deren man genau festlegen kann, was im Internet gar nicht genutzt werden darf (zum Beispiel Spiele oder Pornografie) und was nur für eine bestimmte Zeit pro Tag oder pro Woche möglich sein soll.

Natürlich können die zumeist technisch und digital sehr versierten Internetabhängigen mehr oder weniger leicht Wege finden, diese Kontrollmechanismen zu umgehen. Solche Mechanismen sind ja nicht dazu da, über eine äußere Kontrolle zu einer Abstinenz bzw. Teilabstinenz zu kommen. Es geht erst einmal darum, die Distanz zum Suchtmittel zu erhöhen, um die Versuchung zu verringern. Es macht etwas aus, ob das Suchtmittel nur wenige Klicks entfernt ist oder ob ich erst einmal eine Sicherheitssoftware deinstallieren muss, bevor ich wieder an den Stoff herankomme. Einem Alkoholiker und seinen Angehörigen kann man ja auch nur raten, erst einmal gar keine alkoholischen Getränke zu Hause zu haben. Je größer die Distanz zum Suchtmittel, desto geringer die Gefahr eines ungeplanten Rückfalls. Langfristig ist es aber natürlich eminent wichtig, dass die äußere Kontrolle in eine innere Kontrolle übergeht, das heißt, dass die Abhängigen mit Hilfe der Suchttherapie innere psychische Kontrollinstanzen entwickeln, die sie auch dann schützen, wenn ihnen das Suchtmittel buchstäblich vor der Nase liegt.

Entwicklung alternativer Handlungsspielräume: Endlich offline und was dann?

Jeder Versuch, vom Internet abstinent zu werden, ist zum Scheitern verurteilt, wenn dem oder der Abhängigen jegliche Idee und Motivation fehlen, was er oder sie stattdessen tun könnte. Dies gilt ein Stück weit für jede Art der Sucht. Wenn sich Alkoholiker nicht mehr in Kneipen aufhalten wollen und können, um ihre Erkrankung zu überwinden, müssen sie sich gute Alternativen überlegen. Der Unterschied zur Internetabhängigkeit ist allerdings der, dass man Substanzen wie Alkohol, Nikotin, Kokain und andere Drogen durchaus auch konsumieren kann, während man etwas anderes macht. Bei manchen gehört all das sogar zum privaten und beruflichen Lebenswandel mit dazu. Internetabhängige, die die meisten Stunden ihrer Wachzeit von einem Standrechner von zu Hause aus im Netz verbringen, haben jedoch oft gar kein Privatleben mehr, in dem sie Freunde treffen, und keinen Arbeitsplatz, der sie finanziell unabhängig macht. Abgesehen von der sozialen-Netzwerk-Abhängigkeit kann man sich seiner Internetabhängigkeit nicht einfach so nebenbei hingeben. Letztendlich ist die Unvereinbarkeit der Internetabhängigkeit mit einem erfüllten Privat- und Berufsleben außerhalb des Netzes ja gerade das, was sie so dramatisch entgleisen lässt. Die Vernachlässigung des eigenen Körpers, des Soziallebens sowie der schulischen und beruflichen Leistungen sind die typischen negativen Folgeerscheinungen der Erkrankung. In der Therapie geht es dementsprechend genau um diese drei Bereiche, wenn alternative Handlungsspielräume eröffnet werden sollen.

Grundsätzlich ist es einfacher, wenn man auf frühere Verhaltensmuster zurückgreifen kann, sprich, wenn ein Internetabhängiger schon einmal in Schule, Ausbildung, Studium oder Beruf Erfolge erzielt hat, wenn er auf positive Erfahrungen mit Freundschaft und Partnerschaft zurückgreifen kann und wenn er das Gefühl kennt, sich im eigenen Körper und in der Welt zu Hause zu fühlen. Schwieriger ist es, wenn er schon die meiste Zeit seines Lebens im Internet verbracht hat, dort quasi aufgewachsen ist und aus seiner Perspektive dort die meisten positiven Erfahrungen gemacht hat. Aber auch hier gibt es eine Lösung, aus den Fängen des Netzes herauszufinden. Immer jedoch muss der Weg aus dem Internet in etwas Neues hineinführen, sonst fallen die Betroffenen in eine gefährliche Leere.

Hinein in den eigenen Körper.
Körpertherapeutische Ansätze

Manchmal hat man bei denjenigen, die im Zuge ihres Aufwachsens in eine Internetabhängigkeit hineingewachsen sind, den Eindruck, als wären sie gar nicht richtig in ihrem Körper angekommen. Sie beherrschen ihren Bewegungsapparat und ihre Sinnesorgane nur insoweit, wie es für die Bedienung ihrer Computer notwendig ist. Gerade in der Behandlung von Kindern und Jugendlichen spielen deshalb alle pädagogischen und therapeutischen Herangehensweisen eine entscheidende Rolle, die den Körper und die Sinnesorgane einbeziehen. Im Grunde sind die folgenden Ansätze für alle Altersgruppen hilfreich.

Am naheliegendsten ist da zunächst die körperliche Ertüchtigung. Die verschiedenen Sportarten können dafür sehr unterschiedliche Wirkungen entfalten. Insofern ist es wichtig, sich gut zu überlegen – am besten gemeinsam mit einem Bewegungstherapeuten –, welche, Sportarten für den Patienten ganz individuell am besten geeignet sind, um die Therapie zu unterstützen. Dies können Sportarten sein, auf die der Patient zurückgreifen kann, weil er sie schon einmal gemacht und beherrscht hat. Wichtig ist, dass die Patienten rasch die Erfahrung machen, dass ihnen der Sport Spaß macht, dass er ihnen guttut und dass sie darin Erfolgserlebnisse haben können. Mannschaftssportarten wie Fußball, Basketball oder Volleyball können zum Beispiel schöne soziale Erfahrungen bieten, solange sie in einer wohlwollenden und wenig kompetitiven Atmosphäre stattfinden. Ausdauersportarten wie Schwimmen, Laufen oder Radfahren haben über die Ausschüttung von Glückshormonen die beste antidepressive Wirkung, solange sie länger als 20 Minuten intensiv ausgeübt werden. Turnen, Gymnastik und Tanz sprechen besonders den Gleichgewichtssinn und die Feinmotorik an, womit vor allem die Körperbeherrschung geübt werden kann. Auch Kampfsportarten wie Judo, Aikido und Karate trainieren die Kontrolle über den eigenen Körper und helfen dabei, auch aggressiven Gefühlen einen Ausdruck zu verleihen, ohne sich selbst oder andere zu schädigen. Beim Kraftsport werden Aggressionen in der Regel nicht ab-, sondern aufgebaut, sodass dieser nur in Kombination mit Ausdauertraining – möglichst in der Natur und nicht auf einem Heimtrainer vor einem Bildschirm – zu empfehlen ist. Dies gilt insbesondere dann, wenn sich der Betroffene von einem Muskelaufbau eine Steigerung seines Selbstwertgefühls verspricht. Überhaupt empfiehlt sich für Internetabhängige jegliche Art der sportlichen Betätigung, wenn möglich unter freiem Himmel, in der freien Wildbahn der Natur und ohne musikalische Berieselung. Nur so kann sich die Wirkung des Sports wirklich gut entfalten und wird auch für den Betroffenen spürbar. Manchmal braucht es auch einen radikaleren Ansatz. So kann es das höchste der

Gefühle sein, wenn in der Behandlung von Internetabhängigen Extremsportarten eingesetzt werden, zum Beispiel Extremklettern oder Drachenfliegen, damit die Patienten einmal einen Kick erleben können, ohne ein Suchtmittel zu konsumieren. Hier hat das Naturerlebnis eine entscheidende Bedeutung, dies auch im Hinblick auf die eigene Natur.

Das Ausüben von Sport kann für die Patienten ein erster Schritt sein, das Körper- und Selbstwertgefühl zu steigern. Dies kostet meist viel Überwindung, nicht nur des inneren Schweinehundes, sondern auch der Antriebslosigkeit und der Scham, sich überhaupt körperlich zu zeigen. Wegen der Schamgefühle ist es im Zuge der Behandlung manchmal nicht einfach, den Umgang mit dem eigenen Körper direkt anzusprechen. Manche Internetabhängige vernachlässigen die Körperpflege und haben auch manchmal gar kein Bewusstsein dafür, wie sie aussehen. Da sie kaum noch anderen Menschen begegnen, fehlt ihnen oft der korrigierende Blick von außen. Es wäre jedoch fahrlässig, ihnen diesbezüglich keine vorsichtige Rückmeldung zu geben und ihnen dabei zu helfen, etwas zu verändern.

Neben der Körperhygiene vernachlässigen die Patienten zumeist auch die Ernährung. Sie essen zu viel oder zu wenig und oft völlig unausgewogen. Einige Therapieprogramme tragen der häufigen Fehlernährung dahingehend Rechnung, dass sie Koch- und Backgruppen anbieten, in denen die Patienten lernen, sich jenseits von Fastfood, Chips und Süßigkeiten zu ernähren. Manche Einrichtungen haben sogar Gemüse- und Kräutergärten im Angebot, so dass die Patienten ein Gefühl für Lebenskreisläufe und Nahrungsketten bekommen. So können sie sich im wahrsten Sinne des Wortes erden. Eine etwas bodenständigere Erdung erfahren manche Patienten noch dazu in denjenigen Einrichtungen, in denen sie regelmäßig ihre Zimmer aufräumen und selbst putzen müssen. Auch das kann einen auf den Boden der Tatsachen holen, Bescheidenheit lehren und vor allem Ordnung im Kopf schaffen.

Einen weiteren wichtigen Baustein von Therapiekonzepten für Internetabhängige würde man auf den ersten Blick vielleicht gar nicht mit körperlichen Behandlungsansätzen in Verbindung bringen. Die kreativen Therapieverfahren gehören jedoch auch in diesem Zusammenhang genannt, weil sie die viel vernachlässigten Sinnesorgane und die Feinmotorik ansprechen. Musik- und Kunsttherapie sind musische Therapieverfahren, bei denen sich die Patienten ohne Vorkenntnisse musizierend, malend, zeichnend oder anderweitig künstlerisch ausdrücken können. Indem sie mit ihren Händen und eventuell im Zusammenspiel mit anderen Klänge und Bilder schaffen und über Augen und Ohren unmittelbare Rückmeldungen erhalten, machen sie auch körperliche Erfahrungen. Diese Erfahrungen sind für die Patienten oft noch wichtiger als das eigentliche Ergebnis ihres Tuns, das aber durchaus auch vor dem Hintergrund der eigenen Biografie und des therapeutischen Prozesses gedeutet werden kann. Etwas handfester, aber nicht weniger sinnvoll sind ergotherapeutische Ansätze. Für Internetabhängige können auch ganz einfache Tätigkeiten im Sinne von Handwerk und Handarbeit erste Erfolgserlebnisse auf dem Weg zurück in die greifbare Realität bieten. Sich einmal für eine Zeit ganz auf eine Arbeit, ein Werkmittel wie ein Stück Holz und ein Werkzeug wie ein Schnitzmesser zu konzentrieren kann eine hilfreiche Erfahrung sein. Hierüber kann auch manchmal ein neues Hobby aus der Taufe oder ein altes aus der Versenkung gehoben werden.

Solche Therapieverfahren, die nicht immer nur mit Sprache, sondern mit dem Körper und seinen Sinnesorganen arbeiten, werden nicht nur in Kliniken angeboten. Auch wenn dies bei den Kostenträgern manchmal nur schwer durchzusetzen ist, können sie prinzipiell alle auch in der ambulanten Situation verordnet und in Anspruch genommen werden. Für ein ganzheitliches Therapiekonzept ist es sinnvoll, querzudenken und nicht allein auf die Therapiemittel Sprache und Chemie zu vertrauen. Psychotherapie und Psychopharmakologie sprechen erst einmal nur einen Körperteil an, nämlich das Gehirn. Den Körper der Internetabhängigen im Rahmen eines umfassenden Therapieprogramms intensiv mit einzubeziehen bedeutet, demjenigen Lebensmittelpunkt Tribut zu zollen, der sich am wenigsten virtualisieren lässt und am meisten vernachlässigt wird. Der eigene Körper ist ja für uns Menschen der am konkretesten wahrnehmbare Teil der wirklichen Welt. Sprechen wir ihn also an.

Rein in die Beziehung.
Soziotherapeutische Ansätze

Die Verbesserung der eigenen körperlichen Situation führt im besten Fall auch zu einem besseren Selbstgefühl, das die Internetabhängigen selbstbewusster auf andere Menschen zugehen lässt. Dies ist aber zumeist ein langer Weg. Da Internetabhängige häufig unter sozialen Ängsten leiden, ist es nicht damit getan, einfach nur am eigenen Selbstbild zu basteln. Die Hindernisse im Kontakt zu anderen Menschen, sei es zu Fremden im Supermarkt, zu verlorenen Freunden oder potenziellen Partnern, sie müssen von der Therapie direkt angesprochen und angegangen werden.

Von der Angst vor anderen Menschen, vor Kontakten zu Fremden im öffentlichen Raum und nicht selten auch vor Menschenmengen sind viele Internetabhängige betroffen. Es ist nicht immer einfach herauszufinden, ob sie es verlernt haben, mit anderen Menschen umzugehen, weil sie über einen langen Zeitraum kaum noch aus dem Haus gegangen sind, oder ob sie davor schon immer eine besondere Angst hatten und sich deshalb zu Hause und ins Netz zurückgezogen haben. Für die Behandlung ist diese Frage ohnehin erst einmal nicht entscheidend, sondern vielmehr, wie sie da (wieder) herauskommen. Wichtig und pragmatisch ist es, diese Ängste mit Hilfe verhaltenstherapeutischer Interventionen anzugehen.

Zuerst geht es einfach nur darum, in einen Bus und eine U-Bahn zu steigen, in ein Geschäft oder ein Kaufhaus zu gehen. Später kommen dann komplexere soziale Situationen dazu, die aber auch sehr bereichernd sein können, ein Kino-, Theater- oder Konzertbesuch zum Beispiel. Nur ein sorgfältig geplantes Angsttraining, das einem die Erfahrung ermöglicht, dass man währenddessen nicht vor Angst gestorben ist und trotz der Ängste eine Begegnung mit anderen Menschen erlebt hat, bringt einen wieder ins Spiel des realen Lebens. Und nur so bekommen die Patienten überhaupt erst einen Spielraum für nachhaltigere zwischenmenschliche Begegnungen.

Freundschaften sind nicht selten die längsten und intensivsten Beziehungen, die Menschen haben. Manche Freundschaften dauern länger als Beziehungen von Liebespaaren oder die gemeinsam gelebte Zeit mit den Eltern oder den eigenen Kindern. Wenn es uns nicht gutgeht, wenn unsere Eltern oder unsere Liebsten auf die eine oder andere Weise von uns gehen, werden wir von Freunden getröstet. Den Wert der Freundschaft kann man gar nicht genug hochhalten, gerade in digitalen Zeiten, in denen das qualitative Freundschaftsideal zugunsten eines eher quantitativen Freundschaftsbegriffs in den sozialen Netzwerken verwässert wird.

Die ersten Erfahrungen mit Gleichaltrigen machen die Internetabhängigen nach langer, entbehrungsreicher Zeit oft erst in der Gruppentherapie, unabhängig davon, ob diese ambulant oder stationär erfolgt. Hier erfahren sie Verständnis und Solidarität, welche sie so lange vermisst haben. Manchmal entwickeln sich schon hier zarte freundschaftliche Bande. Aber da die Betroffenen häufig weit voneinander entfernt leben, entstehen daraus eher selten echte Freundschaften. Im Rahmen der Behandlung wird deshalb direkt das Thema Freundschaft thematisiert. Es wird gemeinsam überlegt, wie alte Freundschaften reaktiviert und neue gefunden werden können. Das ist gar nicht so einfach. Häufig haben die Patienten die Sorge, dass sie bei den alten Freunden keine zweite Chance bekommen und dass ihnen etwas fehle, was sie auf neue Freunde liebenswert und interessant wirken lasse. Hilfreich kann es sein, über Umwege Menschen kennenzulernen, bei denen man nicht direkt jemanden ansprechen muss, sondern wo nebenbei und allmählich etwas entstehen kann. Dies kann bei der Aufnahme von Hobbys oder Sportarten, die man gemeinsam mit anderen, beispielsweise in Vereinen, ausübt, geschehen. Im Parallelschwung mit anderen etwas zu tun kann einem die Angst nehmen, mit anderen in Kontakt zu treten. In jedem Fall kann dies ein Anfang sein.

Eine Partnerschaft zu finden ist für Internetabhängige oft ungleich schwerer. Ist mit dem Erleben von Freundschaft die schlimmste Einsamkeit fürs Erste überwunden, kann aber auch dies gelingen. Für eine potenzielle Partnerin oder einen Partner ist es sonst erst einmal schwierig, mit der ganzen Bedürftigkeit umzugehen, die ein Internetabhängiger ausstrahlt, der über einen langen Zeitraum gar keine Kontakte mehr hatte. Auch hier ist die direkte Suche in Bars und Clubs oft wenig hilfreich, was ja überhaupt selten zum Ziel führt. Die Bedürfnisse nach körperlicher Nähe, nach Zärtlichkeit und Sexualität spielen aber bei den zumeist jungen Internetabhängigen eine große Rolle und müssen im Rahmen der Behandlung offen angesprochen werden. Nur so können auch in diesem Bereich tiefsitzende zwischenmenschliche Ängste zutage treten und therapeutisch angegangen werden.

Über Liebe und Sexualität in der Gruppe zu sprechen fällt oft schwer. Wenn dies aber in aller Behutsamkeit und Wertschätzung gelingt, dann kann es für die einzelnen Teilnehmer sehr befreiend sein, insbesondere auch dann, wenn es um eher ungewöhnliche Bedürfnisse geht. Manchmal bedarf es aber auch eines Einzelgesprächs oder einer längeren Einzeltherapie, um über Probleme in diesem Lebensbereich zu sprechen.

Im Hinblick auf das Thema Partnerschaft und Sexualität sind die Probleme bei den einzelnen Varianten der Internetabhängigkeit meist sehr unterschiedlich gelagert. Während die Cybersexsüchtigen eher ein Problem damit haben, ihre Beziehung zu erhalten, besteht die Schwierigkeit der Online-Computerspiel-Abhängigen und der Abhängigen von sozialen Netzwerken eher darin, keine Nähe zulassen beziehungsweise herstellen zu können, die überhaupt erst die Voraussetzung für sexuelle und partnerschaftliche Erfahrungen bietet.

In diesem Zusammenhang ist es bis dato kaum abzuschätzen, was es für die Internetabhängigen bedeutet, dass immer mehr Freundschaften, sexuelle Kontakte und Partnerschaften über das Internet angebahnt werden. Gerade bei den Abhängigen von Cybersex und sozialen Netzwerken ist dies ja Teil des Problems, wenn die ewige Suche nach dem Anderen nie zu einem Ziel führt. Bei den Abhängigen von Online-Computerspielen, die vor der Behandlung oft gar kein Interesse an und nicht einmal einen Account in sozialen Netzwerken und Kontaktbörsen hatten, kann ein entsprechender Zugang vielleicht hilfreich sein.

Ein Patient, der bei uns erst stationär, dann teilstationär und schließlich nur noch ambulant gruppentherapeutisch in Behandlung war, hatte schon während des Klinikaufenthaltes erste Schritte unternommen, nach langer Funkstille wieder Kontakt zu seinen alten Freunden aufzunehmen. Im Behandlungsteam haben wir die Frage, ob wir es ihm gestatten, zu diesem Zweck von der Station aus in soziale Netzwerke zu gehen, kontrovers diskutiert, am Ende aber in begrenztem Maß dafür entschieden. Tatsächlich schien ihm das bei seiner Rückkehr nach Hause und in seine verloren geglaubte Peergroup den Weg bereitet zu haben. Unsere Sorge, dass es zu einer Suchtverschiebung kommen würde, war in diesem Falle unberechtigt. Das Entscheidende war, dass er sich wieder mit seinen Freunden traf, um mit ihnen Sport zu treiben, Fußball zu schauen und auszugehen.

Wir Menschen sind aufeinander angewiesen. Ohne unmittelbare Kontakte und ohne seelische und körperliche Berührungen werden wir unweigerlich krank. Wir brauchen die Nähe der anderen für unser Wohlergehen. In der Therapie der Internetabhängigen sind das zunächst Therapeuten und Mitpatienten und am Ende der Therapie im besten Falle Freunde und Partner. Das ist wichtiger als alles andere.

Autonom werden.
Schule, Ausbildung, Studium und Beruf

In der Behandlung ist es einerseits wichtig, den Internetabhängigen frühzeitig kleine Erfolgserlebnisse zu ermöglichen, sie aber auch andererseits nicht zu überfordern. Gerade die Diskrepanz zwischen Anspruch und Wirklichkeit im Hinblick auf ihre Leistungen ist ja häufig ein Faktor, der ihre Abhängigkeit mit bedingt. Wenn die Betroffenen die

Schule oder ein Studium schmeißen, wenn sie einen Ausbildungs- oder Arbeitsplatz verlieren, dann ist es allerdings nicht immer einfach zu klären, ob die Internetabhängigkeit hier Auslöser oder Resultat ist. Seine Leistungen nicht mehr unter Beweis stellen zu können und den Weg hin zu einer größtmöglichen Autonomie im Beruf und am Arbeitsplatz zu verlieren geht mit einer massiven Kränkung einher, die mit den Erfolgen im Netz nur notdürftig aufgewogen werden kann. Auch wenn sich die Patienten anders verhalten, sie wollen in aller Regel einen Weg finden, der es ihnen ermöglicht, irgendwann (wieder) für sich selbst sorgen zu können, und sie verspüren dahin gehend auch einen Druck, den wir als Therapeutinnen und Therapeuten nicht noch verstärken müssen.

Meiner Erfahrung nach ist es eminent wichtig, den Patienten keine Ziele vorzugeben, sondern sie dabei zu unterstützen, ihre ureigenen Zielvorstellungen zu entwickeln und zu verwirklichen. Sie haben oft genug die Erfahrung gemacht, dass sie sich mit den Zielen, die ihnen vom Elternhaus und von der Gesellschaft vorgegeben und vorgelebt wurden, weder identifizieren noch arrangieren konnten, um schließlich daran zu scheitern. Da der Weg aus dem gekränkt-depressiven Rückzug ins Internet zumeist lang und steinig ist, da schnelle Resultate im Hinblick auf die Erbringung von Leistungen häufig kaum zu erzielen sind, muss hier in der Therapie sehr behutsam vorgegangen werden. Ein expliziter Leistungsanspruch seitens des Psychotherapeuten kann da kontraproduktiv sein. Dieser wird dann unter Umständen in die Reihe von Eltern, Lehrern, Professoren und Chefs gestellt, deren Erwartungen nicht zu erfüllen gewesen sind und deren Kränkungen so nachhaltig schmerzen.

Wenn ich als Therapeut vor allem als Repräsentant der Gesellschaft wahrgenommen werde, die ein Interesse daran hat, Internetabhängige zu funktionstüchtigen Bürgern zu machen, dann habe ich kaum eine Chance, die Patienten in ihrer Not wirklich zu erreichen und abzuholen. Insofern kann es auch nicht grundsätzlich das oberste Endziel der Psychotherapie sein, die Patienten in Lohn und Brot zu bringen. Wenn wir ihnen erklären, dass sie sich überlegen müssen, was sie mit der gewonnenen Zeit anfangen wollen, ohne ihnen das Gefühl zu geben, gleich arbeiten gehen zu müssen, fühlen sie sich in ihrem Autonomiebedürfnis bestätigt und respektiert.

Für ihren Neuanfang im analogen Leben ist es für viele erst einmal sinnvoll, sich um sich selbst und die eigenen ganz basalen Lebensbedingungen zu kümmern, um dann im nächsten Schritt wieder Kontakte zu Mitmenschen aufzunehmen, wie es in den vorherigen Kapiteln erläutert wurde. Erst auf dem Boden einer verbesserten Lebenssituation, die eben auch mit einem Mehr an Selbstwert und Selbstsicherheit einhergeht, gelingt auch ein schulischer oder beruflicher Neustart.

Den Startschuss für einen Neuanfang geben die Betroffenen im besten Falle selbst. Die Zeit, bis es so weit ist, bemisst sich nicht selten daran, wie lange jemand aus dem Alltagsgeschäft von Ausbildung und Beruf heraus ist. Natürlich ist es desto schwerer, eine neue Chance zu bekommen, je länger jemand gar keine Leistungen erbracht hat. Um die eigenen Perspektiven erst einmal vorsichtig auszuloten, aber auch um dann konkret mit der Planung anzufangen, ist es oft notwendig und besonders hilfreich, einen Sozialarbeiter oder eine Sozialarbeiterin einzuschalten. Diese können im Hinblick auf die ganz konkreten Fragestellungen und Verhandlungen mit Schulen und Arbeitgebern hilfreich sein. Sie kennen die Rechte und Pflichten der Betroffenen und können auf der Grundlage von viel Wissen und Erfahrung konkrete Hilfeleistungen erbringen, was Psychotherapeuten nicht können und dürfen. Im Hinblick auf das Thema Leistung und Autonomie arbeiten wir Psychotherapeuten mit den Patienten vor allem an ihrer Haltung, Sozialarbeiter arbeiten an konkreten Zielen. Im Folgenden wird kurz auf die einzelnen Bereiche eingegangen, wie Patienten auf eine Wiedereingliederung hinarbeiten können.

Für internetabhängige Kinder und Jugendliche ist die Schule oft nicht nur ein Problem, weil sie dort nicht die entsprechenden Leistungen zeigen können, sondern weil sie auch sozial nicht ankommen. Dies gilt es zu berücksichtigen, wenn es um die Frage einer Wiederaufnahme des Schulbesuchs geht.

Nachdem sie oft monatelang aus dem Schulbetrieb herausgefallen sind, haben sie häufig auf zweierlei Weise den Anschluss verloren. Mit der gefährdeten Versetzung stehen manchmal auch die letzten verbliebenen Freundschaften auf dem Spiel. Manchmal ist es jedoch eher eine Entlastung, wenn eine Klasse wiederholt werden muss, weil damit auch ein sozialer Neuanfang möglich ist. Wenn hier ohnehin eine Sollbruchstelle entsteht, ist es sinnvoll, diesen Zeitpunkt zu nutzen und in konzertierter Aktion mit den Patienten, ihren Eltern und vielleicht auch einem Lehrer ihres Vertrauens ausführlich querzudenken.

Könnte ein Schulwechsel, vielleicht auch in eine andere Schulform, sinnvoll sein? Braucht es vielleicht sogar eine drastischere Zäsur im Lebensumfeld, so dass ein Internat oder eine stationäre Einrichtung der Jugendhilfe eine Alternative sein könnte? Oder wäre es vielleicht vor einem Neuanfang in derselben Schule gut, einmal eine Auszeit zu nehmen und für ein Jahr ins Ausland und dort zur Schule zu gehen? – Es ist aus meiner Sicht wichtig, dass hier auch das elterliche Umfeld seine Vorstellungen auf den Prüfstand stellt und alles vermeintlich Selbstverständliche hinterfragt. Eine dahin gehend selbstkritische Form der Auseinandersetzung hilft dem Kind dabei, mit den eigenen Unsicherheiten und Fehlern umzugehen.

In der Ausbildung sind die Adoleszenten in der Regel schon auf der Erwachsenenseite und selbst für sich verantwortlich. Diejenigen Internetabhängigen, die eventuell schon Jahre ihres Lebens an das Netz verloren und sich in dieser Zeit kaum weiterentwickelt haben, sind manchmal noch auf dem geistigen Stand von Teenagern deutlich vor dem 18. Lebensjahr. Wenn es um eine Ausbildung geht und die Betroffenen noch unter 21 Jahre alt sind, dann können sie in der Regel im Rahmen der Jugendhilfe noch eine intensivere psychosoziale Unterstützung erfahren. Was die berufliche Situation angeht, kann dies beispielsweise in kompakter Weise in betreuten Einrichtungen erfolgen, in denen die jungen Leute leben und eine Ausbildung machen können. Dort haben sie die Möglichkeit, seelisch und geistig nachzureifen. Manchmal ist zu diesem Zweck auch ein soziales oder ein sogenanntes berufsvorbereitendes Jahr sinnvoll. Manchmal braucht es einfach ein wenig mehr Zeit, bevor die großen Herausforderungen des Erwachsenwerdens angenommen und bewältigt werden können. Biologisch sind wir Menschen ohnehin schon Spätentwickler, was sich in komplexen Gesellschaften wie der unsrigen immer weiter verstärkt.

Eine Ausbildung, die in der Regel schulisches und praktisches Arbeiten in sich vereint und die durch klare Strukturen viel Halt geben kann, ist gerade für Spätentwickler eine gute Lösung. Ich habe es schon erlebt, dass sich Chefs in Ausbildungsbetrieben sehr für ihre Lehrlinge eingesetzt haben. Einige haben sogar Patienten zur Vorstellung bei uns gebracht, indem sie ihnen zur Auflage gemacht haben, sich behandeln zu lassen, um den gefährdeten Ausbildungsplatz zu erhalten. Dem ging dann zumeist voraus, dass sie wegen ihres exzessiven und nächtlichen Internetkonsums zu spät und zu müde zur Arbeit kamen und hohe Fehlzeiten aufwiesen. Mehrfach habe ich es erlebt, dass die Chefs den Betroffenen ermöglicht haben, die Ausbildung von vorne zu beginnen, sofern sie sich behandeln ließen. Auch wenn dies zu einer gewissen Fremdmotivation führte, so hatten die Patienten doch ein Ziel vor Augen, im Hinblick dessen sie sich auf die Therapie einließen.

Überhaupt ist die Aufnahme einer Ausbildung manchmal die beste Lösung, beispielsweise wenn es nach der mittleren Reife schulisch nicht mehr weitergeht oder nach dem Abitur ein Studium zum Scheitern verurteilt ist. Eine Ausbildung in der Tasche zu haben kann viel wert sein. Viele Jahre bis zum Abitur mit Klassenwiederholungen oder im Studium zu verlieren kann einen Heranwachsenden massiv schwächen und irgendwann für den Ausbildungsmarkt vergiften. Nach einer Ausbildung das Abitur oder sogar noch ein Studium zu machen ist jederzeit möglich, wobei hier gesagt werden muss, dass eine Ausbildung an sich schon viel wert ist und mehr Wertschätzung bekommen sollte. Nicht jeder kann Abitur machen. Und schon gar nicht kann jeder studieren. Wenn Gesellschaft und Eltern die Latte zu hoch hängen und alles, was nicht Abitur und Studium beinhaltet, abwerten, ist es kein Wunder, wenn viele Heranwachsende enttäuscht zurückbleiben und sich einen virtuellen Ort suchen, an dem sie sich anderweitig erfolgreich und wertgeschätzt fühlen können.

Ein Studium stellt für Internetabhängige häufig eine besondere Herausforderung dar, insbesondere dann, wenn es wenig verschult ist, was ein Studium ja eigentlich auch nicht sein sollte. Bedauerlicherweise fällt es gerade in einem Studiengang, der viele Freiräume lässt, oft lange Zeit niemandem auf, wenn ein Student in eine Internetabhängigkeit hineingeraten ist. Nach Monaten, manchmal auch nach Jahren der Abhängigkeit ist es dann aber höchste Zeit, zu überdenken, ob das Studium im Speziellen und ein Studium im Allgemeinen überhaupt das Richtige für den Betroffenen ist. Manche Patienten schaffen es mit Hilfe der Therapie, das Studium wiederaufzunehmen und erfolgreich abzuschließen. Manch einer ist aber besser damit beraten umzudenken. Manchmal kann es sinnvoll sein, einen strukturierteren Studiengang, eventuell auch an einer Fachhochschule oder im Rahmen eines dualen Studiengangs, aufzunehmen oder eben erst einmal eine strukturierte Ausbildung zu machen. Pragmatische Überlegungen dieser Art sind an dieser Stelle wichtig. Aber bei den Überlegungen sollte immer auch die Frage im Vordergrund stehen, was die Patienten denn wirklich interessiert und begeistert, was sie eigentlich immer hatten werden wollen. Die wirklichen professionellen Träume und Talente schlummern bei den Internetabhängigen nicht selten im Verborgenen.

Die meisten Internetabhängigen, die sich bei uns vorstellen, haben keinen festen Arbeitsplatz, häufig eben, weil sie noch keinen Ausbildungsweg zu Ende geführt haben. Dies gilt zumindest für die zahlenmäßig stärkste Gruppe der zumeist jungen Männer, die an einer Online-Spiel-Abhängigkeit leiden.

Bei den cybersexsüchtigen Männern mittleren Alters ist das anders. Oft sind sie auf dem Arbeitsmarkt gut etabliert. Die Gründe für ihre Cybersexsucht liegen eher im Privaten. Aber bei einer ausufernden Abhängigkeit kann auch der Arbeitsplatz gefährdet sein, wenn noch auf der Arbeit bisweilen mit privat mitgebrachten Geräten im Netz nach Pornografie und sexuellen Eskapaden gesucht wird. Auch hier habe ich es schon erlebt, dass Chefs ebenso streng wie verständnisvoll reagiert und die Betroffenen erstmals überhaupt in eine Behandlungssituation gebracht haben. In größeren Betrieben können dann auch die Suchtbeauftragten eine entscheidende Rolle spielen. Sie können Verständnis wecken, wenn es wirklich schiefläuft, und sie können konkrete Hilfe anbieten, wenn es um die Suche nach Beratungs- und Behandlungsmöglichkeiten geht.

Erste Ansprechpartner sind dann oft die flächendeckend gut aufgestellten Suchtberatungsstellen, die oft von gemeinnützigen Trägern unterhalten werden. Von hier geht es dann manchmal weiter in Fachambulanzen und Fachkliniken. Manchmal vermitteln und veranlassen sie aber auch direkt die Aufnahme in psychosomatische Rehabilitationskliniken, wobei hier immer darauf geachtet werden sollte, dass diese möglichst eine Behandlungsexpertise für Verhaltenssüchte und störungsspezifische Therapieangebote aufweisen. Auch bei der beruflichen Rehabilitation vor Ort und im engeren Sinne können die Suchtberatungsstellen konkrete Unterstützung geben, insbesondere dann, wenn der Arbeitsplatz verloren wurde und ein neuer oder eine Umschulungsmaßnahme gefunden werden muss. Dies gilt letztlich für alle Arten der Internetabhängigkeit.

4.3 Krisenmanagement: Entzugserscheinungen, Suchtverschiebung und Rückfälle

Jede Therapie hat ihre Nebenwirkungen. Das gilt nicht nur für Medikamente, sondern auch für Psychotherapie. Die Behandlung von Suchterkrankungen ist vor allem eine Domäne der Psychotherapie, die Behandlung von Verhaltenssüchten erst recht, auch wenn in heftigen Krisen durchaus Psychopharmaka zum Einsatz kommen können. Im Gegensatz zu den Risiken der Behandlung steht der oberste Grundsatz medizinischer Ethik, dem Patienten während der Behandlung keinen Schaden entstehen zu lassen. »Primum non nocere«, heißt es. Auch bei der Behandlung der Internetabhängigkeit gilt es, einige prinzipielle Risiken zu beachten, die sich aber nicht gänzlich umschiffen lassen. Dies gilt insbesondere für die Entzugsphase.

Auf Entzug

Wir wünschen uns, dass eine Roman-, Film- oder Fernsehserie, die uns besonders begeistert, niemals zu Ende geht. Häufig haben wir dann eine Figur ganz besonders liebgewonnen, weil wir uns mit ihr identifizieren können. Unbewusst lassen wir diese Figur stellvertretend für uns selbst etwas ausleben, was uns in unserem Alltag selbst nicht möglich ist.

Stellen Sie sich vor, Sie könnten in die Rolle ihrer Lieblingsfigur hineinschlüpfen und sie in einer künstlichen Welt selbst steuern. Diese Welt könnte unendlich groß sein, und ihre Geschichte hätte kein Anfang und kein Ende wie ein Roman oder Film. Sie könnten mit dieser Figur und mit den Figuren, denen Sie in dieser Welt begegnen, immer wieder etwas Neues erleben. Und dann stellen Sie sich vor, dass Sie Ihren virtuellen Stellvertreter über Jahre hinweg jeden Tag fast die gesamte Zeit ihres Wachseins durch diese digitale Welt steuern. Es dürfte Ihnen dann nicht schwerfallen, sich vorzustellen, was es für Internetabhängige, die ja zumeist von ihrem Lieblingscomputerspiel abhängig sind, bedeutet, wenn man von ihnen verlangt, von jetzt auf gleich mit dem Spielen aufzuhören. Sie haben das Gefühl, ihre Identität zu verlieren, wenn sie den Zugang zum Spiel und damit zu ihrem liebgewonnenen Avatar auf immer und ewig löschen. Manche Spieler erleben es so, als würden sie mit der Löschung des Online-Accounts für ihren Avatar einen Teil von sich selbst töten. Manche beschreiben es sogar als *digitalen Suizid*.

Deshalb kann man nur dringend vor einem unvorbereiteten *kalten Entzug* warnen. Eine abrupte Abstinenz ohne psychotherapeutische Begleitung ist gefährlich. Wie die dramatischen Beispiele aus aller Welt zeigen, kommt es im schlimmsten Fall zu depressiven oder aggressiven Krisen, die einen Betroffenen bis zum Suizid oder Mord bringen können. Einfach den Stecker herausziehen oder die Accounts zu löschen ist weder für die Betroffenen noch für die Angehörigen eine Option. Sonst kann es zu gefährlichen Eskalationen und der Notwendigkeit von Zwangseinweisungen in psychiatrische Kliniken kommen. Dies kann auch bei Kindern und Jugendlichen geschehen.

August 2014. Das Hamburger Abendblatt berichtete, dass eine Mutter ihrem 15-jährigen Sohn nach sieben Stunden ununterbrochenen Spiels den Internetzugang kappte.[2] Der Jugendliche rastete infolgedessen derart aus, dass die Mutter sich mit ihrem jüngeren Kind in einem anderen Zimmer verschanzen musste und von dort aus die Polizei rief. Diese brach schließlich die Wohnung auf und brachte den Jungen gegen seinen Willen in eine Klinik für Kinder- und Jugendpsychiatrie und -psychotherapie, wo er per richterlichem Beschluss gegen seinen Willen behandelt wurde, weil von ihm eine Fremdgefährdung ausging.

Ein Entzug will behutsam vorbereitet sein. Dies gilt auch für erwachsene Internetabhängige, die sich aus freien Stücken für den Weg aus der Sucht entscheiden. Meistens ist es sinnvoll, die Zeiträume schrittweise auszudehnen, in denen man nicht online ist, um zu sehen, wie es einem damit geht und ob die Aktivitäten, die man für sich als Alternativen überlegt und geplant hat, helfen, sich abzulenken und besser zu fühlen. Auf diesem Wege kann bereits festgestellt werden, ob es zu gravierenden emotionalen Entgleisungen kommt.

Neben Depressivität und Aggressivität können auch Panik- und Unruhezustände sowie Schlaflosigkeit eintreten. In diesem Fall können durchaus auch Psychopharmaka von Nutzen sein, die kurzfristig eine psychovegetative Beruhigung und einen erholsamen Schlaf-wach-Rhythmus herbeiführen können. Dabei sollte allerdings möglichst auf Medikamente mit Suchtpotenzial verzichtet werden, um keine Suchtverschiebung in Richtung Tablettensucht zu provozieren. Besser noch als Medikamente ist die Anwendung von Entspannungstechniken, wie sie auch in der Behandlung von Menschen mit Angststörungen und posttraumatischen Belastungsstörungen angewandt werden. Wenn man gut vorplanen will, dann ist gerade eine ausgewogene Mischung aus körperlicher Ertüchtigung und Entspannung sinnvoll, um die Anspannung im Entzug abzumildern. Und es ist zu empfehlen, dass die Betroffenen möglichst wenig allein sind, dies nicht, um sie zu überwachen, sondern um ihnen beizustehen, wenn der Suchtdruck zu groß wird. Aus diesem Grund ist für einige Patienten auch eine stationäre Aufnahme der beste und sicherste Rahmen, den radikalen Schritt in die Abstinenz zu gehen.

Rückfallmanagement

Einmal habe ich mich für eine stationäre Aufnahme eines Patienten im mittleren Lebensalter eingesetzt, der es nach vielen Fehlversuchen endlich geschafft hatte, sich von seinem geliebten Online-Rollenspiel zu befreien. In der ambulanten Gruppentherapie berichtete er von lebensmüden Gedanken, die bedrohliche Ausmaße annahmen, sodass wir zwischenzeitlich sogar an eine notfallmäßige stationäre psychiatrische Aufnahme denken mussten. Auf einer unserer Psychotherapiestationen und im Rahmen der dortigen therapeutischen Gemeinschaft gelang ihm aber schließlich nach wenigen Wochen eine deutliche Stabilisierung.

Nach der stationären und später ausschleichenden tagesklinischen Behandlung kam der Patient weiterhin in unsere ambulante Gruppe für Internetabhängige. Der Schritt zurück in die Einsamkeit seiner Wohnung mit wenigen persönlichen Kontakten und ohne Arbeitsstelle war jedoch hart. Nach wenigen Monaten hatte er einen Rückfall. Meine Sorge um ihn wurde nun umso größer, weil er nicht mehr in die Gruppe kam und auch nicht zu erreichen war.

Rückfälle gehören zur Suchtbehandlung mit dazu, und wer damit therapeutisch nicht umzugehen vermag, hat in der Suchtmedizin nichts verloren. Die größte Sorge der Suchtmediziner bei einem Rückfall ist die einer Überdosis. Nach den Entbehrungen der Abstinenz gibt sich der Abhängige manchmal umso mehr seinem Suchtmittel hin nach dem Motto »Jetzt erst recht«. Das kann als lustvoll empfunden werden, speist sich aber in der Regel vor allem aus der Resignation und der Scham über den Rückfall. Bisweilen spielt dann auch der Internetabhängige russisches Roulette, das heißt, er spielt Online-Spiele bis zum Umfallen. Auch dies kann im Extremfall tödlich enden, wie die Todesopfer in den asiatischen Internetcafés erschreckenderweise belegen.

Angesichts dieser Gefahren ist es wichtig, im Rahmen der Therapie möglichst frühzeitig nicht nur über die Möglichkeiten der Verhinderung eines Rückfalls zu sprechen, sondern auch über den Umgang mit einem Rückfall. Das A und O dabei ist es zu vermitteln, dass ein Rückfall bedauerlich, aber nicht ungewöhnlich ist, dass es keine Schande ist, einen solchen Rückfall zu erleiden, aber ein Fehler, sich in dieser Situation nicht gleich wieder Hilfe zu suchen. Die Chancen einer raschen erneuten Abstinenz sind umso besser, je früher dies geschieht. Es geht darum, Schadensbegrenzung zu betreiben und die Online-Zeiten erneut so schnell wie möglich zu begrenzen. Je kürzer der Zeitraum, in dem die abhängige Internetnutzung wieder unser Fühlen, Denken und Handeln erobert und besetzt, desto leichter ist es, therapeutisch wieder einen Fuß in die Tür zu bekommen.

Unseren Patienten versuchte ich regelmäßig vergeblich telefonisch zu erreichen. Meine Sorge war so groß, dass ich sogar kurz davorstand, den Sozialpsychiatrischen Dienst zu ihm nach Hause zu schicken, damit er nach dem Rechten sehe. Nach wochenlanger Funkstille rief er schließlich zurück. Er entschuldigte sich vielmals für seinen Rückzug, den er nachvollziehbar mit seinem Rückfall und der Scham darüber erklärte. Bevor er wieder in die Gruppe kam, sprachen wir uns in einem separaten Einzelgespräch. Er berichtete davon, ein neues Online-Rollenspiel angefangen zu haben, mit dem er schon lange geliebäugelt hatte. Nach *World of Warcraft* hatte er sich eine neue digitale Heimat gesucht. Der Hauptgrund sei aber wohl seine ihm unüberwindbar erscheinende Einsamkeit gewesen, die ihn wieder habe depressiv werden lassen. Das neue Spiel habe ihn dahingehend zunächst eher entlastet. Die Droge Internet hatte ihren vordergründigen Zweck erfüllt. Schnell habe er dann wieder ununterbrochen gespielt und alles andere, was er sich mühsam in der Therapie erarbeitet hatte, fahrenlassen.
Es war mir wichtig, ihn davon zu überzeugen, mit der Gruppe weiterzumachen, und ihm klarzumachen, dass es eine verbindliche Absprache darüber geben muss, wie ich ihn im Falle eines erneuten Fernbleibens erreichen kann. Dazu war es auch bedeutsam, ihm zu vermitteln, wie hilflos ich mich als sein Gruppentherapeut gefühlt hatte, ohne ihm Vorwürfe im Hinblick auf seinen Rückfall zu

machen. Von nun an kam er wieder regelmäßig in die Gruppe, die ihn ebenfalls empathisch und ohne Vorwürfe aufnahm. Anstatt seine Schwäche zu kritisieren, lobte sie seine Stärke, trotz aller Widrigkeiten weiterzumachen.

Es wurde rasch deutlich, dass alles, was der Patient für sich in der Therapie erfahren und erlernt hatte, weiterhin präsent und abrufbar gewesen ist, dass er nach seinem Rückfall eben nicht wieder bei null anfangen musste, sondern auf ein großes Repertoire an Handlungsmöglichkeiten, die seiner Sucht entgegenwirken, zurückgreifen konnte. Das machte ihn, die Gruppe und mich als ihr Therapeut zuversichtlich. Der Patient beschloss, die Therapie fortzuführen, legte sich aber noch nicht fest, ob er wieder ganz abstinent werden wollte.

Was es für ihn besonders schwer machte, abstinent zu bleiben, war, dass er auch an der Aufmerksamkeitsdefizit- und Hyperaktivitätsstörung (ADHS) litt, die bei Erwachsenen eben häufig mit Abhängigkeitserkrankungen einhergeht. So hatte der Patient vor langer Zeit schon einmal eine Glücksspielsucht überwinden müssen, war aber eben im Internet in die nächste Abhängigkeit gerutscht. Im Hinblick auf das Rollenspiel wollte er sich nicht wieder zu schnell zu viel vornehmen. Zunächst versuchte er es erst einmal mit einer kontrollierten Nutzung des neuen Spiels. Bei der Verschiebung seiner Sucht von einem Online-Rollenspiel zu einem anderen blieben die Spielregeln seiner Behandlung dieselben. Wenige Wochen später hatte er es wieder geschafft, eine vollständige Abstinenz zu erzielen, die bis dato anhält.

Die Gefahr der Suchtverschiebung stellt eine weitere gravierende Schwierigkeit in der Behandlung von Suchterkrankten dar. Die Behandlung der schwersten Form der Abhängigkeit arbeitet deshalb sogar mit Ersatzdrogen, sprich Methadon für Heroinabhängige. Auf Suchtstationen für Menschen mit substanzgebundenen Abhängigkeitserkrankungen wie zum Beispiel der Alkoholsucht finden sich kaum Patienten, die nicht rauchen und dies im Entzug nicht umso mehr tun. Und wer aufhört zu rauchen, isst oft mehr, obgleich die typische Gewichtszunahme auch mit einer Umstellung des Stoffwechsels zu tun hat und Essen kein Suchtmittel im engeren Sinne ist. Im Verlauf meiner Arbeit habe ich auch schon bei einigen Suchtpatienten erlebt, wie sie zwischen substanz- und nicht-substanzgebundenem Abhängigkeitsverhalten hin- und hergependelt sind. Allein bei drei Patienten habe ich es erlebt, wie sie im Zuge der Abstinenz vom Internet in eine frühere Alkoholabhängigkeit zurückgerutscht sind. Auch eine Suchtverschiebung in Richtung pathologischen Glücksspiels habe ich schon beobachtet.

Es heißt also aufzupassen und vorauszudenken, wenn es im Entzug auch darum geht, nicht das eine Übel mit einem anderen einzutauschen. Gerade bei Menschen mit einer generellen Prädisposition für Suchtverhalten bedarf es einer besonderen Achtsamkeit. Dies gilt besonders für Menschen mit ADHS und erhöhter Impulsivität. Zur Stabilisierung der Impulskontrolle können dann durchaus auch Medikamente hilfreich sein.

Die Suchtgefahr bei ADHS im Erwachsenenalter kann mit Hilfe einer störungsspezifischen Psychotherapie und einer Medikation mit Methylphenidat oder einem analogen Präparat verringert werden obwohl oder besser gesagt gerade weil wir es bei diesen Präparaten mit einem potenziellen Suchtmittel zu tun haben, nämlich mit einem Amphetamin. Dies konnte zumindest für substanzgebundene Abhängigkeitserkrankungen[3] gezeigt werden. Bei einer Störung der Impulskontrolle können in seltenen Fällen auch sogenannte affektstabilisierende Medikamente eingesetzt werden, die den Suchtdruck abmildern können. Dies ist allerdings gegenüber den möglichen Nebenwirkungen dieser Präparate sorgfältig abzuwägen.

Besser noch als von außen zugeführte synthetische Mittel sind alternative Verhaltensweisen, die auf andere Art und Weise einen Kick oder eine Entspannung bereiten können, ohne süchtig zu machen. Mittel- und langfristig sind psychotherapeutische Ansätze auch deshalb das entscheidende Wirkmittel. In ihrem Rahmen tragen vor allem Haltungs- und Verhaltensänderungen zu einer nachhaltigen Stabilisierung ohne Suchtverschiebung bei.

Zu vermeiden ist allerdings dabei unbedingt der Eindruck, dass ein Leben ohne Internetabhängigkeit notwendigerweise ein Leben ohne Lust und Spaß sei. Im Gegenteil, es geht darum, den Patienten in der Therapie frühzeitig einen Rahmen zu bieten, in dem sie ihre eigenen Bedürfnisse und die Reize der Welt da draußen neu entdecken können. Im besten Fall finden sie schon frühzeitig heraus, was nicht nur ein Ersatz, sondern eine echte Alternative für ihre Art der Internetnutzung ist.

Dabei darf es dann durchaus auch einmal riskant zugehen. No risk, no fun, das gilt auch für anregende Freundschaften und aufregende Partnerschaften, für spannende Jobs und extreme Hobbys, und letztlich auch für Sport und Sex. Dass ein Internetabhängiger im Zuge der Therapie sport- oder sexsüchtig geworden wäre, das habe ich jedenfalls noch nie erlebt oder gehört.

4.4 Erste Hilfe

Wo suchen Menschen heute als Erstes nach medizinischer Hilfe? Ja, wo wohl? – Natürlich im Internet. Das gilt genauso und erst recht für Informationen zum Thema Internetabhängigkeit. Hier suchen nicht nur Betroffene, sondern vor allem auch Angehörige nach Ratschlägen und Hilfsangeboten. Mittlerweile haben sich im deutschsprachigen Raum einige gute Internetforen, die Informationen über das Krankheitsbild und seine Behandlungsmöglichkeiten bieten, bewährt und etabliert. Bitte beachten Sie hierzu auch die Aufstellung von weiterführenden Websites zum Thema am Ende dieses Buches. Als eine der ersten ist die Homepage des Fachverbands Medienabhängigkeit zu nennen,[4] der im Jahre 2008 in Schwerin gegründet und zunächst von Günter Mazur geleitet wurde. Der Verband setzt sich vor allem für eine Anerkennung der Medienabhängigkeit als eigenständiges Krankheitsbild und für bessere Beratungs- und Behandlungsmöglichkeiten von Betroffenen und Angehörigen ein. Vor allem aber ist der Fachverband Medienabhängigkeit ein Zusammenschluss von ärztlichen und psychologischen Psychotherapeuten, Sozialarbeitern und Pädagogen, die sich ganz konkret vor Ort für die Patienten einsetzen. Zentrales Element der Fachverbands-Webseite ist deshalb auch eine Karte, auf der alle gemeldeten Einrichtungen und Praxen aufgeführt sind, die Hilfe für Internetabhängige anbieten. Auf diese Weise kann man schnell herausbekommen, ob es in der Nähe ein spezifisches Hilfsangebot gibt.

Erste Ansprechpartner im Hilfesystem

Da es deutschlandweit bislang noch keine flächendeckende psychosoziale Versorgung für Internetabhängige gibt, sind die ersten Ansprechpartner im Hilfesystem häufig nicht auf das Krankheitsbild spezialisiert. Zunächst ist es das Wichtigste, dass überhaupt jemand – die Betroffenen selbst oder deren Angehörige – erstmals den Verdacht hegt und ausspricht, dass es sich bei der exzessiven Internetnutzung um eine Abhängigkeit handelt, die das Ausmaß einer psychischen Erkrankung hat, und dass es über diese Bewusstwerdung zu einem ersten Schritt in Richtung Hilfe kommt.

Als erste Ansprechpartner fungieren dann häufig Kinder- und Hausärzte, die sich im besten Fall schon einmal mit dem Krankheitsbild vertraut gemacht haben. Dies hat den Vorteil, dass sie die Betroffenen und ihre Familien oft gut genug kennen, um ebenso behutsam wie beharrlich auf die Notwendigkeit einer Behandlung in einer Fachambulanz oder Fachberatungsstelle hinarbeiten zu können. Denn dies braucht manchmal viel Überzeugungsarbeit.

Deutlich spezifischere Hilfe kann von einer Vorstellung bei Ärztinnen und Ärzten eingefordert werden, die auf psychische Erkrankungen spezialisiert sind. Von Vertreterinnen und Vertretern der beiden Facharztrichtungen für Psychosomatische Medizin und Psychotherapie sowie für Psychiatrie und Psychotherapie kann ein Grundwissen über Verhaltenssüchte und ihre typischen psychischen Begleiterkrankungen erwartet werden. Eine Überweisung an Fachärzte dieser Art ist vor allem dann sinnvoll, wenn das Vorliegen gravierender Begleiterkrankungen wie Depressionen, Angststörungen und ADHS im Raum steht, weil diese eventuell auch medikamentös behandelt werden müssen. Aus diesem Grund besuchen viele derjenigen Patienten, die wegen ihrer Internetabhängigkeit an einer ambulanten Einzel- oder Gruppentherapie teilnehmen, regelmäßig auch eine psychiatrische Praxis.

Im Falle schwerwiegender psychischer Begleiterkrankungen – man spricht auch von »Komorbidität« beziehungsweise »komorbiden Störungen« – kann es schwierig sein, zeitig einen Termin bei einem niedergelassenen Facharzt zu bekommen. Dann sind die psychiatrischen und psychosomatischen Institutsambulanzen gute erste Ansprechpartner im psychosozialen Hilfesystem. Diese müssen den Menschen der ihnen zugeordneten Stadt oder Region, die woanders wegen ihrer psychischen Probleme keine rasche Hilfe bekommen, zeitnah einen Termin geben. Nicht selten bieten sie sogar offene Sprechstunden für Menschen mit Abhängigkeitserkrankungen an, wobei dort eine spezifische Expertise für Internetabhängigkeit bislang eher selten anzutreffen ist.

Die findet sich allerdings immer häufiger in den Suchtberatungsstellen und in den Fachambulanzen, deren Arbeit später noch ausführlicher vorgestellt wird. An dieser Stelle sei aber schon einmal betont, dass diese am ehesten schnelle und kompetente Hilfe für Internetabhängige anbieten können. Es ist schön, wenn man in seiner Not gleich in der Nähe fachkompetente Hilfe bekommt. Aber es ist auch wichtig festzuhalten, dass sich Kinder- und Hausärzte, psychologische und ärztliche Psychotherapeuten, psychiatrische und psychosomatische Fachärzte und Ambulanzen nicht langfristig, sondern hier und heute dem Thema Internetabhängigkeit annehmen müssen. Viele Mitglieder des Fachverbands Medienabhängigkeit bieten auf Kongressen, Fort- und Weiterbildungsveranstaltungen regelmäßig Workshops an, um ihren Kolleginnen und Kollegen die Möglichkeit zu geben, sich nicht nur über die Behandlung von Internetabhängigkeit zu orientieren, sondern sie auch selbst anzubieten. Es braucht hierfür nicht immer einen Spezialisten, sondern vor allem jemanden, die oder der bereit ist, sich auf die Behandlung eines neuen Störungsbildes einzulassen. Von allen dürfen wir aber erwarten, so lange Verantwortung für die Behandlung der vorstellig werdenden Internetabhängigen zu übernehmen, bis sie einen Therapieplatz gefunden haben. Abwimmeln gilt nicht, schon gar nicht bei echten Notfällen.

Im Notfall

Als Leiter der zentralen psychiatrischen Notaufnahme, des Sozialpsychiatrischen Dienstes und der psychiatrischen Institutsambulanz der Medizinischen Hochschule

Hannover habe ich einige Notfälle im Zusammenhang mit Internetabhängigkeit erlebt. Zum Beispiel habe ich einen Patienten nach einem Suizidversuch im Internetentzug notfallmäßig auf eine der Stationen aufnehmen lassen. Einmal bin ich selbst auch im Rahmen des Sozialpsychiatrischen Dienstes tätig geworden, um einen internetabhängigen jungen Mann, der nach Sperrung seines Internetzugangs in der Wohnung randalierte und sich gegenüber seiner Familie massiv bedrohlich verhielt, mit einem Betreuungsbeschluss gegen seinen Willen zur Behandlung auf eine geschlossene psychiatrische Station einzuweisen.

Im Fall einer solchen akuten Krise gibt es für behandlungsbereite Betroffene und für deren Angehörige mehrere Möglichkeiten. Wenn es um Leib und Leben geht, dann hilft nur eins: Rufen Sie den Notruf 112 an! Erst einmal sind Notfallmediziner auch für Notfälle im Rahmen psychischer Erkrankungen zuständig. Ist Gefahr im Verzug, weil jemand tatsächlich versucht, sich das Leben zu nehmen, oder gar gewalttätig wird, empfiehlt es sich, die Polizei hinzuzurufen. Manchmal wird dann noch vor Ort ein psychiatrischer Notdienst hinzugezogen, der im schlimmsten Fall eine Einweisung in eine Klinik veranlassen kann. Dies gilt zumindest für die Zeit außerhalb der Dienstzeiten der Sozialpsychiatrischen Dienste.

Jede Stadt, jeder Kreis und jede Region in Deutschland wird von einem solchen Sozialpsychiatrischen Dienst versorgt, der im Zusammenhang mit psychischen Erkrankungen im Rahmen seiner Öffnungszeiten unter der Woche auch notfallmäßig vor Ort hinzugezogen werden kann. In der Regel werden in einer solchen Situation ein Sozialarbeiter und ein psychiatrisch erfahrener Arzt herausgeschickt. Dieses Verfahren gilt gleichsam für den sozialpsychiatrischen Dienst für Kinder und Jugendliche.

Wenn der Betroffene dann tatsächlich als eigen- oder fremdgefährdend eingeschätzt wird, werden die rechtlichen Grundlagen für eine Zwangseinweisung geprüft. Besteht vor dem Hintergrund einer vorbestehenden psychischen Erkrankung eine gesetzliche Betreuung (vormals Vormundschaft) mit den Aufgabenkreisen Aufenthaltsbestimmungsrecht und medizinische Versorgung, so kann der hinzugezogene Betreuer bei akuter Eigengefährdung und auf der Grundlage einer ärztlichen Stellungnahme eine Zwangseinweisung veranlassen, die sogleich dem zuständigen Amtsgericht angezeigt werden muss.[5] Liegt eine Fremdgefährdung vor oder besteht eine solche Betreuung nicht, kann unter bestimmten Bedingungen auch eine Zwangsbehandlung nach dem Psychiatrischen Krankengesetz (kurz Psych-KG) veranlasst werden. Die Auslegung dieses Gesetzes hat sich jüngst zugunsten der Freiheitsrechte der Patienten verändert, seine Umsetzung erfolgt in den einzelnen Bundesländern aber nach wie vor etwas unterschiedlich. Im Zweifelsfall kann hierüber das zuständige Amtsgericht oder der Sozialpsychiatrische Dienst Auskünfte erteilen. Letzterer kann auch in weniger akuten Situationen für Betroffene und Angehörige als Ansprechpartner dienen, wenn es darum geht, überhaupt erst einmal Kontakt mit dem psychosozialen Hilfesystem aufzunehmen.

Bei Notfällen, in denen man eigenmächtig oder mit der Unterstützung von Angehörigen noch gefahrlos eine Klinik aufsuchen kann, ist es ebenfalls sinnvoll, die nächstgelegene Klinik für Psychiatrie und Psychotherapie anzurufen, um zu erfragen, ob sie für den jeweiligen Wohnsektor des Betroffenen zuständig ist. Alle Kliniken mit einem sogenannten Sektorauftrag haben Notfallambulanzen, in denen sich Internetabhängige in der Not rund um die Uhr vorstellen können. Nachdem Patienten notfallmäßig aufgenommen wurden und die schlimmste Krise mit Hilfe von Gesprächen und eventuell auch von Medikamenten überwunden ist, wird in der Regel sorgfältig geklärt, wie eine möglichst spezifische stationäre, teilstationäre oder ambulante Weiterbehandlung aussehen kann.

Bei den meisten Patientinnen und Patienten kommt es aber nicht zu derart akuten Krisen, dass solche Notfallbehandlungen notwendig werden, aber es ist gut zu wissen, dass es sie gibt. In der Regel und im besten Fall erfolgten die Diagnostik und Therapie von Internetabhängigkeit in geplanten Bahnen. Hierfür gibt es mittlerweile eine ganze Reihe von Einrichtungen mit entsprechender Fachkompetenz, auch wenn die Versorgung noch keineswegs flächendeckend ist.

4.5 Spezifische Behandlungsmöglichkeiten und Einrichtungen

Die Behandlung der Internetabhängigkeit ist eine Domäne der Psychotherapie. Jede Psychotherapeutin und jeder Psychotherapeut, die oder der bereit ist, sich für die digitale Welt der Patienten und die Behandlungsweisen der Internetabhängigkeit zu interessieren, ist meiner Meinung nach prinzipiell auch dafür geeignet. Man kann es mit der Therapie von Menschen aus anderen Kulturkreisen vergleichen. Wenn ich mich mit den kulturellen Hintergründen von Patienten mit einem Migrationshintergrund nicht wohlwollend beschäftigen mag, werde ich meiner Aufgabe als Psychotherapeut nicht gerecht werden können. Aber ich muss auch nicht erst das Land bereisen, aus dem die Familie des Patienten stammt, um einen guten Job zu machen. Ebenso müssen Psychotherapeuten keine digitalen Eingeborenen sein, um sich in die Situation von Internetabhängigen einzufühlen. Sie müssen keine Computerspiele spielen, Cybersex betreiben oder soziale Netzwerke nutzen. Ein Suchttherapeut muss ja auch kein Ecstasy einwerfen und sich Heroin spritzen, um einem Drogenabhängigen helfen zu können.

Dass sich mehr klinisch tätige Psychologen und Ärzte der Behandlung von Internetabhängigen annehmen, ohne sich notwendigerweise voll und ganz darauf zu spezialisieren, ist allein schon deshalb wichtig, weil ihre Zahl immer mehr wird, die Zahl der Experten aber keineswegs den aktuellen Bedarf deckt. Bedauerlicherweise müssen Internetabhängige momentan froh sein, wenn sie überhaupt jemanden finden, der ihnen in erreichbarer Distanz ein Beratungs- oder Behandlungsangebot machen kann. Ein Psychotherapieplatz zu finden ist schon so schwer genug..

Im Folgenden sollen nun die spezifischen Behandlungsoptionen genauer erläutert werden. Hierbei werde ich beispielhaft auf Einrichtungen eingehen, die sich auf verschiedene Arten in der Entwicklung neuer Beratungs- und Therapieangebote hervorgetan, etabliert und als vorbildhaft erwiesen haben. Hierbei kommen vor allem auch therapeutische Erfahrungswerte und forscherisches Engagement zum Tragen. Die Auswahl ist allerdings meinem eigenen klinischen und wissenschaftlichen Hintergrund geschuldet und insofern subjektiv gefärbt. Es gibt viele weitere Institutionen, die hier keine Erwähnung finden, die sehr gute Arbeit für Internetabhängige leisten. Die dargestellten Beispiele sollen vor allem dazu dienen, dem interessierten Leser ohne Vorkenntnisse die spezifischen Behandlungsmöglichkeiten aufzuzeigen, die sich bislang etablieren konnten.

Suchtberatungsstellen

Suchtberatungsstellen sind oft die ersten Einrichtungen, die von Internetabhängigen und ihren Angehörigen in der Not angesteuert werden. Einzelne Suchtberatungsstellen in den großen Ballungszentren haben sich schon frühzeitig für diese neuartige Suchterkrankung interessiert und engagiert. Besonders die »Stiftung Medien- und Onlinesucht« in Lüneburg, »Lost in Space« der Caritas in Berlin und die »Drogenhilfe Köln« haben neben Beratungs- und Gruppenangeboten frühzeitig damit angefangen, auch die Forschung zu unterstützen und mit Hilfe von groß angelegten Präventionskampagnen Aufklärung zu betreiben. Und sie dienten und dienen mit Fortbildungsprogrammen als Multiplikatoren für andere Suchtberatungsstellen. Heute kann es sich eine Suchtberatungsstelle, insbesondere diejenigen, die für Kinder und Jugendliche zuständig sind, kaum leisten, sich dieser Problematik nicht anzunehmen.

Die meisten haben es sich in ihren Programmen und Flyern längst auf die Fahne geschrieben, auch Internetabhängigen Hilfsangebote zu machen. Sie sind aller Wahrscheinlichkeit nach auch diejenigen, die zahlenmäßig die meisten dieser Patienten beraten. Dies tun die Suchtberatungsstellen in aller Regel, ohne dass sie hierfür mehr finanzielle oder personelle Ressourcen bereitgestellt bekommen. Dieses Engagement wird oft übersehen, weshalb sich manch eine im Stich gelassen fühlt. Die Suchtberatungsstellen gehören zumeist in die Trägerschaft kommunaler, gemeinnütziger und kirchlicher Organisationen und werden von der öffentlichen Hand finanziert. Angesichts des steigenden Bedarfs ist es in jedem Fall notwendig, die Situation der Suchtberatungsstellen zu verbessern und damit ihrem Engagement für Internetabhängige mehr Anerkennung zu geben, dies nicht zuletzt, damit sie ihre Arbeit an der Basis flächendeckend gestalten können.

Die Angebotspalette der Suchtberatungsstellen ist vielfältig, aber es kann eben nicht jede alles anbieten. Besonders wichtig für die Basisarbeit ist es, niederschwellige Beratungsangebote in Form von offenen Sprechstunden vorzuhalten.

Das Zeitfenster, im Rahmen dessen ein Suchtpatient motiviert ist, etwas in seinem Leben zu ändern, ist oft klein. Deshalb ist es so wichtig, dass es mindestens einmal in der Woche einen Zeitraum gibt, in dem Internetabhängige einfach ohne Voranmeldung zur Beratung vorbeischauen können.

Im besten Fall ist dann ein erstes, eventuell auch kurzes Gespräch, in dem geklärt wird, ob der Patient tatsächlich unter einer Suchterkrankung leidet, die Einflugschneise für eine längerfristige Beratung und Behandlung. Manch einem Patienten wird dann eine regelmäßige Einzelberatung angeboten. Einige Suchtberatungsstellen bieten auch wöchentliche Gruppensitzungen an. Da die Suchtberatungsstellen oft von Sozialpädagogen getragen werden – seltener sind sie auch mit Psychologen und Ärzten besetzt –, können sie vor allem auch hinsichtlich beruflicher Rehabilitationsmaßnahmen tätig werden. Sie sind es in der Regel auch, die gemeinsam mit den Betroffenen einen Antrag an die Rentenversicherung stellen, wenn es um die Planung und Kostenübernahme einer stationären Therapie in einer psychosomatischen Rehabilitationsklinik für Suchterkrankungen geht. Die soziale Arbeit in diesem Kontext bezieht in der Regel die Angehörigen mit ein. Und schließlich werden Angehörigen Beratungsgespräche angeboten, wenn die Betroffenen selbst gar nicht dazu bereit sind, Hilfe anzunehmen.

Fachambulanzen

In der Medienambulanz der Klinik für Psychosomatische Medizin und Psychotherapie am LWL-Universitätsklinikum der Ruhr-Universität Bochum bieten wir Angehörigen, die unter einem besonders großen Leidensdruck stehen, ebenfalls Gespräche an. Darüber hinaus veranstalten wir in Kooperation mit der Klinik für Kinder- und Jugendpsychiatrie, -psychosomatik und -psychotherapie des St.-Josefs-Hospitals Bochum Elternabende, im Rahmen deren wir die betroffenen Angehörigen informieren. Wenn es eben geht, setzen wir aber alles daran, dass die von Internetabhängigkeit Betroffenen selbst zu uns in die Klinik kommen.

Oft bedarf es zweier ausführlicher Untersuchungsgespräche, um die Diagnostik zur Internetabhängigkeit und etwaiger Begleiterkrankungen sorgfältig durchführen und abschließen zu können. Dabei bedienen wir uns nicht nur der eingangs geschilderten diagnostischen Kriterien, sondern auch wissenschaftlich fundierter Fragebögen. Diese kommen den Patienten zugute, indem wir mit den Testergebnissen gezieltere Therapieempfehlungen geben können.

Im Fall einer schriftlichen Einverständniserklärung verwenden wir die Ergebnisse allerdings auch zur weiteren Erforschung des Krankheitsbildes. Die bisherigen Ergebnisse unserer Studien, die stets in Zusammenarbeit mit medizinischen und psychologischen Kollegen und Doktoranden durchgeführt werden, kommen in wissenschaftlichen Zeitschriften zur Veröffentlichung, damit sie eine Verbreitung finden. Und längst stößt das Thema auch in unseren Lehrveranstaltungen, in Vorlesungen und Seminaren, auf interessiertes Gehör bei den Medizinstudenten, die so frühzeitig dafür sensibilisiert werden.

Fachambulanzen sind – wie unsere in Bochum – bislang hauptsächlich an Universitätskliniken ins Leben gerufen worden, die ja prinzipiell der Wissenschaft und Lehre verpflichtet sind. An der Medizinischen Hochschule Hannover begründete ich im Jahre 2003 eine der ersten Ambulanzen dieser Art im deutschsprachigen Bereich. Diese wird von den dortigen Kollegen fortgeführt, seitdem ich ihre Leitung nach zehnjähriger Arbeit in Hannover aufgegeben habe, um die Bochumer Medienambulanz[6] zu gründen. In der Zwischenzeit haben in vielen Universitätskliniken Ambulanzen für Internetabhängige eröffnet, unter anderem an der Universitätsklinik für Psychiatrie und Psychotherapie in Tübingen, am Zentralinstitut für Seelische Gesundheit in Mannheim sowie in Kooperation mit der Universität Wien auch am österreichischen Anton-Proksch-Institut[7] eröffnet.

Besonders früh verdient gemacht um die Verhaltenssüchte im Allgemeinen und die Internetabhängigkeit im Besonderen hat sich Sabine Grüsser-Sinopoli.[8] Im Rahmen der Abteilung für Medizinische Psychologie der Charité begann die Professorin für Klinische Psychologie gemeinsam mit ihrem Team frühzeitig damit, Internetabhängigkeit klinisch zu erforschen. Hier entstanden meines Wissens nach die ersten Studien, in denen mit Hilfe elektrophysiologischer Untersuchungen gezeigt werden konnte, dass bei Internetabhängigkeit ähnliche Prozesse im Gehirn ablaufen wie bei einer Alkoholabhängigkeit.[9] Im Rahmen einer kurzen Kooperation habe ich dort auch einige Patienten für meine erste Studie zum Thema untersuchen dürfen.

Dort begegnete ich auch erstmals Klaus Wölfling, der dann mit Sabine Grüsser-Sinopoli als ihr Vertreter mit an die Johannes Gutenberg-Universität Mainz gegangen ist, um dort im Rahmen der Klinik für Psychosomatische Medizin und Psychotherapie die Ambulanz für Spielsucht zu gründen, wo vor allem Glücksspiel- und Computerspielabhängige, aber auch Internetabhängige aller Art behandelt werden. Nach dem frühen Tod von Sabine Grüsser-Sinopoli führte Klaus Wölfling die Forschungs- und Behandlungseinrichtung fort, die seitdem den Namen »Grüsser-Sinopoli-Ambulanz« trägt. Klaus Wölfling leitet seitdem die größte Ambulanz für Internetabhängige im deutschsprachigen Raum und ist auf diesem Gebiet auch hinsichtlich der klinischen Forschung führend. Mit seinem Team hat er ein störungsspezifisches Programm zur psychotherapeutischen Behandlung in Gruppen entwickelt,[10] mit dem wir auch in unserer Klinik arbeiten und dessen Wirksamkeit gerade im

Rahmen einer großangelegten Studie in mehreren Kliniken erprobt wird und erste vielversprechende Ergebnisse aufweist.[11]

Ambulante Gruppenpsychotherapie

Wenn es so etwas wie eine Therapie der Wahl gibt, dann ist dies momentan die Verhaltenstherapie in der Gruppe, die gemäß einem eigens für Internetabhängige entwickelten Manual durchgeführt wird.

Dafür spricht zumindest der bedauerlicherweise noch sehr überschaubare internationale Forschungsstand zu diesem Thema. Auch in Asien und den USA wird mit solchen Therapiemanualen verhaltenstherapeutisch in Gruppen gearbeitet. Die Manuale weisen mehr Gemeinsamkeiten als Unterschiede auf. Umfangreiche Studien, die eine nachhaltige Wirksamkeit belegen können, lassen allerdings noch auf sich warten. Der verhaltenstherapeutische Ansatz wird sich zumindest bei der Behandlung von Entzug und Entwöhnung durchsetzen, so wie es auch bei substanzgebundenen Abhängigkeitserkrankungen und anderen Verhaltenssüchten der Fall ist.

Das Therapiemanual von Klaus Wölfling und Kollegen ist auf 15 gruppentherapeutische Sitzungen für acht Patienten ausgerichtet. Vor Beginn wird eine schriftliche Vereinbarung über die Therapiebedingungen getroffen, die grob den Behandlungsrahmen und seine Ziele absteckt. Alle Patienten erhalten alle zwei Wochen zusätzlich einen Einzelgesprächstermin, bei dem sie über Dinge sprechen können, die in der Gruppe nicht besprochen werden. Diese Termine können auch dafür genutzt werden, Angehörige mit in die Behandlung einzubeziehen. Kern der Behandlung sind aber die hundertminütigen Gruppensitzungen. Jede der 15 Sitzungen teilt sich in zwei Phasen beziehungsweise Runden auf.

Jede Sitzung beginnt mit einer Abstinenzrunde, in der ebenso viel über die Abstinenzziele wie über alternative Handlungsweisen gesprochen werden sollte. Von Woche zu Woche nehmen sich die Patienten so konkret wie möglich vor, auf wie viele Stunden sie ihr abhängiges Internetnutzungsverhalten reduzieren wollen und was sie in der Zeit anstatt dessen zu tun gedenken. Hierbei ist darauf zu achten, dass sich die Patienten nicht nur etwas vornehmen, das mit Arbeit und Verpflichtungen zu tun hat, sondern gerade zu Beginn sollte es vor allem auch um Dinge gehen, die Freude machen und gut ablenken. In der Abstinenzrunde zu Beginn jeder Sitzung berichten sie dann, ob und wie sie ihre Abstinenz- und Handlungsziele erreicht haben. Das Ritual dieser Runde wird meiner Erfahrung und Einschätzung nach von den Patienten sehr ernst genommen und ehrlich umgesetzt. Wer seine Ziele erreicht hat, wird von der Gruppe gelobt. Und bei wem es nicht geklappt hat, wird Verständnis gezeigt und gemeinsam überlegt, wie es beim nächsten Mal besser werden könnte. Wichtig ist es, viel Zeit und Anteilnahme einzuräumen, wenn ein Patient im Entzug lebensmüde Gedanken und Impulse entwickelt oder wenn jemand einen dramatischen Rückfall erleidet. Dies hat oberste Priorität. In einer solchen Situation nimmt dann der erste Teil notgedrungen einen größeren Raum ein.

Im zweiten Teil kommen die eigentlichen Module des Therapiemanuals zum Tragen. Jede Sitzung hat ein Thema, das unter Zuhilfenahme von Arbeitsblättern und Übungen bearbeitet wird. Stets geht es darum, von allgemeinen Informationen und Handreichungen auf das Individuelle schließen zu lassen. Das heißt, dass sich die Patienten mit Hilfe der Informationen und Übungen in ihren pathologischen Handlungsweisen erkennen, um bewusst Veränderungen vornehmen zu können.

Thematisch geht es in den ersten Sitzungen vor allem

darum, das Krankheitsbild, seine Entstehungsbedingungen, das Suchtdreieck und den Teufelskreis der Sucht zu vermitteln. Die Patienten können auf diesem Wege eine nachhaltige Krankheitseinsicht entwickeln. Dann geht es um eine Stärkung der Veränderungsmotivation mit Hilfe von Übungen, die den Betroffenen eine Kosten-Nutzen-Abwägung von Suchtverhalten und Abstinenz abverlangen.

In den fortgeschrittenen Sitzungen geht es um konkrete Änderungen von Denken und Verhalten. Folgende Fragen stehen im Mittelpunkt: Wie kann ich mit Notsituationen umgehen, in denen ich einen unbändigen Suchtdruck habe? Wie kann ich meinen Alltag und mein Umfeld so gestalten, dass ich möglichst wenig unter (Sucht-)Druck komme? Wie kann ich Rückfälle vermeiden, wie aber auch mit ihnen umgehen, wenn sie geschehen? Und wie verhüte ich eine Suchtverschiebung?

Besonders beeindruckend sind die Sitzungen, in denen es um die Mediennutzungsbiografie und eine Exposition mit den persönlichen Internetinhalten geht, die zu der Abhängigkeit geführt haben.

Bei ersterer tragen die Patienten in einer Verlaufsgrafik in Form von Zeitkurven ein, wie sie viel in welcher Lebensphase im Internet waren und wie es um ihre Lebenszufriedenheit bestellt war. Die Patienten sind nicht selten tief erschüttert darüber, wie sehr ihre exzessive Internetnutzung und Phasen der Unzufriedenheit miteinander verbunden gewesen sind und wie viel Lebenszeit sie all die Jahre verloren haben.

In der Expositionssitzung bringen die Patienten Bilder oder Videos mit, meist von ihren Spielen und Avataren, um zu erklären, was sie daran so fasziniert, warum sie diese aufgeben und wie es sich anfühlt, sich ihrem Anblick auszusetzen. Es ist dabei immer wieder schön zu erleben, welche Fortschritte die Patienten gemacht haben, aber auch erschreckend wie begeistert die Mitpatienten von diesen Präsentationen sein können.

Bei beiden Sitzungen muss man sehr behutsam vorgehen und die bisweilen sehr emotionalen Reaktionen gut im Blick haben, um auf sie beherzt reagieren zu können. In den letzten Sitzungen ist Zeit für freie Themen, die sich aus den Bedürfnissen der Gruppe ergeben. Hier kommen auch Ängste zur Sprache, die sich auf das nahende Ende der Therapie beziehen. In der letzten Sitzung werden noch einmal die wichtigsten Erkenntnisse der Therapie rekapituliert und die Patienten verabschiedet.

Meiner Erfahrung nach bedarf es zum Ende der Gruppentherapie hin stets einer frühzeitigen Planung der weiteren Behandlung. Eine Sucht, die sich innerhalb von Jahren entwickelt hat, lässt sich in der Regel nicht gänzlich im Rahmen einer vergleichsweise kurzen manualisierten Therapie überwinden. Die Betroffenen brauchen in der Regel mehr, zumal sie oft erst nach Erreichung der Abstinenz Zugang zu ihren Gefühlen bekommen. Im Rahmen weiterer psychotherapeutischer Maßnahmen, beispielsweise einer längerfristig angelegten Einzelpsychotherapie, können die sich oft hinter der Abhängigkeit verbergenden Depressionen und Ängste angegangen werden. Die manualisierte Verhaltenstherapie in der Gruppe legt hierfür den Grundstein. Sie macht sozusagen den Kern eines größeren Behandlungskonzepts aus, das für jeden Patienten individuell zu entwickeln ist.

Da ich selbst in tiefenpsychologisch fundierter Psychotherapie und Gruppenanalyse ausgebildet bin, war mir der verhaltenstherapeutische Ansatz zunächst etwas fremd. Die ersten Gruppen habe ich deshalb gemeinsam mit einem psychologischen Psychotherapeuten mit verhaltenstherapeutischer Ausrichtung geleitet und viel dabei gelernt. Das hat mich überzeugt. Ich bin allerdings nach wie vor ebenso davon überzeugt, dass eine nachhaltige Abstinenz bei Internetabhängigkeit ohne eine Suchtverschiebung bei den meisten Patienten nur dann gelingen kann, wenn die individuellen Entstehungsbedingungen und Begleiterkrankungen langfristig auch eine tiefer gehende Behandlung erfahren.[12]

Ambulante Einzelpsychotherapie

Auch Einzelpsychotherapien haben ihren Platz in der Behandlung von Internetabhängigkeit. Wenn es wie bei der manualisierten Gruppentherapie zunächst darum geht, eine Abstinenz oder eine kontrollierte Internetnutzung zu erarbeiten, ist sicherlich auch eine kognitiv-behaviorale beziehungsweise eine Verhaltenstherapie indiziert.

Die Verhaltenstherapeutin Annette Teske erzielt damit gute Erfolge.[13] Der Vorteil der Einzelbehandlung liegt vor allem darin, dass sie von Anfang an sehr individuell auf die Bedürfnisse der Patienten und frühzeitig auch verhaltenstherapeutisch im Hinblick auf die komorbiden Störungen einzugehen vermag. Dies kann insbesondere bei Angststörungen und ADHS hilfreich sein, deren Behandlung ebenfalls eine Domäne der Verhaltenstherapie ist.

Die Berliner Psychoanalytikerin Valentina Albertini hat gute Erfahrungen mit der tiefenpsychologisch fundierten und auch psychoanalytischen Behandlung von Internetabhängigen gemacht, dies gerade auch bei Frauen.[14] Sie schreibt über die Psychodynamik der Erkrankung und stellt sie damit in einen komplexen Kontext, dessen Verständnis für eine längerfristige und nachhaltige psycho-dynamische Behandlung von Nutzen ist.

Meine Erfahrungen mit tiefenpsychologisch fundierten Einzelbehandlungen ohne eine vorherige spezifische Suchttherapie sind nur bedingt positiv. Ein dahin gehender Versuch kann allerdings sinnvoll sein, wenn bei den Betroffenen eine andere psychische Erkrankung im Vordergrund steht und deshalb auch kaum eine Veränderungsmotivation im Hinblick auf eine Abstinenzerzielung zu beobachten ist.

Auch der Kinder und Jugendpsychiater und -psychotherapeut Oliver Bilke-Hentsch von der Modellstation Somosa aus Zürich[15] und die Psychotherapieforscherin Christiane Eichenberg von der Sigmund-Freud-Privatuniversität Wien[16] setzen sich für ein tiefenpsychologisches beziehungsweise psychodynamisches Verständnis der Internetabhängigkeit ein. Die Ergebnis- und Zieloffenheit der tiefenpsychologischen Verfahren kann helfen, einen Betroffenen erst einmal auf den Weg zu bringen. Das ist besser, als dem Patienten eine Behandlung zu verweigern, weil man nur streng nach suchttherapeutischen Gesichtspunkten arbeitet. Manch eine(r) entschließt sich dann im Verlauf zu einer spezifischeren Behandlung der Internetabhängigkeit, sei es in einer ambulanten Gruppe oder auch in einer Klinik.

Stationäre Behandlung für Kinder und Jugendliche

Tiefenpsychologische Verfahren spielen gerade auch in der Behandlung von Heranwachsenden eine Rolle. Dies gilt sowohl für die ambulante wie auch für die stationäre Psychotherapie. Hierfür plädieren beispielsweise Institutionen wie das Zentrum für Suchtfragen im Kindes- und Jugendalter am Universitätsklinikum Hamburg-Eppendorf unter der Leitung von Rainer Thomasius, der sich gemeinsam mit Kay Uwe Petersen schon frühzeitig mit den Gefahren der Internetabhängigkeit beschäftigt hat. Bei Heranwachsenden ist eine Verhaltensänderung, abgesehen von pädagogischen Maßnahmen, vor allem auch dadurch zu bewirken, dass die inneren Konflikte der jungen Patienten im Zusammenhang mit innerfamiliären Schwierigkeiten geklärt werden. Allerdings wird gerade angesichts der Mischung aus Pädagogik und Tiefenpsychologie deutlich, dass verhaltenstherapeutische und psychodynamische Verständnis- und Lösungsansätze gar nicht einfach voneinander zu trennen sind.

Gerade im Hinblick auf die Entwicklungspsychologie, also die Frage, wie ein pathologisches Verhalten wie das der Internetabhängigkeit überhaupt entsteht, kann es zwar unterschiedliche Perspektiven auf das Phänomen geben. Das Phänomen der Internetabhängigkeit selbst verändert sich dadurch aber selbstverständlich nicht. Insofern schließen sich die beiden psychotherapeutischen Herangehensweisen auch keinesfalls gegenseitig aus.

Das erste und bislang überzeugendste Beispiel für die stationäre Behandlung von Kindern und Jugendlichen findet sich im Kinder- und Jugendkrankenhaus auf der Bult in Hannover. In der dortigen Klinik für Kinder- und Jugendpsychiatrie und -psychotherapie gründete Christoph Möller[17] »Teen Spirit Island«, eine Station für suchterkrankte Kinder, Jugendliche und junge Erwachsene bis zum Alter von 21 Jahren.

Diese Station war die erste, die für diese Altersgruppe dezidiert stationäre Therapieplätze für Internet- und Computerspielabhängige eingerichtet hat. Damit hat sie eine wichtige Vorreiterrolle übernommen. Einer Aufnahme gehen Vorgespräche in der offenen Sprechstunde der Ambulanz voraus. Voraussetzung ist, dass die zumeist jugendlichen Patienten freiwillig in die Behandlung kommen und zu einer konsequenten Abstinenz bereit sind. Kern der Behandlung ist eine tiefenpsychologisch ausgerichtete interaktionelle Gruppenpsychotherapie, im Rahmen deren die Patienten sich mit Gleichaltrigen auseinandersetzen können.

Die zwischenmenschlichen Probleme, die in die Internetabhängigkeit geführt haben, bilden sich auch im Miteinander der therapeutischen Gemeinschaft im Allgemeinen, also der gesamten Station, sowie der therapeutischen Gruppe im Kleinen ab. So können in der therapeutischen Auseinandersetzung problematische Beziehungsstile erkannt und verändert werden. Hierbei erlangen die jungen Patienten auch ein Verständnis dafür, wofür die exzessive Mediennutzung steht beziehungsweise welchen Mangel sie kompensiert. Im Rahmen von Einzelgesprächen werden bei Bedarf auch die Eltern und Geschwister in die Behandlung einbezogen.

Wie bei allen anderen Arten der Behandlung von Internetabhängigkeit wird viel Wert auf die Erschließung alternativer Verhaltensweisen gelegt. Das Areal von »Teen Spirit Island« bietet hierfür geradezu paradiesische Möglichkeiten. So gibt es dort einen Garten, den die jungen Patienten im Rahmen einer Projektgruppe selbst bewirtschaften. Diverse sportliche Möglichkeiten bieten beispielsweise ein Sportplatz und eine Kletterwand, wobei auch Exkursionen zu anderen Sporteinrichtungen angeboten werden. Auch in Kunst- und Werktherapie können körperlich-sinnliche Erfahrungen gemacht werden, bei denen sich die jungen Patienten einerseits nonverbal ausdrücken können, was wiederum den therapeutischen Prozess bereichert, und andererseits etwas kreativ und handfest schaffen, was das Erleben von Selbstwirksamkeit steigert. Ähnliches gilt für das gemeinsame Zubereiten von Mahlzeiten im Rahmen von Kochgruppen.

Es geht darum, den Umgang mit ganz basalen Handlungen im Alltag zu stärken, die möglichst immer etwas mit der körperlichen Seite unserer Existenz zu tun haben und in der physisch spürbaren Gemeinschaft mit anderen stattfinden. Auf »Teen Spirit Island« werden hierzu auch Tätigkeiten im Haushalt gerechnet. Die Patienten werden dazu angehalten, ihre Räume nicht nur ordentlich, sondern sauber zu halten. Das heißt, sie müssen auch selbst putzen. Für nicht wenige Patienten sind diese grundlegenden Alltagstätigkeiten völlig neu und eine große Herausforderung.

Hier wird deutlich, dass neben dem psychotherapeutischen auch ein starker pädagogischer Ansatz verfolgt wird, um den Patienten nicht nur ein emotionales, sondern auch ein alltagspraktisches Nachreifen zu ermöglichen. Zu diesem Zweck gehen die Patienten auch in die klinikeigene Schule, in der sie nicht nur den normalen Unterrichtsstoff lernen, sondern auch einen sinn- und maßvollen Umgang mit Computern und Internet.

Die meisten der jungen Patienten gehen am Ende der stationären Therapie gar nicht mehr zurück nach Hause, sondern einen weiteren Schritt in Richtung Erwachsenwerden. Nicht selten werden sie im Rahmen der Jugendhilfe in heimähnliche Einrichtungen oder betreute Wohngemeinschaften entlassen, von wo aus sie ihre Schullaufbahn abschließen oder eine Berufsförderungsmaßnahme antreten. Hierfür stehen Einrichtungen der stationären Jugendhilfe zur Verfügung.

In Dortmund hat 2014 eine Einrichtung der stationären Jugendhilfe namens »Auxilium reloaded«[18] eröffnet, im Rahmen deren Internetabhängige bis zum 25. Lebensjahr leben und therapiert werden können. Ich wünschte, es gäbe mehr solcher Einrichtungen, in der so viel Zeit und Ressourcen für Internetabhängige aufgebracht werden können, und das nicht nur für ganz junge Leute. Wir sehen in unserer Ambulanz manchmal Patienten, die weit älter als 25 Jahre alt sind, in ihrer psychosozialen Entwicklung aber noch auf dem Stand eines Teenagers verharren, weil sie viele Jahre ihres Lebens im Cyberspace verloren haben und sich in dieser Zeit nicht weiterentwickeln konnten. Für sie gibt es allerdings auch schon seit einigen Jahren Kliniken mit spezifischen stationären Therapieangeboten.

Stationäre Behandlung für Erwachsene

Erst seit kurzem bietet Kimberly Young am Bradford Regional Medical Center (BRMC) eine stationäre Behandlung für Internetabhängige an. Sie erfolgt freiwillig auf einer geschlossenen Station der psychiatrischen Klinik des Krankenhauses. Das Therapieprogramm konzentriert sich auf nur zehn Tage, in denen allerdings das für amerikanische Kliniken typische Intensivprogramm durchgeführt wird. Jeden Tag nehmen die Patienten an mindestens einem Einzelgespräch und sieben bis neun gruppentherapeutischen Sitzungen teil. In den ersten Tagen wird eine sogenannte »Digital Detoxification«, also ein kalter Internetentzug, durchgeführt. Während der zweiten Behandlungsphase werden die Patienten im Sinne einer digitalen Reintegration wieder an das Internet herangeführt, wobei im Hinblick auf die abhängigkeitserzeugenden Inhalte eine strikte Abstinenz erwartet wird. Die ebenso aufwendige wie teure Therapie wird von Kimberly Young persönlich und von einem multiprofessionellen Team gestaltet. In den USA ist sie die bislang einzige ihrer Art.

In den deutschsprachigen Ländern wurden die ersten stationären Behandlungsmöglichkeiten für Internetabhängige in Psychotherapiekliniken für Erwachsene angeboten. Eine der ersten Kliniken, die sich mit einem störungsspezifischen Angebot hervorgetan haben, ist die Klinik Münchwies im Saarland. Im Zentrum für Psychosomatische Medizin, Psychotherapie und Suchtmedizin werden unter der Klinikleitung von Monika Vogelgesang und der Stationsleitung von Petra Schuhler[19] schon seit mehr als 10 Jahren Erwachsene mit einer pathologischen Internetnutzung behandelt. Das zugrunde liegende Krankheitsverständnis der Klinik unterscheidet sich allerdings vom Suchtverständnis der meisten anderen vergleichbaren deutschen und internationalen Einrichtungen. Das dortige Behandlungskonzept ist allerdings ein gutes Beispiel für integrierte Therapieansätze, bei denen es sowohl tiefenpsychologische als auch verhaltenstherapeutische Interventionen zum Einsatz kommen.

Die tiefenpsychologischen Behandlungselemente beschäftigen sich eher mit den jeweiligen Grundstörungen, sprich mit depressiven Verstimmungen, sozialen Ängsten und Persönlichkeitsstörungen. Die verhaltenstherapeutischen Ansätze fokussieren mehr auf die symptomspezifische Behandlung der exzessiven Internetnutzung.

Die ursachenbezogenen Behandlungselemente kommen vor allem in einer zentralen interaktionellen Gruppenpsychotherapie zur Sprache. Hierbei geht es vor allem um eine Verbesserung der Körperwahrnehmung und Emotionsregulierung sowie eine Steigerung der kommunikativen Kompetenzen. Dies geschieht vor allem im Zuge emotional bedeutsamer Erfahrungen, die in der realen Begegnung und Auseinandersetzung mit Mitpatienten und Therapeuten in der Gruppe und auf der Station gemacht werden. Im besten Fall hilft eine 6 bis 12 Wochen dauernde stationäre Psychotherapie dabei, eine reifere Identität zu entwickeln, welche die Betroffenen mittel- und langfristig darin bestärken soll, einer erneuten pathologisch ausgelenkten Internetnutzung zu trotzen.

Die symptomspezifischen Behandlungselemente eines solchen Ansatzes werden im Rahmen einer störungsspezifischen Therapiegruppe angegangen, deren Vorgehensweise viele Elemente der Behandlung von Suchterkrankungen beinhaltet. Am Anfang dieses Therapiestrangs steht das Unterzeichnen eines Behandlungsvertrags zwischen Patient und Klinik, im Rahmen dessen zunächst eine absolute Abstinenz im Hinblick auf Computer- und Internetgebrauch vereinbart wird. Frühzeitig in der Behandlung wird oft auch mit dem Ampelmodell gearbeitet, um die individuellen Abstinenzregeln frühzeitig zu bestimmen und langfristig Rückfälle zu vermeiden. Dabei werden Internetinhalte als Rot, Gelb oder Grün markiert.

Rot markiert und demzufolge vollkommen zu meiden sind je nach Ausgangslage Computerspiele, soziale Netzwerke oder Cybersex. Angebote, die zwar nicht eindeutig als Suchtmittel zu identifizieren sind, aber zu einem Suchtdruck führen können, sind beispielsweise andere Internetseiten oder Fernsehprogramme, wo regelmäßig Werbung für Spiele und Pornografie gemacht wird. Und als Grün gelten alle Internetinhalte und Medienformate, von denen erwartungsgemäß keine Gefahr ausgeht. Dies können Informationsseiten wie Wikipedia oder E-Books sein.

Nach einer eingängigen Therapieplanung werden Patienten – falls noch nicht geschehen – auf eine Verabschiedung ihrer Accounts und Avatare vorbereitet. Diese werden dann im Rahmen von Belastungserprobungen an Wochenenden zu Hause von den Patienten gelöscht. Das Abschiednehmen von der pathologischen Identifikation mit den in abhängiger Weise genützten Internetinhalten, insbesondere mit den virtuellen Spielfiguren, wird sehr ernst genommen, um Krisen vorzubeugen und die Notwendigkeit neuer Handlungs- und Identifikationsmöglichkeiten bewusst zu machen. Die Erschließung neuer realweltlicher Erfahrungsmöglichkeiten ist allerdings von Anfang an ein regelmäßiger Bestandteil solcher Therapien. Nur so kann ein Transfer in die Lebensumwelt der Patienten gelingen.

Ob eine stationäre Psychotherapie fernab von zu Hause sinnvoll ist, erweist sich erst nach der Entlassung. Insofern sollte eine solche sorgfältig vorbereitet werden. Im besten Falle ist die psychotherapeutische Nachbehandlung im Rahmen einer Gruppen- oder Einzeltherapie schon im Vorfeld nicht nur angebahnt, sondern zu einem stabilen therapeutischen Bündnis gereift. Außerdem ist es wichtig, dass im Vorfeld schon soziotherapeutische Hilfsmaßnahmen ergriffen und angelaufen sind, damit die Patienten nicht in eine desolate soziale Lebenssituation entlassen werden. Wenn sie zurückkommen, brauchen sie eine Perspektive, auf deren Grundlage sie einen aussichtsreichen Neustart im echten Leben hinlegen können.

Integriertes Behandlungskonzept mit stationärer, tagesklinischer und ambulanter Psychotherapie

Viele Wege führen zu einer nachhaltigen seelischen Gesundung bei Menschen mit Internetabhängigkeit. Wie gesagt, es gibt bislang keine wissenschaftlich abgesicherte und schon gar nicht die eine beste Lösung. Die Behandlungskonzepte befinden sich noch in der Entwicklungs- und Erprobungsphase.

An der Medizinischen Hochschule Hannover habe ich als ärztlicher Psychotherapeut mit ambulanten psychiatrischen und psychotherapeutischen Behandlungen von Internetabhängigen begonnen, dies sowohl mit Einzel- als auch mit Gruppenpsychotherapie. In der Bochumer Universitätsklinik für Psychosomatische Medizin und Psychotherapie starteten wir die Behandlungen in der Medienambulanz mit der verhaltenstherapeutischen Gruppentherapie gemäß dem Manual von Klaus Wölfling (siehe oben). Die Patienten kommen nicht nur aus dem Ruhrgebiet, sondern auch aus umliegenden Großstädten wie Köln oder Düsseldorf und Landkreisen wie dem Bergischen Land und dem Münsterland. Manche Patienten nehmen für die Teilnahme an der wöchentlich stattfindenden Gruppe Wege von über zwei Stunden für eine Strecke auf sich. Das liegt einfach daran, dass sie in ihrem Umfeld keine störungsspezifischen Hilfsangebote gefunden haben.

Wir haben das Konzept der eigentlich geschlossene 15 Sitzungen umfassenden Gruppe dergestalt geändert, dass das Manual zwar kontinuierlich durchlaufen wird, dass es aber bei Bedarf gestreckt werden kann, wenn aus der Gruppensituation heraus ein besonderer Gesprächsbedarf besteht. Die Patienten können nach entsprechender Vorplanung jederzeit in die Gruppe mit acht Behandlungsplätzen einsteigen, so dass man von einem Slow-open-Modell sprechen kann. Die Teilnahme ist auf 50 Sitzungen beziehungsweise ein Jahr begrenzt.

Dies führt dazu, dass manche Patienten Module mehrfach durchlaufen, was die Nachhaltigkeit der therapeutischen Effekte steigern kann, zumal es für die Patienten hilfreich und ermutigend ist, auch einmal zu den erfahreneren Patienten zu gehören und bewährtes Wissen weiterzugeben. Einzelsitzungen finden für die Patienten und ihre Angehörigen bei Bedarf statt und selbstverständlich am Anfang und Ende der Gruppenteilnahme zur Vorbereitung auf die jeweils neu bevorstehende Behandlungsphase. Wir haben diese Veränderung vorgenommen, weil uns 15 Gruppensitzungen für die meisten Patienten als zu kurz erschienen und zweiwöchige Einzelgespräche personell kaum umzusetzen waren. Der entscheidende Sinn und Zweck aber war, es auch für stationäre Patienten möglich zu machen, an der Gruppe teilzunehmen.

Vor einem Jahr haben wir damit begonnen, Patienten, die an der ambulanten Gruppe teilnehmen können und wollen, bei entsprechender Indikation auch stationär aufzunehmen. Neben der notwendigen räumlichen Nähe gilt dabei als Voraussetzung, dass sie neben den Kriterien für eine Internetabhängigkeit auch noch die Kriterien für mindestens eine weitere psychische Erkrankung erfüllen, die eine stationäre Aufnahme in eine Akutklinik für Psychosomatische Medizin und Psychotherapie rechtfertigt. Eine stationäre Behandlung allein aufgrund der Diagnose »Internetabhängigkeit« würde eventuell Probleme mit den Kostenträgern nach sich ziehen, was noch einmal deutlich macht, wie wichtig es ist, sich auch weiterhin für die Anerkennung von Internetabhängigkeit als eigenständiges Störungsbild zu engagieren.

Die Patienten können zu jedem Zeitpunkt aufgenommen werden, manchmal auch nachdem sie schon mit der Gruppenteilnahme begonnen haben. Grundbedingung ist selbstverständlich, dass die Patienten eine komplette Abstinenz von ihrem Internetsuchtmittel anstreben und auf der Station erst einmal auf jegliche Internetnutzung verzichten. Hierfür gibt es einen besonderen Behandlungsvertrag, der diese Dinge regelt.

Die Patienten nehmen dann an dem Programm auf unserer Psychotherapiestation mit allgemeinem Therapiesetting teil. Hier werden vor allem Menschen mit psychischen Erkrankungen behandelt, die häufig Begleiterkrankungen von Internetabhängigkeit sind, also Depressionen, Angsterkrankungen und Persönlichkeitsstörungen. Zusätzlich nehmen sie an der von mir geleiteten Therapiegruppe für Internetabhängige in der Ambulanz teil. Besonders sinnvoll ist es, wenn die Patienten am Ende der Behandlung in den Tagesklinikstatus wechseln, um ihre Abstinenz und ihre Stabilität dadurch auf die Probe zu stellen, dass sie nicht mehr in der Klinik übernachten, sondern in der Nacht und am Wochenende zu Hause sind.

Im besten Fall sind die Patienten 4 bis 6 Wochen stationär und weitere 2 bis 4 Wochen teilstationär bzw. tagesklinisch in unserer Behandlung, bevor sie dann nach der Entlassung ambulant weitertherapiert werden. Während der gesamten Zeit nehmen sie kontinuierlich an unserer Gruppentherapie für Internetabhängige teil. Diese therapeutische Kontinuität in Kombination mit der orts- und damit realitätsnahen Behandlungssituation erscheint mir als aussichtsreiches Therapiemodell.

Mein Traum ist es, in unserer Klinik eine Tagesklinik für Internetabhängige aufzubauen. Ich bin der Meinung, dass eine Behandlungssituation, die sich möglichst nah an der Lebenssituation der Patienten orientiert, aber so intensiv ist wie eine stationäre Behandlung, besonders wirksam ist. Letztlich bietet eine Psychotherapieklinik auch eine virtuelle Parallelwelt an, in der es schön sauber und aufgeräumt ist, in der man bekocht und umsorgt wird und in der die therapeutischen Teams und Mitpatienten in der Regel wohlwollend sind. Eine solche Erfahrung fernab von den sozialen Problemen zu Hause kann manchmal sehr hilfreich sein, um überhaupt eine andere Perspektive und neue Ideen für sein Leben zu bekommen. Für internetabhängige Patienten kann sie aber auch so entfernt und entrückt sein, dass die Differenz zur eigenen sozial, finanziell und emotional verarmten Lebenssituation viel zu groß ist, um ein realistisches Veränderungspotenzial zu schaffen. Gerade im Hinblick auf die längerfristige Gestaltung der sozialen Situation bedarf es deshalb im Vorfeld einer ausführlichen Bedarfsanalyse.

Der Vorteil psychotherapeutischer Tageskliniken ist, dass die Patienten von Anfang an mehr Selbständigkeit und Eigenverantwortung behalten, dorthin täglich wie zur Arbeit gehen, um an und für sich selbst zu arbeiten. Zu Hause können sie dann abends und am Wochenende immer wieder neu für sich überprüfen, ob das, was sie an Erkenntnissen gewonnen und an Zielen entwickelt haben, stimmig und realistisch ist. Sie können vor allem ganz konkret etwas ändern, indem sie mit der Unterstützung von Psychotherapeuten und Sozialarbeitern vor Ort neue soziale, schulische und berufliche Kontakte knüpfen. Und wenn etwas besonders gut oder besonders schiefläuft, können sie auf die Wertschätzung und Unterstützung der therapeutischen Gemeinschaft in der Tagesklinik zählen.

Für die Internetabhängigen kann es besonders hilfreich

sein, aus der Tagesklinik heraus eine Abstinenz zu erzielen und sich ihrer zu versichern. Dabei ist es hilfreich, die häusliche Situation kontinuierlich so zu gestalten, bis dies gelingt. Das Schöne an tagesklinischen Behandlungen ist, dass sie auch längere Behandlungszeiten ermöglichen, was für die jungen Patienten zum Nachreifen sehr hilfreich sein kann.

Systemische Beratung und Therapie von Familien und Paaren

Der systemische Ansatz, mit seelischen Krisen und Erkrankungen umzugehen, geht davon aus, dass die Gründe und Lösungen für das Leiden eines Individuums in dem *System* zu finden sind, in dem es lebt. Eine Partnerschaft, eine Familie und auch eine größere Gemeinschaft von Menschen werden in diesem Zusammenhang als ein solches System verstanden. Ein solches System kann über eine Veränderung im Gefüge etwas für denjenigen tun, der vordergründig als Kern des Problems betrachtet wird. Wenn der vermeintlich eigentliche und einzige Betroffene in seiner Erkrankung letztlich nur eine krankhafte Konstellation der Gemeinschaft auf den Punkt bringt, spricht man bisweilen auch von einem »Symptomträger«. Systemische Ansätze vermeiden es aber tunlichst, Schuldige zu suchen, sie bemühen sich vielmehr intensiv darum, Lösungen zu finden. Bei lösungsorientierten Ansätzen geht es darum, dass sich alle Beteiligten dafür verantwortlich fühlen, die Situation des Systems einer Familie, einer Partnerschaft oder eines Unternehmens zu verbessern, dies eben auch mit dem Ziel, dass sich die Einzelnen besser fühlen.

Für die Behandlung von Internetabhängigkeit ist dies ein hochrelevanter Ansatz. Wie wir schon bei den sozialen Risikofaktoren gesehen haben, spielen familiäre, partnerschaftliche und berufliche Konflikte eine große Rolle sowohl bei der Entstehung wie auch als Folge der Erkrankung. In jedem Fall leiden häufig die Eltern, Partner, Geschwister und Freunde in unterschiedlichem Maße mit, wenn ein Mensch internetabhängig wird. Und sie verspüren im besten Falle ein großes Verantwortungsgefühl. In seinem Roman *Ganz normale Helden* beschreibt Anthony McCarten die Verzweiflung eines Elternpaars angesichts der Online-Computerspielabhängigkeit seines Sohnes sehr treffend:[20]

> *»Dieser Junge? Nicht mehr da. Renata und Jim suchen noch nach seiner Original-Software, die diese frühere Version ihres Sohnes wiederherstellt. In der Zwischenzeit müssen sie sehen, dass sie sich mit dem Zombie arrangieren, dem blutlosen Autisten mit den hängenden Schultern, der seine Kontakte mit der Außenwelt auf ein gebrummtes ›Okay‹ oder ›Schön‹ oder ›Gleich‹ beschränkt.«*

Das Engagement der Angehörigen kommt insbesondere dann zum Tragen, wenn ein Betroffener oder eine Betroffene überhaupt keine Krankheits- oder Behandlungseinsicht hat. Wenn sie ablehnen, sich überhaupt untersuchen zu lassen, was ihr gutes Recht ist, wenn sie erwachsen sind, wird es noch kritischer. Häufig ist ihr Lebensalltag aber so eng mit dem der anderen verwoben, dass es durchaus Möglichkeiten für sie gibt, an irgendeiner Stelle dergestalt etwas zu verändern, dass sich der Betroffene selbst bewegt. Dies können einerseits neue Grenzen sein, die gesetzt werden, aber auch neue Zuwendungen oder Zugewandtheiten, mit denen man die Betroffenen überraschen und zu einem Umdenken bewegen kann.

Um die systemische Beratung und Behandlung von Internetabhängigen haben sich vor allem Detlef Scholz[21] und

Franz Eidenbenz[22] verdient gemacht. Letzterer leitet als Psychologe den Behandlungsbereich im Züricher Zentrum für Spielsucht und andere Verhaltenssüchte. Das von ihm entwickelte systemische Behandlungskonzept fand sogar mit einem eigenen Kapitel Eingang in das erste internationale Handbuch zur Behandlung von Internetabhängigkeit von Kimberly Young.[23] Die individuellen Lösungen, die Franz Eidenbenz vor allem mit den Familien gemeinsam entwickelt, bestechen oft dadurch, dass sie bei aller Ernsthaftigkeit der Erkrankung und der mit ihr einhergehenden Probleme etwas Spielerisches und Leichtes haben.

Während meiner Zeit in Hannover, als ich noch in der dortigen psychiatrischen Institutsambulanz der MHH arbeitete, waren einige der Sozialarbeiterinnen und Sozialarbeiter in Systemischer Beratung und Therapie ausgebildet. Wenn wir gemeinsam Familien- und Paargespräche führten, habe ich einiges von ihnen gelernt. Eine Systemische Beratung wird nämlich am besten selbst im System eines Teams gestaltet, also am besten zu zweit mit einer Therapeutin und einem Therapeuten. So kann man besser allen Beteiligten gerecht werden und läuft weniger Gefahr, etwas Wichtiges zu übersehen.

Einmal kam ein Elternpaar in unsere Sprechstunde, das den internetabhängigen Sohn, der das Erwachsenenalter längst erreicht hatte, aber immer noch bei den Eltern lebte, nicht mit in unsere Sprechstunde hatte bringen können. Dank der versierten Kollegin brauchte es nur einen Termin mit systemischen Interventionen, im Rahmen dessen die Eltern die entscheidenden Lösungsmöglichkeiten für sich entwickeln konnten, um den jungen Mann in der zweiten Sitzung mitzubringen. Danach stand er aber voll und ganz selbst im Mittelpunkt einer Behandlung, die ich über mehrere Jahre mit ihm durchführte.

Auch erinnere ich mich gut an die Paartherapie bei einem jungen Ehepaar, beide litten an einer psychischen Erkrankung, er vor allem auch an einer Internetabhängigkeit. Diese Paartherapie, die ich zusammen mit einer erfahrenen Kollegin durchführte, war nicht zuletzt deshalb so wichtig, weil es nicht nur um die beiden, sondern um zwei kleine Kinder ging, die unter einer Trennung zu leiden gehabt hätten.

Dass wir selbst eine Systemische Therapie anbieten konnten, war nur in wenigen Fällen möglich. Aber in Hannover wie in Bochum haben wir schon häufig Familien und Paare an Systemische Therapeuten vermittelt. Diese haben oft eigene Praxen, arbeiten aber manchmal auch im Rahmen von Lebens-, Familien- und Erziehungsberatungsstellen. Dies kann gerade dann sinnvoll sein, wenn sich die Betroffenen selbst bereits psychotherapeutisch auf den Weg in eine Behandlung und damit in Richtung Selbständigkeit aufgemacht haben, das System Familie oder Partnerschaft aber noch darunter leidet.

Tatsächlich führen wir Beratungsgespräche am häufigsten bei Patienten mit Cybersexsucht, deren Ehe auf wackligen Füßen steht. Die Sucht nach Pornografie und anderen Online-Sexdiensten führt in der Regel zu einem massiven Vertrauensverlust bei den Ehefrauen. Solche Gespräche – meist sind es ein oder zwei – führen wir auch in diesem Falle meist im gemischtgeschlechtlichen Tandem durch, wobei wir regelmäßig beeindruckt sind, mit welcher Sprengkraft sich in den Paargesprächen eine aufgestaute Wut der Ehefrauen entlädt, welche unterschwelligen Konflikte schon vor der Abhängigkeitsentwicklung auszumachen sind, aber auch mit welcher Beharrlichkeit die Paare oft dazu bereit sind, an einer Lösung zu arbeiten.

Erst einmal geht es darum, für das Krankheitsbild und

dessen typische Symptome und Folgen ein gemeinsames Verständnis zu schaffen. Die Ehefrauen brauchen allerdings zumeist ein eindeutiges Signal von ihren Männern, dass sie mit ihrer Cybersexsucht wirklich Schluss machen wollen und mit der Beziehung eben nicht. Das heißt, sie verlangen nicht selten, dass sich erst einmal der Mann mit Hilfe einer Therapie in Bewegung setzt, bevor sie selbst zu einer Paarttherapie bereit sind. Manchmal gehen die Frauen aber auch selbst in Behandlung, weil sie allzu sehr unter der Situation leiden. So oder so verstehen wir unsere Aufgabe in der Regel darin, bei den Ehepaaren auch eine Motivation für eine gemeinsame Therapie zu wecken.

Selbsthilfe von Betroffenen und Angehörigen

Die Mitbetroffenheit der Angehörigen spielt auch hinsichtlich der sich entwickelnden Selbsthilfebewegung eine Rolle. Es gibt zwar hierzu keine epidemiologischen Studien, aber es macht den Anschein, dass bislang nur ein vergleichsweise geringer Teil der Betroffenen eine Krankheitseinsicht und Behandlungsmotivation hat. Es ist mit einer hohen Dunkelziffer zu rechnen. Wie in vielen anderen Ambulanzen auch melden sich in unserer Bochumer Medienambulanz mindestens genauso viele Angehörige wie Internetabhängige. Meist sind es besorgte Eltern, die für ihr erwachsenes Kind oder sich selbst einen Termin ausmachen wollen. Zu diesem Zeitpunkt wissen sie meistens noch nicht, ob der oder die Betroffene selbst mitkommt oder nicht.

Diese Situation spiegelt sich in noch deutlicherer Form in der Selbsthilfebewegung wider. Bislang gibt es kaum Gruppen, die von Internetabhängigen selbst ins Leben gerufen wurden, aber umso mehr Gruppen von Angehörigen. Manche Gruppen sind auch offen für alle Beteiligte, wobei sich in der Regel kaum ein Betroffener dort zeigt, ohne dass er von seinen Eltern zur Teilnahme aufgefordert und mitgenommen wird.

Wir haben immer wieder versucht, die Patienten dazu zu animieren, nach Ablauf der Gruppentherapie eine Selbsthilfegruppe zu gründen, und auch angeboten, diese in unseren Räumen stattfinden zu lassen. Dies ist aber bislang leider nie zustande gekommen. Ich vermute, dass es daran liegt, dass die Anfahrtswege für die meisten Betroffenen lang und kaum zu vereinbaren waren mit einem wiederaufgenommenen Alltag, mit langen Schul- oder Arbeitszeiten. Wenn man so will, mag das Nichtzustandekommen der Selbsthilfegruppen auch ein Zeichen dafür sein, dass die Patienten für sich einen Therapieerfolg verbuchen konnten. Und viele machen nach der Gruppe mit einer Einzelpsychotherapie weiter.

Nun hat sich für alle Suchterkrankungen gezeigt, dass man mit einem hohen Rückfallrisiko rechnen muss, dies gerade in den ersten Monaten und Jahren nach Beendigung der Behandlung. Gerade die Teilnahme an den Gruppen der »Anonymen Alkoholiker« und ähnlicher Selbsthilfegruppen, die es beispielsweise auch für andere Verhaltenssüchte wie z.B. das pathologische Glücksspiel gibt, senkt das Risiko für Rückfälle und verbessert damit die langfristige Prognose erheblich.

Die Dramaturgie dieser Gruppen ist auch ähnlich aufgebaut wie bei der verhaltenstherapeutischen Gruppentherapie. Erst geht es darum, wie es einem in der letzten Woche mit der Abstinenz und anderen Lebensbereichen ergangen ist. Im zweiten Teil wird meistens über ein vorgegebenes oder freies Thema gesprochen. Der Fachverband Medienabhängigkeit versucht die Selbsthilfebewegung der Betroffenen zu unterstützen und hat hierfür ein Konzept entwickelt. Um dies auf den Weg zu bringen, ist aber auch die Bereitstellung finanzieller Ressourcen nötig, damit Einrichtungen wie Suchtberatungsstellen und Kliniken hierfür eine Anschubfinanzierung bekommen. Das Geld wird benötigt für Öffentlichkeitsarbeit, für die Bereitstellung von Räumen und anfänglich für eine personelle Unterstützung der Selbsthilfe, die sich ja naturgemäß irgendwann selbst tragen muss.

Ganz besonders engagiert für die Selbsthilfebewegung hat sich das Ehepaar Hirte, dessen erwachsener Sohn etwa acht Jahre lang von *World of Warcraft* abhängig war und sich mit viel Mühe und Unterstützung irgendwann davon befreien konnte. Christoph Hirte und seine Frau sind die deutschen Pioniere der Selbsthilfebewegung für Internetabhängige und ihre Angehörige. Schon vor vielen Jahren gründeten sie aus der eigenen Betroffenheit und Hilflosigkeit heraus den Verein »Aktiv gegen Mediensucht e. V.«[24], der vor allem der Selbsthilfebewegung ein Entwicklungsforum und auch ein politisches Sprachrohr verleiht.

Auf der Webseite www.rollenspielsucht.de kann man sich unter anderem darüber informieren, wo es Selbsthilfegruppen für Betroffene und Angehörige gibt, oder die Gründung einer eigenen Gruppe ankündigen. Hier finden sich bewegende Schilderungen von betroffenen Eltern, interessanterweise aber auch von Kindern, die unter der Internetabhängigkeit ihrer Eltern zu leiden haben. Hier dokumentiert sich in seiner ganzen Breite das Leid, das Online-Computerspiele und andere abhängig machende Internetinhalte den Menschen bereiten und das sich eben auch daraus ergibt, dass es viel zu wenig spezifische Hilfsangebote gibt.

International gesehen sticht bei dem Thema interessanterweise vor allem eine Selbsthilfebewegung von betroffenen Frauen heraus. Bekannt wurde eine der ersten Selbsthilfe-Webseiten zum Thema, die von Frauen gegründet wurde. Die selbsternannten »Widows of World of Warcraft« hatten ihre Männer an das Rollenspiel verloren. Unter dem Begriff »Gamerwidow« finden sich eine ganze Reihe weiterer Foren dieser Art. »Computerwidow« hat sogar einen ausführlichen Eintrag bei Wikipedia. Ähnliche Selbsthilfeportale gibt es selbstverständlich auch für Frauen, deren Männer süchtig nach Cybersex sind.

Online-Selbsthilfegruppen sind gerade dann ein Segen, wenn die Betroffenen selbst oder die Angehörigen keine Chance haben, vor Ort eine Selbsthilfegruppe zu finden oder zu gründen. Dies kann daran liegen, dass die Erkrankung noch zu unbekannt ist, die Veränderungsbereitschaft bei den Betroffenen zu gering oder die Region einfach zu dünn besiedelt ist. Gerade aber bei Internetabhängigkeit gilt für Betroffene wie Angehörige, dass die unmittelbare Begegnung im Rahmen einer Selbsthilfegruppe noch einmal eine ganz andere Erfahrung bietet als der anonyme Chat oder Forenaustausch im Netz. Dies bedarf in jedem Falle weiterer Unterstützung.

Zukünftige Behandlungsmöglichkeiten

In Zukunft stellt sich die Frage, warum wir Internetabhängige nicht gleich im Internet selbst behandeln. Dies war bislang noch tabu. Das Argument stach, dass man mit der therapeutischen Nutzung des Internets die Betroffenen ja am Ende nur an ihrem Rechner hält und vielleicht gar nicht von dort aus dazu bewegen kann, in der realen Welt einer Gesundung zuzuarbeiten. Man behandelt ja auch Alkoholiker nicht in der Kneipe bei einem Glas Bier.

Bei der Internetabhängigkeit liegt der Fall jedoch insofern etwas anders, als dass ja bislang davon ausgegangen wird, dass nur bestimmte Internetinhalte abhängig machen. Zumindest von einem Hilfeforum, in dem es um Beratung und Behandlung geht, dürfte sicherlich kein Abhängigkeitspotenzial ausgehen. Außerdem gibt es schon einige überzeugende Beispiele dafür, wie man Menschen mit anderen

Suchterkrankungen im Internet professionelle Hilfe angedeihen lassen kann. Und gerade diejenigen Erkrankungen, die bei Internetabhängigkeit besonders häufig begleitend auftreten, sind mit Online-Psychotherapie schon erfolgreich behandelt worden.

Dies konnte in vielen Studien bereits nachgewiesen werden. Es hat sich allerdings gezeigt, dass Psychotherapie via Internet die beste Wirkung enfaltet, je intensiver die therapeutische Beziehung zwischen Patient und Behandler ist. Das heißt, je mehr Nähe die digitale Kommunikation schafft, desto besser funktioniert die Behandlung. Eine Therapie via Online-Bildtelefonie oder Skype, mit Hilfe derer man eine ganze Psychotherapiesitzung auf Distanz abhalten kann, wirkt besser als eine Therapie via Chat, E-Mail oder SMS, bei denen ja auch noch die zeitliche Verzögerung der Unmittelbarkeit des Kontakts Grenzen setzt.

Eher schlecht schneiden automatisierte psychotherapeutische Verfahren ab, bei denen am anderen Ende gar kein Psychotherapeut sitzt, sondern die Kommunikation virtuell von einem Programm, einem sogenannten Bot, bestritten wird, der so tut, als wäre er eine Person. Letzteres verdient es aus meiner Sicht auch gar nicht, *Psychotherapie* genannt zu werden. Eine solche Entpersonalisierung empfinde ich als unmenschlich. Für Internetabhängige ist ein solches Verfahren allerdings geradezu absurd. In China wurde erstmals eine solche völlig virtualisierte Psychotherapie mit Internetabhängigen durchgeführt.[25] Die Ergebnisse sind dürftig.

Dass der Erfolg einer Psychotherapie unabhängig vom Psychotherapieverfahren, also davon, ob sie einem verhaltenstherapeutischen oder tiefenpsychologischen Verfahren verpflichtet ist, von der Güte der therapeutischen Beziehung abhängt, hat man immer wieder in Studien zeigen können. Ich selbst bin auch der Überzeugung, dass eine Psychotherapie vor Ort, in regelmäßiger zeitlicher Präsenz und der unmittelbaren realweltlichen Begegnung zwischen Therapeut und Patient gerade bei Internetabhängigkeit das Mittel der Wahl ist.

Interventionen, die über das Internet erfolgen, können aber meiner Meinung nach in bestimmten Fällen durchaus sinnvoll sein. Dies gilt erstens dann, wenn es partout keine Behandlungsmöglichkeiten für die Betroffenen in erreichbarer Nähe gibt, sei es, weil sie weit entfernt von großen Städten leben oder aus körperlichen Gründen gar nicht oder kaum das Haus verlassen können. Zweitens könnten vielmehr noch diejenigen, die aufgrund der Schwere ihrer psychischen Erkrankung oder wegen einer noch ambivalenten Krankheits- und Behandlungseinsicht den Weg in unsere Ambulanzen nicht suchen und finden, dort abgeholt werden, wo sie die meiste Zeit ihres Alltags verbringen, im Internet selbst.

Bei der Behandlung von Heroinabhängigen hat man früh damit begonnen, die Betroffenen in ihrem problematischen Lebensumfeld aufzusuchen, um ihnen soziale, medizinische und therapeutische Hilfsangebote zu machen. »Streetwork« nennt man das noch heute. An der Ruhruniversität Bochum planen wir nun ein Modellprojekt, im Rahmen dessen wir im Sinne des »Streetworkings« die Internetabhängigen im Netz selbst abholen wollen. Über ein Online-Portal sollen sie und ihre Angehörigen sich mit Hilfe eines anonymen Selbsttests eine Orientierung darüber verschaffen, ob eine Internetabhängigkeit vorliegen könnte. In diesem Falle werden sie dazu eingeladen, an einer Studie teilzunehmen, im Rahmen deren sie ein diagnostisches Interview und ein motivierendes Gespräch per Webcam angeboten bekommen. Mit diesem niederschwelligen Angebot sollen sie dazu motiviert und konkret beraten werden, sich in eine analoge Behandlungssituation zu begeben. Wir hoffen, Internetabhängigen damit eine Brücke bauen zu können, nicht nur in einer realweltlichen Psychotherapiesituation anzukommen, sondern darüber eben auch in der konkret-realen Welt.

In Zukunft werden wir noch viel mehr spezifischer Behandlungsangebote für Internetabhängige bedürfen. Wir brauchen mehr Spezialambulanzen und Beratungsstellen sowie mehr stationäre Angebote für Heranwachsende und Erwachsene. Tagesklinische Angebote, die die Vorteile ambulanter *und* stationärer Behandlungsarten miteinander verbinden, die es aber für Internetabhängige bislang nicht in Reinform gibt, dürften eine große Zukunft haben. Um solche Modellprojekte mit nachhaltigen Auswirkungen zu starten, brauchen wir Ärzte und Therapeuten aber mehr Unterstützung durch die Politik und die Kostenträger.

Die Kosten, die durch eine jahrelang unbehandelte Internetabhängigkeit entstehen, sind enorm. Besser wäre es, wenn es uns gelänge, dem derzeitigen negativen Trend zu immer mehr Internetabhängigkeit etwas entgegenzusetzen – womit wir beim Thema Vorbeugung angelangt sind.

5 Wir können etwas tun! Prävention

Der unkritische Umgang mit den elektronischen Medien hat erschreckende Ausmaße angenommen. Wenn sich die Erwachsenenwelt nicht bald etwas einfallen lässt, um der zunehmenden Internetabhängigkeit entgegenzutreten, setzt sie die Zukunft der heranwachsenden Generationen im wahrsten Sinne des Wortes aufs Spiel. Denn unsere Kinder wachsen heute mit einer noch längeren und intensiveren Nutzung digitaler Medien auf als die Internetabhängigen, die sich momentan in unseren Ambulanzen vorstellen.

Einige wenige Zahlen aus der repräsentativen JIM-Studie von 2013 liefern hierfür eindrückliche Belege.[1] Demzufolge haben 86 % der weiblichen und 91 % der männlichen Jugendlichen zwischen 12 und 19 Jahren einen eigenen Internetzugang. Smartphones besitzen genauso viele Mädchen wie Jungen zu jeweils 72 %. Sie gaben die Internet- und Handynutzung als die wichtigsten Arten von Medienbeschäftigung in der Freizeit an. Die durchschnittliche Internetnutzung an Wochentagen ist von 99 Minuten im Jahre 2006 auf 179 Minuten, also auf 3 Stunden, pro Tag gestiegen. Dies entspricht einem Achtel eines 24-Stunden-Tages. Wenn man das nur für die Zeit vom 12. bis zum 19. Lebensjahr hochrechnet, also auf 8 Jahre bezieht, dann verbringt der jugendliche Durchschnittsdeutsche in dieser Zeit ein ganzes Jahr im Internet.

Angesichts dieser Zahlen ist es nicht verwunderlich, dass immer mehr Kinder und Jugendliche in eine Internetabhängigkeit hineinwachsen. Im Zweifelsfall sind die Kinder, die heute schon in Kindertagesstätten und Kindergärten über Tablet-Computer ins Internet gehen, die Internetabhängigen von morgen. Keiner kann sagen, er sei nicht davor gewarnt worden. Es ist höchste Zeit, etwas zu unternehmen.

Die gute Nachricht ist, dass wir Erwachsenen viel dafür tun können, dass unsere Nachkommen nicht im Internet verlorengehen und der Welt abhandenkommen. Zuallererst sind es die Eltern, die aufgerufen sind, die Mediennutzung ihrer Kinder zu gestalten und zu begrenzen. In zweiter Linie kommt den Pädagogen eine wichtige Rolle in der Medienerziehung zu. Drittens ist aber auch die Gesellschaft als Ganzes und damit die Politik aufgerufen, Verantwortung zu übernehmen, indem sie gesunde Spielräume schafft und sinnvolle Grenzen setzt. Am Ende sind alle Erwachsenen gefragt, unser Medienklima verantwortungsbewusst mitzugestalten, zuallererst für sich selbst, aber eben auch mitverantwortlich für die anderen. Dies gilt ebenso für den privaten wie für den beruflichen Alltag. Schließlich kann Internetabhängigkeit jeden in jedem Lebensalter treffen.

Bevor nun auf die einzelnen Verantwortungsbereiche eingegangen wird, soll mit dem Märchen aufgeräumt werden, dass es notwendigerweise durch die digitale Revolution zu einem Bruch zwischen den Generationen kommt, was in letzter Konsequenz bedeuten würde, dass der Großteil der heutigen Erwachsenenwelt längst so weit von der digitalen Entwicklung entkoppelt ist, dass diese keinen Einfluss darauf hat und somit auch keine Verantwortung trägt. Wie ich in diesem Kapitel zeigen möchte, ist eine solche Haltung nicht nur zynisch und fatalistisch, sondern schlicht und ergreifend falsch. Noch einmal sei hier an dieser Stelle gesagt, dass es dabei keinesfalls darum geht, die digitale Revolution radikal auszubremsen, sondern in erster Linie darum, sie verantwortungsbewusst zu steuern.

Das Märchen vom Kampf zwischen Digital Natives und Digital Immigrants

Kinder und Jugendliche wachsen heute schon zu einem Großteil in der virtuellen Welt auf. Man bezeichnet sie auch als Digital Natives, als *digitale Eingeborene*. Wie Neo aus der Matrix werden sie schon in die digitale Welt hineingeboren. Immer mehr Eltern meinen, dass ein besonders frühes Heranführen an die Computer sinnvoll sei. Sie haben Angst, dass ihre Kinder den Anschluss an die digitale Welt der Zukunft, die längst die Welt von heute ist, verpassen.

Sie selbst können sich ja *nur* zu den Digital Immigrants zählen, den *digitalen Einwanderern*. Aus der Sicht der vermeintlichen *digitalen Avantgarde* sind die meisten Erwachsenen von heute Fremde, die sich der neuen digitalen Kultur erst anpassen müssen. Viele Erwachsene, die in das Internet nicht wie in einen natürlichen Lebensraum hineingewachsen sind, würden sich dort unsicher fühlen und wie Flüchtlinge in einem fremden Land verhalten. Mit einer solchen Verunsicherung und Angst kann man auf zweierlei Weise umgehen. Aus Angst, seine kulturelle Identität zu verlieren, kann man sich einerseits gegenüber dem Neuen völlig verschließen und abschotten. Andererseits kann man, aus Angst, nicht dazuzugehören, einfach alles mitmachen und übernehmen. Beide Extreme sind für eine gesunde Entwicklung von Individuum und Gesellschaft nicht förderlich. Und genauso ist es bei den Ängsten, die die digitale Revolution hervorruft.

Allerdings sehe ich momentan weniger die Gefahr, dass sich die Erwachsenenwelt zu wenig auf die digitale Entwicklung einlässt – das gibt es sicherlich ebenfalls. Vielmehr dominiert aus meiner Sicht derzeit die unkritische Übernahme digitaler Trends aus der Haltung heraus, dass zumindest die Nachkommen in den Genuss einer jeden digitalen

Neuentwicklung kommen mögen, um ja nicht – wie man selbst – den Anschluss zu verpassen. Indem sie ihre Kinder so früh wie möglich mit den neuesten elektronischen Geräten versorgen, meinen sie ihnen eine blendende Zukunft zu versprechen. Sie sollen es einmal besser haben und von Anfang an bei allem dabei sein.

Die *digitalen Eingeborenen* werden als die Menschen der Zukunft ausgerufen, die digitalen Einwanderer als rückständig abgestempelt. Aber was ist, wenn es sich gerade umgekehrt verhält? Sicher, die Kinder sind unsere Zukunft. Aber lassen wir sie nicht in eine ungewisse Zukunft hineinwachsen, wenn wir sie von Kindheit an der digitalen Welt ausliefern? Wenn wir die Heranwachsenden in einer virtuellen Welt aussetzen und sie dort sich selbst überlassen, werden sie wohl kaum zu selbstbestimmten Erwachsenen heranreifen, die sich in der realen Welt noch zurechtfinden.

Sind es nicht dagegen gerade die Einwanderer in einer von Migrationsbewegungen geprägten Welt, die sich darauf verstehen, in zwei Welten zu leben? Ist nicht weniger der Eingeborene als vielmehr der Einwanderer dazu in der Lage, neue Lebensumstände anzunehmen, ohne seine Identität zu verlieren? Im besten Falle können sich Immigranten an eine natürliche und kulturelle Umwelt anpassen. Wenn sie neue Sprachen und Bräuche übernehmen, lernen sie idealerweise etwas hinzu, ohne ihre ursprüngliche kulturelle Identität aufzugeben. Und selbst ihren Kindern ist zu wünschen, dass sie sich (noch) in beiden Kulturen zurechtfinden und zu Hause fühlen können.

Insofern sollten wir Erwachsenen über 30 es nicht als Abwertung, sondern als Auszeichnung empfinden, wenn wir als *digitale Einwanderer* bezeichnet werden. Wir haben noch eine Wahl zwischen einem Leben in der konkreten und der virtuellen Realität. Besser noch, wir können lernen, uns sicher in beiden Welten zu bewegen und uns jeweils das Beste aus beiden auszuwählen. Und genau das sollten wir auch für unsere Kinder tun. Mit einem Körper und mindestens einem Bein sicher in der konkret-realen Welt zu stehen dürfte uns nicht nur den Sinn für das Wesentliche erhalten, sondern auch eine Voraussetzung für seelische Gesundheit sein.

5.1 Verortung: Medien haben eine Zeit, einen Raum und einen Inhalt

Medien sind ursprünglich dazu da, unser Innerstes nach außen zu kehren und damit auf eine andere Art und Weise mit anderen in Kontakt zu treten. Unsere Phantasien und Ideen, unsere Gefühle und Gedanken kommen darin zum Vorschein. Das darin zum Ausdruck kommende Seelenleben des Menschen existierte jedoch schon vor der Erschaffung der Medien. Unser Innerstes ist quasi der Vorläufer der Welt der Medien. Die Medien wirken aber auf unser Innenleben zurück. Die Wechselwirkungen zwischen Mensch und Medien haben dazu geführt, dass wir uns psychisch und sozial immer weiterentwickelt haben. Das Mediale ist insofern immer etwas mehr als nur ein Abbild dessen, was uns Menschen im Innersten bewegt. Seelisch leben wir immer ein Stück weit in zwei Welten, der medialen Welt in uns drin und der außerhalb.

Wenn wir aber auf die Welt kommen, dann sind wir zunächst vor allem körperliche Wesen. Dann leben wir vor allem im Diesseits der fassbaren realen Welt. Damit sie in ihrem Körper ankommen, müssen wir unsere Kinder erst einmal richtig in *die* Welt einführen, die man anfassen kann. Sie müssen dadurch lernen, alle ihre Sinne zu bedienen. Und dann geht es über die Sinne erst einmal darum, das Seelenleben, die Gefühle und Phantasien zu entfalten. Dies geht am besten über analoge Medien. Es geht darum, eine starke Innenwelt aufzubauen, bevor sie auf die immer komplexeren und bunteren Medien treffen. Es geht darum, eine innere

Medialität zu entwickeln, die sich im Austausch mit der immer stärker werdenden äußeren Medialität weiterentwickeln kann.

Jedes Medium hat also im Laufe der Entwicklung der Menschheit genauso wie eines jeden Menschen seine Zeit. Es folgt einer Logik, warum digitale Medien erst später entstanden und damit auch in der Medienerziehung später dran sind. Wir Menschen werden auf analoge Weise in einen analogen Körper und in eine analoge Welt hineingeboren. All das lässt sich nicht digitalisieren. Am Lebensanfang sind unsere Bedürfnisse vor allem körperlicher Natur und emotionaler Art. Ein Baby braucht Milch, die ihm im besten Falle unmittelbar von der Mutter gegeben wird. Es bedarf körperlicher Wärme, des Halts und der Sicherheit von Vater und Mutter. Abgesehen von den menschlichen Stimmen der Eltern, an die es sich schon im Mutterleib gewöhnt hat, braucht es erst einmal überhaupt keine Medien. Es hat noch Zeit. Alle Medien haben ihre Zeit. Das gilt sowohl für die Lebensspanne als auch für den Alltag.

Die Mediengeschichte als Orientierungshilfe für Medienerziehung

So wie die Geistesgeschichte der Menschheit stets von der Komplexität ihrer Medien abhing, verläuft auch die geistige Entwicklung des Kindes in Abhängigkeit von den Medien, mit denen es umgeht. Ich bin der tiefen Überzeugung, dass Heranwachsenden die Möglichkeit gegeben werden sollte, die Medien- und Geistesgeschichte der Menschheit ein ganzes Stück weit *nacherleben* zu können, um darüber *reflektieren* zu lernen.

Als Babys stehen wir den Urzeitmenschen noch ziemlich nahe. Wir geben Geräusche von uns, können aber noch nicht sprechen. Die körperlichen und emotionalen Bedürfnisse stehen noch ganz im Vordergrund. So wie die Höhlenmalerei eine der frühesten medialen Ausdrucksformen des Menschseins war, sind für Babys gemalte Bilder und Skulpturen in Form von Stofftieren erste mediale Repräsentationen von der Welt. Aus den Symbolen hat sich schließlich die gesprochene und geschriebene Sprache entwickelt. Zunächst ist aber die Bildsprache die ursprünglichste Form von Kommunikation. Sie bildet die erste Vorstellungswelt des Kindes. So hat ein Baby längst einen Hund in der Realität und in einem Bilderbuch gesehen, bevor es ihn als solchen benennen kann.

Wenn dann das Sprachverständnis erwacht, bildet das Hören von Geschichten – am besten aus dem Mund von Eltern, Geschwistern und Großeltern – das Vorstellungsvermögen weiter. Unabhängig von Bilddarstellungen entstehen innere Bilder. Auf diesem Wege wird die Phantasietätigkeit angeregt. Aus unwillkürlichen Träumen werden bewusste Phantasien. Dies ist ein ganz wichtiger Schritt, weil sich im Zuge dessen etwas entwickelt, was man auch als innerpsychische Medialität beschreiben kann. Diese kann auch durch das Erfinden von Geschichten und freies Spielen angeregt werden. Indem Kinder Geschichten, wie z.B. Märchen, immer wieder hören, weitererzählen und diese vielleicht auch selbst weiterentwickeln, gewinnen sie eine Souveränität im Umgang mit ihrer innerpsychischen Vorstellungswelt. Bilder tauchen auf, Gedanken können gefasst werden. Wenn Kinder aber von Lebensanfang an vor allem mit schnellen, bunten und lauten Videos und Computerspielen überflutet werden, droht die Gefahr, dass sich dieser innerpsychische Raum gar nicht erst ausreichend entfaltet. Wenn ich nie gelernt habe, mir meine eigenen inneren Bilder zu machen und meine eigenen Geschichten zu erfinden, werde ich abhängig von den äußeren laufenden Bildern, mit denen ich permanent gefüttert wurde. Wenn ich aber eine rege Phantasietätigkeit und Imaginationsfähigkeit entwickelt habe, dann kann ich mich jederzeit in meine innere Welt zurückziehen, wenn mich die Welt in ihren realen und virtuellen Dimensionen überfordert.

Bevor wir Kinder uneingeschränkt auf die Welt da draußen loslassen, sollten wir ihnen beibringen, ihr inneres Erleben auszudrücken und immer wieder in einen Bezug zur konkret-realen Welt in ihren natürlichen und menschlichen Daseinsformen zu bringen. Deswegen geht es bei der weiteren Medienerziehung des Kleinkindes darum, mit Hilfe derjenigen Medien einen Bezug zur Welt herzustellen, mit denen der Mensch in der Frühzeit begann, die Welt zu verstehen und zu kultivieren. Malen und Basteln, Zeichnen und Rechnen, Lesen und Schreiben, all das sollte meiner Meinung nach ein jedes Kind erlernen, bevor es dies auf *Rechnern* tut. Hierbei ist ganz wichtig, dass diese analogen Kultur- und Medientechniken für Kinder zu verstehen sind, dass sie nachvollziehen können, wie sie funktionieren.

Dies sei an einem Beispiel erklärt. Im besten Falle bekommt jedes Kind – vielleicht auf Ausflügen mit dem Vater – die Möglichkeit, regelmäßig in den Wald zu gehen, auf lebendige Bäume zu klettern, auf gefällten Bäumen zu balancieren, mit Ästen Staudämme an Bächen zu bauen, die Klebrigkeit von Harz zu spüren und das Grün der Blätter zu riechen. So lernt es erst einmal die physische Welt in Gestalt von Bäumen mit vollem Körpereinsatz, mit allen Sinnen und hoher emotionaler Beteiligung zu erfahren. Wenn es dann darum geht, diese Erfahrung auf eine geistige Ebene zu bringen, können die einfachsten Medien dazu dienen, die Welt der Bäume noch besser zu verstehen. Dass ein Blatt Papier von einem Baum kommt, aber eben nicht aus seinen Blättern, sondern aus seinem Holz gemacht wird, kann ein Kind verstehen. Dass ein grüner Buntstift ebenfalls aus

Holz ist und die grüne Farbmine aus Blattgrün hergestellt werden kann, ist für ein Kind ebenso nachvollziehbar. Wenn es dann mit dem Buntstift auf das Blatt einen Baum mit Blättern zeichnet, dann kann es erleben und verstehen, was da physikalisch und chemisch passiert. Es kann aber auch erkennen, dass der Baum auf dem Blatt Papier nicht wirklich ein Baum ist, sondern nur ein Bild von einem Baum. Und mit Hilfe eines bebilderten Baum-Führer-Buches kann es sich informieren und lernen, die Arten der Bäume zu unterscheiden und zu bestimmen.

Wenn Kleinkinder aber Bäume hauptsächlich aus Trickfilmserien, Filmen und Computerspielen kennen, in denen sie laufen und sprechen können, dann entsteht hier eine enorme Erfahrungslücke, nicht nur, was den Umgang mit der realen Welt angeht, sondern auch, was den kompetenten Umgang mit Medien angeht. Wenn Kinder dagegen erst einmal verstehen lernen, wie die Welt beschaffen und die einfachsten Medien gemacht sind, dann verringert sich die Gefahr, dass sie sich in der Realität eines Waldes oder der Irrealität der Medienwelt verirren.

Erst mit dem achten Lebensjahr sind Kinder im Durchschnitt sicher dazu in der Lage, zwischen Virtualität und Realität, zwischen Phantasie und Fiktion zu unterscheiden. Bis dahin können sie im besten Falle auch schon lesen. Und wenn sie bis dahin noch kein einziges Bildschirmmedium genutzt haben, was heute viele bereits für einigermaßen unrealistisch halten, haben sie aus meiner Sicht auch noch nichts Wesentliches verpasst.

Geben wir den Kindern doch die Möglichkeit, das ganze Repertoire an Mediennutzungsarten kennen- und beherrschen zu lernen, damit sie mit den so schnellen, bunten und lauten elektronischen Medien gut umgehen können und nicht von ihnen abhängig werden. Dies ist nicht nur für den Selbsterhalt, sondern auch für den Erhalt unserer Kultur und Demokratie deshalb so wichtig, weil wir alle mit der Hand lesen und schreiben können sollten, falls einmal alle Strom- und Datennetze zusammenbrechen.

Es ist in jedem Fall sinnvoll, Kinder langsam und behutsam an die komplexen elektronischen Medien heranzuführen. Das entscheidende Problem eines zu frühen und zu langen Konsums von Bildschirmmedien ist in der Regel gar nicht so sehr, was Kinder dabei erleben, sondern vielmehr, was sie in dieser Zeit alles *nicht* erleben. Das heißt, es besteht die große Gefahr, dass bestimmte Entwicklungsaufgaben von Körper, Seele und Geist in der Kindheit gar nicht bewältigt werden.

Das erste Multimedia-Bildschirmmedium, das Fernsehen, wurde seit seinem Siegeszug in Wohn- und Kinderzimmern mit besonders viel Kritik bedacht. Das gilt bis heute. Das Fernsehen ist weltweit immer noch das populärste Medium, auch wenn es heute kaum noch zeitgemäß erscheint. Längst hat das Internet ihm seinen Rang abgelaufen, wenn man sich anschaut, wie es die Welt rasant verändert. Für das Fernsehen ist es vielleicht nicht ganz so schwer zu beurteilen, ob es mehr Weisheit oder mehr Dummheit in die Welt gebracht hat. Das geschriebene Wort, das Buch und die Presse haben nicht erst mit dem Internet, sondern bereits mit dem Fernsehen an Bedeutung verloren. Verschwunden sind sie erfreulicherweise nicht, und das wird bis auf weiteres wohl auch nicht geschehen. Sie bleiben im Repertoire.[2]

Bezieht man diese Beobachtungen auf die Entwicklung von Kindern, kann man sicher sagen, dass ein Kind, das in der Kindheit und Jugend kaum oder gar nicht gelesen und stattdessen vor allem Fernsehen geschaut hat, mit großer Wahrscheinlichkeit für den Rest seines Lebens nicht mehr zur Leseratte wird. Die Gewöhnung daran, dass ein Medium die Worte liefert, ohne dass man sich die Mühe machen muss, sie zu lesen, und dazu noch Bilder und Töne, dürfte zu einer Bequemlichkeit geführt haben. Die Konsumentenhaltung, die den Fernsehzuschauer kennzeichnet, macht es dem Buch schwer, Aufmerksamkeit zu erregen. Es macht erst einmal Mühe. Insofern mag es zwar erschrecken, aber nicht mehr verwundern, dass nur noch weniger als die Hälfte der Jugendlichen zwischen 12 und 19 Jahren in ihrer Freizeit regelmäßig Bücher lesen.[3]

Wenn ein Kind aber erst einmal lesen gelernt hat, wenn es das regelmäßige Lesen wirklich schätzen gelernt hat, im besten Falle nicht nur zur Unterhaltung, sondern auch zur Information als Schüler und als zukünftiger Staatsbürger, dann dürfte es dem Fernsehen eher nicht zu verfallen drohen. Dann ist das Lesen eines Romans und einer Zeitung erst einmal im Repertoire eines Menschen und wird es aller Wahrscheinlichkeit nach ein Leben lang bleiben. Es geht also letztlich darum, dass Menschen möglichst viele Medientechniken im Repertoire haben sollten, um nicht im Falle eines digitalen Supergaus auf die Stufe des Menschen der Frühzeit zurückzufallen.

In der Menschheitsgeschichte, vor allem in der Geschichte ihrer Zivilisation, hat jedes Medium seine große Zeit gehabt. Immer wenn der Mensch ein neues Medium erfunden hat, machte die Geschichte einen Sprung. Die Abstände zwischen den einzelnen revolutionären Entwicklungen, vom Buch zu Fotografie und Film, vom Fernsehen zu Computern und Internet, sind immer kürzer geworden. Insofern ist die Mediengeschichte eine Geschichte der Beschleunigung.[4] Durch sie hat die Menschheit durchaus an geistiger Größe, an Bewusstsein und Denkvermögen gewonnen. Dies gilt auch für das Individuum.

Wenn aus Kindern Jugendliche werden, geht es mit der geistigen Entwicklung rasant voran. Dass dabei auch Bildschirmmedien, vor allem Computer in allen ihren Varianten und in zunehmendem Maße eine bedeutende Rolle spielen, ist völlig in Ordnung. Es geht ja darum, dass sie mit dem Eintritt ins Erwachsenenleben selbständig in der Lage sind, die Medien zu beherrschen, die sie nutzen wollen und müssen. Dies gilt in zweierlei Hinsicht. Erstens geht es ganz konkret darum, die Geräte im technischen Sinne zu beherrschen. Zweitens geht es um eine sinnvolle Nutzung, die sie davor bewahrt, von *ihnen beherrscht* zu werden. Für Eltern bedeutet dies, dass sie ihre Töchter und Söhne schrittweise immer mehr in die Selbstverantwortung übergeben müssen. Dies gelingt vor allem dann, wenn beim Heranwachsen jedes Medium seine Zeit hatte. Abgesehen von einem solchen übergreifenden medienpädagogischen Zeitkonzept bedarf es natürlich auch eines alltäglichen Zeitmanagements.

Umgang mit Mediennutzungszeiten im Alltag

Es mag in vielen Familien höchste Zeit sein, das Mediennutzungsverhalten zu verbessern – aber es ist nie zu spät. Wenn Sie tatsächlich im Hier und Jetzt etwas an Ihren Mediennutzungszeiten verändern wollen, dann machen Sie erst einmal eine Bestandsaufnahme. Vergleichszahlen darüber, was heute in welcher Altersgruppe Durchschnitt ist, gibt es zuhauf. Sie sind aber kein guter Indikator dafür, was gesund ist! In der vielzitierten JIM-Studie 2013 beispielsweise verbringen an Wochentagen bereits die 12- bis 13-Jährigen im Schnitt zwei Stunden (119 Minuten) im Internet. Bei den 14- bis 15-Jährigen sind es drei Stunden (188 Minuten) und bei den 16- bis 17-Jährigen dreieinhalb Stunden (212 Minuten). Diese Daten beziehen sich auf die Selbstangaben von Jugendlichen. Die wirklichen Internetnutzungszeiten dürften noch höher liegen.

Es ist gar nicht einfach, die digital verbrachten Zeiträume gut selbst einzuschätzen. Setzen Sie sich einmal im Familienrat zusammen und lassen Sie alle aufschreiben, wie viel

Zeit sie pro Tag mit welchem Medium verbringen. Die schulischen oder beruflichen Nutzungsweisen sind davon ausgenommen. Lassen Sie dabei kein Bildschirmmedium aus. Berücksichtigen Sie Fernsehen, Spielkonsolen, Computer, Tablet-Computer und Smartphones. Wichtig ist es, zwischen den Tagen in der Woche und den freien Tagen an Wochenenden und Feiertagen zu unterscheiden. Wenn alle fertig sind, stellt einer nach dem anderen seine Zahlen vor. Bevor es dann an die Berechnungen geht, die Sie am besten alle ohne Taschenrechner durchführen, werden die individuellen Zeitangaben vom jeweiligen Rest der Familie auf den Prüfstand gestellt. Ganz wichtig dabei ist, dass sich auch die Eltern der Kritik stellen und eine Bereitschaft zeigen, ihr eigenes Mediennutzungsverhalten zu hinterfragen. Durch Multiplikation und Addition können Sie die Wochenstundenzahl und den Tagesdurchschnittswert für die einzelnen Gerätegruppen und für die gesamte Mediennutzung berechnen. Sie können davon ausgehen, dass diese einfache Übung zu ziemlich schockierenden Ergebnissen und einigem Entsetzen führen wird. Wenn es nun darangeht, die Mediennutzungszeiten zu verkürzen, ist es hilfreich, ein Tagebuch zu führen, in dem auf entsprechende Art und Weise Fortschritte festgehalten werden. Manchmal ergibt sich daraus ein positiver Wettstreit unter den Beteiligten.

Natürlich stellt sich auch hier die Frage, ob die Familienmitglieder ehrliche Angaben machen. Je stärker die Medienabhängigkeit in den Familien bereits fortgeschritten ist, desto größer ist die Gefahr, dass sich alle kollektiv etwas vormachen und zu kurze Mediennutzungszeiten angeben. Es ist selbstverständlich schöner und besser, wenn ein Klima herrscht, in dem man einander vertrauen und auch unangenehme Wahrheiten aussprechen und zugeben kann. Manchmal ist es aber auch sinnvoll, die Mediennutzungszeiten zu objektivieren, das heißt, Software einzuführen, die auf den Geräten misst, wie viel Zeit jemand im Internet war oder ein Computerspiel gespielt hat.

Für Smartphones gibt es mittlerweile sehr intelligente Lösungen wie die App »Menthal«, die von dem Bonner IT-Professor Alexander Markowetz und seinem Team entwickelt wurde. Am Ende des Tages bekommt man eine genaue Aufstellung darüber, wie oft man sein Smartphone in die Hand genommen hat, wie viele Anrufe, E-Mails, SMS und Netzwerkeinträge man getätigt und abgerufen hat. Auch die genauen Zeiträume, die man insgesamt und mit den einzelnen Anwendungen mit dem Smartphone verbraucht hat, werden einem zurückgemeldet. In einer ersten Studie mit Studenten hat sich gezeigt, dass sie etwa alle 12 Minuten auf ihr Smartphone schauen und in der Summe mehrere Stunden am Tag damit beschäftigt sind. Die Entwickler dieser App gehen davon aus, dass allein das mediale Feedback zu einer Bewusstseinsveränderung und damit auch zu einer Veränderungsmotivation führt. Sie setzen auf Information anstatt auf Kontrolle.

Es gibt aber familiäre Situationen, in denen hat folgender Satz Gültigkeit: Wissen ist gut, Kontrolle ist besser. Ähnliche Programme wie »Menthal«, die auch für Computer und Spielkonsolen entwickelt wurden, können die digitale Mediennutzung regulieren. Das heißt, dass man für sich selbst oder seine Kinder zum Beispiel eingeben kann, wie viel Zeit man von einem Gerät aus ins Internet gehen oder bestimmte Programme nutzen kann. Die Programme werden immer ausgereifter, und es wird sicherlich nicht lange dauern, bis man für alle Geräte im Haushalt zentrale Steuerungsmöglichkeiten hat. Eine ganz einfache zentrale Maßnahme ist es auch, zu Hause nur mit Wireless LAN ins Internet zu gehen und dieses ab einer gewissen Uhrzeit ganz abzustellen. Könnte es nicht sein, dass es auch für uns Erwachsene sinnvoll sein könnte, ab einer bestimmten Uhrzeit prinzipiell offline zu sein?

Nun gibt es eine Vielzahl an Möglichkeiten, solche Reglementierungen zu umgehen. Um nur eine davon zu nennen: Die meisten Smartphones können längst via Bluetooth-Technologie oder USB-Anschluss als Modem genutzt werden. Es kann hier jedoch nicht darum gehen, allen Einwänden zu begegnen. Im Gegenteil, die zentrale Botschaft ist, dass man als Familie Regeln und Hilfsmittel einsetzen kann, um einer ausufernden Mediennutzung einen Riegel vorzuschieben. Diese Regeln sind aber letztlich vor allem dazu da, langfristig die Selbstkontrolle und Eigenverantwortlichkeit zu stärken. Das heißt, es ist wichtig, solche Maßnahmen sehr genau zu überlegen und zu erklären, bevor man sie in den Familienalltag einbringt. Hierzu gehört es, vor allem auch das Fernziel zu kommunizieren, dass alle irgendwann selbst in der Lage sind, verantwortungsbewusst mit ihrer Zeit umzugehen.

Nun stellt sich hier selbstverständlich auch die Frage, für welches Alter welche Medien in welchen Zeiträumen vertretbar sind. Hier gibt es keine einfachen Antworten. Es kann nicht darum gehen, Erziehungsberechtigten einen starren Fahrplan vorzulegen, in dem akribisch Regeln und Grenzen aufgeführt werden. Dies ist allein schon deshalb problematisch, weil es hierfür keine wissenschaftliche Grundlage gibt. Jede Familie hat einen anderen Ausgangspunkt und eine andere Haltung gegenüber der digitalen Mediennutzung und ihrer Gewichtung gegenüber anderen Aktivitäten. Hier gibt es eine große und gesunde Bandbreite.

Wenn Sie auf der Suche nach einer individuellen Lösung sind, geben Sie Ihren persönlichen Erziehungsstil und Ihren gesunden Menschenverstand nicht an der Pforte zum digitalen Zeitalter ab. Diese funktionieren auch weiterhin. Sie müssen das Rad nicht neu erfinden. Es geht auch nicht darum, ein perfektes oder gerechtes Maß zu finden. Wichtig ist es erst einmal, dass Sie überhaupt bereit sind, Grenzen zu setzen und damit Halt und Orientierung zu geben. Wer völlig unabhängig vom Maß gar nicht in der Lage ist, seinen Kindern Grenzen zu setzen, der hat ein grundsätzliches pädagogisches Problem, das sich durch eine ausufernde Mediennutzung nur verdeutlicht und verschlimmert.

Wenn es um ein Maß geht, ist es gut, mit Stundenkontingenten zu arbeiten, die sich auf alle Bildschirmmedien in der häuslichen und privaten Nutzung beziehen. Es ist sinnvoll, erst einmal tageweise mit einer Zahl von ein oder zwei Stunden pro Wochentag und am Wochenende mit zwei, drei oder vier Stunden zu beginnen.

Wenn dies gut gelingt, kann man umsteigen auf ein Wochenstundenkontingent von beispielsweise sieben oder 14 Stunden pro Woche. Auf diese Weise können die Heranwachsenden lernen, sich die Zeit einzuteilen, bis sie irgendwann hoffentlich gar keine Reglementierungen mehr benötigen. Je eher, desto besser.

Noch besser, als mit Reglementierungen zu arbeiten, ist es, die Zeit einfach mit anderen Aktivitäten zu füllen, am besten gemeinsam mit der ganzen Familie. Auf diese Weise kann man als Eltern seine Kinder ganz unmerklich von den vielen Geräten abhalten. Dies kann man aber auch ganz explizit planen. Es ist zum Beispiel sinnvoll, einen medienfreien Tag oder zumindest einen medienfreien Abend in der Woche ausdrücklich anderweitig zu gestalten. Einmal im Jahr ist ein Medienfasten zu empfehlen, eine ganze Woche ohne Bildschirmmedien. Und im Urlaub sollten die Computer ohnehin am besten alle zu Hause bleiben, damit die kostbare Zeit der Kinder nicht digital verspielt und jene der Erwachsenen nicht mit Arbeit verdorben wird. Gerade während dieser kleinen und großen medienfreien Zeitfenster können sich neue Perspektiven auf den von Medien durchsetzten Alltag ergeben und neue Horizonte im Hinblick auf andere Freizeitbeschäftigungen. Manch einer mag im Urlaub einen Sport für sich entdecken, der dann auch im Alltag aufgenommen wird. Andere mögen dazu inspiriert werden, ein kreatives Hobby oder das Spielen eines Musikinstruments aufzunehmen. Im besten Fall entwickeln Ihre Kinder einfach die Lust darauf, etwas anderes zu tun, als ihre Zeit mit Computerspielen oder sozialen Netzwerken zu verbringen. Und bei den Eltern mag in einer solchen Zeit wieder die Lust aufkommen, miteinander nicht nur zum Fernsehschauen oder Schlafen ins Bett zu gehen.

Auch im Alltag von Erwachsenen sollte jedes Medium seine Auszeit haben. Unser Alltag ist so durchmedialisiert, dass wir uns oft gar nicht mehr vorstellen können, dass es ohne Medien manchmal schöner ist. Ein Gespräch unter Freunden, ein Abendessen inmitten der Großfamilie, eine Reise im Zug durch eine schöne Landschaft, ein Wochenende ohne E-Mail-Verkehr und ein gemeinsamer Abend mit dem Partner. Für unsere Psychohygiene braucht es medienfreie Zeiten. Sonst verlieren wir den Bezug zu uns selbst und auch zu den anderen, wenn sie leibhaftig vor uns sitzen, im schlimmsten Fall sogar zu unseren Kindern. Jedes Medium hat seine Zeit. Medienfreie Zeit-Räume werden zu einem immer kostbareren Gut.

Medien-Zeitmanagement in der Lebensspanne und im Alltag

- Lassen Sie Ihr Kind die Mediengeschichte so gut und behutsam wie möglich nachschreiten, von den einfachen analogen Kulturtechniken wie Lesen, Schreiben und Rechnen zu den komplexen digitalen Technologien!
- Bedenken Sie, dass Kinder erst mit durchschnittlich acht Jahren dazu in der Lage sind, Realität und Fiktion sicher auseinanderzuhalten! Bis zu diesem Zeitpunkt haben Fernseher, Spielkonsolen und Computer in Kinderzimmern nichts zu suchen.
- Führen Sie Tagebuch darüber, wie viel Zeit Sie und Ihre Familienmitglieder im Internet verbringen.
- Nutzen Sie Software, die Ihnen am Ende des Tages eine genaue Aufstellung davon gibt, womit Sie wie viel Zeit verbracht haben. Das steigert die Veränderungsmotivation.
- Legen Sie für sich und Ihre Kinder altersentsprechende Zeitkontingente fest, zum Beispiel zunächst täglich ein oder zwei Stunden und später sieben oder 14 Stunden Internetnutzung pro Woche.
- Nutzen Sie Zeitschaltuhren und denken Sie daran, alle internetfähigen Bildschirmmedien mit einzubeziehen.
- Achten Sie darauf, dass bestimmte Medieninhalte wie *Sex and Crime* erst im fortgeschrittenen Jugendalter zumutbar sind. Hierfür gibt es bis dahin Filtersoftware, mit der Sie Ihre Kinder schützen können.
- Achten Sie auf medienfreie Zeiten bei Ihren Kindern, zum Beispiel mindestens eine Stunde nach dem Aufstehen und vor dem Zubettgehen sowie bei allen Mahlzeiten.

- Behalten Sie stets im Blick, was Ihre Kinder alles nicht erleben und erlernen, wenn Sie vor Bildschirmmedien sitzen.
- Führen Sie medienfreie Zeiträume ein, die Sie mit der ganzen Familie anderweitig planen und gestalten, zum Beispiel jeden Tag eine Stunde mit der Familie nach dem Abendessen.
- Machen Sie einen Tag oder zumindest einen Abend pro Woche medienfrei!
- Planen Sie jedes Jahr eine Woche Medienfasten mit der ganzen Familie!
- Nehmen Sie auf Reisen so wenig Computer wie möglich mit.
- Helfen Sie Ihren Kindern, den Alltag so zu gestalten, dass sie sich am Ende des Tages wünschen, sie hätten mehr Zeit für sportliche und kreative Beschäftigungen!
- Fördern Sie frühzeitig aktiv die Erfahrung und Wertschätzung von Freundschaften in der unmittelbaren zwischenmenschlichen Begegnung.

Jedes Medium hat seinen Raum

Die explosionsartige Vermehrung digitaler Techniken in den Kinder- und Jugendzimmern ist ein entscheidender Grund dafür, dass Internetabhängigkeit immer häufiger auftritt. So können die Computer immer früher und umfassender die Kinderzimmer erobern. Immer mehr Spielzeuge sind computerisiert. Schon Kinder spielen auf Smartphones und Tablet-Computern, mit denen sie häufig auch völlig schrankenlos im Internet surfen können. Computerspiele spielen kann man heute auf jedem Gerät, nicht nur mit den für das Spielen konzipierten Geräten (den kleinen portablen Handcomputern und den großen Spielkonsolen).

Bald sind nicht nur Fernseher, Notebooks und PCs internet- und damit auch spielfähig, sondern alle Haushaltsgeräte. Es ist davon auszugehen, dass demnächst auch jeder Kühlschrank mit dem Internet verbunden sein wird. Jeder Raum wird einen permanenten Zugang zum Cyberspace bieten, so wie heute schon jede Hosentasche über die internetfähigen Smartphones mit dem Internet verbunden ist. Wenn nicht wir, dann zumindest die digitalen Eingeborenen werden immer und überall irgendwie online sein.

Wir lassen es zu, dass Medien jeden Winkel unserer Welt erobern. An den schönsten entlegenen Orten der Erde finden sich Webcams, die kontinuierlich Bilder und Filme senden. Und wenn wir selbst da sind, fällt uns als Erstes nichts anderes ein, als eine Kamera zu zücken und die gemachten Bilder sogleich ins Netz zu stellen. Es macht den Eindruck, als wären wir kaum noch in der Lage, ein Naturereignis einmal unverfälscht und in Ruhe auf uns einwirken zu lassen. Diesen Moment sogleich medial zu verwerten, erscheint uns heute offensichtlich viel naheliegender. Das Bedürfnis, das Gesehene in Form von Bildern und Filmen auf Festplatten zu bannen und zu horten, ist größer als das Vertrauen in unser Gedächtnis und unsere Fähigkeit, die Bilder des Erlebten in uns wachzurufen. Durch die mediale Brille hat sich unser Blick auf die Welt verstellt, ohne dass wir es überhaupt noch bemerken. Tritt man einen imaginären Schritt zurück, macht es von außen den Eindruck, als hätte sich ein medialer Film über unsere Welt gelegt. Es ist kaum noch Raum für ein unmittelbares, digital unverfälschtes Erleben.

Viel mehr noch als auf unseren Reisen gilt dies für unseren privaten und beruflichen Alltag. Immer mehr Wände werden mit Großbildschirmen verhängt oder von Beamer-Projektionen bespielt. Smartphones mit Beamerfunktion sind längst in der Entwicklung. Die elektronischen Fenster zur digitalen Welt sind überall. Auch wenn man die Geräte mit einem Computer und die Bildschirme in der eigenen Wohnung einmal zählt, kommt man auf unglaubliche Summen. Und sie werden immer mehr, weil die Abstände immer kürzer werden, in denen neue Geräte entwickelt werden, die noch besser und schneller sind als ihre Vorgängermodelle. Die Frage, ob wir sie wirklich benötigen, stellt kaum einer mehr. Diese ökonomische Dynamik der digitalen Revolution führt zu einer explosionsartigen Vermehrung von Hardware, mit der sich die Menschen ihre Häuser und Wohnungen zustellen.

Dies ist und war bei uns zu Hause nicht anders. Stereoanlagen, Fernseher und später auch Computer wurden von meinen Eltern in regelmäßigen Abständen neu gekauft, was für uns Jungs den Vorteil hatte, dass wir die älteren Geräte auf unsere Zimmer bekamen. Ich erinnere mich noch gut daran, wie ich mit meinem Bruder auf dem abgelegten Schwarz-Weiß-Fernseher mit Drehknöpfen in seinem Zimmer einen alten Katastrophenfilm namens *Der Teufel kam um vier* sah. Es ging um drei inhaftierte Verbrecher, die im Zuge eines Vulkanausbruchs auf einer Insel aus dem Gefängnis fliehen, auf ihrer Flucht verwaiste Kinder aus einer gefährdeten Leprastation retten und dabei allesamt ums Leben kommen. Ich kann nicht älter als neun Jahre gewesen sein. Und das war meiner Erinnerung nach der erste Erwachsenenfilm, den ich gesehen hatte. Dieser Film hatte mir so eine Angst eingejagt, dass ich über eine Woche kaum und schon gar nicht allein schlafen konnte.

Der nächste ausrangierte Schwarz-Weiß-Fernseher landete dann später auf meinem Schreibtisch. Da ich ja einen Computer, meinen Commodore 64, dort angeschlossen hatte, konnte ich argumentieren, dass er dort meinen Hausaufgaben diente, was so gut wie nie der Fall war. So kam es, dass ich regelmäßig mehr oder weniger heimlich Computerspiele während der Erledigung meiner Hausaufgaben spielte. Es gab auch eine spätpubertäre Zeit, in der ich kaum etwas mit mir anzufangen wusste und stundenlang dämliche Fernsehserien angesehen habe, Die *Drombuschs*, *Die Wicherts* und wie sie alle hießen. Den Ausschalter ständig in der Hand, tat ich auch am späten Abend noch so, als würde ich immer noch Hausaufgaben machen, wenn jemand hereinkam.

Es war mir ja klar, dass meine Eltern etwas dagegen gehabt hätten. Sonst hätte ich die Serien ja auch auf dem vergleichsweise großen Farbfernseher im Wohnzimmer anschauen können. Ich erinnere mich noch gut daran, dass ich schon damals selbst das Gefühl hatte, dass damit etwas nicht stimmte, um genauer zu sein, dass es eine schreckliche Zeitverschwendung war. Aber ich konnte mich kaum dagegen wehren. Im krankhaften Sinne süchtig war ich allerdings nicht danach. Und doch muss ich heute oft daran denken, wenn ich von den jungen Patienten und ihren Eltern höre, wie Jahre der Jugend vor ihren Bildschirmen verlorengegangen sind.

Meinen Eltern mache ich keine Vorwürfe deswegen. Sie haben selbst kaum ferngesehen, viel mit uns gespielt und unternommen. Vor allem haben sie es uns Jungen vorgelebt, wie man sich in Natur und Kultur ein schönes Leben machen kann. Davon profitiere ich heute als Erwachsener. Allerdings würden sie vermutlich heute auch einiges anders machen, zumal die Situation ungleich schwieriger ist, weil es eine noch größere Auswahl an Geräten gibt und diese in noch schnellerem Zyklus veralten.

Was ich aber hiermit sagen möchte, ist, dass es sich Eltern nicht zu einfach machen dürfen, wenn sie sich ständig neue und größere Geräte mit der Begründung zulegen, dass sich ja die Kinder über die ausrangierten Geräte freuen.[5] Sie sollten sich vielmehr die Frage stellen: Brauch ich wirklich alle paar Jahre einen noch größeren und flacheren Fernseher? Es kann ein wichtiges Signal an die ganze Familie sein, hier auch mal Verzicht zu üben und das Geld anstatt für ein neues Gerät ausdrücklich für ein Musikinstrument oder ein Sportgerät auszugeben, für einen schönen Ausflug oder eine Reise. Man kann die Enttäuschung der lieben Kleinen über die Entscheidung gegen ein neues Gerät dadurch abmildern, dass man gemeinsam überlegt und festlegt, was mit dem dadurch frei werdenden Geld gemacht wird. Nicht zu unterschätzen ist bei solchen Entscheidungen auch die Vorbildfunktion. Selbst auf noch intensivere und damit vermutlich auch exzessivere Mediennutzung zu verzichten zugunsten einer Anschaffung, von der alle etwas haben und mit der man auch gemeinsam etwas anfangen kann, ist definitiv ein wichtiges Signal für den Zusammenhalt in der Familiengemeinschaft.

Schlagen Sie der Elektro-, Unterhaltungs- und Werbeindustrie mal ein Schnippchen und machen Sie einen Bogen um das nächste vermeintliche elektronische Schnäppchen. Und alte Geräte kann man auch anderweitig loswerden. Man kann sie verkaufen oder an Menschen verschenken, die gar keine Geräte haben. Es ist kein Naturgesetz, dass alle alten elektronischen Geräte im Zweifelsfall in den Kinderzimmern oder im Elternschlafzimmer landen. Jedes Medium erobert sich seinen Raum, wenn wir dieser Entwicklung nicht bewusst Grenzen setzen. An den Beispielen Kinderzimmer und Schlafzimmer kann die Notwendigkeit einer medialen Psychohygiene gut erläutert werden.

Insbesondere wenn Kinder und Jugendliche mit im Haushalt leben, ist es wichtig, genau darauf zu schauen, wie viel Platz den digitalen Medien eingeräumt wird. Im besten Falle haben bis zum Alter von acht Jahren Computer und andere Bildschirmmedien im Kinderzimmer überhaupt nichts zu suchen.[6] Abgesehen davon, dass Kinder es sich häufig für ihre Unterhaltung wünschen und dass man von ihnen als Erwachsene dann mehr in Ruhe gelassen wird, lassen sich kaum gute Argumente dafür finden. Und es gibt viele Gründe, die dagegen sprechen. Sinnvoll ist es vielmehr, insbesondere wenn kleine Kinder im Haus leben, von jedem vornehmlich familiär genutzten elektronischen Bildschirmmedium nur ein Gerät zu haben und dieses in einen der Gemeinschaftsräume zu stellen. So können gemeinsame Erfahrungen mit den Medien gemacht werden. Die Geräte können gezielt genutzt werden. Und die Eltern können ihrer pädagogischen Verantwortung gerecht werden, einen zeitlichen und inhaltlichen Rahmen zu schaffen. Sie können ihre Kinder so davor schützen, dass sie Inhalte sehen, die für sie nicht geeignet sind, und direkt reagieren, wenn es doch passiert. Sie können vor allem aber auch darauf achten, dass der Computerkonsum nicht zeitlich ausufert, und sie so vor einer Abhängigkeitsentwicklung schützen. Außerdem ist das Aushandeln, wer was wann machen darf und dass etwas im Zweifelsfall gemeinsam gemacht wird, für das soziale Gefüge einer Familie und für die Entwicklung von sozialen Kompetenzen alles andere als unwichtig.

Die Devise, dass alle ihr eigenes Gerät bekommen sollen,

damit es keinen Streit gibt, ist nachvollziehbar, aber äußerst problematisch. Im Zweifelsfall führt sie dazu, dass man nicht mehr miteinander streitet, weil man ohnehin kaum noch etwas gemeinsam macht. Teilen zu lernen ist auch ein wichtiges Erziehungsziel.

Die Heranwachsenden über zentrale Gemeinschaftsgeräte an die neuen Medien heranzuführen hat den Vorteil, dass man als Eltern gut einschätzen lernt, wie viel Selbstverantwortung ihnen übertragen werden kann. Das kann für sie auch ein guter Ansporn sein. Denn selbstverständlich werden sie als Jugendliche irgendwann auch Bildschirmmedien in ihren Zimmern haben. Die Empfehlung vieler Medienpädagogen, Geräte zunächst in Gemeinschaftsräumen aufzustellen, gilt sinnvollerweise nicht nur für PCs, sondern auch für Spielkonsolen und Fernseher. Die durchschnittliche Realität in den Kinderzimmern sieht aber anders aus. Hier findet sich häufig ein ganzer Fuhrpark mit Fernseher, Spielkonsolen, Computer und anderen Geräten, die häufig alle gleichzeitig laufen.

Nicht viel anders sieht es in so manchem elterlichen Schlafzimmer aus. Dort werden zwar in der Regel keine Computerspiele gespielt, aber angesichts der zumeist vorhandenen digitalen Flatscreens droht die Erotik zu verflachen. Gerade wenn Kinder da sind, ist das Elternschlafzimmer manchmal der letzte Raum, in dem Eltern noch verbal und körperlich intim miteinander sein können. So verwundert es nicht, dass in einer Studie nachgewiesen werden konnte, dass Fernseher im Schlafzimmer das Eheleben beeinträchtigen.[7] Man kann nur jedem Paar davon abraten, das Schlafzimmer überhaupt mit elektronischen Medien zu belasten.

Studien haben gezeigt, dass Fernsehen vor dem Zubettgehen den Schlaf negativ beeinflusst. Die durch die Medien erzeugte Erregung führt zu einer inneren Unruhe, die das

Einschlafen erschwert. Dies gilt insbesondere auch für Computerspiele, in denen man ja auch noch aktiv handelt. Ein schönes Buch hat diesen negativen Effekt nicht. Eine mediale Psychohygiene ist also auch für unsere Schlafhygiene besser. Und den Schlaf brauchen wir dringend, um uns vom Tage zu erholen und unsere Eindrücke zu verarbeiten und in unser Gedächtnis aufzunehmen. Um am Ende des Tages wohlig erschöpft ins Bett fallen zu können, dafür müssen wir allerdings am Ende des Tages auch wirklich etwas erlebt haben, am besten gemeinsam, mit vollem Körpereinsatz, mit allen Sinnen und bei vollem Bewusstsein.

Jedes Medium hat seinen Raum

- Zählen Sie einmal sorgfältig alle Bildschirmmedien in Ihrem Haushalt! Können Sie damit zufrieden sein?
- Welche Geräte sind wirklich sinnvoll, weil sie der Unterhaltung, Entspannung oder Information dienen?
- Schaffen Sie alle digitalen Medien, die eigentlich nur ein störendes Hintergrundrauschen bieten und vom eigentlichen Familienleben ablenken, aus dem Haus!
- Führen Sie smartphone-, computer- und fernsehfreie Räume ein.
- Widmen Sie bestimmte Zonen vollkommen analogen Beschäftigungen wie dem Spielen, Musizieren und Lesen.
- Erklären Sie Esszimmer, Schlafzimmer und Bad zu computer- und bildschirmfreien Zonen!
- Überlegen Sie sich jede Anschaffung eines neuen Geräts dreimal. Brauchen Sie wirklich einen größeren Fernseher, einen schnelleren Computer, noch eine Spielkonsole oder ein neues Smartphone? Fragen Sie sich, was Sie sich damit vielleicht an gemeinsamen Spielräumen nehmen?
- Überspringen Sie aus Prinzip neue Gerätegenerationen!
- Überlegen Sie gemeinsam, was Sie sich anstatt eines neuen Geräts leisten und in der neuen Wohnung nutzen können – ein Sportgerät oder ein Musikinstrument vielleicht?
- Und *wenn* Sie neue Geräte kaufen, dann verfrachten Sie diese auf keinen Fall einfach ins Kinder- oder Schlafzimmer, sondern überlegen Sie sich gut, ob dies wirklich sinnvoll ist.

Jedes Medium hat seinen Inhalt

Wenn es darum geht, Heranwachsende in ihrer Entwicklung vor Abhängigkeitsgefahren, die im Internet lauern, zu schützen, dann ist es selbstverständlich wichtig, nicht nur über Quantitäten zu sprechen, wie die Menge an Geräten und die Zeiten, in denen wir uns im Internet bewegen. Wichtig ist auch die Frage nach der Qualität der Internetnutzung, dies insbesondere, weil bestimmte Inhalte eben abhängiger machen als andere. Wenn wir uns in diesem Zusammenhang nun unter anderem auch mit der Darstellung von Sexualität und Gewalt beschäftigen, dann soll es weniger um moralische Fragestellungen gehen als vielmehr darum, dass *Sex and Crime* im Netz ein besonderes Suchtpotenzial haben. Je früher und je mehr diese Inhalte auf junge Menschen einwirken, desto größer ist die Gefahr einer Abhängigkeitsentwicklung.

Die Effekte von quantitativ und qualitativ problematischer Internetnutzung sind eng miteinander verwoben. Ebenso beeinflussen sich Form und Inhalt gegenseitig. So ist das Medienformat Buch allein schon deshalb weniger gefährlich, weil es keine bewegten Bilder – beispielsweise von sexuellen Handlungen und Gewaltakten – mitliefern kann, von denen sich Kinder und Jugendliche weniger leicht distanzieren können.

Kinder brauchen Geschichten

Wie jede Geschichte hat auch unser Erdenleben einen Anfang und ein Ende. Erzählungen haben die Geschichte der Menschheit schon immer begleitet, vor allem weil sie weitererzählt werden, so dass wir uns an das Vergangene erinnern können, um das Zukünftige im besten Falle besser gestalten zu können. Die Geschichte/n ist/sind eine wichtige

Quelle für Lernerfahrungen für uns Menschen. Dazu gehören auch phantastische Erzählungen wie Sagen, Legenden und spirituelle Texte. Im besten Falle beschenken sie uns mit Sinn. Dies gilt gerade auch für Märchen, die zu allen Zeiten und in allen Kulturen nicht nur Kinder in ihren Bann ziehen. Wenn Sie Ihren Kindern etwas Gutes tun wollen, dann lesen Sie Ihnen viel vor und lassen Sie sie viel lesen!

Mit den modernen Medien haben sich andere Erzählstile und -inhalte entwickelt, die der Fähigkeit des Menschen Rechnung tragen, ein Stück weit außerhalb von Zeit und Raum zu stehen, zumindest in Gefühlen und Gedanken. Romane und Filme werden längst nicht mehr nur chronologisch erzählt. Sie folgen oft einer anderen Logik. Dies ist für Erwachsene nachvollziehbar und spannend, wenn auch manchmal etwas anstrengend. Für Heranwachsende ist das allerdings nicht immer nachzuvollziehen. Eine Geschichte von Anfang bis Ende entlang ihrem zeitlichen Verlauf zu erzählen und zu verstehen gibt kindlichen Zuhörern und Lesern einen Halt. Und auch wir Erwachsenen sehnen uns manchmal einfach nach einem Roman oder Film, dessen Geschichte in epischer Breite und Reihenfolge erzählt wird.

Es gibt auch Computerspiele, die eine Geschichte erzählen, an der man als Spieler interaktiv teilnehmen kann. Als Held oder Heldin muss ein Rätsel gelöst, ein Abenteuer bestanden oder ein Kriminalfall aufgeklärt werden. Sie haben wie eine Erzählung einen Anfang und ein Ende. Sie können »durchgespielt« werden. Solche Spiele machen in aller Regel nicht abhängig. Diejenigen Spiele, die eine Abhängigkeit auslösen können, sind in der Regel auf Endlosigkeit angelegt.

Die Aufhebung von Erzählstrukturen, wie sie gerade auch in vielen Computerspielen erfolgt, könnte für Heranwachsende ein Problem darstellen. Die Enden von kindgerechten Erzählungen vermitteln eine *Moral von der Ge-*

schicht, einen Trost oder eine Zuversicht. Dass sie ein Ende haben, gibt ein Gefühl davon, dass wir uns von den Geschichten, die ja auch in Märchen durchaus schrecklich sein können, lösen und distanzieren können, um etwas Neues anzufangen. Zwischen zwei Geschichten sind wir auf uns selbst zurückgeworfen und können uns im Austausch mit Eltern, Geschwistern und Freunden fragen, was diese Geschichten bedeuten und was sie vielleicht mit unserem Leben zu tun haben. Im besten Falle inspirieren sie uns dazu, selbst ein Leben zu leben, das Geschichte(n) schreibt, ein Leben, das es wert ist, erzählt zu werden. In den meisten unendlichen Weiten der nie enden wollenden Online-Spiele aber werden kaum Geschichten erzählt.

Die äußeren Rahmenhandlungen sind zumeist nicht mehr als schmückendes Beiwerk, das ebenso austauschbar ist wie die einzelnen Spielsequenzen, um die es eigentlich geht. Solche Spiele im Spiel sind in der Regel recht monoton. Zumeist geht es darum, alleine oder mit Mitspielern um oder gegen etwas zu kämpfen. Die um diese Spiele herum gesponnenen Rahmenhandlungen sind häufig austauschbare Erzählhülsen, die für die eigentlichen Spielelemente völlig unerheblich sind. Es ist ein bisschen wie bei pornografischen Filmen: Eine absurde Rahmenhandlung gibt dem Zuschauer das Gefühl, dass es noch um etwas anderes als Sex gehe. Im Grunde aber geht es nur um das eine. Beim Pornofilm ist es der Sex, und bei den meisten der besonders erfolgreichen Computerspiele ist es der Kampf.

Kindheit braucht Geheimnisse

Kinder brauchen die Phantasie, die ja auch vom Zauber des Geheimen lebt. Der Umgang mit phantastischen Geschichten, seien es klassische oder moderne Märchen und Legenden, ist für eine gesunde psychische Entwicklung von Kindern wichtig. Die Geheimnisse der manchmal ziemlich harten Realität lernen sie in der Regel früh genug kennen. Es ist aus meiner Sicht eminent wichtig, dass die manchmal ganz schön grausame Realität durch virtuelle Medien nicht zu früh eindringt in die Welt unserer Kinder, weil sie bis zu einem gewissen Alter Realität und Virtualität noch nicht auseinanderhalten können. Vielleicht brauchen sie deshalb eine Weile auch eine Phantasiewelt, die sicher ist vor *Sex and Crime*. Vor den Grausamkeiten der Erwachsenwelt sollten Kinder bis zu einem gewissen Alter sicher bewahrt werden. Eine gesunde Kindheit braucht Geheimnisse und keine vollständige Diffusion von Kinder- und Erwachsenenwelt. Genau das aber passiert im Internet, wenn Kinder darauf einen uneingeschränkten Zugriff haben.

Man kann das Internet auch als eine künstliche Parallelwelt betrachten, die sich wie ein Schatten über unsere echte Realwelt gelegt hat. Im Diesseits der wirklichen Welt finden sich viele Abgründe, vor denen wir unsere Kinder und manchmal auch uns selbst hüten. Aus gutem Grund meiden wir die Nähe eines echten Abgrunds, in den unsere Kinder oder auch wir selbst hineinfallen könnten. Dies gilt auch für Orte, an denen Sexualität und Verbrechen herrschen. *Sex and Crime* ist ein ebenso gängiges wie seltsames Begriffspaar. Sex ist etwas Schönes, das unter Erwachsenen stattfindet. Im Gegensatz dazu könnten wir auf Kriminalität gut und gerne verzichten. Bislang gab es in beiden Bereichen Tabus im Hinblick auf Kinder. Während wir Erwachsenen mit den Geheimnissen von Erotik und Gewalt sehnsuchtsvoll spielen, im besten Falle ohne jemanden seelisch oder körperlich zu verletzen, sorgen wir in der Regel dafür, dass Kinder hiervon möglichst unberührt bleiben. Kinder dürfen beispielsweise keine Sexshops, Bordelle oder Waffenläden betreten. Wir würden sie auch nicht alleine durch Viertel laufen lassen, wo Straßenprostitution und -kriminalität herrscht.

Diese Schattenwelten meiden selbst die meisten Erwachsenen.

Aus dem natürlichen Beschützerinstinkt kann aber auch eine Übervorsicht entstehen, sodass Eltern ihre Kinder zum Teil sogar viel zu spät alleine die Stadt erkunden lassen. Denn es gehört durchaus zum Großwerden dazu, die Welt da draußen zu entdecken und mit ihren Gefahren umgehen zu lernen. Nicht wenige Eltern finden es praktisch, dass ihre Zöglinge die Welt lieber durch die immer größer werdenden Fenster der Bildschirmmedien sehen. Sie wähnen sich dabei zumindest in der Sicherheit, dass sie zu Hause nicht direkt das Opfer von Pädophilie, Gewalt oder Drogen werden können. Das ist ein gefährlicher Trugschluss.

Über das Internet schwappen *Sex and Crime* auf vielfältige Art und Weise in die Wohn- und Kinderzimmer. Cybersex und Cybercrime, Cybermobbing und Cyberstalking, man könnte die Liste unendlich fortsetzen. Im Netz lauern letztlich dieselben Abgründe wie in der realen Welt. Wir Erwachsenen wissen uns in der Regel davor zu schützen. Wenn ein Kind oder ein Jugendlicher aber einmal im Netz von einem Pädophilen oder Exhibitionisten belästigt wurde, wenn es dort mit unvorteilhaften Bildern an den Pranger gestellt wurde, wenn es einmal Videos einer echten Folter und Hinrichtung gesehen hat, ist es eventuell langfristig traumatisiert. Und was hat das mit Sucht zu tun? Abgesehen von der Internetabhängigkeit, von der dieses Buch handelt, kann man mit etwas Geschick und mehr oder weniger krimineller Energie alle Drogen dieser Welt mittlerweile online bestellen. Jugendliche brauchen dafür nicht einmal das Haus zu verlassen.

Machen wir uns also nichts vor: Das Internet holt so ziemlich alles, was die konkret-reale Welt zu bieten hat, ins Haus. Neben allem Schönen gehören dazu auch alle Schattenseiten und Abgründe, die die Menschheit kennt. Diesen

Sachverhalt anzuerkennen bedeutet, das Internet ernst zu nehmen und zu respektieren als das, was es ist, nämlich als eine umfassende Parallelwelt.

Sex and Crime – Medienverwahrlosung[8] als neue Form der Misshandlung

Wenn Kinder sehen, wie ihre Eltern im Schlafzimmer oder Pornodarsteller in einem Video Sex haben, dann wirkt das in aller Regel verstörend. Menschen, die übereinander herfallen, ineinander eindringen und dabei stöhnen und schreien, können doch eigentlich nur miteinander kämpfen und sich gegenseitig weh tun. Mit den Augen eines Kindes gesehen, das noch keine sexuelle Lust und Befriedigung kennt, ist das eine zwangsläufige Erklärung. Pädagogisch ist es deshalb sinnvoll, Kinder vor diesem Anblick zu schützen. Das Geheimnis der Sexualität ist die Voraussetzung dafür, dass wir die Fähigkeit zu Intimität entwickeln.

Heute ist allerdings ernsthaft davon die Rede, dass Eltern nicht nur Medienkompetenz, sondern auch »Pornokompetenz« entwickeln sollen, um Jugendliche an diese heranführen zu können.[9] Um es gleich deutlich zu sagen: Es geht hier nicht darum, Online-Pornografie und Cybersex grundsätzlich zu diskreditieren oder gar zu verbieten, sondern Heranwachsende vor einer zu frühen Überflutung mit sexuellen Bildern und Filmen zu schützen. Besonders problematisch ist nicht eine einzelne Erfahrung mit diesem Material, sondern die quantitative Häufung und die qualitative Extremisierung. Besonders schlimm ist es, wenn Kinder und Jugendliche regelmäßig Hardcore-Pornofilme anschauen, bevor sie eine eigene sexuelle Identität entwickelt und im besten Falle schöne erste sexuelle Erfahrungen gemacht haben. Elaborierte sexuelle Phantasien und Vorstellungen entwickeln sich erst relativ spät. Es erscheint hilfreich, dass diese erst einmal möglichst frei und unbeeinflusst entstehen können und nicht allzu stark von Pornografie geprägt werden.

Ob ein früher Pornokonsum tatsächlich zu risikohafter Sexualität bei Heranwachsenden und im späteren Erwachsenenleben führt, ist jedoch noch umstritten. Die Forschungsergebnisse sind widersprüchlich. Der freie Zugang zu Hardcore-Pornografie im Netz für Kinder und Jugendliche ist allerdings auch noch nicht so lange möglich, so dass es kein Wunder ist, dass wir dies noch nicht abschätzen können. Was wir aber sicher sagen können, ist, dass Internetpornografie abhängig machen kann, dass diese Abhängigkeit häufiger bei denjenigen auftritt, die schon frühzeitig mit Pornografie in Kontakt gekommen sind. Bei allen Suchtmitteln gilt die Devise, je früher man sie nutzt, desto größer ist die Gefahr einer Abhängigkeit. Reicht das nicht als Argument, um unsere Kinder beherzt von Pornografie fernzuhalten?

Es zeichnet sich ein Trend ab, dass offensichtlich immer mehr Eltern kein Problem darin sehen, Kinder und Jugendliche auch Hardcore-Pornografie und Hardcore-Horrorfilme mit ansehen zu lassen.[10] Im schlimmsten Falle gehören diese zum Hintergrundrauschen des Familienlebens. Eltern argumentieren dann manchmal, dass sie ja als Erziehungsberechtigte dabei seien, um Fragen zu beantworten und Verstörungen zu lindern. Dies sei doch noch besser, als wenn ihre Töchter und Söhne diese Darstellungen expliziter Sexualität und Gewalt alleine sehen würden, was ja ohnehin jederzeit im Internet möglich sei. Eine solche Haltung stellt in zweifachem Sinne ein Armutszeugnis dar, eine Extremvariante von Medienverwahrlosung in Familien, angesichts derer die Entwicklung einer pathologischen Mediennutzung nicht wundern darf.

Besonders augenfällig im wahrsten Sinne des Wortes wird das Problem der Internetnutzung von Heranwachsenden, wenn es um drastische Gewaltdarstellungen geht. Die

Grenzen dessen, was die Erwachsenenwelt meint, Kindern und Jugendlichen zumuten zu können und zu dürfen, haben sich immer weiter verschoben. Was Kinder heute sehen dürfen, wäre noch vor 30 Jahren undenkbar gewesen. Viele Sendungen und Filme hätten von der FSK erst eine Freigabe ab 16 oder 18 Jahren zugesprochen bekommen. Kindheit scheint nicht mehr als der schützenswerte Zeit-Raum angesehen zu werden, der sie einmal war. Neil Postman hat das Verschwinden der Kindheit im Zuge der Massenmedien zu Recht schon früh angemahnt.[11] Nach seinem Tod hat sich die Situation mit dem Siegeszug des Internets weiter verschlimmert.

Dies liegt vor allem daran, dass das Internet für viele Heranwachsende ungefiltert und frei zugänglich ist. Die Familie wünscht sich einen neuen riesigen Flachbildschirm? Da freut sich die Tochter, die den alten, der es eigentlich auch noch getan hätte, gern zu sich ins Zimmer nimmt. Der Vater möchte einen neuen, schnelleren Rechner? Der Sohn braucht doch ohnehin einen Computer für die Schulaufgaben, auf dem er dann am Ende hauptsächlich Shooter-Spiele konsumiert. – So können sich alle freuen. Und die Kinder sind multimedial versorgt. Sie verschwinden in ihre Zimmer und lassen uns Erwachsene in Ruhe das tun, was wir tun wollen: selbst glotzen und spielen. Dass die Kinder dabei zumindest für eine gewisse Zeit auffällig *unauffällig* werden, stört niemanden. Dass sie aber dann unter Umständen Bildern und Filmen ausgesetzt sind, die sie vielleicht nächtelang oder gar ein Leben lang verfolgen, im schlimmsten Fall traumatisieren oder abstumpfen, wird ausgeblendet.

Auf dem Schulhof sieht es oft nicht anders aus. Bald wird so gut wie jedes Kind ein Smartphone mit Internetzugang haben. Sind sich Eltern und Großeltern überhaupt darüber im Klaren, dass Kinder über diese Geräte an alles herankommen, was auch sonst im Internet herumgeistert? Angesichts der geringen Anwenderzahlen von Filtersoftware[12] ist davon auszugehen, dass es viele einfach nicht besser wissen.

Einen guten Überblick über den aktuellen Stand der Techniken und Angebote für Filtersoftware findet man beispielsweise bei der EU-Initiative Klicksafe.[13] Noch schlimmer als eine globale Unkenntnis ist, wenn es Eltern einfach egal ist oder wenn sie der Meinung sind, ihre Kinder und Enkelkinder würden schon verantwortungsvoll damit umgehen und sich melden, wenn sie mit dem Gesehenen nicht zurechtkommen.

Die Geheimnisse des Erwachsenenlebens, vor allem die der Sexualität und des Bösen, ziehen Kinder und Jugendliche magisch an. Nichts ist so verführerisch wie das vermeintlich Verbotene. So muss es uns nicht wundern, wenn Bilder und Filme auf den Schulhöfen elektronisch von Smartphone zu Smartphone herumgereicht werden, auf denen Pornografie und Horror zu sehen sind. Hardcore-Pornos und Horrorfilme sind da fast noch die harmloseste Variante. Schlimmer noch sind die Bilder und Filme, die in Kino und Fernsehen völlig undenkbar wären: verbotene Horrorfilme, die auch als Folterpornos bezeichnet werden, in denen extremer Sadismus dargestellt wird; oder pornografische Filme, in denen illegale Perversionen gezeigt werden wie Sex mit Tieren und Kindern. Heranwachsende schockieren sich mit so etwas gerne gegenseitig. Eltern bekommen davon häufig gar nichts mit. Lehrer können aber ein Lied davon singen.

Eine weitere Steigerung liegt im Internet darin, dass dort auch reale Gewalt und Sexualität mit ihnen persönlich bekannten Personen gezeigt wird, dies oftmals illegal und gegen den Willen der Gefilmten. Ganz besonders erschreckend ist es, dass die mediale Verwertung immer häufiger zum Grund wird, warum überhaupt bestimmte Handlungen vollzogen werden. Früher Sex wird unter Umständen gerade deshalb angestrebt, weil man damit mit entsprechenden Videos im Netz prahlen kann, im schlimmsten Fall, indem man die Entjungferung einer Mitschülerin heimlich filmt und ins Netz stellt. Auf dem Gebiet der Gewalt ist das sogenannte »Happy Slapping« ein Beispiel. Hierbei schlagen Jugendliche einen anderen Jugendlichen mit dem Ziel zusammen, dies zu filmen und online zu stellen, um sich damit zu brüsten und das Opfer zu demütigen. Zutiefst menschenverachtend ist all das.

Aber darf es uns wundern, dass Demütigung als ein so erstrebenswertes Ziel unter unseren Nachkommen angesehen wird, wenn vor allem das Fernsehen, das in der Elterngeneration immer noch mit Abstand am meisten konsumierte Medium, voller Casting- und Reality-Shows ist, in denen es vor allem darum geht, Menschen der Lächerlichkeit preiszugeben? Ob C-Promis im Dschungel, Mädchen, die Models werden wollen, Übergewichtige, die abnehmen möchten, oder Menschen, die auf die eine oder andere Art und Weise Stars werden oder zumindest einmal in ihrem Leben im Rampenlicht stehen wollen, am Ende geht es den Machern und Zuschauern vor allem um die Lust an der Bloßstellung und Demütigung. Anders ist es nicht zu erklären, denn aus diesen Shows geht in der Regel niemand als strahlender Sieger hervor. Selbst ihre wenigen Gewinner verschwinden am Ende in der Versenkung der Bedeutungslosigkeit. Nein, die Grausamkeit, die auch im Internet unter unseren Nachkommen heranreift, braucht uns wirklich nicht zu wundern.

Die Scham, die einer Demütigung folgt, sie sollte uns Erwachsene ergreifen. Was läuft da nur schief? Was unsere Mediennutzung angeht, sind wir offensichtlich erst einmal schlechte Vorbilder. Zweitens scheint uns unsere eigene Mediennutzung und damit auch die völlige Offenheit des Netzes allerorten wichtiger zu sein als das seelische Heil unserer Kinder.

Wenn immer mehr Erwachseneninhalte in die Lebenssphäre unser Kinder abrutschen, dann ist mit schlimmen Auswirkungen zu rechnen. Kinder sind keine kleinen Erwachsenen. Sie sollten auch nicht unsere besten Freunde sein.[14] Es ist auch nicht so, dass sie keinen Schaden nehmen können, wenn sie pornografische Filme und Horrorvideos sehen, solange wir dabei oder in der Nähe sind. Sie bedürfen unseres Schutzes. Sie brauchen Grenzen, die auch die Geheimnisse des Erwachsenseins hüten, die ihnen Halt geben und an denen sie sich auch einmal reiben können. Mit einem auch für Kinder und Jugendliche schrankenlos zugänglichen Internet handeln wir fahrlässig. Man nennt dies auch Medienverwahrlosung.

Eigentlich muss man sogar von Misshandlung reden, wenn man ein Kind frei ins Internet lässt. Es wird höchste Zeit, dass sich die Erwachsenenwelt die Frage stellt und beantwortet, ob sie Kindheit noch als einen schützenswerten Zeit-Raum versteht. Eine solche Vorstellung von Kindheit existiert noch gar nicht so lange. Sie ist eine Leistung der Zivilisation. Mit der Medialisation sind wir auf dem Weg, diese so wichtige Errungenschaft aufzugeben. Während die Abgründe des Erwachsenseins immer früher in die Kindheit einbrechen, werden wir Erwachsenen immer kindlicher in unserer schrankenlosen Forderung nach unmittelbarer Befriedigung all unserer Bedürfnisse.

Vielleicht müssen wir Erwachsenen selbst endlich wieder erwachsener werden, öfter einmal unsere eigenen Wünsche hintanstellen, den Fernseher und den Computer im Wohnzimmer abstellen und unsere Kinder aus ihren durchmedialisierten Kinderzimmern herausholen, um mit ihnen etwas zu unternehmen. Oder lagen unsere Eltern so falsch, als sie uns tagsüber an die frische Luft zum Spielen schickten und abends mit uns Karten spielten? – Im Grunde gibt es nur eine Erklärung für diese Fehlentwicklung. Wir Erwachsenen sind längst so abhängig von unserer Mediennutzung, dass wir nicht mehr dazu bereit sind, für unsere Kinder etwas davon aufzugeben.

5.2 Erziehung: Was Eltern und Großeltern tun können

Wenn die Heranwachsenden bereits einen Großteil ihrer Kindheit im Netz verbringen, besteht die große Gefahr, dass sie von Anfang an in eine Abhängigkeit von der digitalen Welt hineinwachsen und in der analogen realen Welt und im eigenen Körper gar nicht richtig heimisch werden. Die immer komplexer werdenden Spielwelten und sozialen Netzwerke, in denen man quasi alles sein und alles machen kann, sind extrem verführerisch. Die reale Umwelt kann mit ihren Faszinationen kaum konkurrieren. Eltern und Großeltern können ein Lied davon singen, wie schwer es ist, ihre Kinder von den Computerspielen loszueisen und für einen Ausflug in die reale Welt zu gewinnen. Mehr oder weniger bewusst stimmen Eltern aber auch ein Loblied auf die Welt der Unterhaltungselektronik an, wenn es darum geht, die neuen Medien als Babysitter zu benutzen. Nur Medikamente können Kinder besser ruhigstellen als Fernsehen und Computerspiele. Machen wir uns nichts vor. Dass wir damit unseren Kindern aber etwas vorgaukeln und sie auf ein Leben in der Matrix des Internets vorbereiten, ist vielen Eltern nicht bewusst.

Letztendlich sind es auch ökonomische Interessen, die uns so unkritisch mit der schönen neuen Multimedia-Welt umgehen lassen. Hinter der Produktion digitaler Medien steht eine riesige Industrie, die frühzeitig Kunden an sich binden will. Mit vermeintlich pädagogisch wertvollen Computern und Softwareprogrammen werden Eltern schon früh dazu gebracht, den Grundstein für ein immer größer werdendes Arsenal an Geräten in den Kinderzimmern zu legen. Das Zauberwort, das hier von Medienpädagogen und Medienökonomen gleichermaßen gern ins Spiel gebracht wird, heißt »Medienkompetenz«. Medienkompetenz zu erlangen ist sicherlich wichtig, aber das Timing muss stimmen. In einer umfangreichen europaweiten Studie fand man heraus, dass bei Kindern mit emotionalen Schwierigkeiten die frühzeitige Vermittlung von Medienkompetenz nach hinten losgehen kann[15]. Diese führt bei ihnen eher zu einer problematischen Internetnutzung. Dass hier eine Weiche grundsätzlich falsch gestellt werden kann, ist bislang noch kaum einem Elternteil bewusst. Eine gute Vorbereitung auf das Leben in der realen Welt sieht anders aus. Ist aber erst einmal eine Internetabhängigkeit entstanden, braucht es in der Regel sehr lange, bis sich der Betroffene und sein Umfeld überhaupt darüber im Klaren sind.

Die explosionsartige Vermehrung digitaler Techniken in den Kinder- und Jugendzimmern ist ein entscheidender Grund dafür, dass Internetabhängigkeit immer häufiger auftritt. Wenn wir dieser Entwicklung einer sich verselbständigenden überbordenden Medialität und damit den wirtschaftlichen Interessen einer riesigen Industrie nicht entgegentreten, werden es immer mehr werden. Wenn wir das nicht tun, dann sind wir irgendwann alle so abhängig wie die Menschen in der Matrix. Dann übernehmen die Maschinen und Computer das Zepter. Dann sind wir nicht mehr Herr im eigenen Haus, Eltern schon gar nicht.

Das Grundprinzip der Prävention

Es gibt ein einfaches Grundprinzip, das gleichermaßen für die Behandlung wie für die Vorbeugung von Internetabhängigen gilt. Es reicht nicht, die Nutzung eines Mediums zu begrenzen oder zu verbieten, sondern es müssen stets alternative Handlungsspielräume angeboten werden. Das heißt, dass es wenig überzeugend ist, Kindern und Jugendlichen die Nutzung einzelner elektronischer Medien erst ab einem bestimmten Alter und nur für festgelegte Zeiträume zu erlauben, wenn es für sie keine anderen Beschäftigungsmöglichkeiten gibt, die ebenso sinnvoll wie attraktiv sind. Je jünger die Kinder sind, desto wichtiger ist es erstens, dass sie beim Spielen körperlich und mit allen Sinnen Erfahrungen mit sich selbst und der Welt machen. Zweitens ist das unmittelbare zwischenmenschliche Erleben besonders wichtig, das heißt mit Eltern, Geschwistern und Freunden zu spielen, kreativ zu sein oder Sport zu treiben, sich dabei auch zu berühren und in die Augen zu sehen.

Gerade unter den immer urbaneren Lebensbedingungen ist das für Eltern gar nicht so einfach. Ob es nun berechtigt ist oder nicht, Eltern lassen ihre Kinder heute wesentlich weniger aus dem Haus, um sich mit anderen auf der Straße oder auf einem nahe gelegenen Spiel- oder Sportplatz frei zu bewegen. Kinder müssen heute ständig von A nach B gebracht werden, damit sie einmal mit anderen Kindern spielen können. Öffentliche Sportvereine und Schwimmbäder, Bibliotheken und Musikschulen werden immer weniger genutzt und unterstützt und sterben langsam aus.

Und während eine umfassende Ganztagsbetreuung und Ganztagsschulen in den deutschsprachigen Ländern vielerorts noch auf sich warten lassen, suchen Eltern und Alleinerziehende händeringend nach Möglichkeiten, ihre Kinder zu *versorgen*, während sie ganztags arbeiten müssen und zumeist auch wollen. Digitale Bildschirmmedien als Babysitter sind manchmal Segen und Fluch zugleich, wenn man die Kinder sich selbst überlassen muss. Die Kinder sind beschäftigt und kommen nicht auf noch dümmere Gedanken, wie zum Beispiel auf der Straße Drogen zu nehmen oder anderweitig mit Kriminalität in Kontakt zu kommen. Dass die Kinder zu Hause zu *digitalen Junkies* werden können und ihr Leben auf eine andere Art aufs Spiel setzen, ist der Mehrheit der Eltern nicht bewusst. Kinder zunächst einmal in die analoge Welt hineinzubegleiten und dabei so weit wie möglich auf digitale Medien zu verzichten, ist jedenfalls mit deutlich mehr Erziehungs- und Zeitaufwand verbunden.

Das Prinzip Bewegung

Wenn wir auf die Welt kommen, sind wir vor allem körperliche Wesen. Wir sind zunächst darauf angewiesen, dass unsere leiblichen Bedürfnisse gestillt werden. Dazu gehört nicht allein die Nahrungsaufnahme, die für unsere bloße Existenz lebensnotwendig ist. Damit wir uns irgendwann selbständig in der Welt bewegen und uns selbst ernähren können, müssen wir erst einmal ganz in unserem Körper ankommen. Dazu müssen wir ihn benutzen, das heißt vor allem: ihn bewegen. Die Erfüllung dieser Entwicklungsaufgabe braucht viele Jahre und ist noch lange nicht abgeschlossen, wenn wir ausgewachsen sind.

Kinder brauchen also vor allem körperliche Aktivität. Wir bekommen Probleme mit ihnen, wenn wir das Bewegungsbedürfnis als Bewegungsdrang in ein negatives Licht rücken, es pathologisieren und in Computerspiele umleiten. Schon in der Schule wird gerade den Jungs viel zu früh und viel zu viel an Ruhigsitzen abverlangt. Wenn ihnen nicht frühzeitig die Möglichkeit gegeben wird, sich auszutoben und auch mal mit anderen zu kämpfen, sondern wir sie dies nur im Sinne von Stellvertreterkämpfen in Computerspielen tun lassen, dann darf es uns nicht wundern, wenn sie »verhaltensauffällig« werden. Computerspiele können die Energie und den positiven Bewegungsdrang von Kindern nicht kanalisieren.

Von Vertretern der Computerspielindustrie wurde mir auf Podiumsdiskussionen schon entgegnet, dass es doch dasselbe sei, wenn Kinder gemeinsam Shooter-Spiele wie *Counterstrike* oder *Räuber und Gendarm* spielen. Da bin ich gänzlich anderer Meinung. Wenn ein Kind so ein Spiel spielt – falls man solche militärischen Simulationen überhaupt als Spiel bezeichnen möchte – dann bewegt es sich erstens nicht. Und zweitens hat es eine völlig andere Art von Kontakt mit seinen Mitspielern. Beim Spielen von *Räuber und Gendarm* ist das Kind mit seinem eigenen Körper in einer realen Umgebung unterwegs. Es betätigt sich sportlich dabei und verausgabt sich, um am Ende des Tages wohlig erschöpft in den Schlaf zu sinken. Es trainiert dabei auch seine Sinnesorgane und seine Körperbeherrschung. Und es lernt seine natürliche und urbane Umwelt kennen und sich darin zu orientieren. Dieses Spiel ist aber auch in der zwischenmenschlichen Begegnung etwas ganz anderes als ein Computerspiel. Die Regeln sind nicht von außen vorgegeben, sondern müssen unter den Mitspielern ausgehandelt werden. Alle Spieler sind leibhaftig anwesend und sind nicht nur über Geräte via Internet miteinander verbunden. Beim freien Spiel werden soziale Verhaltensweisen viel besser eingeübt, weil sie eine körperliche Relevanz haben. Man kommt sich auch körperlich nahe, zum Beispiel wenn man sich gegenseitig hilft, über ein Hindernis zu klettern, oder wenn man gegeneinander kämpft. Vielleicht überschreiten die Mitspieler dabei auch einmal Grenzen und tun sich gegenseitig absichtlich oder unabsichtlich weh. So können sie erste körperliche Nähe-Distanz-Konflikte erfahren und sozial aushandeln. Dies ist für die psycho-soziale Entwicklung von Kindern von großer Bedeutung.

Das Prinzip Beziehung

Am Lebensanfang drückt sich Zuneigung in erster Linie körperlich aus. Ein Baby wird gehalten und gestreichelt. Die Berührung spielt nicht nur für die körperliche, sondern auch für die emotionale Entwicklung eine große Rolle. In der Geschichte der Menschheit hat es einige Male grausame Menschenversuche gegeben, die gezeigt haben, dass Kinder sterben, wenn sie nur Nahrung, aber keine zwischenmenschliche Zuwendung bekommen. Der Mensch lebt tatsächlich nicht vom Brot allein.

Berührt zu werden, Augenkontakt zu haben, die Stimme des anderen nicht nur zu hören, sondern ihre Resonanz auch zu spüren, all das spielt eine große Rolle für das seelische Gleichgewicht eines Kindes. Die Sicherheit, Zugewandtheit und emotionale Wärme, die dadurch vermittelt wird, hat eine entscheidende Wirkung darauf, wie sich die Bindungs- und Beziehungsfähigkeit eines Menschen entwickelt.

Digitale Medien können die Vielfalt zwischenmenschlicher Begegnungen unter Erwachsenen bereichern, insbesondere wenn es um Babys und Kleinkinder geht, stören sie aber eher. Eltern mögen denken, dass es für ein Kind toll sei, wenn es von zu Hause aus mit dem Vater oder der Mutter auf Geschäftsreise skypen kann. Manchmal ist es vielleicht besser als gar nichts. Aber den unmittelbaren Kontakt kann dies nicht ersetzen. Es fehlen nicht nur die Berührungen, sondern vor allem auch der unmittelbare Blickkontakt, der für eine sichere Beziehung unheimlich wichtig ist. Dies gilt auch, wenn eine Mutter ihr Kind stillt. Es macht entwicklungspsychologisch einen Unterschied, ob die Mutter dabei fernsieht oder ob sie dem Kind unbeeinträchtigt zugewandt ist und es anschaut. Und es macht etwas aus, ob dabei Ruhe herrscht und nur die Stimme der Mutter zu hören ist, oder ob ein ständiger medialer Geräuschpegel herrscht.

Wir Erwachsenen können emotional abstrahieren. Das heißt, dass uns eine liebevolle Videobotschaft unter Umständen gefühlsmäßig genauso berühren kann wie eine leibhaftige Liebesbekundung. Ab einem gewissen Alter können auch Jugendliche innige Freundschaften schon auf Distanz führen und halten. Aber Kinder leben nicht nur mit ihren körperlichen, sondern auch mit ihren emotionalen Bedürfnissen viel mehr im Hier und Jetzt. Wenn in jungen Familien zu früh und zu viele digitale Medien genutzt werden, schadet das den Beziehungen untereinander und der allgemeinen Beziehungsfähigkeit der Kinder. Eltern, die sich immer wieder voll und ganz auf ihre Kinder einlassen, ohne dass irgendein Medium davon ablenkt, werden auch mehr Freude an ihren Kindern haben.

Das Prinzip der Vorbildfunktion

Besser als jede Erziehung ist das Vorleben von Werten. Die Vorbildfunktion, die wir Erwachsenen im Alltag für die nachkommenden Generationen im Hinblick auf das Medienklima haben, kann nicht groß genug eingeschätzt werden. Ich kann viel an der exzessiven Mediennutzung meiner Kinder herummäkeln und -erziehen, aber wenn ich als Erwachsener selbst medial ständig überall und nirgends bin, nur nicht an Ort und Stelle, wo auch mein Kind gerade ist, befinde ich mich pädagogisch auf verlorenem Posten.

Dabei muss man selbstverständlich alle elektronischen Geräte mit einbeziehen, vor allem auch das Fernsehen. Wenn es das höchste der Familiengefühle ist, gemeinsam einen Film, eine Serie oder eine Fernsehshow zu schauen, wenn sich gemeinsames Erleben in der Familie vor allem als passiver Konsum medialer Inhalte abspielt, dann muss man sich nicht wundern, wenn Kinder es überhaupt nicht nachvollziehen können, wenn ihnen die Internetnutzung limitiert oder verboten wird. Erstens haben sie erfahren und gelernt, dass Bildschirmmedien eine übermäßige Rolle im Leben der Familie spielen. Und zweitens argumentieren Kinder mit einiger Berechtigung für ihre Internetnutzung, weil sie in Computerspielen und sozialen Netzwerken eben nicht nur passive Empfänger, sondern auch aktive Nutzer sind und quasi selbst auf Sendung gehen. Ähnlich ist es bei der Nutzung von Smartphones.

Wenn Kinder die Erfahrung machen, dass ihre Eltern ständig auf ihrem Smartphone herumtippen, wenn dies vielleicht sogar in Situationen passiert, wo sie einmal für längere Zeit die ungeteilte Aufmerksamkeit ihrer Eltern benötigen, dann dürfen sich diese nicht wundern, wenn auch ihre Kinder in jeder freien Minute mit ihrem Smartphone beschäftigt sind. So kommen die ziemlich erschreckenden Situationen zustande, die man manchmal in Restaurants oder in öffentlichen Verkehrsmitteln zu sehen bekommt: Alle Familienmitglieder sind mit ihren mobilen Endgeräten beschäftigt, nur nicht miteinander. Bei solchen Familien steht zu befürchten, dass das zu Hause nicht viel anders ist, falls überhaupt noch gemeinsam Mahlzeiten eingenommen werden.

Noch schlimmer als die scheinheilige Diskrepanz zwischen dem, was Eltern in ihrem Umgang mit Medien vorleben, und dem, was sie von ihren Kindern erwarten, ist eine völlige Gleichgültigkeit gegenüber diesen Fragen. Bedauerlicherweise gibt es Familien, in denen die Menge und Art des Medienkonsums überhaupt nicht in Frage gestellt wird.

»Da komm ich nicht mehr mit«

Jede technologische Revolution, die die Geschichte der Menschheit beschleunigt, stellt gerade die ältere Generation vor die Frage, welche Entwicklung sie noch mitmachen will oder soll. Wer sein gefühltes Alter an der Fähigkeit bemisst, immer die neuesten Geräte noch verstehen und bedienen zu können, ist arm dran. Mit der Entwicklung der Computer und allem, was zu ihnen gehört, Schritt zu halten ist schon für Menschen im mittleren Lebensalter purer Stress. Manch einen älteren Menschen, der sich auch noch darauf einlassen möchte, bringt es zur Verzweiflung.

Allerdings ist es prinzipiell nichts Neues, dass ältere Menschen manchmal die Welt nicht mehr verstehen, weil die nachfolgenden Generationen sie verändern. Bislang hat jedoch keine technische Entwicklung das Alltagsleben so rasant verändert wie die digitale Revolution. Schon Menschen mittleren Alters stehen immer wieder vor der Entscheidung, ob sie dieses oder jenes mitmachen sollen, sei es der Kauf eines Tablet-Computers oder die Teilnahme an einem sozialen Netzwerk. Für alle gilt, dass Angst in aller Regel kein guter Ratgeber ist.

Ältere Menschen, die meinen, krampfhaft bei jeder neuen Computerentwicklung mitmachen zu müssen, ohne sich zu fragen, ob es in der eigenen Lebenssituation überhaupt einen Sinn ergibt, sind manchmal peinvoll belastet und bisweilen auch peinlich belastend. Wenn etwas nicht funktioniert, und das tut es oft, dann müssen nicht selten Kinder und Kindeskinder ran. Manch einer wurde dadurch schon in den Wahnsinn getrieben.

Auch hier gilt aber dasselbe Phänomen wie bei der Internetabhängigkeit: Es gilt die entscheidende Frage für sich individuell zu beantworten, ob das, was wir mit dem Computer und im Internet tun, wirklich unserem Leben dient oder ob es nicht zum Selbstzweck wird. Zum Selbstzweck bei alten Menschen kann es dann werden, wenn es darum geht, der Angst vor dem Älterwerden auszuweichen. Verkrampft auch noch im hohen Alter jeden technologischen Trend mitzumachen kann ein Ausdruck des weiter um sich greifenden Jugendkultes sein.

Die Jugendlichen selbst und junge Menschen im Allgemeinen wünschen sich in der Regel aber Eltern und Großeltern, die in Würde altern und sich nicht krampfhaft auf jeden Trend draufsetzen. Natürlich ist es wichtig zu wissen, was es alles gibt, und sich für die Welt von heute zu interessieren. Dies ist vor allem auch dann wichtig, wenn es um die Frage geht, welches Gerät, welche Software, welche Spiele ich meinem Kind oder Enkelkind mit gutem Gewissen kaufen oder schenken kann. Im Zweifelsfall können wir den Enkeln aber doch etwas schenken, das gar nichts mit Computern zu tun hat.

Großeltern sollten das, was ihre Generation ausmacht, nicht verleugnen. Vielleicht kommt ihnen momentan gerade auch die Funktion zu, ein Gegengewicht zur digitalen Revolution im Diesseits der analogen Welt zu bilden, Heranwachsende zu begeistern für ursprünglichere Kulturtechniken wie das Schreiben und Lesen, das Musizieren, Basteln und Werken. Gerade sie könnten Jugendliche auch an das Konzert-, Theater- und Opernleben heranführen, das es in den deutschsprachigen Ländern zu einer unvergleichlich großartigen Blüte geschafft hat, für die uns die ganze Welt bewundert. Großeltern können vielleicht auch eine besondere Rolle dabei einnehmen, den Kindern, die immer mehr in urbanen Umfeldern groß werden, die Natur nahezubringen und vielleicht so etwas wie Heimatgefühl zu vermitteln.

Das klingt für manche vielleicht schrecklich romantisch und antiquiert. Aus meiner Sicht ist es vor allem bodenständig und selbstverständlich, all das, was sich über Jahrhunderte an Natur- und Kulturverständnis herausgebildet hat, ernst und wichtig zu nehmen und nicht im Zuge einer Revolution, die gerade mal ein paar Jahrzehnte alt ist, leichtfertig über Bord zu werfen.

Menschen mit viel Lebenserfahrung kommt hier eine enorm wichtige Aufgabe zu. Und vielleicht macht es Großeltern und anderen Senioren ja auch mehr Freude, den Kindern und Jugendlichen die analoge Welt zu erhalten und zu zeigen, als die Zeit mit dem Horten von Fotos und Ähnlichem im Internet zu verplempern. Kein Kind braucht Großeltern dafür, dass sie ihm ein Computerspiel kaufen und es mit ihm spielen.

5.3 Politik: Versorgung und Vorbeugung sicherstellen

Um der steigenden Erkrankungszahlen von Internetabhängigkeit Herr zu werden, bedarf es unbedingt politischer Unterstützung. Die digitale Revolution voranzutreiben ist offensichtlich im Interesse vieler Bürger, sie folgt aber nicht zuletzt, sondern vor allem ökonomischen Zielen. Die IT-Wirtschaft hat großes Interesse daran, dass die Digitalisierung unseres Lebensalltags bis in die letzten Winkel hinein betrieben wird. Im Zusammenhang mit der Internetabhängigkeit ist es vor allem problematisch, wenn versucht wird, die digitalen Geräte und Anwendungen schon in der Kindheit so viel Raum und Zeit wie möglich einzuräumen. Es gibt viele gute Gründe dafür, von der Politik zu verlangen, hier mehr Verantwortungs- und Einsatzbereitschaft zu zeigen. Abgesehen von den digitalen Abhörskandalen der letzten Jahre, sind es vor allem die Gesundheitsrisiken, die von der Internetabhängigkeit ausgehen. Handlungsbedarf besteht einerseits im Hinblick auf die medizinische Versorgung und andererseits in Bezug auf die Vorbeugung.

Damit Therapie und Prävention gut aufgestellt sind, bedarf es zunächst einmal einer breiten Wissensbasis. Gerade im Hinblick auf die Fragen, wie man das Krankheitsbild gut behandeln und verhindern kann, gibt es noch mehr Fragen als Antworten. Was die Diagnosestellung angeht, haben wir mittlerweile einen so fundierten wissenschaftlichen Kenntnisstand, dass wir eigentlich nicht mehr um die Anerkennung von Internetabhängigkeit als eigenständiges Krankheitsbild kämpfen müssten. Dass dies immer noch so ist, ist mehr als bedauerlich. Denn dies behindert ein Weiterkommen in der medizinischen Versorgung. Häufig wird die Vergabe von Drittmitteln zur Finanzierung von Forschungsarbeiten zum Thema Therapie und Prävention mit der Begründung abgelehnt, dass es der Internetabhängigkeit noch an Anerkennung fehle. Da beißt sich die Katze in den Schwanz. Die Politik, insbesondere die Wissenschafts- und Gesundheitsministerien, könnten hier mutig voranschreiten und mehr Forschungsmittel zur Verfügung stellen, damit wir mit noch besserer Grundlagenforschung argumentieren und mit besseren Therapie- und Präventionsprozessen arbeiten können. In Kopplung mit wissenschaftlicher Begleitforschung brauchen wir vor allem mehr mutige Modellprojekte, mit Hilfe deren wir möglichst rasch und pragmatisch etwas an der Situation ändern können und die eine große Strahlkraft haben.

Um sicherzustellen, dass Internetabhängigkeit schon jetzt ohne Sorge vor Regressansprüchen behandelt werden kann, könnte die Politik als Vermittler zwischen Anbietern von Hilfeleistungen und Kostenträgern auftreten. Denn sonst traut sich kaum ein Träger von Beratungsstellen, Ambulanzen und Kliniken überhaupt ein spezifisches Angebot ins Leben zu rufen. Denn letztendlich gibt es für psychologische und ärztliche Psychotherapeutinnen und Psychotherapeuten immer noch keinen verbindlichen Rahmen, in dem die Behandlung erfolgen kann. Es wird Zeit, dass wir aus dieser Grauzone herauskommen. Für die Beratungsstellen, die oft die ersten Ansprechpartner sind, ist die Situation noch schwieriger. Sie haben sich längst auch der Internetabhängigen angenommen, ohne hierfür in der Regel mehr Gelder für Personal zur Verfügung gestellt zu bekommen. Die Politik müsste der Suchthilfe mehr finanzielle Ressourcen zukommen lassen, um dem veränderten Bedarf Rechnung zu tragen. Nur so können wir uns dem Ziel nähern, eine einigermaßen flächendeckende Versorgung zu gewährleisten.

Was für die Therapie die Suchtberatungsstellen sind, sind für die Prävention die Erziehungsberatungsstellen. Aus meiner Sicht brauchen auch die Pädagogik im Allgemeinen und die Erziehungsberatungsstellen im Besonderen mehr finanzielle und ideelle Unterstützung von der Politik. Die Herausforderungen an die Prävention sind politisch brisanter als die der Behandlung. Dies liegt vor allem daran, dass die Medienpädagogik zwischen permissiv-liberalen und restriktiv-konservativen Ansätzen ein sehr weites Feld bildet. Gerade weil das Thema so politisch ist, traut sich die Politik kaum heran. Um herauszufinden, was eine Erziehung ausmacht, die zu einer gesunden Mediennutzung befähigt, bedarf es gerade auch hier wissenschaftlich flankierter Modellprojekte. Insbesondere brauchen wir mehr Langzeitstudien, die genau zeigen können, wann und warum eine Mediennutzungsbiografie gelingt und wann sie scheitert.

Da wir aber nun wissen, dass Internetabhängigkeit insbesondere für Kinder und Jugendliche eine Gefahr darstellt, sollte mit Aufklärungskampagnen, wie wir sie auch im Hinblick auf andere Suchterkrankungen kennen, darauf hingewiesen werden. Dies sollte sich nicht nur auf Kindergärten und Schulen beschränken, sondern über alle medialen Kanäle erfolgen, zumal ja Erwachsene nicht nur als Eltern, sondern auch selbst betroffen sein können. Hier könnte auch eine gezielte Prävention bei Individuen und Familien sinnvoll sein, die ein besonderes Risikoprofil für die Entwicklung einer Internetabhängigkeit aufweisen.

Eine etwas direktere Aufklärung könnte dahin gehend erfolgen, dass Internetanwendungen, die abhängig machen können, insbesondere also Online-Spiele, mit Warnhinweisen versehen werden. Der Fachverband Medienabhängigkeit setzt sich zudem schon seit Jahren bei den jeweiligen Bundesdrogenbeauftragten in Deutschland dafür ein, dass bei der Beurteilung der Altersfreigabe von Computerspielen durch die Unterhaltungssoftware-Selbstkontrolle (USK) Faktoren berücksichtigt werden, die ein Suchtpotenzial ausmachen.

Da dies jedoch offensichtlich nur schwer durchzusetzen ist, würde ich mich dafür starkmachen wollen, ein neues Gütesiegel zu schaffen, das anzeigt, dass ein Computerspiel oder eine andere Internetanwendung mit großer Sicherheit *kein* Abhängigkeitspotenzial besitzt. Dies könnte Eltern in ihren medienpädagogischen Entscheidungen enorm helfen. Ähnlich wie das staatliche Bio-Siegel könnte hier ein positiver Anreiz für Anbieter von unbedenklichen Internetinhalten geschaffen werden, die für das Tragen eines solchen Gütesiegels sicherlich auch bereit wären, etwas zu zahlen. Die Politik könnte hier Impulsgeber sein und die entscheidenden Rahmenbedingungen schaffen. Es gibt in den deutschsprachigen Ländern eine Vielzahl von Expertinnen und Experten, die auf der Grundlage des derzeitigen Kenntnisstandes entsprechende Kriterien formulieren könnten. Und sympathischer als Verbote sind solche Präventionsansätze allemal.

Wenn die Entwicklung so weitergeht, wird es allerdings nicht ganz ohne Grenzsetzungen seitens der Politik gehen. Von der allgemeinen Wirtschaft erwarten wir ja auch nicht, dass sie von sich aus nur gesunde und umweltverträgliche Produkte produziert. Warum sollten wir das von den Internetkonzernen erwarten? Die Zunahme der Internetabhängigkeit erfordert politisches Handeln auf vielen Ebenen.

Politische Aufgaben zur Behandlung und Vorbeugung von Internetabhängigkeit

Versorgung
- Finanzielle Förderung von Grundlagenforschung und Fachgremien, die sich für eine Anerkennung von Internetabhängigkeit als eigenständiges Krankheitsbild einsetzen
- Vermittlung zwischen Anbietern von Hilfeleistungen und Kostenträgern zur Sicherung des formalen Behandlungsrahmens, solange eine Anerkennung noch nicht erfolgt ist
- Finanzielle Unterstützung von Suchtberatungsstellen mit dem Ziel einer flächendeckenden Versorgung für Internetabhängige
- Pragmatische Förderung von Modellprojekten zur Etablierung von spezifischen Beratungs- und Behandlungseinrichtungen für Internetabhängige in Kombination mit Forschungsinstituten

Vorbeugung
- Finanzielle Förderung von Langzeitstudien, die zeigen können, was eine gesunde Internetnutzung ausmacht und was nicht
- Etablierung gezielter Präventionsprogramme für Individuen und Familien mit Risikoprofilen
- Einbeziehung von Suchtkriterien bei der Altersfreigabe von Computerspielen durch die Unterhaltungssoftware-Selbstkontrolle (USK)
- Schaffung eines Gütesiegels für unbedenkliche Internetanwendungen, insbesondere für Computerspiele, von denen kein Suchtpotenzial ausgeht

5.4 Pädagogik: im Spannungsfeld von Medienabstinenz und Medienkompetenz

Man könnte meinen, die Schulen und ihre Lehrer brächen bald zusammen unter der Last der steigenden Aufgaben, die die Familien und die Politik an sie delegieren. Jetzt sollen sie auch noch die Medienerziehung übernehmen. Tatsächlich kann man gar nicht genug über die Notwendigkeit von Medienerziehung sprechen. Durch die immer neuen Herausforderungen, die die digitale Revolution an uns stellt, wird das Thema zu einem Fass ohne Boden.

Den Schulen kommt dabei eine sehr schwierige Rolle zu. Einerseits sollen sie die Schüler auf die Nutzung der digitalen Medien vorbereiten. Andererseits – und das muss besonders betont werden – haben sie auch die Aufgabe, analoge Medientechniken wie Lesen und Schreiben zu vermitteln. Verkompliziert wird das dadurch, dass heute das Schreiben mit der Hand auch auf digitalen Tafeln vermittelt wird. Hier kommen analoge und digitale Kulturtechniken zusammen. Ob das sinnvoll ist, steht auf einem anderen Blatt. Aus meiner Sicht ist es in jedem Fall notwendig, die analogen Kulturtechniken erst einmal auch auf analoge Art und Weise zu erlernen. Um es einfacher zu sagen: Bis Kinder nicht mit der Hand schreiben und mit dem Kopf rechnen können, tun es auch eine echte Tafel und Kreide. Auch hier ist es nicht unwichtig, die Welt und ihre ursprünglichen Medienformen erst einmal körperlich zu erfahren. Wie Kreide und Tafel funktionieren, versteht jedes Kind. Die Funktionsweise einer Computertafel verstehen wir selbst nicht.

Es gibt immer wieder Versuche, dieser Problematik damit zu begegnen, dass ein neues Unterrichtsfach namens »Medienerziehung« oder »Medienkompetenz« eingeführt wird. Dabei ist zu bedenken, dass jedes Fach auf die eine oder andere Art und Weise mit Medien zu tun hat. Zumindest nutzt jedes Unterrichtsfach Medien, um Inhalte zu vermitteln. Und so wie die digitale Revolution alle Lebensbereiche erfasst, verändert sie auch jedes Fach. Kein Fach und kein Lehrer kann es sich leisten, sich *nicht* damit auseinanderzusetzen. Den Geschichtsunterricht können beispielsweise Ton-, Bild- und Filmdokumente bereichern. Sprachen können wie früher in den sogenannten Sprachlabors mit interaktiver Software erlernt werden, die einem zuflüstert und zuhört. Und im Kunst- und Musikunterricht können Schüler auch auf andere Weise als mit den klassischen Instrumenten und Techniken kreative Prozesse vermittelt werden.

Solange sie auf analogen medialen Erfahrungen und Fertigkeiten aufbauen, ist nichts dagegen zu sagen, wenn die Schulen diese in ihre Didaktik und ihre Lehrpläne mit einbeziehen. Da dies aber für jedes Fach auf unterschiedliche Weise gilt, würde ich behaupten, dass jedes Fach heute Medienerziehung leisten muss. Insofern ist es viel zu kurzfristig gedacht, dies allein an ein neues Fach namens Medienerziehung zu delegieren. Im Rahmen der Umwälzungen, die Computer, Tablets, Smartphones und Internet mit sich bringen, mag ein solches Fach vorübergehend seinen Sinn haben. Langfristig muss jedes Fach auf die eine oder andere Art und Weise Medienkompetenz vermitteln.

Zu einem gelungenen Umgang mit Medien gehört unabdingbar auch die Fähigkeit zu unterscheiden, im Hinblick auf welche Ziele die Nutzung digitaler Medien sinnvoll ist und wann nicht. Medienkompetenz bedeutet auch, in bestimmten Situationen auf die Nutzung digitaler Medien zu verzichten. Pädagogen müssen dafür überhaupt erst noch fortgebildet werden, damit sie Kinder und Jugendliche entsprechend unterrichten und befähigen können.

Die Schule kann zugunsten einer solchen Medienabstinenz einen entscheidenden Beitrag leisten. Während des Unterrichts werden in der Regel keine Computerspiele gespielt, keine Pornografie konsumiert oder soziale Netzwerke genutzt. Diejenigen Inhalte, die im Internet abhängig machen können, werden zumindest offiziell gemieden. Langsam fangen die Schulen an, Verhaltensregeln einzuführen, die die individuelle digitale Mediennutzung nicht nur im Unterricht, sondern auch in den Pausen regulieren. Für Jugendliche ab einem Alter, in dem soziale Kontakte in der Pause für ihre Entwicklung wichtiger sind als körperliches Austoben, mag eine freie Smartphone-Nutzung unproblematisch sein. Für Kinder ist es das nicht. Für den Verlauf des Unterrichts und die Aufnahmefähigkeit macht es einen Unterschied, ob sie in der Pause mit anderen ein Ballspiel oder allein ein Computerspiel auf ihrem Smartphone gespielt haben. Langsam scheint es auch den Eltern zu dämmern, dass es ein Gütekriterium für eine Schule ist, wenn sie auf solche Dinge achtet und diesbezügliche Spielregeln festlegt.

Aber vermutlich braucht es noch viel grundlegendere Maßnahmen, um unsere Schullandschaft den veränderten Bedingungen unserer digitalen Mediengesellschaft anzupassen. Es gibt viele gute Gründe für eine Ganztagsbetreuung in Kindergärten und Schulen. Dass diese dabei helfen können, die Entwicklung von Internetabhängigkeit einzudämmen, mag ein weiterer guter Grund dafür sein. Dies liegt einfach daran, dass zu viele Kinder sich nachmittags zu Hause selbst überlassen sind, was mittlerweile häufig bedeutet, dass sie viel zu viel Zeit vor Bildschirmmedien verbringen, dies immer weniger vor dem Fernseher als vielmehr vor Computern und Spielkonsolen.

Allerdings wäre es aus meiner Sicht ein großer Fehler, wenn eine flächendeckendere Versorgung mit Ganztagsschulen dazu führen würde, noch mehr Lernstoff in die Heranwachsenden einzutrichtern. Schülerinnen und Schüler sollten nachmittags vor allem ein variables Unterrichtsprogramm angeboten bekommen, das nicht in erster Linie weiter den Kopf beansprucht. Schüler müssen heutzutage ohnehin zu viel Unterrichtsstoff bewältigen. Kein Wunder, dass in der Kinder- und Jugendpsychiatrie immer mehr Fälle von »Burn-out« bei Schülern zu finden sind. Der Druck auf unsere Kinder ist enorm gestiegen. Diejenigen, die bis zum Ende ihrer Schullaufbahn keine Nachhilfe in Anspruch nehmen (müssen),[16] werden immer weniger. Und es gibt immer mehr Jugendliche und junge Erwachsene, die bereit sind, konzentrationssteigernde Mittel einzunehmen, um ihre Leistungen in Schule und Studium zu verbessern.[17] Unabhängig davon, ob es an einer gewachsenen Unsicherheit oder einem gesteigerten Ehrgeiz liegt, unsere Kinder stehen offensichtlich immer mehr unter Druck. Das kann nach hinten losgehen, wie das Beispiel Südkorea zeigt, wo der systematische Druck auf Kinder und Jugendliche besonders hoch ist und sich auch anteilsmäßig die meisten Internetabhängigen finden. Deshalb sollte es in Ganztagsschulen nachmittags nicht nur um Hausaufgaben, geschweige denn um noch mehr Unterrichtsstoff gehen. Dann sollte weniger der Geist als vielmehr der Körper und das Gefühl angesprochen werden.

Bewegung und Sport kommen heutzutage im Alltag der Heranwachsenden viel zu kurz. Ob auf der Schulbank oder am Schreibtisch zu Hause, die Kinder und Jugendlichen sitzen viel zu viel herum. Fernsehen und Computerspiele finden in der Regel auch in sitzender Haltung statt. Die Schulen müssten nach meinem Dafürhalten mehr Sport anbieten und damit dem Sterben der Sportvereine etwas entgegensetzen. Hier kann man aus meiner Sicht tatsächlich die USA zum Vorbild nehmen. Dort spielt Sport an Schulen und Universitäten vielleicht eine zu große Rolle, aber eine gehörige Scheibe können wir uns doch davon abschneiden. Sport ist jedoch nicht die einzige Art und Weise, Schüler sinnvoll in Bewegung zu setzen. Hier gibt es vor allem in der Natur viele Möglichkeiten, etwas über körperliche Tätigkeiten zu vermitteln, sei es das Anlegen eines Biotops oder ein Praktikum auf dem Bauernhof. Die Waldorfschulen haben uns das schon lange vorgemacht, als es noch nicht um Computer, sondern nur ums Fernsehen ging. Sie haben dahin gehend vielen anderen Schulen etwas voraus.

Ähnliches gilt für die künstlerische und musische Erziehung im weitesten Sinne. Hier können analoge Medien zum Einsatz kommen, die viele Heranwachsende heute schon gar nicht mehr kennen: das Spielen eines akustischen Musikinstruments zum Beispiel oder das künstlerische Bearbeiten eines Steins mit Hammer und Spatel. Irgendwann mag es interessant, wichtig und schön sein, mit Hilfe kreativer Software etwas zu gestalten, aber in derjenigen Zeit, in der Kinder und Jugendliche noch in ihren Körper und seine Beherrschung hineinwachsen, ist es sinnvoller, mit analogen Techniken zu arbeiten, die auch auf den Körper zurückwirken. Wenn ich zum Beispiel ein Stück Holz in eine Form bringe oder Schlagzeug spiele, trainiere ich alle möglichen Sinne, Nerven und Muskeln, dies nicht zuletzt auch deshalb, weil mein Körper selbst zum Resonanzraum wird. Hier wird deutlich, dass es vielleicht auch mehr Wahlmöglichkeiten geben sollte, so dass Heranwachsende die Welt von Handwerk und Kultur des Menschen entdecken und zumindest ihren Teil davon erobern können.

Hier klingt ein pädagogischer Aspekt an, der regelmäßig für kontroverse Diskussionen sorgt, nämlich die Frage nach einer unterschiedlichen Pädagogik für Mädchen und Jungen. Dass diese in vielen Lebensbereichen unterschiedliche Interessen und Bedürfnisse haben, die sich nicht in erster Linie durch eine unterschiedliche Erziehung erklären lassen, hat sich mittlerweile herumgesprochen, ist aber keinesfalls selbstverständlich. Aus meiner Sicht bedarf es tatsächlich bis zu einem gewissen Alter einer differenziellen Pädagogik für Mädchen und Jungen. Dies gilt aus meiner Sicht nicht für die Vermittlung von Lesen, Schreiben und Rechnen oder für die Vermittlung von Wissen. In den Ganztagsschulen könnten aber zumindest die nachmittäglichen Aktivitäten darauf Rücksicht nehmen und das nicht, indem Mädchen und Jungen bestimmten Angeboten stoisch zugeordnet werden, sondern indem es möglichst viele Wahlmöglichkeiten gibt. Um Diskriminierungstendenzen vorzubeugen, ist die Wahlfreiheit ungeheuer wichtig, damit auch Jungen einen Schwerpunkt auf kreative und musische Angebote und Mädchen auf technische und sportliche Aktivitäten legen können. So kann auch nachmittags die Zeit in der Schule individuell und sinnvoll genutzt werden. Das ist in jedem Fall besser, als zu Hause die Zeit vor Bildschirmmedien zu vergeuden.

Wenn es gerade nachmittags darum geht, mit den Schülern Dinge anzustellen, die sie ganzheitlich mit allen Sinnen und mit vollem Körpergefühl erreichen, dann können auch irgendwann die neuen digitalen Techniken ins Spiel kommen. Manchmal sind die simpelsten Ideen die besten. Dem Neurowissenschaftler Gerald Hüther, der sich viel mit der Hirnentwicklung von Heranwachsenden und den Auswirkungen digitaler Medien beschäftigt hat, verdanken wir die Idee[18], wie Kinder und Jugendliche bestenfalls an die neuen Medien herangeführt werden können. Er empfiehlt, mit Heranwachsenden große Projekte zu starten, die viel körperlichen Einsatz und kreatives Potenzial erfordern und freisetzen und die in der Natur oder Kultur der uns umgebenden analogen Welt stattfinden. Solange diese Projekte begeistern und im Mittelpunkt stehen, können ihnen digitale Medien kaum etwas anhaben und sogar bereichern. Dann können diese dazu eingesetzt werden, solche Projekte zu planen, durchzuführen, zu dokumentieren und zu präsentieren. Zum Beispiel kann ein Schulausflug, sagen wir ein

Segeltörn auf einem Binnengewässer, mit Hilfe des Internets organisiert werden. Während der Reise können Navigations- und Funkgeräte helfen, seine Ziele sicher zu erreichen. Fotografieren und Filmen, Bloggen und Posten können dazu dienen, das Ganze zu dokumentieren. Und digitale Präsentationstechniken und Webseiten können schließlich dafür herhalten, sich und andere an die schönen Erlebnisse zu erinnern. Wenn auf diese Weise die digitalen Geräte dem realen Erlebnis dienen und nicht zum Selbstzweck werden, kann ihre Beherrschung auf völlig ungefährliche Art und Weise wie nebenbei gelernt werden. Dieses Prinzip kann letztlich für jede Art von Pädagogik geltend gemacht werden. Es muss immer deutlich werden, worum es wirklich geht, wenn digitale Geräte genutzt werden. Dann kommt echte Medienkompetenz zustande, und Medienabstinenz entwickelt sich von ganz allein, vielleicht wenn abends an Deck gemeinsam der Sonnenuntergang über dem See bestaunt und gemeinsam gesungen wird.

Nun mag eingewendet werden, dass das ja auch alles Geld koste. Ja, das ist so. Mit dem Jammern über die Bildungsmisere bin schon ich groß geworden, und ich bin es ehrlich gesagt leid, auf dieses vermeintliche Argument etwas zu erwidern. – Um es einmal ins Positive umzukehren, möchte ich einwenden, dass die digitale Revolution doch eine gute Gelegenheit darstellt, unser gesamtes Schulsystem einmal auf den Prüfstand zu stellen und umzugestalten. Ein wirklich modernes Schulsystem, das sowohl gleiche als auch individuelle Chancen ermöglicht, bietet Heranwachsenden die Möglichkeit, die mediale Evolution auch in der Schule nachzuschreiten, um dann im Jugendalter auch in den Genuss neuester digitaler Techniken zu kommen. Ja, das ist teuer. Und ja, das ist es wert.

5.5 Im Beruf: Wer dient hier wem?

Irrtümlicherweise hat sich in Ländern der sogenannten westlich zivilisierten Welt der Gedanke durchgesetzt, dass Bildung vor allem dazu da sei, Heranwachsende so früh und gut wie möglich darauf vorzubereiten, arbeiten zu gehen. Heute lernen wir nicht fürs *Leben* – so wie ich es noch im Ohr habe –, sondern zuallererst für das *Arbeitsleben*. Kein Wunder, dass in diesem Sinne gerne von Politik und Industrie argumentiert wird, wenn es um die Frage geht, wie früh Kinder und Jugendliche mit welchen Medien Umgang haben sollten. Als Schreckensszenario wird dann angeführt, dass es für dahin gehend rückständige Kinder keinen Platz in der Arbeitswelt gebe. Warum gerade diese kausale Verknüpfung ein fataler Fehlschluss ist, das habe ich bereits zu zeigen versucht.

Die Erwachsenen von heute sind hier vor allem von den eigenen Ängsten geleitet. Heute treibt uns mehr oder weniger bewusst die Angst um, dass unsere Jobs einmal von Computerprogrammen erledigt werden könnten. Davon sind Ärzte und Psychotherapeuten wie wir nicht ausgenommen. Die digitale Revolution hat längst auch die Medizin ergriffen.

Angesichts dessen sollten wir uns auf das besinnen, was originär nur von Menschen geleistet werden kann. Dies hat etwas mit physischen Leistungen und emotionaler Zugewandtheit zu tun, letztlich mit Herzensbildung im körperlichen und seelischen Sinne. Und genau diese Aspekte sind auch für ein gesundes Heranwachsen von Kindern und Jugendlichen eminent wichtig. Bildung allein mit einem professionellen, das heißt in letzter Konsequenz vor allem ökonomischen Ziel zu verbinden ist aus meiner Sicht für das Individuum und das Kollektiv, in dem es lebt, gefährlich. Mitmenschlichkeit, Solidarität und Demokratie sind doch wohl höhere Bildungsziele. Machen wir die sich digitalisierende Welt (der Arbeit) nicht zum Maß aller Dinge.

Dies gilt aber eben auch für Erwachsene, die durch die digitale Revolution der Arbeitswelt unter enormen Druck kommen. Wenn ihre Arbeit hauptsächlich darin besteht, dass sie einen Computer bedienen, dann impliziert diese *dienende* Tätigkeit quasi schon eine Abhängigkeitsbeziehung. Diese wird umso stärker, wenn der Berufstätige das Gefühl hat, sich den steigenden Anforderungen und vor allem auch dem sich stetig beschleunigenden Tempo von Computer- und Internetanwendungen anpassen zu müssen, dies letztlich eben immer mit der unterschwelligen Furcht, irgendwann völlig überflüssig zu werden. Wenn es nun um die Frage nach einer gesunden Nutzung digitaler Medien am Arbeitsplatz geht, dann spielen neben der Entwicklung und Bewahrung einer professionellen Identität, die nicht einfach digital zu simulieren und damit zu ersetzen ist, vor allem zwei Problemfelder eine Rolle. Es geht um den Stress, der sich aus der Beschleunigung der Kommunikation sowie aus der permanenten Erreichbarkeit ergibt.

Die Kommunikation entschleunigen

Können Sie sich noch an ein Arbeitsleben erinnern, im Rahmen dessen per Brief kommuniziert wurde, der mindestens zwei Tage brauchte, bis er seinen Empfänger erreichte? – Ich selbst kann mich nur noch vage an die Zeit erinnern, als diese Art der Kommunikation nicht wie heute die Ausnahme, sondern die Regel war. Bevor man sich die Mühe machte, überhaupt einen Brief aufzusetzen, dachte man erst einmal nach. Bis ein solcher Brief versandfertig war, dauerte es nicht selten mehr als einen halben Tag. Wer dann zwei, drei Tage später einen solchen Brief bekam, konnte sich mit der Antwort Zeit lassen. *Abwarten und Tee trinken* oder *eine*

Nacht drüber schlafen war die Devise. Auf einen Tag mehr oder weniger kam es nicht an. Wegen des im Vergleich zu heute geringen Zeitdrucks war die Kommunikation wohl präziser, die Entscheidungen wohl durchdachter und weniger fehleranfällig. Während eine schriftliche Anfrage und eine schriftliche Antwort früher schon einmal fünf Tage oder eine ganze Woche in Anspruch nehmen konnten, vollziehen sich dieselben Kommunikationsabläufe heute häufig innerhalb von einer Minute und das zum Teil hundertfach am Arbeitstag. Wenn man die Kommunikationsströme in der Arbeit via E-Mail und soziale Netzwerke, über Desk- und Laptops, Tablets und Smartphones nicht zu steuern und zu bändigen weiß, hat man verloren.

So sollte man es nicht machen: Wenn Sie morgens zur Arbeit gehen, fahren Sie als Erstes den Rechner hoch und schauen gierig alle Nachrichten in Ihren E-Mail- und Netzwerkaccounts durch. Mit ein paar netten, vielleicht privaten oder semiprivaten Mails beschäftigen Sie sich länger. Beim ersten Durchforsten lassen Sie unliebsame Nachrichten erst einmal unbeantwortet. So haben Sie schon viel kostbare Zeit im Büro verdaddelt.

Eine Mail, über die Sie sich richtig geärgert haben, beantworten Sie impulsiv sofort, ohne wirklich darüber nachzudenken. Bevor Sie sich an Ihre eigentliche Arbeit machen können, geht der *Shitstorm* los, den Sie mit Ihrer impulsiven Antwort losgetreten haben, weil Sie sie versehentlich über den ursprünglichen Mailverteiler an eine Vielzahl von Empfängern verschickt haben. Sie können froh sein, wenn Sie nicht den ganzen Tag damit beschäftigt sind, den Schaden wieder glattzubügeln.

Da Sie sich angewöhnt haben, das E-Mail-Programm ständig offen zu haben, und jede eintreffende E-Mail auch per Signal akustisch angezeigt wird, sind Sie ständig abgelenkt. Sie könnten ja etwas verpassen. Irgendjemand könnte ja etwas von Ihnen wollen. Auf diese Weise kommen Sie selten überhaupt einmal für einen längeren Zeitraum – und sei es auch nur für eine Viertelstunde – dazu, einmal kontinuierlich und konzentriert an einer Sache dranzubleiben.

Am Ende des Tages haben Sie das Gefühl, wahnsinnig viel kommuniziert, aber nichts geschafft zu haben. Das Letzte, was Sie im Büro machen, ist, den Computer herunterzufahren. Aber das ist auf eine Art sinnlos, weil Sie auf dem Nachhauseweg und zu Hause bis tief in den Abend hinein weiter auf Ihren diversen elektronischen Endgeräten Ihre E-Mails empfangen und abhören. So sind Sie ständig beruflich unterwegs und im schlimmsten Fall trotzdem nicht produktiv.

Wer effektiv sein will, muss in der Lage sein, sich zu organisieren und zu konzentrieren. Wer aber im elektronischen Dauerfeuer permanent auf Empfang und Sendung ist, kommt im Zweifelsfall zu nichts, oder zumindest zu nichts Wesentlichem. Langfristig werden gerade diejenigen beruflich erfolgreich auf der Welle der digitalen Revolution surfen, die in der Lage sind, ihr Tempo selbst zu bestimmen. Und dazu gehört eben auch, dass man sich selbst, seinen Kollegen und Mitarbeitern ein mediales Medien-Zeit-Management verordnet.

Seit kurzem haben einige Unternehmen erkannt, dass die Gesundheit ihrer Mitarbeiter nicht unwesentlich von einer gesunden Mediennutzung abhängt. Es gibt größere Firmen, die mit der Unterstützung engagierter betriebsärztlicher Dienste Verhaltenscodices im Umgang mit E-Mails, sozialen Netzwerken und Mobiltelefonen entwickeln. Dabei geht es nicht nur um eine Verbesserung des Umgangs miteinander durch Etikette und Freundlichkeit, sondern gerade auch um eine Drosselung der Kommunikationsgeschwindigkeit und Erreichbarkeit. Um in dieser Hinsicht tätig zu werden, bekam ich vor einigen Jahren einen Beratungsauftrag von einem großen Konzern, der weltweit vor allem junge Männer beschäftigte. Im Rahmen von Fortbildungsveranstaltungen schulte ich die Suchtbeauftragten des Unternehmens darin, wie man Internetabhängigkeit am Arbeitsplatz vorbeugen, erkennen und einer Behandlung zuführen kann. Außerdem schrieb ich gemeinsam mit der Psychologin Dorothee Mücken eine Broschüre,[19] in der es um eine gesunde Mediennutzung am Arbeitsplatz zur Vorbeugung von Internetabhängigkeit geht. Hier hat ein Wirtschaftsunternehmen die Zeichen der Zeit frühzeitig erkannt.

Meiner Meinung nach bedarf es hier seitens der privaten und öffentlichen Arbeitgeber eines größeren Engagements, um ein medial bedingtes Überengagement der Mitarbeiterinnen und Mitarbeiter, das im Zweifelsfall in einem »medialen Burn-out« gipfelt, zu verhindern.

Medien-Zeit-Management im Beruf

- Beginnen Sie den Tag mit einer Arbeit, die etwas Zeit und Ruhe erfordert und nach deren Erledigung Sie sich gut fühlen – so fängt der Tag gleich gut an.
- Überlegen Sie sich, wie viel Zeit für regelmäßige Tätigkeiten und Sonderarbeiten am Computer, wie z. B. das Schreiben längerer Texte oder das Bearbeiten aufwendiger Tabellen, notwendig ist. Planen Sie diese wie einen Termin ein, als eine Verabredung mit Ihrer professionellen Kernidentität.
- Planen Sie feste Zeiten ein, in denen Sie Ihre E-Mails und soziale-Netzwerk-Einträge checken und bearbeiten. Überlegen Sie sich gut, wie viel Zeit Sie hierfür pro Tag und Woche brauchen bzw. aufwenden wollen. Legen Sie pro Tag nicht mehr als zwei, höchstens drei Zeitfenster hierfür fest.
- Außerhalb dieser Zeiten sollten das E-Mail-Programm und alle Netzwerkprogramme geschlossen sein. Stellen Sie alle Benachrichtigungstöne aus.
- Nehmen Sie sich Zeit zum Überlegen, bevor Sie problematische oder schwierige Nachrichten beantworten. Schlafen Sie im Zweifelsfall eine Nacht drüber.
- Lassen Sie sich nicht hetzen. Wahrhaft professionell und souverän sind diejenigen, die nicht ständig digital erreichbar sind und sofort reagieren.
- Machen Sie mal etwas ohne Rechner, schreiben Sie einen kleinen Brief per Hand, rechnen Sie etwas mit dem Kopf und zeichnen Sie ein Diagramm selbst. Halten Sie damit Ihre Analoge-Medien-Kompetenz und Ihre Denkfähigkeit am Leben.
- Machen Sie mal »was Verrücktes« und besuchen Sie einen Kollegen im Büro nebenan, anstatt ihm eine E-Mail zu schreiben!

Die Erreichbarkeit eingrenzen

Sind Sie ständig beruflich erreichbar und vielleicht sogar noch stolz darauf? – Dann machen Sie vermutlich etwas falsch. Wenn wir Ärzte Hintergrunddienst haben, sind wir rund um die Uhr erreichbar. Dass wir uns dann mit dem Mobiltelefon relativ frei bewegen können und nicht wie früher die ganze Zeit in der Nähe eines bestimmten Festnetzanschlusses bleiben müssen, ist ein Segen. Ständig abrufbar zu sein macht auch Stress. Heute meinen aber viele Berufstätige aus allen möglichen Branchen, dass sie für Chef und Kollegen ständig erreichbar sein müssten. Das nicht nur per Mobiltelefon, sondern auch über E-Mails und soziale Netzwerke. Sie nerven ihre Partner damit, dass sie kurz vor dem Schlafengehen noch einmal mit einem Kunden in China chatten. Ob im Urlaub oder auf dem Fußballplatz, die Arbeit ist immer mit dabei. Das empfinden viele Menschen heute noch als Zeichen besonderer Professionalität. Meist ist es einfach nur Wichtigtuerei oder die Unfähigkeit, einfach abschalten zu können. Zur Professionalität gehören aber auch Erholungszeiten. Die braucht jeder am Ende eines jeden Tages, am Wochenende und im Jahresurlaub.

Apropos wichtigtun, als ich mir vor mehr als 15 Jahren mein erstes Handy gekauft habe, legte ich mir auch ein Headset zu. Das sind diese Geräte mit Mikrofon und Lautsprecher, die man sich an ein Ohr klemmt und mit denen man freihändig mobil telefonieren kann. Manchmal sieht man Menschen wild gestikulierend durch die Stadt laufen, die scheinbar mit sich selbst sprechen. Psychiater wie ich denken dann immer, dass sie es mit einem Schizophrenen zu tun haben, der akustische Halluzinationen in Form von Stimmenhören hat. Das Ding habe ich selbst dann auch nur ein einziges Mal benutzt. Heute empfinde ich es nach wie vor als peinlich, wenn Menschen damit herumlaufen und ihre Umwelt akustisch belästigen. Ich kann verstehen, wenn Security-Personal mit solchen Geräten arbeitet, aber bei allen anderen ist es wirklich albern.

Aber wer hat denn überhaupt gesagt, dass es besonders professionell sei, ständig erreichbar zu sein? Ich behaupte, dass genau das Gegenteil der Fall ist. Wer wirklich souverän ist in seinem Job, der hat ihn so organisiert, dass man nicht ständig per Telefon erreichbar ist, dass man nicht gleich jede Nachricht empfängt und beantwortet. Menschen, die wirklich professionell sind, können sich einen Feierabend, ein Wochenende und einen Urlaub leisten. Es gibt sicherlich auch Branchen, in denen es zumindest vorübergehend anders ist. Aber ich bin mir sicher, dass die Nichterreichbarkeit in Zukunft ein Distinktionsmerkmal sein wird, dass sich genau dadurch Menschen auszeichnen, die beruflich erfolgreich sind. Die Abhängigkeit von den digitalen Medien in beruflichen Zusammenhängen wird immer mehr ein Charakteristikum derjenigen sein, die professionell wenig Freiheitsgrade haben, die also in einem besonders abhängigen Beschäftigungsverhältnis stehen.

Nun müssen ja nicht alle Menschen beruflichen Erfolg als wichtigstes Ziel im Leben verstehen, aber ihre Gesundheit sollte ihnen gerade auch in Arbeitszusammenhängen wichtig sein. Dazu ist es hilfreich, dass wir uns durch ständige Erreichbarkeit nicht unnötig unter Stress setzen mit der Folge, dass wir überhaupt nicht mehr zur Ruhe kommen. Es ist also absolut sinnvoll, die Zeiträume, im Rahmen deren wir uns in der privaten Zeit mit Telefonaten und Nachrichten beschäftigen, auf ein Minimum zu reduzieren und zu diesem Zweck die Geräte nur zu ganz bestimmten Zeiten anzuschalten. Nur so wird die Freizeit erholsam, wovon auch die Arbeit profitiert. Aber auch in der Arbeit selbst kann es sinnvoll sein, zu bestimmten Zeiten alle digitalen Medien und vielleicht auch das Telefon auszuschalten, um eine Sache in Ruhe und voller Konzentration zu erledigen. Sie werden sie schneller und besser erledigen, und sie wird Ihnen mehr Freude bereiten. Wenn Sie etwas machen, dann mit ganzem Herzen und in voller Präsenz.

Präsenz

Auch wenn wir im Internet arbeiten, sind wir meist überall und nirgends, aber nicht im Hier und Jetzt. Manche Tätigkeiten erfordern eine unmittelbare Präsenz, sei es, dass man es allein tut oder dass wir es mit jemandem zusammen tun.

Es gab eine Zeit, da dachte man, dass sich Geschäftsreisen bald auf ein Minimum reduzieren würden. Alles ließe sich über digitale Telefon- und Videokonferenzen abwickeln. Der unmittelbare Kontakt sei kaum mehr nötig. Ich bin selbst erstaunt darüber, wie voll die Autobahnen, Züge und Flugzeuge mit Geschäftsleuten sind, die zu Meetings und Konferenzen reisen. Offensichtlich lassen sich auch in der Wirtschaft die persönlichen Treffen nicht völlig digital ersetzen. Das ist tröstlich und liegt unter anderem daran, dass der unmittelbare Kontakt, mit körperlicher Präsenz und Beteiligung aller Sinne, eine andere Intensität hat, dass hier viel mehr implizite Informationen, die zum größten Teil unbewusst bleiben, dazu beitragen, dass eine Begegnung gelingt. In einer Videokonferenz, die audiovisuell ja nur mit zwei Sinnesmodalitäten arbeitet, können viel schneller Missverständnisse auftreten, die nicht so einfach bereinigt werden können.

Die nonverbale Kommunikation und die mitmenschliche Verbindlichkeit, die sich aus der unmittelbaren Anwesenheit zweier Gesprächspartner ergeben, ist wohl auch der Grund, warum meine Arbeit als ärztlicher Psychotherapeut am besten in Präsenz funktioniert. Sich mit allen Sinnen, an einem konkreten Ort und in einem festen zeitlichen Rhythmus zu treffen, um Psychotherapie zu machen, ist auch nicht so einfach digital zu ersetzen.

Die unmittelbare Begegnung ist in jedem beruflichen Bereich etwas wert. Es macht einen Unterschied, ob Sie sich mal kurz bei einem Kollegen nebenan sehen lassen, um ihn nach etwas zu fragen, oder dies per E-Mail tun. Wir regen uns darüber auf, dass Jugendliche ständig via Smartphone und sozialen Netzwerken miteinander kommunizieren, selbst wenn sie gerade im selben Bus oder Raum sitzen. Aber wir sind häufig nicht viel besser, wenn wir in der Arbeit nebeneinanderher arbeiten, anstatt uns mehr zu begegnen und ab und zu auch einmal anzulächeln.

Analoge Kommunikation ist eine von vielen Tätigkeiten, die wir nicht aufgeben und verlernen sollten, wenn es um berufliche Zusammenhänge geht. Wenn wir alles am Computer machen und dabei immer mehr auch den Computer machen lassen, können wir einiges verlernen. Schreiben Sie doch ab und zu mal eine Notiz oder einen Brief mit der Hand, um nicht aus der Übung zu kommen, und einen Smiley kann man auch malen. Ich persönlich finde es erschreckend, dass ich mittlerweile schneller mit der Tastatur schreibe als mit der Hand. Eine Tabelle oder eine Grafik selbst zu zeichnen ist auch nicht ohne. Hier einmal die eigene Kreativität und nicht vor allem die Vorgaben eines Grafikprogramms zu bemühen kann befreiend sein. Überlegen Sie sich gut, was Sie alles analog drauf haben, wie wichtig Ihnen das ist und wie Sie diese Fähigkeiten erhalten, trainieren und ausbauen können.

Und wenn Sie mal etwas ganz Verrücktes tun wollen, dann machen Sie eine Präsentation ohne Powerpoint! Da ich viele Vorträge über Medienabhängigkeit halte, mache ich es mir selbst immer wieder zur Aufgabe, einen Vortrag so medienunabhängig wie möglich zu gestalten.

Völlig frei – oder nur unter Zuhilfenahme von ein paar

Stichworten – eine Rede zu halten, das trauen und muten sich immer weniger Menschen zu. Es ist aber im wahrsten Sinne des Wortes befreiend, sich dies anzueignen, weil man dadurch freier seine Gedanken denken und formulieren kann. Das Denken wird allein schon dadurch ein anderes, dass man nicht ständig auf den Bildschirm des Laptops und eine Leinwand schaut, sondern in die Augen der Menschen, die einem zuhören, die vielleicht nicken oder einschlafen, sprachlos lauschen oder wissbegierig nachfragen, auf die Sie aber jederzeit mehr oder weniger bewusst und explizit reagieren können, mit denen Sie also in einem Dialog stehen. Erst mit der freien Rede können wir richtig dialektisch denken und reden. Wie können wir das nur auf dem Altar der digitalen Revolution opfern?

Machen Sie sich also frei und pflegen Sie Ihre analogen Fähigkeiten und Standbeine, um nicht völlig aufgeschmissen zu sein, wenn alle Netze zusammenbrechen. Das ist wie bei den Chefs. Die wahren Profis unter ihnen erkennt man daran, dass sie im Zweifelsfall so viel wie möglich von dem, was ihre Mitarbeiter tun, selbst übernehmen können. Insofern ist es hilfreich, sich auch in beruflichen Zusammenhängen immer wieder einmal zu fragen, was möchte ich eigentlich noch zu tun in der Lage sein können, wenn alle Computer und Netze zusammenbrechen.

5.6 Privat: Achtsamkeit in der Mediennutzung

Früher war es der Griff nach der Zigarette. Heute greifen wir in jedem freien Moment, ohne überhaupt noch darüber nachzudenken, nach unseren Smartphones. Wenn ich auf die Straßenbahn warte, schaue ich mir schnell noch die neuesten Nachrichten auf Spiegel-Online an. Zur Konferenz sind noch nicht alle erschienen, da kann man doch kurz nachschauen, ob es neue E-Mails gibt. Der Film hat noch nicht angefangen, auch im Kino checken wir eben noch mal, was bei Facebook los ist. Und was machen wir, wenn wir uns gerade in einem Café mit einer leibhaftig anwesenden Freundin unterhalten und diese einen Anruf bekommt und uns entschuldigend »Einen Moment bitte« zuflüstert? – Wir greifen nach dem Smartphone, sollten wir es überhaupt je aus der Hand gelegt haben. Nicht, dass wir auch nur einen Moment ohne Beschäftigung, Information oder Unterhaltung bleiben!

Wenn man etwas eher Unsinniges tut, um sich rasch aus einer Situation zu stehlen, nennt man das auch eine Übersprungshandlung. Aber was sind das überhaupt für Momente, die wir nicht aushalten? Es sind Momente der Ruhe, in denen wir kurz auf uns selbst zurückgeworfen sind, in denen wir zur Besinnung kommen könnten. Wir könnten einfach eine kurze Auszeit genießen, tief durchatmen und den Gedanken ihren Lauf lassen.

Dass wir das Internet und damit quasi alles, was der Mensch an Medien produziert, immer bei uns haben, ein kleines Fenster, mit dem wir jederzeit in jeden noch so entlegenen Winkel der virtuellen Welt blicken können, hält uns immer mehr davon ab, Momente im Hier und Jetzt einfach zu genießen. Dabei kann es so schön sein, sich im Restaurant einfach mal umzuschauen, die Menschen zu beobachten und die Atmosphäre einzuatmen, wenn die Begleitung mal eben kurz verschwinden muss. Der Genuss eines Konzerts, eines Kinofilms, einer Oper, eines Balletts oder eines Theaterstücks kann sich dadurch steigern, dass man einfach mal fünf Minuten früher Platz nimmt und sich innerlich darauf einstimmt. Auf einer langen Autofahrt kommt man auf ganz andere Gedanken, wenn man mal keine Musik und kein Hörbuch hört und auch nicht telefoniert. Wann haben Sie das letzte Mal über einen längeren Zeitraum ganz bewusst und gezielt über etwas nachgedacht, ohne etwas anderes dabei zu tun?

Mit den mobilen Endgeräten wird es offensichtlich immer schwieriger, einfach einmal nur zu *sein*. Mir fällt das am meisten im Zug auf. Gehen Sie einmal aufmerksam durch einen ICE! Wer nicht schläft, ist in aller Regel mit einem Computer, eBook, Tablet oder Smartphone beschäftigt. Während man mit über 200 Sachen durch die Gegend rast, reist man gleichzeitig durch die virtuelle Welt. Das geht mir selbst kaum anders. Ich bekomme schon ein schlechtes Gewissen, wenn ich im Zug nicht arbeite oder zumindest lese. Manchmal schweift mein Blick ab von einem meiner Bildschirme. Ich sehe zufällig aus dem Fenster, im besten Fall eine schöne Landschaft oder eine imposante Stadt. Für einen Moment sehe ich, wie die Welt an mir vorbeizieht. Vielleicht sagt sie zu mir: Einen Moment, bitte. Aber dann schaue ich auch schon wieder weg.

Frei werdende Potenziale

Vilem Flusser war einer der wenigen Medienphilosophen, die eine ausgewogen-kritische Haltung gegenüber neuen Medientechnologien entwickelt haben.[20] Kritisch zu sein bedeutet ja eigentlich, einen Sachverhalt aus der Distanz heraus zu betrachten, um dann seine Schlüsse daraus zu ziehen, was daran gut und was schlecht ist. Flusser erkannte schon zu Beginn der zweiten Hälfte des vorigen Jahrhunderts, dass es eine Revolution der Medien geben werde. Und er betrachtete sie mit ebenso viel Faszination wie Sorge, kritisch eben.

Vor allem entwickelte er schon früh die Prognose, dass uns die digitalen Medien immer mehr geistige Handlungen abnehmen würden. Ich erinnere mich noch gut an die Diskussionen, ob Taschenrechner für Schüler erlaubt sein sollten. Man befürchtete aus guten Gründen, dass man das Kopfrechnen nicht richtig lernen oder verlernen würde.

Und seien wir mal ehrlich, wer rechnet heute noch mit dem Kopf? Mittlerweile haben die Taschenrechnerfunktionen in unseren Rechnern vom Smartphone bis zum Desktop etwas Altmodisches. Diese Programme brauchen auch kaum Speicherplatz. Derweil übernehmen die Rechner viel komplexere Aufgaben für uns.

Über das Rechnen braucht man schon gar nicht mehr zu sprechen: Alles, was ein Computer tut, ist Rechnen, um nicht zusagen Berechnung. Wir schreiben kaum noch mit der Hand, sondern mit der Tastatur, bald schon aber werden die Texteingaben wohl alle per Spracherkennung erfolgen. Und im nächsten Schritt sollen die Gedanken unserer Hirnströme als Datenströme direkt vom Schädel abgegriffen und in Texte umgesetzt werden. Erste Erfolge hierbei gibt es schon.

Gelesen wird auch immer weniger, Computerstimmen lesen uns Texte vor und geben uns das Gefühl, dass wir mit ihnen sprächen wie zu einem Menschen. Mit Hilfe von allgegenwärtigen Kameras wird ständig fotografiert, so dass wir uns kaum noch die Mühe machen müssen, innere Bilder anzulegen, zu generieren und abzurufen. Mit Hilfe von Datenbrillen, die Kameras eingebaut haben, soll bald – Google hat mit Google-Glass schon damit angefangen – alles aufgenommen werden, was wir an einem Tag zu Gesicht bekommen. Mehr noch, es werden dann Zeichen und Texte in unser Sichtfeld hineinprojiziert, die das, was wir sehen, mit Informationen anreichern. »Enhanced Reality«, verbesserte Realität nennt man das. Wenn wir jemanden auf der Straße sehen, den wir zu kennen meinen oder kennenlernen wollen, kann uns Google mit Hilfe der Gesichtserkennung gleich sagen, wer das ist. So wird unser Leben zu einer einzigen Filmproduktion. Und wenn wir gerade nicht in dieser Filmversion unseres Lebens herumirren, werden wir uns vermutlich noch mehr als sowieso schon über die vielen Bildschirmmedien in virtuelle Welten begeben, sei es in Film und Fernsehen oder noch mehr in den virtuellen Computerspielwelten.

Während wir uns gegenüber der realen Umwelt immer mehr entfremden, weil sich zwischen jede Begegnung mit ihr ein Gerät geschoben hat, stopfen wir unsere Sinneskanäle mit immer mehr künstlichen Bildern voll. Wo bleibt dabei unsere Phantasie? Braucht diese nicht auch eine gewisse Übung, um lebendig und kreativ zu sein?

Eine der wichtigsten Funktionen der digitalen Medien ist die der Speicherung von Daten. Es ist großartig, wie wir auf das Wissen der gesamten Menschheitsgeschichte Zugriff haben. Aber brauchen wir nicht auch ein Gedächtnis, das ausreichend gelernt hat, innere Bilder und Wissensinhalte zu speichern und abzurufen, um es, wie zum Beispiel beim Erlernen einer Sprache, im Laufe des Lebens immer wieder tun zu können? Und bedarf es nicht auch eines Wissens und eines Gedächtnisses für die eigene Lebensgeschichte und die individuellen beruflichen Aufgaben, um sie jederzeit und in jeder Situation abrufen zu können? Ein Arzt zum Beispiel kann in seiner Arbeit zwar wunderbar von digitalen Techniken profitieren, aber er braucht im unmittelbaren Kontakt mit seinen Patienten, insbesondere in kritischen Situationen, auch ein Wissen und eine Intuition, auf die er sofortigen Zugriff hat, zum Beispiel während einer Operation oder in einem psychotherapeutischen Gespräch, wenn man nicht mal eben danach googeln kann. Ich behaupte, dass es für alle Menschen wichtig ist, eine grundlegende Lern- und Merkfähigkeit zu trainieren und ein umfassendes Wissen zu haben, die auch dann noch vorhanden sind, wenn gerade keine Geräte zur Hand sind.

Bereiche unseres Gehirns, die nicht mehr benutzt werden, verlieren irgendwann ihre Funktion und damit ihre Fähigkeiten. Wenn diese bis zu einem gewissen Alter gar nicht entwickelt sind, können sie nie genutzt werden. Wenn diese Funktionen weitgehend von Computern übernommen werden, droht das, was Manfred Spitzer als »digitale Demenz« bezeichnet hat.

Vilem Flusser hätte dem entgegnet, dass die frei werdenden Potenziale des Gehirns von den Menschen in Zukunft anders genutzt werden können. Er äußerte die Hoffnung, dass wir, indem die Denkfunktionen des Gehirns immer mehr von Computermedien übernommen werden, mehr Spielräume haben würden für Kreativität. Für diese optimistische Haltung spricht, dass die Computer durchaus viel auch für kreative Prozesse genutzt werden und zum Teil ganz neue Gestaltungsmöglichkeiten bieten, sei es für Computerdesign oder digitale Medienkunst.

Zumindest für Heranwachsende besteht aber Grund zur Skepsis. Das Erlernen von ursprünglichen Kulturtechniken, das Sprechen, das Ausdenken und Nacherzählen von Geschichten, die Fähigkeit des freien Spielens, das Schreiben mit der Hand, das Lesen von Büchern, das Kopfrechnen, das Spielen von Musikinstrumenten, sie alle bleiben gegenüber ihren vereinfachenden digitalen Alternativen zurück. Sie alle haben etwas mit Kreativität und im besten Falle auch etwas mit Geist zu tun. Wenn diese Techniken von Kindern und Jugendlichen nicht erlernt und gelebt wurden, steht zu befürchten, dass die digitalen Handlungs- und Speicherfunktionen der Computermedien das Gehirn in seiner Entwicklung unwiederbringlich behindern. Dann ist das Gehirn bereits vom Lebensanfang an abhängig von den digitalen Medien.

Man könnte also durchaus die Sorge äußern, dass wir unsere Kinder in ein Abhängigkeitsverhältnis hineinwachsen lassen, wenn wir sie von Beginn an die digitalen Werkzeuge nutzen lassen, anstatt zunächst ihre eigenen geistigen Werkzeuge zu entwickeln. Damit opfern wir sie der Macht der digitalen Welt. Die Macht des einen Großmediums, das bald weltumspannend alles Mediale in sich vereint und jeden Menschen miteinander verbindet, bekommt aus dieser Sicht ein unglaubliches Machtpotenzial. In diesem Sinne formulierte Flusser im krassen Gegensatz zu seinen hoffnungsvollen Ideen auch eine grauenhafte Utopie. Er befürchtete, dass ein digitales Großmedium irgendwann gleich einer Sekte oder einem totalitären Regime faschistoide Formen annehmen würde. Wollen wir hoffen, dass er in diesem Punkt nicht recht behält. Allerdings darf jetzt schon als sicher gelten: Wer die Macht über das Internet hat, hat die Macht über die Welt. Vielleicht ist dies das stärkste Argument dafür, dass wir uns unsere analoge Unabhängigkeit bewahren sollten.

Die Gedanken sind frei

Meine Freiheit hört da auf, wo die des anderen anfängt. Das ist ein Satz, dessen Bedeutung für das Leben im Netz ganz neu verhandelt werden muss. Ein anderer Spruch kommt einem in diesem Zusammenhang auch in den Sinn: Die Gedanken sind frei! Ja, wir sind so frei. Aber das Internet macht etwas mit unseren Gedanken. Seitdem wir über das Internet und vor allem über die sozialen Netzwerke ständig miteinander kommunizieren, werden unsere Gedanken quasi automatisch laut. In der Psychiatrie spricht man auch vom Gedankenlautwerden. Und im Internet können die Gedanken nicht nur sehr laut werden, sondern auch sehr verletzend sein. Im Internet werden quasi unsere Gedanken transparent. Wir können die Gedanken des anderen dort lesen. Und es ist oft nicht schön, was wir da zu hören bekommen. Es ist so, als würde man Gespräche auf einem Schulhof, bei einem Kaffeeklatsch oder auf der Herrentoilette ungefiltert eins zu eins veröffentlichen. Noch schlimmer wird es dadurch, dass dies auch anonym geschehen kann und dass es nicht nur Gedanken sind, die ins Netz gestellt werden. Das kann doch eigentlich keiner wollen. Aber genau das passiert. Die meisten Menschen meinen, dass es in Ordnung sei, im Internet allen seinen Gedanken freien Lauf zu lassen.

Die Gedanken, die sind frei. Das soll auch so bleiben. Aber sind es auch die Bild- und Filmrechte von unserem Leben? – Kaum eine(r) wird noch gefragt, ob man sie oder ihn fotografieren, filmen und ins Netz stellen darf. Auf diese Weise werden Menschen im Internet bisweilen fürchterlich vorgeführt und verletzt. Man spricht hier auch von Cybermobbing oder Cyberbullying. Im schlimmsten Fall wird man das Ziel eines sogenannten Shitstorms. Es gibt Menschen, die sich schon das Leben genommen haben, weil sie sich im Internet tief gedemütigt sahen und keine Aussicht hatten, dass die veröffentlichten Bilder oder Filme jemals wieder verschwinden würden. Wenn einmal ein Nacktbild von einem Menschen im Netz landet und sich andere Menschen dafür interessieren, die Bilder damit quasi automatisch mitnehmen und vervielfältigen, besteht kaum eine Hoffnung, dass sie jemals wieder gelöscht werden. Gerade für junge Menschen kann diese Aussichtslosigkeit existenziell bedrohlich sein.

An diesem Beispiel sieht man aber auch, dass das Internet längst für viele junge Menschen zum entscheidenden Lebensumfeld geworden ist. Man kann den digital gedemütigten Menschen ja eigentlich nur raten, den Cyberspace zu verlassen, der virtuellen Welt den Rücken zuzukehren und zu sagen: Ihr da draußen in der digitalen Welt existiert nicht mehr für mich und in meinem Leben. Aber das ist für die meisten jungen Menschen und für viele Menschen aller Altersgruppen längst nicht mehr vorstellbar. Ich habe schon oft gehört, dass gesunde junge Leute gesagt haben, wenn ich nicht im Internet und in sozialen Netzwerken bin, dann existiere ich gar nicht mehr, weder für meine Freunde noch in meiner eigenen Vorstellung. Die Abhängigkeit vom Internet hat ein bedrohliches Maß erreicht, wenn wir nicht mehr wissen, wer wir sind und wer zu uns hält, wenn wir nicht im Internet sind.

Dass vor allem die ungehemmte Veröffentlichung von privaten Bildern und Filmen im Netz zu massiven Grenzüberschreitungen und Verletzungen der Privatsphäre führt, liegt daran, dass Bilder von uns Menschen ungleich emotionaler sind als allein das geschriebene Wort. Wenn wir das Internet als freiheitlichen Lebensraum preisen, dann beziehen wir uns vor allem auf das Gedankliche im Netz und damit auf das Denken. Wäre das Internet allein ein medialer Raum, in dem schriftlich kommuniziert würde, wäre eine absolute Freiheit im Netz vermutlich sogar möglich und sinnvoll. Da aber mit Bildern und Filmen am meisten Geld im Netz gemacht wird – am Anfang war es vor allem die Pornoindustrie –, ist das Netz viel emotionaler und auch körperlicher geworden. Es wird viel mehr von Begierden und Bedürfnissen als von Gedanken und Worten gelenkt. Gerade die Dinge, die uns dort abhängig machen, Computerspiele, Cybersex und soziale Netzwerke, arbeiten vor allem mit emotionalen Bildern und Filmen. Diese Abhängigkeit gilt nicht nur für die im krankhaften Sinne Medienabhängigen, sondern in unterschiedlichem Maß für uns alle.

Den Kopf freikriegen

Kopfkino ist besser als sein Ruf. Auch für uns Erwachsene ist es wichtig, dass wir innere Bilder vor unserem geistigen Auge aufsteigen lassen können. Ohne die eigene Phantasie, die auch ganz frei von medial vorgefertigten Bildern und Tönen funktioniert, sind wir arm dran. Denn nur wenn wir phantasieren, bekommen wir eine Vorstellung von dem, wer wir wirklich sind und sein könnten. Wie der Traum das Fenster zur Seele in der Nacht ist, kann man unsere Phantasien als Tagträume verstehen, die uns einen Blick auf verborgene Sehnsüchte ermöglichen. Dies gilt für den Menschen, der wir sein wollen, ebenso wie für die Beziehungen zu anderen Menschen, die wir erleben wollen. Unsere Bedürfnisse nach Freundschaft, Beziehung und Sexualität offenbaren sich darin.

Das Internet lockt mit dem Versprechen, diese Bedürfnisse unmittelbar zu erfüllen. Der nächste neue Freund, Partner oder Liebhaber wartet auf uns immer nur ein paar Klicks weit entfernt. Für jedes noch so ausgefallene Bedürfnis findet sich ein Mensch, der dieses mit uns zu teilen beziehungsweise zu befriedigen bereit ist. Und dies gilt eben nicht nur für sexuelle, sondern auch für romantische und freundschaftliche Bedürfnisse.

Gerade was die Sexualität angeht, wird das Problem mit der unmittelbaren Bedürfnisbefriedigung besonders sichtbar. Sicherlich können Sexchats und Pornoseiten einem dabei behilflich sein, herauszufinden, was einen anregt. Dies kann durchaus der sexuellen Befreiung dienen, gerade dann, wenn die eigene sexuelle Identität von der jeweiligen Umwelt nicht toleriert wird. Dies gilt zum Beispiel für Schwule, Lesben und Transgender. Auch andere sexuelle Spielarten können ergründet werden. Aber vielleicht ist es auch nicht immer hilfreich, wenn noch die dunkelste Ecke der eigenen Sexualität ergründet wird. Wer könnte sicher von sich behaupten, dass in ihm keine unentdeckten Abgründe schlummern. Solange dies aber nicht dazu führt, dass man selbst oder andere zu Schaden kommen, ist das kein Problem.

Problematisch kann aber die Flut an pornografischen Bildern und Filmen sein. Die pornografische Suche nach Lust führt im Netz vermutlich allzu häufig auf Abwege, weil sie mit immer extremeren sexuellen Reizen aufwartet. Der ein oder andere mag sich im wahrsten Sinne des Wortes gar nicht mehr wiederfinden in der Pornografie, die er sieht und mit seiner eigenen individuellen Sexualität verwechselt.

Für die Romantik gilt das in ähnlicher Weise. Die immergleichen Darstellungen von romantischen Beziehungen in Soaps, Fernseh- und Filmserien sind meistens so weit von der Wirklichkeit entfernt, dass die echten, gelebten Beziehungen kaum noch mithalten können.

Wenn wir unsere ureigenen romantischen und sexuellen Phantasien nicht mehr kennen, dafür aber übersättigt sind mit den Vorstellungen anderer, nämlich denen von Schauspielern und Pornodarstellern, dann verlieren wir vielleicht irgendwann das Interesse daran, unsere Partnerschaften so zu gestalten, dass sie uns wirklich zufriedenstellen. Den Kopf immer wieder einmal freizubekommen und die eigene erotische Phantasietätigkeit zu bemühen kann für eine Beziehung lebenswichtig sein.

Medienfasten

Seit neuestem entwickelt der moderne Mensch immer neue Varianten des Fastens. Das hat kaum noch etwas mit Religion zu tun und von Religionen kann man sich ja auch abhängig machen. Ursprünglich geht es beim Fasten ums Essen. Anders als auf Zigaretten, Alkohol und andere Drogen können wir auf das Essen nicht verzichten. Es ist lebensnotwendig. So wie wir mit Medien umgehen, gewinnt man den Eindruck, als könnten wir auch nicht ohne sie leben. Wir sterben zwar nicht wie beim Verhungern, aber wir haben offensichtlich das Gefühl, nicht richtig zu existieren. Ein Medienfasten kann uns da wieder auf den Boden der Tatsachen holen. Eine Zeitlang ganz ohne Medien auszukommen, zumindest ohne elektronische Medien, kann einen Beitrag zur eigenen Bodenständigkeit liefern. Wir sind dann auf unseren Körper und Geist zurückgeworfen. Wir spüren uns selbst und einander wieder besser.

Medienfasten im Alltag ist mittlerweile ziemlich schwierig geworden, da wir im Arbeitsleben auf Bildschirmmedien kaum verzichten können. Deshalb ist es sinnvoll, das Medienfasten auf die Freizeit zu legen. Am besten macht man es gemeinsam mit Freunden, Partnern oder der ganzen Familie. Eine Woche ist ein guter Zeitraum, aber schon ein ganzes Wochenende kann eine nachhaltige Wirkung haben. Es ist erstaunlich, wie sich der Umgang miteinander dann verändert. Manche Menschen wissen erst einmal gar nichts mit sich und den anderen anzufangen. Aber schnell greift man dann auf Unternehmungen und Kommunikationsweisen zurück, die einem früher etwas gegeben haben. Sich einfach mal einen ganzen Abend ausgiebig miteinander zu unterhalten oder ein Gesellschaftsspiel zu spielen ist für viele Lebensgemeinschaften mittlerweile ein besonderes Unterfangen. Ganz unmittelbar miteinander zusammen zu sein, ohne dass sich ein Gerät dazwischen schiebt oder gemeinsam auf einen Bildschirm geglotzt wird, kann aber eine wunderbare Erfahrung sein. Es lässt uns zusammenrücken. Es bringt uns wieder näher zueinander. Im besten Fall lernen wir einander dabei besser kennen. Aber auch alleine kann dies eine schöne Erfahrung sein. Mal ein Buch zu lesen oder Tagebuch zu schreiben, etwas zu basteln oder zu werken, dabei ganz bei sich zu sein, man kann es nur jedem empfehlen.

Auf diese Weise lernen wir dann für unseren mittlerweile völlig durchmedialisierten Alltag, welche Bedeutung die elektronischen Medien inzwischen für uns haben und was uns an ihnen wirklich etwas bedeutet. Uns wird bewusst, was uns wirklich wichtig und was bloße Zeitverschwendung ist. Dies ist der wichtigste Effekt. Wir gewinnen Abstand zu dem ganzen Medienzirkus. Im besten Falle entsteht daraus der Impuls, sich auch im Alltag medienfreie Zeiten zu schaffen, Inseln der Ruhe und Besinnung am Abend, an den Wochenenden und im Urlaub, um zu sich zu kommen und bei sich zu bleiben.

Medienfasten klingt so spartanisch und lustfeindlich. Aber man kann das auch umgekehrt sehen. Ich behaupte, dass in Zukunft der wahre Luxus und die echte Freude vor allem in der konkreten Realität gesucht und gefunden wird. In einer überbevölkerten Welt, in der medienfreie Zeit-Räume rar geworden sind, wird es wieder erstrebenswert sein, etwas in freier Natur und im unmittelbaren Kontakt mit leibhaftigen Menschen zu tun. Verrückt, oder?

Natur, Ruhe und Zeit für unmittelbare Begegnungen sind zu knappen und begehrenswerten Ressourcen geworden. Stellen Sie sich einen Urlaub mit Ihrem Partner oder Ihrer Familie an einem schönen, abgelegenen Ort vor, fern von Massentourismus und Massenmedien. Im Vergleich dazu sind die Reisen in virtuelle Parallelwelten spottbillig. Vermutlich werden sich immer weniger Menschen echten Sport leisten können und sich dafür nur noch vor und auf Spielkonsolen wie der Wii bewegen. – Ich bin davon überzeugt: Wichtig werden uns in Zukunft wieder vor allem unsere direkte Umwelt und unsere unmittelbaren Mitmenschen.

Achtsam und empathisch im Hier und Jetzt

Die letzte Reise, die ich mit meinem Vater vor seinem Tod unternahm, ging in das Kloster, in dem ich auch diese Zeilen schreibe. Schon im Studium habe ich mich regelmäßig zum Lernen hierhin zurückgezogen, um mich auf Prüfungen vorzubereiten. Mehr als 20 Jahre ist es her, dass ich zum ersten Mal für mehrere Wochen hier eingekehrt bin. Damals hatte ich noch nicht einmal ein Mobiltelefon. Schon damals liebte ich es, einmal im Jahr für ein paar Wochen nicht erreichbar zu sein. Und Computer spielten in meinem Alltag damals ohnehin noch keine Rolle. Aus der Sicht des digitalen Zeitalters ist das eine Ewigkeit her.

Wenn ich dagegen in die jahrhundertealte Welt des Klosters eintauche, ist es wie eine Zeitreise. Das Mittelalter und der Barock sind hier allgegenwärtig. Hier scheint die Zeit stillzustehen. Heute ziehe ich mich hierhin zum Schreiben zurück. Nirgendwo klappt das so gut für mich wie im Kloster. Die ursprüngliche Fassung meines ersten Buches habe ich hier vor einigen Jahren ganz bewusst mit der Hand geschrieben. Darin habe ich mich mit der explosiven Entwicklung der digitalen Medien auseinandergesetzt. Mit der ursprünglichen und langsameren Art zu schreiben hoffte ich ausreichend Muße und Distanz zum Gegenstand meiner Betrachtungen zu finden. Ich habe versucht, der digitalen Revolution etwas entgegenzusetzen. Ich glaube, dass Nietzsche recht hatte, als er schrieb: »Unser Schreibwerkzeug arbeitet mit an unseren Gedanken.« Jetzt gerade schreibe ich auf einem Laptop. Mein Tablet-Computer und mein Smartphone sind auch dabei, allesamt mit dem Internet verbunden, wenn ich es will. Es liegt an mir, alle Geräte an- oder auszuschalten. Ganz leicht fällt es mir nicht, auch wenn ich mich nach der mir so vertrauten umfassenden Ruhe sehne. Selbst wenn ich alle Geräte abgeschaltet habe, oder besser gesagt, *erst wenn* ich alle Geräte abgeschaltet habe, wird mir bewusst, wie sehr mein Denken von Medien beeinflusst ist.

Auf meiner Zeitreise ins Kloster fällt mir das ganz besonders auf, wenn ich gemeinsam mit den Mönchen schweigend Mahlzeiten einnehme oder durch die Klostergänge spaziere. Weil es hier so außergewöhnlich (schön) ist, verspüre auch ich dann regelmäßig den geradezu unwiderstehlichen Drang, die Brüder und Pater in ihrer zeitlosen Parallelwelt zu fotografieren und zu filmen. Nicht dass ich gefragt hätte, ob ich das darf, aber ich bin mir ziemlich sicher, dass das völlig indiskutabel ist. Einmal abgesehen von einem vermuteten Verbot, hätte ich auch das Gefühl, den Mönchen und ihrem Leben mit der Kamera etwas zu stehlen, insbesondere wenn ich es heimlich machen würde. Was ich ihnen damit nehmen könnte, kann ich gar nicht genau beschreiben. Anzunehmen, ich könnte ihnen damit etwas von ihrer Würde nehmen, wäre anmaßend. Wichtig erscheint mir allerdings der Gedanke, dass ich mir damit selbst etwas nehmen würde, vielleicht sogar an Würde. Wenn ich hier ständig mit einer Kamera herumliefe, wären die Ruhe und das Geheimnisvolle, die von diesem Ort für mich ausgehen, geradezu entweiht. Es ist schon schlimm genug, dass ich den Kamerablick vor meinem geistigen Auge kaum loswerde. Dass ich mir hier im Kloster dieser Zusammenhänge bewusst werde, nehme ich allerdings mit in meinen Alltag. Diese Perspektive hilft mir dabei, meine eigene Mediennutzung in einem mir angemessenen und angenehmen Rahmen zu gestalten.

Allerdings gibt es für mich auch noch einen viel schöneren Grund, mich ins Kloster zurückzuziehen, als zu lesen und zu schreiben. Der eigentliche Grund, warum ich hierhin fahre, ist es, zur Ruhe zu kommen und einen guten alten Freund zu besuchen, einen Mönch, den ich multimedial kaum erreichen kann. Und wenn ich in meinem Alltag allzu gestresst bin und der nächste Klosterbesuch in weiter Ferne liegt, sehe ich zu, dass ich in den eigenen vier Wänden alle elektronischen Medien ausschalte, um endlich wieder einmal abschalten zu können. Dann versuche ich, mir im Hier und Jetzt einen Kloster-Zeit-Raum einzurichten.

Dass Achtsamkeit das Prinzip der Stunde ist, wenn es um seelische Gesundheit geht, hat sicherlich auch etwas damit zu tun, dass wir mit Hilfe der digitalen Medien ständig überall und nirgends sind, nur nicht im Hier und Jetzt. Der Trend zu mehr Achtsamkeit ist insofern auch als eine Gegenbewegung zur Medialisation zu verstehen, dies zumeist völlig frei von Esoterik und Religion.

Meditation und Yoga, Entschleunigung und Entspannung, Rückbesinnung auf Natur und Kultur, all das kommt gut ohne ideologischen Hintergrund aus. Weil wir Menschen geistige Wesen sind, die sich an die Vergangenheit erinnern und die Zukunft planen, können wir uns natürlich in unseren Gedanken immer ein wenig auf der Zeitachse hin- und herbewegen. Und weil wir über Transportmittel und Kommunikationsmedien mittlerweile auch rund um den Globus überall sein können, leben wir in Gedanken immer an mehreren Orten gleichzeitig. Diese Aufhebung von Zeit und Raum hat jedoch mit den digitalen Medien ein Ausmaß angenommen, dass wir kaum noch im Hier und Jetzt verortet sind, dass wir unsere Mitte verlieren.

Bei der Übung von Achtsamkeit geht es darum, sich ganz auf den Moment zu besinnen, den Moment an dem Ort, an dem man gerade ist, und in dem Körper, in dem man lebt. Auch bei der Meditation geht es in der Regel darum, sich aus dem Fluss von Vergangenheit und Zukunft, von Herkunft und Ziel zu befreien, um bei sich selbst anzukommen.

Dies geht allerdings nur, wenn man sich auf den eigenen Körper einlässt, am einfachsten, wenn man sich auf die eigene Atmung konzentriert. Wenn uns ein Moment des Innehaltens in der Meditation, auf der Parkbank, in der Badewanne oder sonst wo gelingt, dann können wir uns damit erden. Auf eine andere Art und Weise kann das auch gelingen, wenn wir uns einer Naturbetrachtung hingeben, zum Beispiel einfach nur einen Baum betrachten, oder wenn wir uns der Wahrnehmung eines Kunstwerks hingeben, beispielsweise aufmerksam einer Musik zuhören.

Wann haben Sie zuletzt einmal eine Stunde irgendwo gesessen und eine Aussicht in die Natur genossen oder auf einem Sofa nichts anderes getan, als ein Musikalbum zu hören. Nicht wenigen von uns – dazu zähle ich mich auch selbst – fällt das unglaublich schwer. Alternativ kann es dann hilfreich sein, etwas auf analoge Weise selbst zu machen und sich ganz darin zu versenken. Bei manchen hat auch der Sport einen meditativen Effekt. Dass Kochen und Gartenarbeit, Handarbeit und Handwerken, also das Selbstgemachte, eine Renaissance erfahren, ist sicherlich kein Zufall. Auch hier lässt sich wohl eine Gegenbewegung zur digitalen Revolution ausmachen. All diese Handlungsweisen haben miteinander gemein, dass sie den Moment feiern und davon leben, dass das, was man gerade tut, Freude bereitet und man deshalb ganz bei sich sein kann.

Um ganz bei sich sein zu können, braucht es die Verortung in Zeit und Raum und vor allem im eigenen Körper. Diese Verbindung zu unserer körperlichen Basisstation ist im digitalen Zeitalter immer häufiger und länger gekappt. Zur Medialisierung des Menschen gehört ja gerade dazu, dass er sich von seinem Körper so weit wie möglich löst, um über das Netz überall gleichzeitig sein zu können. Wer von seinen tagtäglichen Reisen in die virtuelle Welt immer wieder spürbar zu sich kommt, dem wird der Spagat zwischen körperlicher und realer Existenz gelingen. Wenn wir immer wieder einmal aus dem (digitalen) Alltag aussteigen, können wir erkennen, wie viel davon uns eigentlich guttut und was wir sonst noch so bedürfen. Selbst wenn es weh tut, manchmal ist es wichtig, ganz auf sich selbst zurückgeworfen zu sein. Und dazu müssen wir auch einmal ganz allein sein. Über die ständige Erreichbarkeit via Smartphone und soziale Netzwerke sind wir ja sonst fast nie ganz allein, was noch lange nicht heißt, dass wir uns nicht trotzdem einsam fühlen können.

Die aktuelle Erfolgsgeschichte der Achtsamkeitsbewegung hat aber einen gewissen Haken. Wenn wir Achtsamkeit hauptsächlich als Selbstbeherrschungstechnik verstehen, dann haben wir etwas ganz Entscheidendes nicht verstanden. Es geht nicht nur um die Achtsamkeit für uns selbst, sondern auch für den Anderen, gerade auch in seiner körperlichen Existenz und Bedürftigkeit. Achtsamkeit für den Anderen kann man auch als Empathie verstehen, ein weiteres großes aktuelles Thema der praktischen Psychologie.

Im Grunde ist das Internet ja vor allem ein einziges soziales Netzwerk. Es stellt sich die Frage, ob es dort um Achtsamkeit füreinander oder nicht vor allem um *Beachtung* geht. Machen uns die vielen schwachen Bindungen dort sozial achtsamer und kompetenter? Ähnlich wie Sherry Turkle befürchte ich, dass die unmittelbaren Beziehungen der Menschen, die immer mehr Zeit in sozialen Netzwerken verbringen, leiden.[21] Auch dies hat ganz einfach damit zu tun, dass die körperliche Dimension auch bei zwischenmenschlichen Beziehungen eine große Rolle spielt, und damit ist keinesfalls nur das Sexuelle gemeint.

Wir können einander im Netz nicht berühren, streicheln und umarmen. Wir können uns auch per Videotelefonie wie Skype nicht wirklich in die Augen schauen. Wir spüren nicht die Wärme, den Atem, den Blick des Anderen. Können ihn oder sie dort nicht schmecken oder riechen. Und vor allem fehlt es dort an räumlicher Verortung und zeitlicher Ruhe. Wenn ich mich mit einem Freund persönlich treffe, dann hat das auch etwas mit Hingabe und Wertschätzung zu tun. Es ist nicht dasselbe, ob ich in einer Woche summa summarum zwei Stunden im Netz mit meinem besten Freund Botschaften ausgetauscht habe, die viele andere

User ebenfalls bekommen haben oder ob ich zwei Stunden lang in einer Bar *face to face* mit ihm gesprochen oder geschwiegen habe. Wenn das gemeinsame Schweigen tatsächlich das höchste der Gefühle in Freundschaften und Partnerschaften sein sollte, dann ist das im Internet völlig unmöglich. Dies braucht die unmittelbare Präsenz ebenso wie viele andere zwischenmenschliche Situationen: der Besuch eins kranken Freundes im Krankenhaus zum Beispiel oder die Begrüßung eines Neugeborenen im Leben.

Wir können uns also fragen, wie viel unmittelbare zeitliche und räumliche Präsenz anderer Menschen wir in unserem Leben für uns selbst und unsere Angehörigen bereithalten wollen. Das sind echte Lebensentscheidungen. Wenn wir täglich zwei Stunden im Internet unterwegs sind, dann sind das 14 Stunden pro Woche, in denen wir eben nicht mit dem Freund, dem Partner, dem Kind oder wem auch immer etwas unternehmen. Positiv formuliert ist es besser, sich einfach zu fragen, wie viel Zeit ich mit wem im *wirklich* verbringen möchte, und dies auch umzusetzen. Das mediale soziale Begleitrauschen wird sich dann schon unterordnen. Die wertvollsten Zeit-Räume sind die, in denen wir uns selbst oder dem anderen unmittelbar begegnen. Ob allein oder gemeinsam, Achtsamkeit ist medienfreie Echtzeit zum Glück.

6 Der Kult ums Netz.
Wie uns digitale Heilsversprechen in eine kollektive Abhängigkeit führen

Mittlerweile hat das Internet die ganze Welt und die halbe Menschheit erreicht. Während die Begeisterung über die digitalen Medien weiter anhält, offenbaren sich auch ihre politischen und psychologischen Schattenseiten immer mehr. Dabei geben nicht nur die individuellen Krankheitserscheinungen, sondern auch ihre fließenden Übergänge in die kollektive Internetabhängigkeit Anlass zur Sorge. Um der weiteren Ausbreitung der individuellen Internetabhängigkeit etwas beherzt entgegensetzen zu können, müssen wir uns die Frage beantworten, inwieweit wir alle im Zuge der digitalen Revolution immer weiter in eine gefährliche Abhängigkeit geraten. – Die Antworten sind beunruhigend.

Wenn es um die digitale Revolution geht, ist immer wieder von der sogenannten Netzgemeinde die Rede. Was oder wer damit genau gemeint ist, bleibt einigermaßen unklar. Die »alten«, analogen Medien zitieren auch immer öfter die Meinung der Netzgemeinde, als würden sie ein geheimnisvolles Orakel befragen. So werden beispielsweise Twitter- oder Facebook-Kommentare zu diversen Themen Fernsehsendungen eingeblendet – und dadurch wird vor allem eines deutlich: Die Macher der analogen Medien sind höchst verunsichert und kämpfen um ihre Existenzberechtigung. Sie wollen sich einen jungen und progressiven Anstrich geben und messen den ins Netz gestellten Meinungen eine besondere Bedeutung bei.

Man kann die Internetgemeinde als eine immer größer werdende Gruppe von Menschen verstehen, die zuallererst aus der Perspektive des Netzes auf die Welt blickt. Das hat manchmal eine Ähnlichkeit mit religiösem Fundamentalismus. Dazu gehört auch die nicht seltene und sehr seltsame Haltung, dass das Internet über jede grundsätzliche Kritik erhaben sei. *Netzjünger* reagieren bisweilen außerordentlich empfindlich auf Kritik. Sie verteidigen dann den unbedingten Glauben daran, dass im Internet die Zukunft des Menschen liege. In letzter Konsequenz verbindet sich damit die Hoffnung, dass in den unendlichen Weiten des Cyberspace vielleicht sogar ein ewiges Leben auf uns warte. Dieser Irrglaube lässt den Kult, der um das Internet gemacht wird, manchmal wie eine Ersatzreligion oder eine Sekte erscheinen. Schauen wir uns also die ebenso verführerischen wie gefährlichen Heilsversprechen des Internets genauer an.

Interaktivität oder Interpassivität?

Das Tolle und wirklich Neue an den digitalen Medien ist ja, dass wir in und mit ihnen in Interaktion treten können. Früher waren wir vor allem Zuschauer und Zuhörer, also Empfänger von medialen Botschaften. Heute sind wir selbst *ständig auf Sendung*. Wir sind die Schöpfer unseres eigenen Programms. Wir chatten, posten und twittern, was das Zeug hält. Dabei steigert sich die Beschleunigung der digitalen Kommunikationsprozesse ins Unendliche.[1] Und in Computerspielen können wir etwas erleben, indem wir aktiv mitspielen. *Interaktivität* heißt das Zauberwort. Aber werden wir dadurch wirklich *aktiver*? Vieles spricht dafür, dass die körperliche Bewegung und damit auch das konkrete Handeln der Menschen im Zuge der Digitalisierung abnimmt. Wir mögen unendlich viele E-Mails, Nachrichten und Figuren in Computerspielen hin und her bewegen, aber *viel bewegt* bekommen wir damit nicht notwendigerweise.[2]

Der Philosoph Robert Pfaller[3] bringt dies mit dem Begriff der »Interpassivität« auf den Punkt. Könnte es sein, dass die vielgepriesene digitale Interaktivität viel eher eine Pseudoaktivität ist? Wenn wir wie hypnotisierte Kaninchen immer mehr Zeit vor unseren Bildschirmmedien verbringen und uns dabei immer weniger bewegen, werden wir dann nicht eher immer passiver? Zum herrschenden ökonomischen Prinzip des Internets gehört es doch gerade, dass es unsere Aufmerksamkeit möglichst lange auf sich zieht und uns körperlich inaktiv vor den Geräten hält.

Digitale Selbstverwirklichung?

Heute meint fast jeder permanent per Schrift, Bild und Film absondern zu müssen, was in seinem Leben passiert. Dies geschieht mit einer seltsamen Gewissheit, dass dies für irgendjemanden tatsächlich von großem Interesse sein könnte. Aber interessiert sich wirklich jemand für eine Meldung wie »Sitze gerade im Zug und langweile mich« oder für die hundertste Aufnahme von hübsch auf einem Teller angerichtetem Essen? Die meisten werden zugeben, dass sie sich heute selbst kaum mehr für die vielen Tagebucheinträge, Fotos und Videos interessieren, mit denen sie ihr Leben auch schon vor dem Internetzeitalter festzuhalten versucht haben. Warum sollte es jemand anderen interessieren, wenn jetzt alles ins Netz gestellt wird?[4]

Vielleicht geht es ja darin viel weniger um ein soziales Miteinander als vielmehr um die Selbstdarstellung der einzelnen Mitglieder. Im Sinne eines ungeschriebenen Gesetzes sorgen die sozialen Netzwerke dafür, dass jeder sein Quentchen Aufmerksamkeit und die ersehnte Bestätigung bekommt. Unsere Profile und Kontakte, die Verlinkung mit Hunderten von *Freunden* sind hauptsächlich dazu da, sich gegenseitig zu bestätigen. Eine Alltagsrelevanz haben die wenigsten dieser Äußerungen.

Man kann es auch so sehen: Selbstmarketing funktioniert

in den sozialen Netzwerken ganz wunderbar, ganz abgesehen davon, dass es auch unheimlich gut zu ihrem Geschäftsmodell passt. Dieses Prinzip steigert den persönlichen Selbstwert wie Marktwert ungemein. Das Nutzerprofil, auch »Account« genannt, ist so etwas wie eine Visitenkarte in der virtuellen Welt. Dagegen ist auch nichts einzuwenden, in jedem Fall dann nicht, wenn es im engeren Sinne als Marketing für professionelle Zwecke genutzt wird. Persönliche menschliche Beziehungen, vor allem auch Freundschaften, sind aber mehr als ein Tauschgeschäft, bei dem Selbstdarstellungen und Aufmerksamkeit als Waren gehandelt werden. Allerdings machen genau damit Facebook, Whatsapp und Co. ihr Geld. Wie es Jaron Lanier treffend in seinen Büchern beschrieben hat,[5] werden wir selbst zur Ware der Internetkonzerne und damit von ihnen abhängig.

In der Öffentlichkeit des Internets zeigen wir uns und unser Leben in der Regel von unserer besten Seite beziehungsweise so, wie wir uns gerne selbst sehen würden. Die digitalen Techniken helfen uns immer mehr dabei, uns dem idealisierten Selbstbild anzugleichen. Psychologisch macht es einen Unterschied, ob ich mit mir selbst oder mit meinem Selbstbild beschäftigt bin. Es gibt einen Unterschied zwischen Selbstverwirklichung und Selbstvermarktung. Mit dem schon etwas in die Jahre gekommenen Begriff der Selbstverwirklichung verbanden wir früher den eher psychologischen Leitgedanken: *Werde, der du bist!* Von den neuen technologischen Leitmedien versprechen wir uns heute eher eine Selbstoptimierung und folgen damit dem Motto: *Werde, der du sein willst*.

Dies bezieht sich gerade auch auf unsere Körper. Mit Hilfe neuer mobiler Geräte messen wir unsere Körperfunktionen, sei es den Rhythmus unseres Schlafs, den Schlag unseres Herzens, die Anzahl unserer Schritte oder den Anteil unseres Körperfetts, wobei auch diese Daten selbstverständlich von der Industrie für ihre Zwecke genutzt werden. Per Biofeedback können wir permanent unseren Körper vermessen und dementsprechend gestalten. Dabei geht es nicht zuletzt darum, besser auszusehen, um am Ende noch bessere Bilder von uns ins Netz stellen zu können. Der sagenhafte Erfolg des *Selfies,* des Bildes, das wir selbst von uns machen, spricht in diesem Zusammenhang Bände. Auf diese Weise basteln wir immer mehr an unserem Selbstbild herum, zur Not auch mit Bildbearbeitungsprogrammen. Der körperliche Selbstoptimierungswahn, der sich auch im wachsenden Erfolg der Schönheitschirurgie zeigt, wird allerdings allmählich gruselig. Wenn wir im Zuge unserer digitalen Selbstdarstellungsexzesse vor allem unsere Außenwirkung zum Maßstab machen, werden wir abhängig von einem falschen Selbstbild. Wer aber egozentrisch so viel mit seinem eigenen Selbstbild beschäftigt ist und den anderen hauptsächlich zur Selbstbestätigung braucht, wird unmenschlich. Bewundernswerte Perfektion funktioniert nur auf Distanz. Wirklich liebenswert ist sie nicht. Mit den sozialen Netzwerken halten wir einander am Ende vielleicht sogar eher auf Abstand, während wir uns in dem oberflächlichen Glauben wiegen, dass wir einander ständig ganz nah seien.

Schwarmintelligenz oder digitaler Mob?

Ein weiteres Heilsversprechen des Internets lautet, dass der digitale Zusammenschluss von Menschenmassen ein besonders intelligentes Verhalten hervorbringen werde. Von »Schwarmintelligenz« und der »Weisheit der vielen« ist die Rede. Das im Netz versammelte Wissen, das von vielen Menschen auf ehrenamtlicher Basis in Online-Lexika zusammengetragen und eben auch miteinander *geteilt* wird, ist ein schönes Beispiel dafür. So weit, so gut.

Ob aber das gemeinschaftliche Handeln im Internet unterm Strich hauptsächlich von Verstand und Vernunft geprägt ist, bleibt fraglich. Wie bei allen bisherigen Medien erfährt auch im Netz nicht notwendigerweise das Kluge, sondern das gefühlsmäßig Aufgeladene die meiste Aufmerksamkeit. Begehren und Wut bauschen sich bisweilen bedrohlich zu einem Sturm der Erregung auf. Für den Einzelnen können solche Erregungsstürme schreckliche Folgen haben. Zum Beispiel verbreiten sich im Internet nach einem Verbrechen manchmal Gerüchte wie ein Lauffeuer, in denen einzelne Menschen irrtümlich zu Tätern erklärt werden. Teile des Netzes sind bisweilen von einem Klima der Denunziation und Lynchjustiz aufgeheizt. Damit können Leben zerstört werden. Dass unsere Gefühle oft stärker sind als unser Verstand, dürfte uns eigentlich nicht wundern. Daran ändert das Internet rein gar nichts.

Es spricht vieles dafür, dass die Schwarmemotionalität mindestens genauso stark ist wie die Schwarmintelligenz. Letztere, auch als Garant für positive gesellschaftliche Entwicklungen zu verstehen, ist allein schon deshalb bedenklich, weil wir hier Menschengruppen mit Tierschwärmen vergleichen. Im Gegensatz zum Menschen sind Tiere in erster Linie triebgesteuert. Eine Meute kann sich *in sich* intelligent verhalten, wenn es zum Beispiel darum geht, einem Feind zu entfliehen oder ein Opfer zu erlegen. Auf ähnliche Weise kann auch eine triebgesteuerte Horde Menschen ziemlich gefährlich werden, wenn sie sich auf ein Opfer stürzt. Bedauerlicherweise ist auch das Internet nicht davor gefeit. Wir können uns leider nicht darauf verlassen, dass die Weisheit der vielen im Netz die Tendenz zur digitalen Mobbildung aufwiegt. Dem Internet quasi eine ureigene Intelligenz zuzuschreiben, die natürlicherweise zum Guten führe, wenn man uns Menschen einfach digital miteinander kurzschaltet, ist ebenso naiv wie gefährlich. Das Netz macht uns nicht zu besseren Menschen.

Und ob das Internet wie erhofft ein Mehr an Freiheit für den Einzelnen und an Demokratie für die Menschheit mit sich bringt, ist mehr als fragwürdig. Der sogenannte Arabische Frühling, das Strohfeuer an Revolutionen und Aufständen gegen Regimes in der arabischen Welt, hat uns für einen Moment das Gefühl gegeben, die sozialen Netzwerke könnten aus sich selbst heraus ein demokratisches Potenzial entfalten. Davon ist nicht viel übrig geblieben. Kaum eines der Länder steht im Hinblick auf Freiheit und Sicherheit wesentlich besser da als zuvor. Dass sich die digitale Welt in diesem Zusammenhang vorzeitig auf die Schulter geklopft hat, ist aus vielerlei Gründen beschämend. Angesichts der vielen Toten hinterlässt nicht zuletzt auch die damalige Lobpreisung der Sozialen Netzwerke einen mehr als bitteren Beigeschmack. Facebook und Twitter hatten hier womöglich nicht mehr als einen beschleunigenden Effekt im Sinne einer Katalysatorfunktion, aber keine positive inhaltliche Wirkung per se. Längst bedienen sich grausame Diktatoren und religiöse Fanatiker ebenfalls der digitalen Medien und schaffen damit neue kollektive Abhängigkeiten.

Freiheit und Demokratie werden nicht durch eine neue Technologie errungen und erhalten, sondern von Menschen. Das gilt nicht zuletzt auch für unsere etablierten Demokratien, wovon wir uns mit einem Blick in die deutsche Geschichte überzeugen können. Zur Sicherheit müssen wir immer davon ausgehen, dass es uns nur notdürftig gelingt, die in uns stets schlummernde Urhorde in Schach zu halten. Dies wird sich niemals ändern und gilt nicht zuletzt auch für das Internet, wie uns Jaron Lanier eindringlich mahnt:[6] »Angesichts der Tatsache, dass viele Millionen Menschen durch ein Medium miteinander verbunden sind, das gelegentlich die schlimmsten Neigungen hervortreten lässt, ist es keine abwegige Sorge, dass plötzlich riesige faschistoide Mobs entstehen könnten.«

Transparenz und Demokratie im Internet?

Alle haben über die Transparenz, die uns das Internet ermöglicht, gejubelt. Kaum ein Begriff hat im Zuge der digitalen Revolution einen so rasanten Aufstieg und einen so tiefen Fall erlebt wie der der Transparenz. Heute ist das Thema regelrecht *entzaubert*. Das ist kein Wunder, wo es doch zum Wesen der Transparenz gehört, jedem Geheimnis seinen Zauber zu nehmen.

Sicherlich besteht kein Zweifel daran, dass ein Mehr an Transparenz in vielen Bereichen unserer Gesellschaft, insbesondere was die Verbindungen zwischen Politik und Wirtschaft angeht, sinnvoll und notwendig ist. Wenn sich uns ein Mensch oder eine Organisation transparent zeigt, dann versprechen wir uns davon Offenheit, Authentizität und Vertrauen. In dieser Vorstellung von Transparenz begründet sich letztlich das Versprechen auf ein freieres, gerechteres und damit friedlicheres Miteinander.

Schaut man sich aber die Entwicklungen der letzten Jahre an, dann entsteht der Eindruck, dass Transparenz zum Kampfbegriff geworden ist. In diesem Zusammenhang spricht der Philosoph Byung-Chul Han sogar von einem »Terror der Transparenz«[7]. Tatsächlich scheint die Erwartungshaltung der Netzgemeinde an die Gesellschaft, eine ultimative Transparenz zu schaffen, momentan eher Unfrieden zu säen.

Transparenz hat immer zwei Seiten. Wir Bürger fordern von der Politik eine völlige Transparenz, also eine permanente und komplette Überwachung durch das Volk. Umgekehrt halten es die Geheimdienste demokratischer Regierungen heute offensichtlich für notwendig und legitim, die Bürger für den Staatsapparat völlig durchsichtig zu machen und zu überwachen.

Bei aller Empörung über das Abhören und Ausspähen

durch Regierungen und Firmen müssen wir Bürger uns jedoch selbst eingestehen, dass wir uns als Nutzer von Suchmaschinen, Einkaufsportalen und sozialen Netzwerken längst freiwillig ständig mehr in die Karten schauen lassen, als uns lieb sein kann. Wir haben uns bereits derart abhängig von den großen Internetkonzernen gemacht, dass wir uns nicht mehr vorstellen können, ihre Geschäftsmodelle zu boykottieren. Es ist erschreckend, dass die letzten deutschen Wahlen von diesen Themen weitgehend unbeeinflusst geblieben sind.[8] Unsere ökonomische Sicherheit, besser gesagt unser Wohlstand, scheint uns über alles zu gehen. Die negative Seite der Transparenz entzweit uns nicht, sondern schafft noch mehr globale Abhängigkeiten.

Wer ist schon dazu bereit, auf Internetdienste zu verzichten, die nachweislich dazu beigetragen haben, uns auszuspionieren und vielleicht sogar zu manipulieren? Es gibt doch keine bessere Suchmaschine als Google, oder? Und verlieren wir nicht alle Freunde, wenn wir unseren Facebook-Account löschen? Die Macht der Internetkonzerne ist gerade deshalb so beängstigend, weil wir uns unsere kollektive Abhängigkeit von ihnen kaum bewusst machen. Keiner kennt den wahren Preis, den wir dafür zahlen, wenn wir unsere persönlichen Daten an Amazon, Google und Facebook abtreten. Zu Werbezwecken sind wir im engeren Sinne berechenbar geworden. Schlimmer noch: Wie wir jetzt wissen, landen die so gewonnenen Daten ihrerseits regelmäßig bei den Geheimdiensten. Transparenz stellt sich hier in den Dienst einer unheiligen Allianz zwischen Wirtschaft und Politik. Es gehe dabei – so wird immer wieder betont – ausschließlich um den Schutz unserer Freiheit. In Wirklichkeit geht es eher um Kontrolle und Abhängigkeit.

Aus meiner Sicht ist es aber auch nicht sinnvoll, im Gegenzug von der Politik permanente und komplette Transparenz zu verlangen. Politiker müssen hinter verschlossenen

Türen miteinander nachdenken und debattieren dürfen, bevor sie ihre Haltungen und Entscheidungen der Öffentlichkeit präsentieren. Die Sorge, dass noch während einer Besprechung per Smartphone etwas vorab in die Medien durchsickert, ist groß. Kein Politiker kann offensichtlich mehr erwarten, dass das, was im Vertrauen besprochen werden sollte, nicht doch irgendwie an die Öffentlichkeit dringt. Die Angst vor dem ebenso spontanen wie strengen Urteil der Massen ist groß. So traut sich kaum eine Person des öffentlichen Lebens überhaupt noch irgendwo ungefiltert ihre wahre Meinung kundzutun. Deshalb muss es uns auch nicht wundern, dass Politiker heute entweder quälend meinungslos oder unerträglich populistisch rüberkommen. Mehr denn je ist Politik heute nicht zuletzt und vor allem Medienpolitik. Eine Politik, die sich aber vollkommen dem medialen Diktat der Transparenz unterwirft, ist abhängig und droht damit handlungsunfähig zu werden. Wenn die Politik keine Handlungsspielräume mehr hat, dann gerät die Freiheit der Menschen, die sie vertritt, in Gefahr.

Lange haben politische Aktivisten und Parteien für eine vollständige Freiheit im Internet gekämpft. Es war eine charmante Idee zu glauben, im Netz könnte der Traum von einer humanen Anarchie Wirklichkeit werden. Dahinter stand der Gedanke, dass das Netz quasi automatisch ein solidarisches Miteinander erzeugen würde. Heute haben viele Pioniere des digitalen Zeitalters diesen Traum begraben. Nicht zuletzt hat das Verhalten von Regierungen, Konzernen und kriminellen Organisationen zu der Erkenntnis geführt, dass es im Netz Regeln braucht. Macht und Geld zu erlangen ist im Cyberspace ebenso verführerisch wie in der realen Welt. Wenn wir heute mehr Rechte und Pflichten für die digitalen Formen des Zusammenlebens einfordern, dann heißt das ja auch im positiven Sinne, dass wir das Internet als eine umfassende Parallelwelt absolut ernst nehmen.

Digitales Gedächtnis und die Notwendigkeit zu vergessen

Alle mit dem Internet verbundenen Computer und Festplatten bilden zusammen einen riesigen Speicherplatz für das kollektive Gedächtnis der Menschheit. Dass alles, was der Mensch an wissenschaftlichen und künstlerischen Ergebnissen einmal geschaffen hat, im Netz gespeichert und damit potenziell für jeden zugänglich gemacht wird, stellt die positive Seite der schier unendlichen Speicherkapazität des Cyberspace dar. Dies gilt ganz besonders auch für das Wissen über die Menschheitsgeschichte und die Lehren, die Bürger und Politiker im besten Falle daraus ziehen.

Das Internet vergisst nichts. Darin kann es ziemlich erbarmungslos sein. Es bestraft uns für unsere Jugendsünden bis in alle digitale Ewigkeit. Es gibt bereits Firmen, die von Privatpersonen und Unternehmen dafür bezahlt werden, in den Untiefen des Cyberspace nach solchen Netzinhalten zu suchen. Dann kann es schon einmal passieren, dass eine Person nicht geheiratet oder eingestellt wird. Das ist eine der Schattenseiten des kollektiven digitalen Gedächtnisses.

Eine weitere hat damit zu tun, dass der individuelle Mensch für sein seelisches Gleichgewicht nicht nur das Erinnern, sondern gleichsam auch das Vergessen braucht. Wenn wir alles, was wir einmal waren und getan haben, ständig im Bewusstsein hätten, würden wir wahnsinnig werden. Das Horten der eigenen Daten aber nimmt gerade ungeahnte Ausmaße an. Wir arbeiten ständig gegen die Angst vor dem Vergessen an, indem wir uns in Schrift-, Ton-, Bild- und Filmdokumenten im Netz verewigen. Wir trauen unserer Erinnerungsfähigkeit, dem Zugriff auf unser Gedächtnis, nicht mehr. Wenn wir unser ganzes Leben aufzeichnen, steht aber zu befürchten, dass wir verlernen, uns etwas zu merken und daran zu erinnern. Das ist einer der wichtigsten Aspekte der sogenannten digitalen Demenz, wie sie Manfred Spitzer[9] in seinem gleichnamigen Buch beschrieben hat. Kurz umrissen, ist das die kognitive Seite des Problems.

In unserem wahnwitzigen Drang, alles fotografieren und filmen zu müssen, zeigt sich aber auch eine emotionale Problematik. Viele von uns leben mittlerweile mit dem Gefühl, nur das wirklich erlebt zu haben, was sie auch medial festgehalten haben. Wenn wir in dem Moment, in dem wir etwas Schönes und Inspirierendes sehen, reflexartig nach einer Kamera greifen – und sei es die eines Smartphones –, dann bringen wir uns um den unmittelbaren Genuss der Erfahrung. Wir haben die Fähigkeit verloren, im Hier und Jetzt zu leben. Uns kommt das Vertrauen abhanden, dass innere Bilder und Impulse in uns nachwirken, die unser Leben bereichern. Viele Menschen verhalten sich aber heute so, als würden sie gar nicht richtig leben, wenn sie nicht ständig alles dokumentieren und so *fest*halten.

Derweil geht die Entwicklung weiter. Mit den neuesten Kameras an Brillen und Helmen filmen manche Menschen bereits ihren gesamten Alltag, ohne Rücksicht darauf, ob sie das Leben der anderen gleich miterfassen. Aber wer soll das alles anschauen? Wen interessiert das? Wenn überhaupt, dann ist das doch nur für den Filmenden von Belang. Wenn wir aber unser Leben vollständig dokumentieren, richten wir es auch immer nach dem Blick der Kamera und der Netzgemeinde aus. Damit machen wir unser Erleben und unseren Alltag noch auf eine ganz andere Art und Weise von den Medien abhängig. Was halten wir da eigentlich fest? Leben wir dann noch ein *wirkliches* Leben? – Aus psychologischer Sicht zumindest liegt die Interpretation nahe, dass es hier um eine Urangst geht, letztlich um den Umgang mit der Angst vor dem Tod. Der Umgang mit dieser Angst stellt ja letztendlich ein, wenn nicht *das* Hauptmetier der Religionen dar. Wenn wir ständig unser Leben (digital) festzuhalten versuchen, leben wir nicht richtig. – Insofern ist es kein Wunder, dass viele Kinder bereits ihre Eltern mit folgendem Argument davon zu überzeugen versuchen, in sozialen Netzwerken oder Online-Spielen mitmachen zu dürfen: *Ich existiere doch gar nicht, wenn ich nicht im Internet sein kann.* Das Schlimme daran ist, dass sie das tatsächlich so empfinden. Das haben sie mit vielen Internetabhängigen gemein, die bange Frage: *Bin ich überhaupt am Leben, wenn ich offline bin?*

Ewiges Leben im Netz: der Mensch als Upload

Heute hinterlässt ein Mensch von sich geradezu monströs große Datenmengen: Geschriebenes und Gesprochenes, Bilder und Videos. Es gibt Firmen, die diese Daten gegen Bezahlung in noch viel größerem Umfang als gewöhnliche soziale Netzwerke für uns sammeln. Mit Hilfe von hochentwickelter Software kann man aus diesen Daten schon heute virtuelle Figuren konstruieren, die sich bewegen, sprechen und aussehen wie wir. Einen Eindruck, wie das vonstattengeht, kann man in Computerspielen bekommen. Für deren Figuren dienen immer häufiger Schauspieler als Vorlage, deren Aussehen, Bewegungen und Stimmen hierfür genauestens aufgenommen werden. Aus diesen Daten können Avatare gestaltet werden, die so realistisch aussehen und agieren wie ihre menschlichen Vorbilder.

Unternehmen sind bereits damit beschäftigt, dies auch für die Allgemeinheit anzubieten. Das bedeutet, dass wir bald die Möglichkeit haben werden, im Cyberspace selbst als virtuelle Wesen aufzutreten. Wir können uns einen digitalen Doppelgänger erschaffen, der wahlweise genauso aussieht wie wir oder wie eine perfektere Variante unserer selbst. Dann würden wir in Gestalt unserer Doppelgänger auf noch viel umfassendere Art und Weise ein Leben im Cyberspace führen. Die Attraktivität und sicherlich auch die Abhängigkeit vom Leben im Netz würde dadurch drastisch erhöht.

Derweil steuert die Entwicklung auf ein noch viel radikaleres Ziel zu. Unsere programmierten Stellvertreter sollen sich im Internet regelrecht verselbständigen. Eine Maschine, die sich in der realen Welt wie ein lebendiges Wesen verhält, nennt man »Roboter«. Ein Softwareprogramm, das sich in der virtuellen Welt wie ein Mensch verhält, nennt man kurz »Bot«. Im Film *Her* aus dem Jahre 2012 *verliebt* sich der von echten Beziehungen enttäuschte Protagonist in die weibliche Stimme seines Smartphones und verfällt ihr. Bislang haben die Programmierer solcher Bots allerdings noch große Probleme mit der Entwicklung eines Sprachprogramms, das uns glauben macht, wir würden mit einem echten Menschen Botschaften austauschen. Nichtsdestoweniger sind die Bots derart im Kommen, dass wir nicht mehr unterscheiden können, ob wir es im Netz mit einem Menschen oder mit einem Programm zu tun haben. In Online-Computerspielen und Internetkontaktbörsen ist das längst nichts Ungewöhnliches mehr. Bots werden hier bereits als virtuelle Animateure eingesetzt, um Nutzer anzulocken und an die Website zu binden.

Das Fernziel dieser Entwicklung geht aber noch einen gehörigen Schritt weiter. Mit allem digital hinterlassenen Material eines Menschen soll es irgendwann möglich werden, ein virtuelles Wesen zu programmieren, das an unserer Stelle ein Eigenleben im Cyberspace führt. Alternativ ist sogar davon die Rede, dass wir bald in der Lage sein werden, den Inhalt unseres Gehirns auf Festplatten und in den Cyberspace *hochzuladen*. Man spricht auch von »Hirn-Uploading«[10]. Auch wenn es wie ein Science-Fiction-Szenario klingen mag, an solchen Entwicklungen wird von den Wissenschaftlern der Transhumanismus-Bewegung tatsächlich gearbeitet.[11]

Wer mit der Serie *Raumschiff Enterprise* vertraut ist, der kennt das sogenannte Holodeck. Das Holodeck etabliert durch Hologramme eine virtuelle Realität, die der Nutzer wie eine Bühne betreten und wo er mit den Darstellungen interagieren kann. Das Hirn-Upload ist im Grunde nichts anderes. Ganz *konkret* soll es in Zukunft darum gehen, dass ein virtueller Doppelgänger nicht nur durch das Netz gesteuert, sondern quasi im Internet freigelassen wird, um an unserer Stelle eine Art Eigenleben zu führen. Manche Softwareentwickler versteigen sich zu der Prognose, dass ein solcher Avatar sogar so fühlen und denken können werde wie wir. Damit verbinden sie die Hoffnung, dass wir im Internet der Zukunft als *Software* würden weiterleben können, wenn die *Hardware* unserer Körper im wahrsten Sinne des Wortes ihren Geist aufgegeben hat. In seiner körperlichen Version erscheint der Mensch hier als ein Auslaufmodell. Indem er der Versuchung erliegt, sich mit Hilfe modernster Technologien im Cyberspace selbst unsterblich zu machen, versucht er letztlich verzweifelt, Gott zu spielen.

Unsere Seele quasi digital outsourcen zu wollen ist schon ein starkes Stück. Sein Leben auf diese Weise vollkommen auf eine virtuelle Ebene zu verlagern würde natürlich auf eine ultimative Internetabhängigkeit hinauslaufen. Das Versprechen auf ein ewiges Leben im Cyberspace ist insofern die schlimmste Variante der pseudoreligiösen Heilsversprechen, die im Netz propagiert werden.

Sind wir die Roboter?

Im nächsten Schritt sollen dann unsere »Hirn-Uploads« in die Computergehirne von Robotern umziehen, um diese zu steuern.[12] Vor gar nicht allzu langer Zeit erschien es uns noch als Hirngespinst, dass Roboter irgendwann die Welt bevölkern werden. Im Zuge der digitalen Revolution kommen die Roboter aber tatsächlich schleichend in unserem Alltag an. Mit der ausgereiften Computertechnologie von heute haben die Roboter quasi ein Gehirn bekommen, das sie intelligent genug macht, um für uns Menschen interessant zu sein. Mit der Unterstützung der Biotechnologie werden sie für uns irgendwann auch attraktiv sein. Und mit Hilfe des Internets können die Roboter nun auch miteinander kommunizieren. Man spricht in diesem Zusammenhang auch vom »Internet der Dinge«, in dem sich die Gegenstände untereinander austauschen.

Das sogenannte Internet der Dinge bietet scheinbar vor allem eins: die totale Kontrolle über unseren Alltag. Das Smartphone wird dabei zur Fernbedienung unseres Lebens. Es kann uns längst die vielen Fernbedienungen in unseren Haushalten ersetzen: für Fernseher, Stereoanlage, Licht, Jalousien und so weiter. So weit, so gut. Sie können das aber mittlerweile auch auf die Distanz regeln. Mit Kameras können Sie sich live in Ihre Wohnung schalten, um nachzuschauen, ob auch alles in Ordnung ist. Das Smartphone überträgt per Livestream. Es meldet ihnen ungewöhnliche Bewegungen, Rauch und Feuer. Vielleicht spukt es ja. Noch gruseliger ist es aber, dass wir damit nicht nur Geräte und Orte, sondern auch Menschen kontrollieren können. Es gibt schon Arm- und Fußbänder, mit denen Sie Ihre hyperaktiven Kinder oder Ihre dementen Eltern überwachen können. Sie können nachverfolgen, wo sie sind und unter Umständen auch, was sie so machen. Dieser Kontrollwahn nimmt paranoide Züge an. Das Netz sieht alles. Früher war es der liebe Gott.

Während wir einander im vermeintlichen Dienste größtmöglicher Sicherheit immer mehr gegenseitig kontrollieren und überwachen, blenden wir völlig aus, dass es wohl am Ende das Internet ist, das uns nicht nur bei Laune, sondern auch an der Leine hält. Man kann die Smartphones, die wir immerzu an der Frau oder am Mann haben, auch als Fußfesseln eines Überwachungsstaates ohne Herrscher verstehen.

Wir zahlen einen hohen Preis für unseren Zwang, alles unter Kontrolle haben zu wollen. Das macht uns nicht freier, sondern abhängiger – voneinander, von den Geräten und vom Internet. Wir wollen alles unserem Willen unterwerfen, sind aber doch alle nur ganz kleine Rädchen in einer großen Maschinerie. Der Vergleich mag seltsam anmuten, aber es ist ein bisschen so wie beim Sadomasochismus: Der Sadist meint den Masochisten unter Kontrolle zu haben, aber im Grunde gilt es mindestens genauso umgekehrt, denn der Masochist spielt mit dem Zwang des Sadisten, zu dominieren und zu kontrollieren. Je mehr wir unsere Umwelt und unsere Mitmenschen mit digitalen Techniken zu kontrollieren versuchen, desto mehr fesseln wir uns selbst daran. Bald allerdings wird wohl das Internet der Dinge selbst die Geschicke übernehmen. Das wird ziemlich gespenstisch werden.

Für folgendes Szenario sind beispielsweise längst die technologischen Voraussetzungen geschaffen. Kurz bevor Sie das Haus verlassen, trinken Sie den letzten Rest Milch aus. In Ihrer Abwesenheit stellt Ihr mit einem Scanner ausgestatteter Kühlschrank fest, dass keine Milch mehr da ist. Über seine Internetverbindung bestellt er folgerichtig bei einem Internetversandhandel für Lebensmittel zwei Tetrapak Milch. Wie es heute in einigen Versandhäusern bereits üblich ist, erledigen Computer und Roboter den Auftrag. Der Roboter übergibt die Milch an eine Drohne, ein unbemanntes computergesteuertes Flugobjekt, das die Ware auf Ihrem Balkon absetzt. Ihr Haushaltsroboter, den Sie sich neben den Robotern für das Fensterputzen, das Staubsaugen und das Rasenmähen halten, öffnet die Balkontür, holt die Milch ins Haus und stellt sie schließlich in den Kühlschrank. Vielleicht kommen Sie ja früh genug von der Arbeit zurück, um noch einen Kaffee zu trinken. Milch ist jedenfalls stets im Haus.

Ist es nicht klasse, alle unliebsamen Aufgaben einem willigen Helfer zu überlassen? – Vielleicht nehmen wir uns bald die Perfektion der Roboter zum Vorbild und funktionieren selbst wie Maschinen. Aber was geschieht mit uns, wenn wir von ihnen im Privat- und Berufsleben immer mehr ersetzt werden und irgendwann gar nicht mehr ohne sie sein können? Wer ist Herr in einem von Robotern bevölkerten Haushalt oder Land? Wer will in einer Welt leben, in der wir uns vollkommen abhängig von Maschinen gemacht haben? Oder ist es schon längst so weit? Es braucht nicht mehr lange, und wir sind in der Science-Fiction von Startrek und Co. angekommen.[13] Hierzu möchte ich noch eine letzte Geschichte aus meiner Behandlungspraxis einbringen.

Ein Internetabhängiger, der viele Jahre in einer Souterrainwohnung fast ausschließlich vor dem Computer verbrachte, erzählte mir einmal, dass er die Science-Fiction-Serie *Startrek – Next Generation* besonders liebe. Diese Fernseh- und Filmserie steht in der Nachfolge von *Raumschiff Enterprise* und beschäftigt sich ebenso auf geradezu philosophische Weise mit der Zukunft. Es geht immer wieder darum, wie die Besatzung des Raumschiffs in fremde Galaxien vordringt und auf andere, mehr oder weniger menschliche Lebensformen trifft, die ihre eigene Lebensweise in Frage stellen.
Dem internetabhängigen Patienten hatte es ein Besatzungsmitglied namens »Data« besonders angetan. Data ist ein Android, ein Roboter, der dank Computer- und Biotechnologie wie ein Mensch aussieht. In einer Folge darf Data für einen Tag lang einen Computerchip einsetzen, der ihn so fühlen, denken und handeln lässt wie ein richtiger Mensch. Daraus ergeben sich für ihn zwar neue

Perspektiven auf die Welt, aber auch viele Probleme im Umgang mit seinen Mitmenschen. Am Ende des Tages ist ihm das jedoch alles viel zu kompliziert. Die Auseinandersetzung mit den Gefühlen und Erwartungen der Menschen in seinem Umfeld ist ihm viel zu anstrengend geworden. Schließlich verzichtet er liebend gern auf den Chip und das Leben als Mensch. Er will lieber ein Android sein. – Und genau das wünschte sich der internetabhängige Patient eben auch. Er wollte sich entscheiden können, überhaupt nichts mehr zu fühlen, um von den Schwierigkeiten, die menschliche Beziehungen für ihn bislang mit sich gebracht hatten, nicht mehr behelligt zu werden. Er stellte sich ein solches Leben als Android einfacher vor. Aus Enttäuschung über seine soziale Umwelt wollte er einem Leben als Mensch abschwören. Als sein Psychotherapeut hat mich das erschüttert. Seine tiefe Traurigkeit hatte sich auf mich übertragen. Dass dieser Schmerz über seine Gefühle so deutlich in unseren therapeutischen Kontakt trat, eröffnete aber auch eine Perspektive für die Behandlung. Denn sein Bedürfnis, zur Gemeinschaft der Menschen zu gehören, war keinesfalls verschwunden. In der therapeutischen Beziehungsarbeit rang er von Mensch zu Mensch mit mir darum, einem Leben unter echten Menschen eine neue Chance zu geben.

Die Abhängigkeit von Computern und das alle und alles miteinander verbindende Internet können uns Menschen von uns selbst und voneinander entfremden. Wenn ich als Psychotherapeut erlebe, wie eine unkritische Nutzung der neuen Technologien Menschen vereinzeln und vereinsamen lässt, dann möchte ich mich selbst möglichst wenig davon abhängig machen. Auch ich lebe schon mit mehr Computern, als mir lieb ist. Von Robotern möchte ich mich nicht auch noch umgeben und umsorgen lassen. Es gibt schon jetzt mehr Computer als Menschen auf der Welt und mehr als 60 % der Kommunikation im Internet erfolgt bereits zwischen Programmen wie den Bots, was bedeutet, dass sich dort längst mehr Computer als Menschen miteinander austauschen.[14] Bald werden uns auch die Roboter zahlenmäßig überlegen sein. Keine schöne neue Welt.

Nach der Zivilisation kommt die Medialisation: Plädoyer für einen medialen Klimaschutz

Jede Revolution versetzt uns gleichermaßen in Euphorie und in Angst. Das ist bei der digitalen Revolution nicht anders. Es liegt quasi in der Natur der Sache. Allerdings haben sowohl die positiven als auch die negativen Reaktionen ihre Berechtigung. Wir wollen die Vorteile des Fortschritts für uns nutzen und seine Nachteile möglichst vermeiden. Wenngleich sich gerade in den letzten Jahren die kritischen Stimmen gegenüber dem Internet mehren, ändert sich kaum etwas daran, dass wir auf jeden digitalen Trend aufspringen. Es ist an der Zeit, anzuerkennen und auf den Punkt zu bringen, warum im Cyberspace nicht notwendigerweise ein besseres Leben auf uns wartet. Nur so können wir uns vor den schlimmsten Verirrungen und Abhängigkeiten hüten, in die einige von uns bereits hineingeraten sind.

Im Zuge der Zivilisation haben wir Menschen den Planeten Erde und unser animalisches Erbe mehr oder weniger erfolgreich zu beherrschen und zu kultivieren gelernt. Nun zieht es uns weiter. Am liebsten wollen wir uns den Bedingungen des einen Erdenlebens und der Abhängigkeit unserer Seele von unserem Körper nicht länger unterwerfen. Wir versuchen, uns davon unabhängig zu machen, indem wir unsere Existenz so weit wie möglich in den medialen Raum des Cyberspace verlagern. Nach der Zivilisation kommt die Medialisation. Wir hoffen auf ein besseres und schöneres Leben im Internet. Aber können wir davon ausgehen, dass ein Leben im Internet wirklich schöner ist? Und was verstehen wir in diesem Zusammenhang überhaupt unter Schönheit? Zweifellos macht uns das Internet das Leben an vielen Stellen einfacher, wobei Praktikabilität und Bequemlichkeit nichts mit Schönheit zu tun haben. Das Internet gibt uns die Möglichkeit, die schönen Seiten des Lebens besonders herauszustellen. Es vereinfacht uns auch den Zugang zu all dem, was der Mensch einmal an Schönem geschaffen hat. Und wir können in ihm nach Belieben neue virtuelle Welten erschaffen, in denen wir als Avatare leben.

Unsere Faszination für die schönen neuen Online-Welten wird allerdings zum Problem, wenn sie das Bemühen um die wirkliche Welt verdrängt. Wir können noch so viele Seiten unseres Alltagslebens ins Netz verlagern, am Ende sind wir auf unsere Körper und die Erde angewiesen. Vernachlässigen wir Natur und Kultur, zu der auch die körperliche Seite unseres Daseins gehört, während wir es uns im Internet immer hübscher machen, dürften unsere Bemühungen in puncto Schönheit zu einem Nullsummenspiel werden. Die schönsten Situationen im Leben kann das Internet ohnehin nicht ersetzen. Wenn wir aber nicht ab und zu vom Internet auf- und absehen, droht der Sinn für diese schönen Seiten des irdischen Lebens zu verkümmern. Allerdings kann es bei der Gestaltung unserer Zukunft ja nicht nur um Ästhetik gehen – es stellen sich Fragen der Ethik.

In einem Land wie Deutschland werden mittlerweile Milliardensummen für Unterhaltungselektronik ausgegeben. Der diesbezügliche Ausgabenanteil steigt. Einen immer größeren Teil dessen, was wir erwirtschaften, stecken wir in eine künstliche Welt. Mittlerweile wird sogar immer mehr Geld für virtuelle Gegenstände ausgegeben, zum Beispiel für virtuelle Waffen, aber auch für virtuelles Tierfutter und Düngemittel, um virtuelle Farmen zu bewirtschaften. Gleichzeitig kümmern wir uns immer weniger um die reale Welt. Das Interesse an Umweltschutz und Entwicklungshilfe scheint zurückzugehen. Bei aller Begeisterung für den Cyberspace verlieren wir die Erde und ihre leibhaftigen Bewohner aus den Augen und aus dem Sinn. Dies gilt insbesondere für jene Menschen, die unserer Unterstützung bedürfen, sei es in unserem unmittelbaren Umfeld oder in fernen Ländern.

Unsere Unterhaltungsindustrie kann uns gut ablenken, wenn unser Alltag grau und trist ist. Und unsere Kommunikationsmedien können uns dabei behilflich sein, auf das Leid eines anderen Menschen aufmerksam zu machen und uns zueinanderzubringen. Zwischenmenschlich zählt am Ende aber die direkte Zuwendung mit Herz und Hand. Um gut aufzuwachsen, brauchen Kinder zuallererst körperlichen Halt, Wärme und Liebe. Wenn wir Menschen ganz alt werden, brauchen wir manchmal eine ähnliche Zuwendung, die kein Computer und kein Roboter bieten können. Dies gilt auch für kranke und behinderte Menschen aller Altersgruppen. Wir mögen noch so viele Freunde in sozialen Netzwerken und Online-Computerspielen haben, wenn wir krank sind, zählt am Ende vor allem ein Besuch am Krankenbett, dann brauchen wir helfende und streichelnde Hände.

Anderen Menschen die Hand und eine Mahlzeit reichen, das spielt auch eine Rolle, wenn es um bedürftige Menschen außerhalb unseres Kulturkreises geht. Konzerne wie Google und Facebook sind längst dabei, auch die Dritte Welt cybertechnologisch zu vermessen. Mit Tausenden von Ballons und Drohnen, die mit Funkstationen ausgestattet sind, planen sie, auch dort das Netz weiter und dichter aufzuspannen. Offiziell wird dies als Entwicklungshilfe verkauft, inoffiziell geht es aber vor allem um die Marktanteile der Zukunft. Es wäre wunderbar, wenn sich die durchaus ambitionierten Projekte wie die der UNO als hilfreich erweisen würden, die davon ausgehen, dass Computer und Internet mehr Bildung und Information auch in die entlegensten Ecken der Welt bringen, damit die Menschen dort selbst die Erde erschließen und den Hunger stillen können. Wenn aber auch dort die digitalen Medien zum Selbstzweck verkommen, ist zu befürchten, dass es keine Nahrung und kein Wasser mehr gibt. Dies gilt insbesondere, wenn wir den riesigen Internetkonzernen im wahrsten Sinne das unbestellte Feld überlassen.

Wenn die Weltgemeinschaft hier keine Prioritäten setzt, können wir keine Verbesserung erwarten. Weder der Kapitalismus noch der Glaube an ein Internet, das wie von selbst Gutes in die Welt bringt, werden es richten. – Bis auf weiteres nehmen wir die virtuelle Welt und vor allem unsere Unterhaltung und Zerstreuung darin immer wichtiger und entfernen uns von dem Ziel, aus der Erde einen besseren und menschlicheren Planeten zu machen. Den Überschuss, den wir erwirtschaften, ver(sch)wenden wir für den Aufbau einer digitalen Welt, in der es nichts zu essen und zu trinken gibt.

Es gibt also sehr weitreichende Gründe, warum wir uns davor hüten sollten, im Zuge der Medialisation unsere Zivilisation so weit wie möglich in den Cyberspace zu verlegen. Wir brauchen allerdings nicht in die weite Welt zu schauen, um uns davon zu überzeugen, dass wir die entscheidenden zwischenmenschlichen Aufgaben und Angelegenheiten dort eben *nicht* erfüllen und erleben können. Wir können uns dort nicht bis in die Haarspitzen verlieben. Wirklichen Sex gibt es da nicht. Wir können dort keine Kinder zeugen, zur Welt bringen und ins Leben begleiten. Kein Hungernder wird dort satt. Wir können niemanden aus einer Krankheit herausführen oder in den Tod begleiten. Und schließlich können wir dort auch nicht sterben und begraben werden. Gerade für diejenigen Situationen, in denen wir als Menschen besonders schwach oder besonders stark sein können, in denen wir das größte Glück und das tiefste Leid miteinander teilen und in denen wir einander besonders nahe kommen, hat das Internet keinen Platz. Es sind dies die existenziellen Situationen des Zusammenlebens, in denen Körper, Gefühl und Geist im Zusammenspiel miteinander zu ungeahnter Größe finden. In diesen Momenten beweist sich unsere Menschlichkeit. Und dies sind auch die Situationen, um die es in der Psychotherapie geht.

Für mich als Psychotherapeut ist es immer wieder erschütternd zu erleben, wie sich junge, internetabhängige Menschen vom Diesseits der physischen Welt abwenden, um ihr Leben ins Jenseits der digitalen Welt zu verlagern. Eine solche Abhängigkeit kann so fundamental sein, dass sie einem Scheiden aus dem Leben, manchmal sogar einem vorläufigen Suizid gleichkommt. Dies offenbart sich darin, dass Internetabhängige nicht selten lebensmüde werden, wenn ihnen ihre digitale Lebensgrundlage im Entzug vorenthalten wird. Dann sind sie im praktischen wie im emotionalen Sinn unfähig, in der realen Welt zu überleben. Am Beispiel der Internetabhängigen können wir die existenziellen Bedrohungen erkennen, mit denen wir rechnen müssen, wenn wir uns von den digitalen Medien global immer weiter abhängig machen. Schauen wir also genau hin. Es geht dabei um uns alle.

Was uns fehlt, ist eine neue gesellschaftspolitische Bewegung, die sich unserer medialen Lebensbedingungen im Cyberspace annimmt, so wie sich die Umweltbewegung unseren realen Lebensbedingungen auf der Erde verschrieben hat. Gegen die negativen Auswirkungen der industriellen Revolution kämpfen wir noch immer und längst nicht genug an. Es geht ja nicht darum, sie rückgängig zu machen, sondern vielmehr darum, sie so zu gestalten, dass ihr Schaden so gering wie möglich und ihr Nutzen so groß wie möglich ist. Für die digitale Revolution gilt das auf ähnliche Weise.

Unser geistiges Klima wird von den jeweiligen Medien bestimmt, die wir erschaffen und nutzen. Die explosionsartige Vermehrung von Computern und Internet verändert unsere mediale Umwelt rasanter, als uns lieb sein kann. Negative Auswüchse dieser Entwicklung können unser Medienklima empfindlich aus dem Gleichgewicht bringen. Schon rein sprachlich erscheint der Vergleich als stimmig: Wir werden von Spams zugemüllt, der Datensmog vernebelt unsere Sinne, Shitstorms fegen über uns hinweg, und Computerviren infizieren unsere Datenbanken. Und das Zusammenbrechen von Servern und Netzen kommt einer Katastrophe gleich.

Wenn es heute zu echten Naturkatastrophen kommt, können wir uns zwar nicht immer sicher sein, ob sie etwas mit den Umweltsünden der industriellen Revolution zu tun haben. Für die Verschmutzung unseres geistigen Klimas durch die digitale Revolution tragen wir allerdings die volle Verantwortung. Wenn wir bereit sind, aus unseren Fehlern zu lernen, werden wir unsere mediale Umwelt ebenso schützen und pflegen, wie wir es mit unserer natürlichen Umwelt vorhaben. Es geht nicht darum, die digitale Revolution aufzuhalten, sondern darum, sie bewusst und behutsam zu gestalten.

Nehmen wir die Medialisation in die Hand. Wir brauchen eine kluge Medienökologie, die uns vor den Folgen unserer zunehmenden individuellen und kollektiven Internetabhängigkeit zu schützen vermag. Diese globale Präventionsaufgabe fällt – nicht allein, aber in großem Maße – auch der Politik zu. Sie bedarf wie bei der ökologischen Bewegung auch des Engagements eines jeden Einzelnen. Das Engagement für den Umweltschutz, das von den Menschen und der Politik in den deutschsprachigen Ländern ausgeht, gilt in der Welt als vorbildlich. Fangen wir jetzt ebenso beherzt damit an, uns zugunsten unserer seelischen Gesundheit für eine virtuelle Umwelt starkzumachen, die uns Menschen guttut. Auch beim medialen Klimaschutz geht es um nicht weniger als unsere Kinder und eine Zukunft in Freiheit.

Dank

Zuallererst und vor allem möchte ich den Patientinnen und Patienten danken, die sich wegen einer Internetabhängigkeit an mich gewandt haben. Ich bedanke mich für ihr Vertrauen und ihre Bereitschaft, an unseren wissenschaftlichen Studien teilzunehmen. Ohne die Erfahrungen und Erkenntnisse, die sich daraus ergeben haben, wäre es mir nicht möglich gewesen, dieses Buch zu schreiben. Ich hoffe, dass ich damit der Lebenssituation von Menschen mit Internetabhängigkeit auf respektvolle Weise gerecht geworden bin.

Klinisches und wissenschaftliches Arbeiten ist immer Gemeinschaftsarbeit. Ich bin sehr dankbar, dass ich mit so vielen engagierten und inspirierenden Kolleginnen und Kollegen zusammenarbeiten durfte und darf. Danken möchte ich denjenigen ehemaligen Kolleginnen und Kollegen, mit denen ich an der Medizinischen Hochschule Hannover zusammengearbeitet habe, stellvertretend für alle besonders Claudia Schlüter, Anke Baumgarten und Gregor Szycik. Besonders hervorheben möchte ich Hinderk M. Emrich, der mich mit meinem Thema gefördert hat, als es noch von kaum jemandem in unserer Zunft ernstgenommen wurde. Ebenso danke ich meinen jetzigen Mitstreitern, die mit mir in der Medienambulanz der Klinik für Psychosomatische Medizin und Psychotherapie des LWL-Universitätsklinikums der Ruhr-Universität Bochum gearbeitet haben und arbeiten, stellvertretend für alle Bettina Kuhlmann, Toni Steinbüchel und Jan Dieris-Hirche. Meinem Chef Stephan Herpertz und meinen oberärztlichen Kollegen, Gabriele Gerlach und Henrik Kessler, möchte ich dafür danken, dass ich mit diesem Thema einen Platz in der Klinik und Zeit für Forschung gefunden habe. Und schließlich möchte ich mich bei allen kooperierenden Instituten und Kliniken bedanken, von denen ich im Austausch über Internetabhängigkeit im Besonderen und Verhaltenssüchte im Allgemeinen viel gelernt habe und weiter lerne. Besonders hervorheben möchte ich in diesem Zusammenhang Astrid Müller von der Medizinischen Hochschule Hannover, Klaus Wölfling von der Johannes-Gutenberg-Universität Mainz und Matthias Brand von der Universität Duisburg-Essen.

Dass dieses Buch entstanden ist, verdanke ich insbesondere Manfred Lütz, der mich freundlicherweise dem Verlag vorgestellt und mir damit einen ebenso sanften wie notwendigen Schubs gegeben hat. Bei der Verlagsgruppe Droemer Knaur wurde ich von Margit Ketterle überaus freundlich empfangen und präzise durch alle Phasen der Entstehung des Buches geführt. Im Zuge dessen durfte ich mich zudem auf das ebenso herzliche wie kompetente Lektorat von Nadine Lipp verlassen, die mich immer wieder ermutigte, wenn ich mich sorgte. Ihnen beiden und allen im Verlag, die mein Buch mit auf den Weg gebracht haben, möchte ich ganz besonders danken.

Die ersten Entwürfe für dieses Buch entstanden in der Benediktinerabtei Neresheim, wohin ich mich seit Jahren regelmäßig zum Lesen und Schreiben zurückziehe. Dem Konvent und vor allem Pater Martin, meinem dortigen Freund, bin ich zu großem Dank verpflichtet für die überaus große Gastfreundschaft und Inspiration, die ich dort empfange.

Fünf weitere Geburtshelfer dieser Arbeit, mit denen ich in tiefer Freundschaft verbunden bin, möchte ich dankend erwähnen. Hätte mich mein bester Freund, Olaf Salié, nicht immer wieder herausgefordert, hätte mir der Mut gefehlt, dieses Buch zu schreiben. Klaudia Werth brachte mich darauf, das Krankheitsbild für den Leser mit dem Erzählen von Fallgeschichten verständlich zu machen. André Zwiers-Polidori und Andrija Vukicevic möchte ich für ihre sorgfältigen und wohlwollenden Korrekturen danken. Dieter

Rockstroh danke ich für seine kritische Haltung, die meine Arbeit seit über 12 Jahren freundschaftlich begleitet. Und Manuela Düssel danke ich dafür, dass ich mit ihr in den vergangenen arbeitsreichen Monaten in der Klinik und am Schreibtisch einfach ein paar schöne Dinge ohne Rechner außer Haus machen konnte, um Kraft zu tanken.

Und schließlich möchte ich noch meinem Mann, Burkhard Voigt, danken, der mit mir zu Hause am meisten aushalten musste oder – besser gesagt – der mich am allermeisten unterstützt hat, auch als erster Leser dieses Buches.

Anmerkungen

Alle Verweise auf Webseiten wurden vom Autor überprüft und geben den Stand vom 1. November 2014 wieder.

Vorwort

1   Mir ist bewusst, dass die »Virtual Reality«, die künstliche Wirklichkeit des Cyberspace, auch eine Realität darstellt. Das Adjektiv »virtuell« bedeutet allerdings auch »künstlich«, »simuliert« und sogar »unwirklich«. Insofern birgt der Begriff »Virtual Reality« eine charakteristische Paradoxie. Diese Paradoxie lässt sich jedoch aus meiner Sicht nicht auflösen, indem man sagt, dass die virtuelle Realität des Cyberspace genauso wirklich ist wie die konkrete Realität der fassbaren Welt. Darin unterscheide ich mich fundamental von einigen Jüngern des Internets. Meine Haltung begründet sich auf der Annahme, dass wir weiterhin auch einen Wirklichkeitsbegriff jenseits von Künstlichkeit und Simulation benötigen. Sicherlich gibt es viele Realitäten. Gegenüber der neuen digitalen Wirklichkeit existiert eine analoge Realität, die konkret, weltlich und echt ist und die ich auch als solche benennen möchte.

Einleitung: Vernetzt, verspielt, verloren

1   Viele Eltern wissen nicht, dass man gemäß der Regeln für die Nutzung von Facebook erst ab dem 13. Lebensjahr Mitglied werden darf. In einer Studie des Deutschen Instituts für Vertrauen und Sicherheit im Internet (DIVISI) hat sich gezeigt, dass 36 % der 9- bis 13-Jährigen täglich Facebook nutzen. Siehe: DIVISI U25-Studie. Kinder, Jugendliche und junge Erwachsene in der digitalen Welt, 2014.
2   Dies gilt nicht nur für Substanzen wie Alkohol und Nikotin, sondern auch für die Nutzung von Glücksspielen. Dies konnte unter anderem von dem Psychologen und Spielforscher Mark Griffiths nachgewiesen werden, der sich früh auch der Abhängigkeit von Computerspielen und Internet gewidmet hat: Mark Griffiths & Richard T. Wood (2000). Risk Factors in Adolescence: The Case of Gambling, Videogame Playing, and the Internet. Journal of Gambling Studies 2000; 16: 199–225.
3   Hans-Jürgen Rumpf, Christian Meyer, Anja Kreuzer, Ulrich John (2011). Prävalenz der Internetabhängigkeit (PINTA). Bericht an das Bundesministerium für Gesundheit. Universität Lübeck, Klinik für Psychiatrie und Psychotherapie.
4   Vertreter der Internet- und Computerspielindustrie, mit denen ich manchmal zu Podiumsdiskussionen eingeladen werde, spielen diese Zahlen gerne herunter. In diesem Rahmen wurde schon des Öfteren die

Meinung vertreten, dass ein Prozent Betroffene in der Bevölkerung doch eine geringe, ja geradezu zu vernachlässigende Größe darstellen. Die Bevölkerungszahl, die entsprechend der Studienlage von einer problematischen oder pathologischen Internetabhängigkeit betroffen ist, ist beispielsweise höher als die der an Schizophrenie Erkrankten. Im Fall der Schizophrenie würde niemand ernsthaft behaupten, dass diese Erkrankung zu vernachlässigen sei und nicht ernst genommen werden brauche.

1 Wenn aus Spiel Ernst wird. Diagnose

1   Die Patientinnen und Patienten, deren Krankheits- und Behandlungsgeschichten beschrieben werden, haben dankenswerterweise dafür ihr Einverständnis gegeben. Um ihre Anonymität zu sichern, wurden in den Beschreibungen kleine Verfremdungen vorgenommen, die den Kern der Aussagen weder verändern noch dramatisieren.
2   Auf der englischsprachigen Webseite von Kimberly Young finden sich viele interessante Informationen und internationale Links: www.netaddiction.com.
3   Ausgeschlossen sind Betroffene, deren exzessive Internetnutzung sich als Symptom einer Zwangserkrankung oder Manie erklären lässt.
4   Kimberly Young stellte die Kriterien erstmals am 15. August 1996 auf dem Kongress der American Psychological Association in Toronto vor und publizierte sie 1998: Kimberly Young. Internet Addiction: The Emergence of a New Clinical Disorder. CyberPsychology and Behavior 1998; 1: 237–244.
5   Peter Falkai, Hans-Ulrich Wittchen (Hrsg.). Diagnostisches und Statistisches Manual Psychischer Störungen – DSM-V: Deutsche Ausgabe. Göttingen 2014.
6   Die Adaption der Kriterien in Frageform wurde auf der Grundlage der Übersetzung von Kay Petersen und mir vorgenommen: Kay U. Petersen & Bert te Wildt. Internet- und Computerspielabhängigkeit. In: Ulrich Vorderholzer, Fritz Hohagen. Therapie psychischer Erkrankungen (9. Auflage). München 2014.
7   Ausgeschlossen sind Betroffene, die unter einer Abhängigkeit von Glücksspielen leiden. Sie wird primär als Glücksspielsucht klassifiziert.
8   Mirko Pawlikowski, Christine Allstötter-Gleich, Matthias Brand. Validation and psychometric properties of a short version of Young's Internet Addiction Test. Computers in Human Behavior, 2012; 29: 1212–1223.
9   Die Taskforce »Verhaltenssüchte« der Deutschen Gesellschaft für Psychiatrie und Psychotherapie, Psychosomatik und Nervenheilkunde (DGPPN), der ich angehöre, empfiehlt die Aufnahme von Internetabhängigkeit in die Internationale statistische Klassifikation der Krankhei-

ten der WHO, deren neueste Version in Vorbereitung ist (ICD-11). Das entsprechende Positionspapier wurde gerade veröffentlicht: Thomas Mößle, Hans-Jürgen Rumpf, Florian Rehbein, Astrid Müller, Nicolas Arnaud, Rainer Thomasius, Bert te Wildt. Internet- und Computerspielabhängigkeit. In: Karl Mann (Hg.). Verhaltenssüchte: Grundlagen, Diagnostik, Therapie, Prävention. Heidelberg 2014.

10 Dorothee Mücken, Annette Teske, Florian Rehbein, Bert te Wildt (Hg.) Prävention, Diagnostik und Therapie von Computerspielabhängigkeit. Lengerich 2010.

11 Das Internet ist voll von Videos von Menschen, die völlig ausrasten, wenn sie keinen Internetzugang mehr haben. So lehrreich eine solche Zurschaustellung von Entzugserscheinungen sein kann, moralisch gesehen ist sie höchst fragwürdig. Auf Youtube zeigen Eltern, wie ihre Kinder Wutanfälle bekommen und auf ihre Computer oder um sich schlagen. Frauen filmen ihre Partner im Ausnahmezustand, nachdem sie deren Spielzugang gelöscht haben. Solche Situationen können für beide Seiten ebenso lehrreich wie gefährlich sein.

12 www.news.bbc.co.uk/2/hi/americas/7826663.stm
13 www.chinadaily.com.cn/english/doc/2005-05/31/content_447113.htm
14 www.news.bbc.co.uk/2/hi/technology/4137782.stm
15 www.shanghaiist.com/2012/03/02/gamer_dies_after_spend_23_hours_onl.php#photo-1

16 Die Arbeitsgruppe »Diagnostik« des Fachverbands Medienabhängigkeit hat unter der Leitung von Florian Rehbein und mir auf der Grundlage des bisherigen Forschungsstandes eigene diagnostische Kriterien von Internet- und Computerspielabhängigkeit vorgeschlagen. Diese zeichnen sich dadurch aus, dass zwischen primären Kriterien, die das Suchtverhalten erfassen, und sekundären Kriterien, die die negativen Folgeerscheinungen beschreiben, unterschieden wird. Bei Letzteren wird zwischen körperlichen, sozialen und leistungsbezogenen Folgen differenziert. Siehe hierzu: Bert te Wildt & Florian Rehbein. Diagnostik von Internet- und Computerspielabhängigkeit. In: Mücken, Teske, Rehbein, te Wildt (Hg.). Prävention, Diagnostik und Therapie von Computerspielabhängigkeit. Lengerich 2010.

17 Jeong S. Park, Mi J. Choi, Ji E. Ma, Ji H. Moon, Hyo J. Moon. Influence of Cellular Phone Videos and Games on Dry Eye Syndrome in University Students. Journal of Korean Academic Community Health Nursing 2014; 25: 12–23.

18 Diana M. Macgregor. Nintendonitis? A Case Report of Repetitive Strain Injury in a Child as a Result of Playing Computer Games. Scottish Medicine Journal 2000; 45: 150.

19 www.dailymail.co.uk/news/article-1394903/Rebecca-Colleen-Christie-jailed-25-years-allowing-daughter-Brandi-Wulf-STARVE-death-played-World-Warcraft.html

20 www.theguardian.com/world/2010/mar/05/korean-girl-starved-online-game
21 Wie bei anderen Suchterkrankungen hat sich in vielen Studien gezeigt, dass das Belügen von Angehörigen im Hinblick auf das Suchtverhalten ein wichtiger diagnostischer Hinweis für das Vorliegen einer Internetabhängigkeit ist. Dies bedeutet, dass das Verschweigen und Belügen den Betroffenen seitens des Umfelds nur bedingt zum Vorwurf gemacht werden kann, weil es als Symptom der Erkrankung zu verstehen ist und damit einer bestimmten Zwangsläufigkeit folgt.
22 Thomas Mößle, Florian Rehbein. Die Rolle problematischer Mediennutzung für Schulerfolg und Gewaltvorhalten – ein Geschlechtervergleich. In: Mößle, Pfeiffer, Baier (Hg.). Die Krise der Jungen. Baden-Baden 2014.

2 Spiele, Sehnsucht, Sex. Varianten

1 Jüngst haben Kimberly Young, Matthias Brand und Christian Laier ein auf neuropsychologischen und neurobiologischen Erkenntnissen basierendes theoretisches Modell zur Entstehung und Aufrechterhaltung von Internetabhängigkeit publiziert, in dem sowohl spezifische Varianten als auch die allgemeine Internetabhängigkeit berücksichtigt sind: M. Brand, K. S. Young, C. Laier. Prefrontal Control and Internet Addiction: A Theoretical Model and Review of Neuropsychological and Neuroimaging Findings. Frontiers of Human Neurosciences 2014; 8: 375.
2 Gallus Bischof, Anja Bischof, Christian Meyer, Ulrich John, Hans-Jürgen Rumpf. Prävalenz der Internetabhängigkeit – Diagnostik und Risikoprofile (PINTA-DIARI). Kompaktbericht an das Bundesministerium für Gesundheit. Lübeck, August 2013.
3 Karl Mann. Verhaltenssüchte. Glücksspiel, Internet & Co. Heidelberg 2014.
4 Astrid Müller, James E. Mitchell, Martina de Zwaan (2013). Compulsive buying. The American Journal on Addictions. doi: 10.1111/j.1521-0391.2013.12111.x
5 Marisa Salanova, Susana Llorens, Eva Cifre. The dark side of technologies: Technostress among the users of information and communication technologies. International Journal of Technology 2013; 48: 422–436.
6 Beispiele für Live-Suizide im Internet finden sich u.a. unter www.thelocal.se/20101012/29566
7 Der Begriff »Mobbing« wird im Englischen nicht in der Weise verwendet, wie es im Deutschen in inflationärer Art und Weise getan wird.
8 Theodor W. Adorno (1951). Minima Moralia. Frankfurt a. M. 2003.

3 Medial, sozial, individuell. Ursachen

1. Robert D. McIlwraith. »I'm addicted to television«: The personality, imagination, and TV watching patterns of self-identified TV addicts. Journal of Broadcasting and Electronic Media 1998; 42: 371–386.
2. Mark Hamer, Emmanuel Stamatakis, Gita D. Mishra. Television- and Screen-Based Activity and Mental Well-Being in Adults. American Journal of Preventive Medicine 2010; 38: 375–80.
3. Die JIM-Studie 2013 – Jugend, Information, (Multi-)Media wurde vom Medienpädagogischen Forschungsverbund Südwest anhand einer repräsentativen Stichprobe von 1200 deutschsprachigen Zielpersonen durchgeführt. Die alljährlich stattfindende Befragung in der Bundesrepublik Deutschland gilt allgemein als ein wichtiger Indikator für die Entwicklung der Mediennutzung der Jugendlichen. Die JIM-Studie 2013 – Jugend, Information, (Multi-)Media. Stuttgart 2013.
4. Alexander Markowetz, Konrad Blaszkiewicz, Christian Montag, Christina Switala, Thomas E. Schläpfer. Psycho-Informatics: Big Data shaping modern psychometrics. Medical Hypotheses 2014; 82: 405–411.
5. Douglas Coupland. Marshall McLuhan. Eine Biographie. Stuttgart 2011.
6. Marshall McLuhan (1969). Geschlechtsorgane der Maschinen. Playboy 1969; 3. In: Martin Baltes, Rainer Höltschl (Hg.). Absolute Marshall McLuhan. Freiburg 2002, S. 7–55.
7. Ein Expertengremium des Fachverbands Medienabhängigkeit hat auf der Grundlage des bisherigen Forschungsstandes ein Positionspapier über die Abhängigkeitsfaktoren von Online-Spielen entwickelt.
8. Magdalena Plöger-Werner. Wie Onlinerollenspiele süchtig machen. Köln 2012.
9. JIM-Studie 2013 – Jugend, Information, (Multi-)Media.
10. Bert te Wildt. Funny Games – Ein unerträgliches Meisterwerk des Films. Würzburg 2014
11. Sigmund Freud (1906). Meine Ansichten über die Rolle der Sexualität in der Ätiologie der Neurosen. In: S. Freud. Gesammelte Werke. Band V. Werke aus den Jahren 1904–1905. Frankfurt a. M. 1999.
12. Haifeng Xu, Bernard C. Y. Tan. Why do I keep checking Facebook: Effects of message characteristics on the formation of social network services addiction. International Conference on Information Systems, 2012. Conference Paper.
13. Huang Xiuqin, Zhang Huimin, Li Mengchen, Wang Jinan, Zhang Ying, Tao Ran. Mental Health, Personality, and Parental Rearing Styles of Adolescents with Internet Addiction Disorder. Cyberpsychology, Behavior, and Social Networking 2010; 3: 401–406.
14. An dieser Stelle benutze ich ganz bewusst nicht den Begriff »Mobbing«, weil er in seiner allgemeinen Verwendung im deutschsprachigen

Bereich zu einer übermäßigen Betonung und Pathologisierung von Täter- und Opferrollen führt. Bei psychisch Kranken im Allgemeinen und Internetabhängigen im Besonderen besteht aus meiner Sicht die Gefahr einer übermäßigen Identifizierung mit der Opferrolle, die im Hinblick auf das Therapieziel Autonomie kontraproduktiv ist. Ganz davon abgesehen ist der Begriff »Mobbing« auch insofern problematisch, da in den englischsprachigen Ländern für dasselbe Phänomen ein anderer Begriff, nämlich »bullying«, verwendet wird.
15 Gemäß der JIM-Studie gaben die Jugendlichen 2013 durchschnittlich an, in Online-Communitys 290 »Freunde« zu haben.
16 Das Bonner Forscherteam um Martin Reuter und Christian Montag identifizierte eine genetische Variante bei Internetabhängigen, die auch bei anderen Suchterkrankungen (Nikotinsucht) eine Bedeutung hat: Christian Montag, Peter Kirsch, Carina Sauer, Sebastian Markett, Martin Reuter. The role of the CHRNA4 gene in Internet addiction: a case-control study. The Journal of Addiction Medicine 2012; 6: 191–195.
17 Bert te Wildt, Inken Putzig, Marion Drews, Stefanie Lampen-Imkamp, Markus Zedler, Birgitt Wiese, Wolfgang Dillo, Martin D. Ohlmeier. Pathological Internet use as a symptom of psychiatric disorders: A prospective study on psychiatric phenomenology and clinical relevance of Internet dependency. European Journal of Psychiatry; 24: 136–145.
18 Ralf Thalemann, Klaus von Wölfling, Sabine M. Grüsser. Specific Cue Reactivity on Computer Game-Related Cues in Excessive Gamers. Behavioral Neuroscience 2007; 121: 614–618.
19 Bert te Wildt. Medialität und Verbundenheit. Zur psychopathologischen Phänomenologie und Nosologie von Internetabhängigkeit. Habilitationsschrift. Lengerich 2010.
20 Siehe hierzu eine Übersichtsarbeit: Vladimir Carli, Tony Durkee, Danuta Wassermann et al. The Association between Pathological Internet Use and Comorbid Psychopathology: A Systematic Review. Psychopathology 2013; 46: 1–13.

4 Wege aus der Sucht. Behandlung

1 Douglas A. Gentile, Hyekyung Choo, Albert K. Liau, Timothy Sim, Dongdong Li, Daniel Fung, Angeline Khoo. Pathological Video Game Use Among Youth: A Two-Year Longitudinal Study. Pediatrics 2011; 127: e319–329.
2 www.abendblatt.de/vermischtes/article130813576/Kein-Internet-mehr-Jugendlicher-dreht-durch.html
3 Martin D. Ohlmeier, Karsten Peters, Andrea Kordon, Jürgen Seifert, Bert te Wildt, Birgit Wiese, Marc Ziegenbein, Hinderk M. Emrich, Udo Schneider. Nicotine ans alcohol dependence in patients with co-

morbid attention-deficit/hyperactivity (ADHD). Alcohol & Alcoholism 2007; 42: 539–543.
4   Der am 17.11.2008 in Schwerin von mir mitbegründete Fachverband Medienabhängigkeit, dessen Vorsitzender ich zwischen 2010 und 2012 war, setzt sich für eine Verbesserung der Behandlung und Prävention von Internetabhängigkeit ein. Siehe hierzu: www.fv-medienabhaengigkeit.de
5   Die juristische Auslegung des Betreuungsgesetzes fällt in den einzelnen Bundesländern etwas unterschiedlich aus.
6   Die Bezeichnung »Medienambulanz« erklärt sich daraus, dass wir dort auch die Chancen digitaler Techniken für die Psychotherapie erforschen und nutzen wollen.
7   Informationen über die klinische und wissenschafliche Arbeit des Anton-Proksch-Instituts finden sich unter: www.api.or.at
8   Sabine Grüsser, Ralf Thalemann. Computersüchtig? Rat und Hilfe. Bern 2006.
9   Ralf Thalemann, Klaus Wölfling, Sabine Grüsser: Specific cue reactivity on computer game-related cues in excessive gamers. Behavioral Neuroscience 2007; 121: 614–618.
10 Klaus Wölfling, Christina Jo, Isabel Bengmesser, Manfred E. Beutel, Kai W. Müller: Computerspiel- und Internetsucht: Ein kognitiv-behaviorales Behandlungsmanual. Stuttgart 2012.
11 Klaus Wölfling, Manfred E. Beutel, Michael Dreier, Kai W. Müller. Treatment Outcomes in Patients with Internet Addiction: A Clinical Pilot Study on the Effects of a Cognitive-Behavioral Therapy Program. BioMedResearchInternational2014.http://dx.doi.org/10.1155/2014/425924
12 Oliver Bilke-Hentsch, Inge Seiffge-Krenke, Marc Stoll, Bert te Wildt: Pathologischer Internet- und Medienkonsum bei Jugendlichen und Heranwachsenden. Psychodynamische Aspekte in der klinischen Konzeptbildung. Die Psychodynamische Psychotherapie 2013; 12: 81–90.
13 Annette Teske, Philipp Theis, Kai W. Müller: Internetsucht – Symptom, Impulskontrollstörung oder Suchterkrankung? Eine Übersicht zum Forschungsstand und zu den Implikationen für die therapeutische Praxis. Psychotherapeutenjournal 2013; 1: 19–26.
14 Bert te Wildt, Valentina Albertini: Psychische Auffälligkeiten bei der Internetnutzung von Frauen. In: Brigitte Boothe & Annette Riecher A (Hg.). Psychotherapie bei Frauen. Grundlagen – Störungsbilder – Behandlungsangebote. Stuttgart 2012.
15 Bilke-Hentsch, siehe 10.
16 Christiane Eichenberg. Internetsucht geht mit unsicherer Bindung einher. Ärzteblatt PP 2014; 6: 269-271.
17 Christoph Möller: Internet- und Computersucht. Stuttgart 2011.
18 www.auxilium-reloaded.de
19 Petra Schuhler, Monika Vogelgesang: Abschalten statt Abdriften:

Wege aus dem krankhaften Gebrauch von Computer und Internet. Weinheim 2011.
20 Anthony McCarten. Ganz normale Helden. S. 29.
21 In einem Gespräch äußerte Kimberly Young mir gegenüber ihr Bedauern, dass sie in den USA bislang nur Erwachsene mit dem Programm behandeln kann, und dies auch nur, wenn sie die 14 000 Dollar Behandlungskosten selbst aufbringen können. Angesichts der enormen Pflegesätze in den USA ist dies allerdings kein ungewöhnlich hoher Preis für eine zehntägige stationäre Behandlung. Dort ist bis dato keine Versicherung dazu bereit, diese Kosten zu übernehmen, weil Internetabhängigkeit nach wie vor nicht als eigenständiges Störungsbild anerkannt ist. Kimberly Young kämpft weiter für die Anerkennung.
22 Informationen über das von Franz Eidenbenz geleitete Zentrum für Spielsucht und andere Verhaltenssüchte in Zürich finden Sie unter: www.spielsucht-radix.ch
23 Kimberly S. Young: Internet Addiction: A Handbook and Guide to Evaluation and Treatment. New York 2011.
24 Die Website von Christoph Hirte und dem von ihm begründeten Netzwerk für Ratsuchende bei Aktiv gegen Mediensucht e.V. finden Sie unter: www.rollenspielsucht.de
25 Wenliang Su, Xiaoyi Fang, John K. Miller, Yiyuan Wang. Internet-Based Intervention for the Treatment of Online Addiction for College Students in China: A Pilot Study of the Healthy Online Self-Helping Center. Cyberpsychology, Behavior, and Social Networking 2011; 14: 497-503.

5 Wir können etwas tun! Prävention

1 JIM-Studie 2013.
2 Den Repertoire-Gedanken des Medialen verdanke ich der besonders lesenswerten Mediengeschichte: Jochen Hörisch. Eine Geschichte der Medien. Frankfurt a. M. 2004.
3 JIM-Studie 2013.
4 Niemand beschreibt die Beschleunigung des Weltgeschehens so treffend wie: Paul Virilio (1990). Rasender Stillstand. Frankfurt a. M. 2002.
5 6% der 4- und 5-Jährigen haben beispielsweise bereits ein eigenes Mobiltelefon, wobei jedes zweite Gerät ein Gebrauchtmodell ist, was dafür spricht, dass Eltern ihre ausrangierten Telefone an die Kinder weitergeben. Dies hat die sogenannte »Kids Verbraucheranalyse 2014« gezeigt, die im Auftrag des Egmont Epha Verlags durchgeführt wurde. Ein weiteres Ergebnis dieser Studie ist, dass 82% der 6- bis 13-Jährigen regelmäßig mit PCs und Tablet-Computern umgehen, wobei ein Drittel von ihnen bereits über einen eigenen Computer verfügt.
6 Die einflussreiche »American Pediatric Association« warnt eindringlich davor, Kinder unter zwei Jahren überhaupt Bildschirmmedien aus-

zusetzen: www.aap.org/en-us/advocacy-and-policy/aap-health-initiatives/Pages/Media-and-Children.aspx
7   Die italienische Sexualtherapeutin Serenella Salomoni fand in 2006 in einer Studie mit 523 Paaren heraus, dass sich die durchschnittliche sexuelle Aktivität zwischen den Partnern halbiert, wenn im Schlafzimmer ein Fernseher aufgestellt wird.
8   Der Begriff »Medienverwahrlosung« geht auf Prof. Dr. Christian Pfeiffer, dem Direktor des Kriminologischen Forschungsinstituts Niedersachen (KFN) zurück. Siehe hierzu auch: Pfeiffer C. Medienverwahrlosung als Ursache von Schulversagen und Jugenddelinquenz? Hannover: Kriminologisches Forschungsinstitut Niedersachsen e.V., 2003.
9   Nicola Döring. Pornografie-Kompetenz: Definition und Förderung. Zeitschrift für Sexualforschung 2011; 24: 228–255.
10 Johannes Gernert. Generation Porno: Jugend, Sex, Internet. Köln 2010.
11 Neil Postman. Das Verschwinden der Kindheit. Frankfurt a. M.: 1987.
12 Im Rahmen einer 2012 veröffentlichten Studie zeigte sich bei Eltern eine geringe Kenntnis über Filtersoftware zum Jugendschutz. Viele Eltern haben schon einmal davon gehört. Aber nur 21–27 % der Eltern gaben zu diesem Zeitpunkt an, Jugendschutzsoftware bei der Internetnutzung ihrer Kinder einzusetzen. Siehe hierzu: Stephan Dreyer, Daniel Hajok, Uwe Hasebrink & Claudia Lampert. Jugendschutzsoftware im Elternhaus: Kenntnisse, Erwartungen und Nutzung. Stand der Forschung. Hamburg 2012.
13 Siehe hierzu: www.klicksafe.de
14 In diesem Zusammenhang ist auch die Frage aufzuwerfen, ob es sinnvoll ist, wenn Eltern mit ihren Kindern als »Freunde« verlinkt sind. 42 % der 12- bis 19-Jährigen geben an, mit ihren Eltern in einer Online-Community »befreundet« zu sein. 37 % machen dasselbe sogar für Lehrer geltend. Siehe: JIM-Studie 2013 – Jugend, Information, (Multi)Media. Basisstudie zum Medienumgang 12- bis 19-Jähriger in Deutschland. Medienpädagogische Forschungsverbund West (LFK), 2013.
15 Siehe hierzu: www.EUkids.online.de
16 Hierüber existieren nur wenige verlässliche Zahlen. Schätzungen in Deutschland gehen davon aus, dass mittlerweile 30–50 % der Schüler im Laufe ihrer Schullaufbahn Nachhilfe erhalten. Siehe hierzu: Evelyn Varnack, Susanne Bosshart, Astrid Eichenberger: 4- bis 12-Jährige – Ihre schulischen und außerschulischen Lebenswelten. Münster 2013.
17 In einer deutschen Studie mit mehr als 1000 Probanden erklärten über 80 % der Befragten, dass sie bereit seien, die Denkleistung steigernde Mittel einzunehmen, solange diese keine Abhängigkeit und keine langfristigen Schäden hervorrufen würden. Siehe hierzu: A.G. Franke, C. Bonertz, M. Christmann, S. Engeser, K. Lieb. Attitudes Toward Cog-

nitive Enhancement in Users and Nonusers of Stimulants for Cognitive Enhancement: A Pilot Study. American Journal of Bioethics – Empirical Bioethics 2012; 3: 1–7.
18 Wolfgang Bergmann, Gerald Hüther: Computersüchtig: Kinder im Sog der modernen Medien. Köln 2007.
19 Dorothee Mücken, Bert te Wildt: Gesund arbeiten im Internet. Zur Vorbeugung von Kommunikations-Burnout und Internetabhängigkeit am Arbeitsplatz. Hannover 2013.
20 Vilem Flusser: Medienkultur. Frankfurt a. M. 2005.
21 Sherry Turkle: Verloren unter 1000 Freunden: Wie wir in der digitalen Welt seelisch verkümmern. München 2012.

6 Der Kult ums Netz. Wie uns digitale Heilsversprechen in eine kollektive Abhängigkeit führen

1 Der Medienphilosoph Paul Virilio spricht vom »rasenden Stillstand«, bei dem das Weltgeschehen unter dem Wahnsinnstempo der Kommunikationsprozesse implodiere bzw. zusammenbreche.
2 In diesem Zusammenhang wird gerne hervorgehoben, dass sich die Generation der Digital Natives über das interaktive Computerspielen und Netzwerken hinaus im Sinne von Partizipation aktiv an gesellschaftlichen Prozessen beteiligt. Die Zahlen der JIM-Studie 2013 sind jedoch ernüchternd. Nur eine kleine Gruppe von 6 % beteiligt sich beispielsweise an der öffentlichen Diskussion in Foren oder Newsgroups, was auch noch gesellschaftliches Engagement im engeren Sinne bedeutet.
3 Robert Pfaller. Ästhetik der Interpassivität. Hamburg 2009.
4 Schon vor dem Internet kamen ausführliche Selbstdarstellungen gegenüber Freunden und Verwandten in Mode. Es begann mit den Rundbriefen. Erst wurden die Jahresrückblicke auf Fotokopien mit der Post, später dann per E-Mail versendet. Meist kamen sie von Menschen, die einem nicht notwendigerweise nahestanden. Für mich waren diese unpersönlichen, weil unbezogenen und letztlich etwas lieblosen Schreiben ein Zeichen von Distanz zwischen Absender und Empfänger. Die damalige Abneigung gegen diese Rundbriefe entspricht ungefähr meinem heutigen Unbehagen gegenüber den ausufernden Selbstdarstellungen in den digitalen sozialen Netzwerken.
5 Der englische Originaltitel des vorletzten Buches aus 2010 von Jaron Lanier bringt das Problem besonders gut zum Ausdruck: »You are not a Gadget«. Jaron Lanier. Gadget – Warum uns die Zukunft noch braucht. Berlin, 2010. Siehe vom selben Autor auch: Wem gehört die Zukunft? Hamburg 2012.
6 Jaron Lanier, Gadget – Warum uns die Zukunft noch braucht.
7 Byung-Chul Han. Transparenzgesellschaft. Berlin 2012.

8   Ein wichtiges politisches Gegensignal setzte eine Reihe von Schriftstellerinnen und Schriftstellern, die, initiiert von der Autorin Juli Zeh, ein Manifest zur Verteidigung der Demokratie im digitalen Zeitalter aufsetzten: www.change.org/p/die-demokratie-verteidigen-im-digitalen-zeitalter
9   Manfred Spitzer. Digitale Demenz. München 2012.
10 Siehe hierzu auch den Film *Transcendence* von Wally Pfister, 2014.
11 Max More & Natasha Vita-More (Hg.). The Transhumanist Reader: Classical and Contemporary Essays on the Science, Technology, and Philosophy of the Human Future. Hoboken (New Jersey) 2013.
12 Siehe hierzu den Film *Surrogates – Mein zweites Ich* von Jonothan Mostow, 2009 sowie die Serie *Real Humans – Echte Menschen* von Lars Lundström, 2012.
13 Nicht erst seit sich der Mensch Mutter Erde untertan gemacht und sie heruntergewirtschaftet hat, träumt der Mensch von einem Leben auf anderen Planeten. In zahlreichen Science-Fiction-Romanen, -Serien und -Filmen geht es darum, wie wir den Weltraum erobern, um dort neue Lebensformen zu entwickeln. In dem Leben, in das wir uns in der Science-Fiction hineinphantasieren, sind wir erstens aufgrund der Technologien der Zukunft selbst flexibler und mobiler, stärker und schöner, als wir es im Hier und Jetzt sind. Und zweitens begegnen wir in der Zukunft Wesen, guten und bösen Aliens, die ganz anders sind als wir. Diese Vorstellungen werden von den Zukunftsvisionen der digitalen Unterhaltungsindustrie in allen Variationen bedient. Mehr denn je träumen wir davon, besser und anders zu werden, als wir sind. Unsere Accounts und Avatare auf dem *Planeten Internet* haben mehr mit unseren Sehnsüchten und Phantasien zu tun als mit dem Leben, das wir auf der Erde führen. Und das Versprechen, unsere Sehnsucht schnell und ultimativ zu stillen, birgt eben stets die Gefahr der Sucht. – Unsere Suchbewegung nach einem schöneren und anderen Leben im All, wie sie die Science-Fiction beschwört, kommt damit zum Erliegen. Was wird aus der Raumfahrt? Wenn wir Astronauten ins All schicken, dann vor allem, um an Satellitensystemen zu arbeiten, die unsere Erde voll und ganz vernetzen. Am Ende dient die Raumfahrt auch wieder vor allem dem Internet. Man könnte sogar sagen, dass sich das Cyberspace im Outer Space, also im Weltall, verorten lässt.
14 Der Bot-Traffic-Report aus dem Jahre 2013 ergab, dass 61,5 % des Web-Verkehrs von Programmen erfolgt, die sich als Personen ausgeben: www.incapsula.com/blog/bot-traffic-report-2013.html

Weiterführende Literatur und Webseiten

Jan Frölich, Gerd Lehmkuhl. Computer und Internet erobern die Kindheit: Vom normalen Spielverhalten bis zur Sucht und deren Behandlung. Stuttgart 2011.

Jaron Lanier. Warum die Zukunft uns noch braucht. Berlin 2010.

Jochen Hönisch. Eine Geschichte der Medien. Vom Urknall zum Internet. Berlin 2004.

Anthony McCarten. Ganz normale Helden. Zürich 2014.

Christoph Möller (Hg). Internet- und Computersucht. Ein Praxishandbuch für Therapeuten, Pädagogen und Eltern. Stuttgart 2011.

Evgeny Morozov. Smarte neue Welt: Digitale Technik und die Freiheit des Menschen. München 2013.

Kai Müller. Spielwiese Internet: Sucht ohne Suchtmittel. Heidelberg 2013.

Sherry Turkle. Verloren unter 1000 Freunden: Wie wir in der digitalen Welt seelisch verkümmern. München 2012.

Bert te Wildt. Medialisation. Von der Medienabhängigkeit des Menschen. Göttingen 2012.

Kimberly S. Young. Internet Addiction: A Handbook and Guide to Evaluation and Treatment. New York 2011.

Portal des Fachverbands Medienabhängigkeit, in dem sich Anbieter psychosozialer Hilfeleistungen in den deutschsprachigen Ländern vorstellen und organisieren:
www.fv-medienabhängigkeit.de

Selbsthilfeportal von »Aktiv gegen Mediensucht e.V.« für Betroffene und Angehörige:
www.rollenspielsucht.de

Medienpädagogischer Forschungsverbund Südwest, der jährlich Studien über das aktuelle Mediennutzungsverhalten von Kindern und Jugendlichen durchführt:
www.mpfs.de

Material zur Prävention und Beratung auf der Website der Stiftung Medien- und Onlinesucht in Lüneburg:
www.stiftung-medienundonlinesucht.de

EU-Initiative für mehr Sicherheit im Netz:
www.klicksafe.de

Die Menthal-App für digitale Diät:
www.menthal.org

Englischsprachige Website von Dr. Kimberly Young:
www.netaddiction.com

Website der Ambulanz für Spielsucht von Dr. Klaus Wölfling an der Klinik für Psychosomatische Medizin der Johannes Gutenberg-Universität Mainz mit Selbsttests zur Internet- und Computerspielabhängigkeit:
www.unimedizin-mainz.de/index.php?id=5377

Website des Instituts von Prof. Dr. Matthias Brand mit Informationen über das Krankheitsbild und den aktuellen Forschungsstand:
www.uni-due.de/kognitionspsychologie/index.shtml

Weiterführende Informationen über die LWL-Universitätsklinik für Psychosomatische Medizin und Psychotherapie an der Ruhr-Universität Bochum und die dortige Medienambulanz:
www.lwl-uk-bochum.de/klinik-fuer-psychosomatische-medizin-und-psychotherapie

Register

Abhängigkeitserkrankung, nicht-substanzgebundene (Verhaltenssucht) 72, 123
Achtsamkeit 210, 335, 337, 338
ADHS 151, 152, 156, 158, 159, 163, 209, 210, 213, 227
Adrenalin 73
Aggression 78, 121, 189
Akronyme 104
Angst 157-159, 163, 172, 177, 179, 192, 195, 226, 237, 252, 310, 350
– verhaltenstherapeutische Intervention und 193
Angststörung 163, 206, 213, 227
Angsttraining 193
Arbeitssucht 75, 77, 78
Asperger-Syndrom 157, 158
Aufmerksamkeit 151, 260
Autismus 158, 159
Autonomie 196, 197, 199, 201, 202
Avatar 88, 90, 109, 111, 115-118, 160, 204, 234, 351, 353, 359

Bedürfnisbefriedigung 149, 150, 329
Behandlung 160-249
– Abstinenz 183
– alternative Handlungsspielräume 181, 187, 188
– Behandlungsziele 181
– Entzug 203-206
– externe Kontrolle der Internetnutzung 185-187
– Festlegung der Ziele 182
– kalter Entzug 205
– kontrollierte Internetnutzung 184, 185
– körpertherapeutische Ansätze 188-192
– Nebenwirkungen 203
– Nutzungshöchstzeiten 186
– Prinzipien und Ziele 179-203
– Rückfallmanagement 206-209
– sozialtherapeutische Ansätze 192-196
– Suchtverschiebung 206, 209-211
– Therapiekonzepte 191, 192
– zukünftige Möglichkeiten der Behandlung 246-249
Behandlungseinsicht 240, 248
Belohnungssystem 37, 73, 112, 116, 126, 137
Berührungen, körperliche 196
Bildung 310
Binge Gaming 43
Binge Watching 98
Borderline-Syndrom 80, 81
Buch 92-94, 259, 260
Burnout-Syndrom 78, 306, 314

Casting-Shows 286
Casual Games 108, 126-128
Computerspielabhängigkeit 19, 51, 59, 84, 179
Computerspiele 18, 108, 258
Counterstrike 119, 120, 292
Cyberbullying 327
Cybermobbing 82-84, 281, 327
Cybersex 36, 48, 53, 56, 58, 68-72, 85, 128, 132, 133, 182, 195, 217, 234, 246, 282, 328
Cybersexsucht 35, 48, 53, 70, 72-74, 84-86, 129, 131, 133, 134, 183, 202, 242, 243
Cyberspace 12, 37, 38, 53, 60, 68, 72, 86, 100, 101, 141, 146, 152, 157, 158, 160, 168, 269, 327, 340, 348, 349, 351-353, 360
Cyberstalking 82-84, 281
Cyborgs 105, 106

Demenz, digitale 325, 349
Demokratie 259, 310, 345, 346
Depression 28, 78, 90, 95, 153-157, 163, 167, 178, 213, 226, 237
Digital Immigrants 252, 253
Digital Natives 13, 86, 96, 252
Dopamin 73

Ebayismus 125
Eigenverantwortlichkeit 264
Einkaufen, pathologisches 71
Einsamkeit 137, 143, 144
Eltern 17, 123, 140, 251, 272, 274 281-283, 285, 288, 290, 294, 295
Emoticons 104
Endgeräte, mobile 101-105
Endorphine 73
Entspannung 206, 211, 276, 321, 335
Erotik 274, 280
Erreichbarkeit 316-318
Erziehung 288-298
– musische 307
Exhibitionismus 133

Facebook 15, 64, 66, 83, 87, 102, 103, 135, 137, 144, 321, 339, 342, 345, 347, 360
Fernsehen 94-98
Fiktion, Phantasie und 258
Filtersoftware 185, 186, 285
Flucht, virtuelle 85
Flusser, Vilem 322, 325
Free-to-play-Geschäftsmodell 117
Freiheit 55, 160, 308, 326, 328, 345, 347, 348, 364
Freizeit 19
Freundschaften, virtuelle 138

Ganztagsschulen 305, 306
Gedächtnis, digitales 349
Gehirn 73, 75, 121, 149, 160, 161, 192, 222, 325, 352-354
Gewalt 80, 121, 132, 277, 280, 281, 283, 285, 286

Gewalt-Spiele 121
Globalisierung 19
Glücksspiel 18, 72, 75, 76, 108, 113, 116, 121, 123, 125, 126, 145, 222
Glücksspielmonopol 124
Glücksspielsucht (pathologisches Glücksspiel) 27, 29, 72, 73, 76, 123-125, 175, 209, 210, 244
Google 105, 323, 324, 347, 360
Gruppentherapie 194
Gruppenzwang 15, 114

Happy Slapping 286
Heilsversprechen, digitales 339
Hilfe 211-217
– ambulante Einzelpsychotherapie 227, 228
– ambulante Gruppenpsychotherapie 223-227
– Ansprechpartner 212-214
– Erste Hilfe 211
– Fachambulanzen 220-223
– gesetzliche Betreuung 216
– integriertes Behandlungskonzept 235-239
– Notfall 214-217
– Sozialpsychiatrischer Dienst 215, 216
– stationäre Behandlung (Erwachsene) 232-235
– stationäre Behandlung (Kinder & Jugendliche) 228-232
– Suchtberatungsstellen 203, 214, 218-220
– systemische Beratung und Therapie 239-243
– Zwangseinweisung 216
Hilfesystem, psychosoziales 213
Hirn-Upload 352, 353
Hyperaktivität 151-153

Identifikationsprozesse 107
Identität, kulturelle 252
Impulskontrolle 210, 149, 210

Interpassivität und 340, 341
Internet 10-12, 16, 88, 91, 101, 143, 280, 326, 328, 329, 337
Internet Addiction Disorder siehe Internetabhängigkeitsstörung
Internetabhängigkeit 19, 21, 26-28, 106, 145, 179, 187, 289
– ADHS und 152
– allgemeine 58
– als Suchtphänomen 52
– Asperger-Syndrom und 157, 158
– Depression und 167
– durch Online-Spiele 60-63
– Einsamkeit und 143, 144
– Entzug und 39-42
– Erziehungsstile und 139, 140
– Folgen 33, 46-58
– Impulskontrolle und 149
– Kinder und 250
– kollektive 339
– Kontrollverlust und 37, 38
– Kriterien für 28
– Leistungsabfall durch 54
– Persönlichkeitsstörung und 157
– spezifische 58
– Spielarten der 84-86
– Symptome 33-45
– Tagesdosis 37
– Therapie der 163
– Todesopfer durch 42-45
– Ursachen der 89-159
– Varianten der 59
– Vernachlässigung/Verwahrlosung durch 47-50
Internetmissbrauch 22
Internetpornografie 53
Intimität, Sexualität und 282
IT-Wirtschaft, Interessen der 298

Jugendkult 297
Jugendliche siehe Kinder

Kapitalismus 18, 361
Kaufrausch, manischer 79

Kaufsucht 75, 76
Kinder 17, 146, 215, 257, 259, 260, 360, 364
– Abhängigkeit bei 180
– Aufmerksamkeitsstörungen bei 151, 153
– Druck auf 306
– emotionale Bedürfnisse der 294
– Geschichten für 277-279
– Internetkonsum bei 54, 55
– Internetabhängigkeit bei 199, 250
– Mediennutzung der 250, 258, 290
– Pornografie und 283
– Smartphones und 106
– virtuelle Welt und 252, 253
Kindheit 287, 288
Koma-Schauen siehe Binge Watching
Koma-Spielen siehe Binge Gaming
Kommunikation 311-314
– analoge 319
Komorbidität 213
Kontaktbedürfnis 87
Kontakte, unmittelbare 196
Kontrolle 354, 355
Krankheitseinsicht 225, 240, 243, 248
Kriminalität 280, 281, 291
Kulturtechniken, analoge 257

League of Legends (LOL) 108, 117, 118
Leidenschaften 54

Medialisation 358-364
Medialität, innerpsychische 256
Medien 9, 93, 254, 258, 274
– Abhängigkeit von 93, 94
– als seelische Prothese 104
– als Suchtmittel 91-106
– analoge 254
– digitale 10, 107-138, 255, 293, 304, 308, 323, 324, 335
– Komplexität der 255

– Mensch und 254
– ökonomische Interessen der 288
– Raum und 269-276
– Umgang mit 250
– Zeit und 255-261
Medienabhängigkeit 212
Medienabstinenz 303-309
Medienerziehung 255, 257
Medienfasten 330-332
Mediengeschichte 255
Medienkompetenz 289, 303-309
Mediennutzungsverhalten 261, 262
Mediennutzungszeiten 261-266
Medienökologie 363
Medienpädagogik 300
Medientechniken, analoge 257
Medienverwahrlosung 282-288
Medien-Zeitmanagement 267, 268
Medikamente 43, 80, 203, 206, 210, 217, 288
– affektstabilisierende 211
Messies, digitale 79
MMOG (Massive Multiplayer Online Game) 110
MMORPG (Massively Multiplayer Role-playing Game) 110, 114
Mob, digitaler 343-345
MOBAG (Multiplayer Online Battle Arena Game) 117

Nähe-Distanz-Problematik 140, 292
Netzwerke, soziale 36, 63, 65, 86, 87, 91, 129, 135-138, 182, 185, 196, 217, 234, 305, 312, 316, 328
– Abhängigkeit von 66
– Einsamkeit und 137
– Frauen und 88
– Stress und 136, 137

Online-Auktionen 115
Online-Computerspiele 108, 109
Online-Handel 125
Online-Rollenspiel 23, 33, 41, 46, 88, 108, 109, 112, 114, 116, 117, 122, 146, 184, 206, 208, 209
Online-Shopping 59, 77
Online-Spiele 25
– Abhängigkeit von 29, 60-63

Pädagogik 153, 229, 300, 303, 307, 309
Partnerschaften, virtuelle 138
peer group siehe Gruppenzwang
Phantasie 254, 256-258 279, 280, 324, 329
Politik 298, 300, 302, 348, 363
Pornografie 69-71, 74, 86, 128, 129, 131-135, 184, 202, 242, 282, 283, 285, 330
Präsenz 86, 248, 318-320, 338
Prävention 250-339
– Grundprinzip der 290, 291
– Prinzip Bewegung 291-294
– Prinzip Vorbildfunktion 294, 295
– Verortung 254-288
Pro-Anorexie-Foren 80
Pseudoautismus 158
Psychohygiene, mediale 273, 275
Psychopharmaka 192, 203, 206
Psychotherapie 192, 203, 217, 247, 248, 319
– via Internet 247

Realität, Virtualität und 258
Reality-Shows 286
Revolution, digitale 57, 135, 251, 296-298, 309, 313, 336, 358, 363
– Arbeitswelt und 311
Risikofaktoren, individuelle 147-159
– Angst 155, 156
– Begleiterkrankungen 156-159
– Impulsivität 147-149
– Prokrastination 149, 150
– Unaufmerksamkeit 151-153
Risikofaktoren, soziale 138-147
– familiäres Umfeld 139-141

– Freundschaft und Partnerschaft 143, 144
– Gesellschaft 145
– Schule und Ausbildung 141-143
Rückzug, sozialer 67
Ruhe 39

Sammeln, zwanghaftes 79
Schlafhygiene 275
Schule 54, 90, 138, 141, 142, 146, 196-199, 291, 303-309
– analoge Kulturtechniken und 303
– digitale Medien und 303
– Medienabstinenz und 304
Schwarmintelligenz 343-345
Selbsthilfe 243-246
Selbstkontrolle 264
Selbstoptimierung 342, 343
Selbstverletzungsforen 80-82
Selbstverwirklichung, digitale 341
Serien 97, 98
Sexsucht 71-74, 86, 133, 124, 211
Sexualität 53, 71, 72, 74, 85, 128-134, 195, 277, 280, 283, 285, 329
– Intimität und 282
Shitstorm 312, 327, 363
Shooter-Spiele 119-121
Shopping-Sucht siehe Kaufsucht
Smartphones 101-105
– als Einstiegsdroge 106
– Kinder und 106
– Nutzungsverhalten und 103
Social Games 108, 126-128
Social Networking Addiction 136
Spiel, freies 292
Spielkonsolen 99-101
Spieltrieb 18, 19, 87
Sport 189, 190, 306
Sportspiele 121-125
Sportsucht 72-74
Störungen, komorbide 213
Strategiespiele 117-119
Stress 35, 136, 138, 296, 311, 317, 335

– Soziale Netzwerke und 136, 137
Studenten, Internetkonsum bei 55
Suchtberatungsstellen 203, 214
Suchtdreieck 89, 90
Suchtgefährdung 20
Suizidforen 80-82

Tagesklinik, psychotherapeutische 238, 239
Techno-Stress 78
Transparenz 346-348
Twitter 83, 96, 102, 135, 339, 342, 345

Unpacking-Videos 77
Verstärkung, intermittierende 113
Virtualität, Realität und 258
Voyeurismus 133

Waldorfschulen 307
Welt, virtuelle 253
Weltflucht 44, 66, 109
Werte 294
WhatsApp 64, 83, 102, 103, 135, 342
World of Warcraft (WOW) 33, 51, 108, 110, 111, 113-117, 163, 165, 169, 175, 208, 245

Zeitmanagement 150, 261, 267
Zivilisation, Medialisation und 358-364

Zwischenmenschlichkeit 144